交通版高等学校土木工程专业规划教材

Gongcheng Jianshe Xiangmu Guanli
工程建设项目管理
（第二版）

戎 贤 杨 静 章慧蓉 主 编

人民交通出版社股份有限公司

内 容 提 要

本书以建设项目管理活动为研究对象，主要介绍了涉及工程建设项目活动各主体的管理任务和方法。本书将现代管理方法最大限度地应用于工程建设过程中，对工程建设项目初始阶段的投资决策、经济评价、组织结构；项目实施阶段的进度、质量、成本控制、安全、环境、合同、信息以及生产要素管理；项目完工以后的竣工验收、后评价都做了系统的阐述。

本书专业面宽、知识面广、适用面大，可作为高校土木工程专业和管理工程专业的教材，也可作为工程建设管理人员的参考书。

图书在版编目（CIP）数据

工程建设项目管理／戎贤，杨静，章慧蓉主编. —2版. —北京：人民交通出版社股份有限公司，2014.8
交通版高等学校土木工程专业规划教材
ISBN 978-7-114-11419-9

Ⅰ．①工… Ⅱ．①戎… ②杨… ③章… Ⅲ．①基本建设项目—工程项目管理—高等学校—教材 Ⅳ．①F284

中国版本图书馆 CIP 数据核字（2014）第 159664 号

交通版高等学校土木工程专业规划教材

书　　名：	工程建设项目管理（第二版）
著 作 者：	戎　贤　杨　静　章慧蓉
责任编辑：	张征宇　赵瑞琴
出版发行：	人民交通出版社股份有限公司
地　　址：	（100011）北京市朝阳区安定门外外馆斜街3号
网　　址：	http://www.ccpcl.com.cn
销售电话：	(010)59757973
总 经 销：	人民交通出版社股份有限公司发行部
经　　销：	各地新华书店
印　　刷：	北京市密东印刷有限公司
开　　本：	787×1092　1/16
印　　张：	24
字　　数：	580千
版　　次：	2006年8月 第1版　2014年8月 第2版
印　　次：	2020年9月 第3次印刷　总第5次印刷
书　　号：	ISBN 978-7-114-11419-9
印　　数：	11001—13000册
定　　价：	38.00元

（有印刷、装订质量问题的图书由本公司负责调换）

交通版 高等学校土木工程专业规划教材

编委会

（第二版）

主 任 委 员：戎　贤
副主任委员：张向东　李帼昌　张新天　黄　新
　　　　　　宗　兰　马芹永　党星海　段敬民
　　　　　　黄炳生
委　　　员：彭大文　张俊平　刘春原　张世海
　　　　　　郭仁东　王　京　符　怡
秘　书　长：张征宇

（第一版）

主 任 委 员：阎兴华
副主任委员：张向东　李帼昌　魏连雨　赵　尘
　　　　　　宗　兰　马芹永　段敬民　黄炳生
委　　　员：彭大文　林继德　张俊平　刘春原
　　　　　　党星海　刘正保　刘华新　丁海平
秘　书　长：张征宇

序

随着科学技术的迅猛发展、全球经济一体化趋势的进一步加强以及国力竞争的日趋激烈,作为实施"科教兴国"战略重要战线的高等学校,面临着新的机遇与挑战。高等教育战线按照"巩固、深化、提高、发展"的方针,着力提高高等教育的水平和质量,取得了举世瞩目的成就,实现了改革和发展的历史性跨越。

在这个前所未有的发展时期,高等学校的土木类教材建设也取得了很大成绩,出版了许多优秀教材,但在满足不同层次的院校和不同层次的学生需求方面,还存在较大的差距,部分教材尚未能反映最新颁布的规范内容。为了配合高等学校的教学改革和教材建设,体现高等学校在教材建设上的特色和优势,满足高校及社会对土木类专业教材的多层次要求,适应我国国民经济建设的最新形势,人民交通出版社组织了全国二十余所高等学校编写"交通版高等学校土木工程专业规划教材",并于2004年9月在重庆召开了第一次编写工作会议,确定了教材编写的总体思路。于2004年11月在北京召开了第二次编写工作会议,全面审定了各门教材的编写大纲。在编者和出版社的共同努力下,这套规划教材已陆续出版。

在教材的使用过程中,我们也发现有些教材存在诸如知识体系不够完善,适用性、准确性存在问题,相关教材在内容衔接上不够合理以及随着规范的修订及本学科领域技术的发展而出现的教材内容陈旧、亟待修订的问题。为此,新改组的编委会决定于2010年底启动该套教材的修订工作。

这套教材包括《土木工程概论》、《建筑工程施工》等31种,涵盖了土木工程专业的专业基础课和专业课的主要系列课程。这套教材的编写原则是"厚基础、重能力、求创新,以培养应用型人才为主",强调结合新规范、增大例题、图解等内容的比例并适当反映本学科领域的新发展,力求通俗易懂、图文并茂;其中对专业基础课要求理论体系完整、严密、适度,兼顾各专业方向,应达到教育部和专业教学指导委员会的规定要求;对专业课要体现出"重应用"及"加强创新能力和工程素质培养"的特色,保证知识体系的完整性、准确性、正确性和适应性，专业课教材原则上按课群组划分不同专业方向分别考虑，不在一本教材中体现多专业内容。

反映土木工程领域的最新技术发展、符合我国国情、与现有教材相比具有明显特色是这套教材所力求达到的目标，在各相关院校及所有编审人员的共同努力下，交通版高等学校土木工程专业规划教材必将对我国高等学校土木工程专业建设起到重要的促进作用。

交通版高等学校土木工程专业规划教材编审委员会
人民交通出版社

前言

第二版

本教材自第一版出版以来,深受广大读者喜爱,尤其是本书在经申请被批准为国家"十一五"规划(本科)教材后,应用范围越来越广。随着工程建设在国民经济中投资日益增加,每年有上千亿元人民币的投入,工程建设项目管理就变得更为突出。如果工程建设投资决策失误,或工程建设的组织管理水平低,势必会造成工程不能按期完工,质量达不到要求,损失浪费严重,投资效益低等状况,给国家带来巨大损失。因此,保证工程建设决策科学,并对工程建设全过程实施有效的组织管理,对于高效、优质、低耗地完成工程建设任务,提高投资效益具有极其重要的意义。

第二版更加强调理论与实践一体化,知识与能力一体化,强化工程教育和案例教学的有机结合。本书以工程建设项目管理活动为研究对象,在管理理论与工程建设的基础上,建立了以理论分析为主、理论与实践技术相统一的完整教材体系,采用了现代工程管理理论方法以及我国工程建设管理体制改革的新成果和有关工程建设的法律。阐述了为达到项目建设目的,参与工程建设活动各主体的工程项目管理的任务和内容。本教材的编写力求做到专业面宽,知识面广,适用面大,注重增强学生的实践能力及操作能力,提高管理方法的实用性和可操作性,以适应新形势下土木工程专业和管理工程专业的基本要求。

第一版由戎贤(河北工业大学)、穆静波(北京建筑大学)、王大明(南京林业大学)担任主编。全书编写分工如下:戎贤编写第一章部分内容、第六章和第八章;郝厉(河北工业大学)编写第一章;牟玲玲(天津大学)、刘平(河北工业大学)编写第二章;穆静波编写第四章、第十章、第十一章;王大明、戴兆华(南京林业大学)编写第五章、第七章;程建华(河南理工大学)编写第三章;李莉(河北工业大学)、刘平编写第九章、第十二章;鲁亚波(南阳理工学院)编写第十三章;由天津大学陈章洪教授、东北大学齐锡晶教授主审。第二版,由戎贤(河北工业大学)、杨静(北京建筑大学)、章慧蓉(北京工业大学)主编,赵学荣(天津城建大学)、牟玲玲(河北工业大学)参编,全书编写分工如下:第一章、第三章由戎贤（河北工业大学）编写；第二章、第十一章由章慧蓉（北京工业大学）编写；第四章、第八章由杨静（北京建筑大学）编写；第七章、第九章由曲秀姝（北京建筑大学）编写；第五章、第六章由赵学荣与丁克胜（天津城建大学）编写；第十章、第十二章、第十三章由牟玲玲、刘平（河北工业大学）编写。全书由戎贤统稿。

　　本书在编写过程中得到了其他院校同行的大力支持和热情帮助，在此表示衷心的感谢，本书引用了部分专家的文献资料，谨以此表示诚挚的谢意！

目录 MULU

第一章 工程项目管理概论 ·················· 1
第一节 概述 ·················· 1
第二节 工程项目管理的内容与任务 ·················· 3
第三节 工程项目目标控制 ·················· 6
第四节 工程管理与建设监理 ·················· 11
第五节 工程项目的招投标 ·················· 13
习题 ·················· 22

第二章 工程项目管理组织 ·················· 23
第一节 概述 ·················· 23
第二节 工程项目承包模式 ·················· 29
第三节 项目管理组织机构形式 ·················· 33
第四节 项目经理与建造师 ·················· 39
第五节 施工项目管理规划 ·················· 43
习题 ·················· 54

第三章 工程项目投资决策与评价 ·················· 55
第一节 投资决策的原则与程序 ·················· 55
第二节 项目投资经济效益指标体系 ·················· 63
第三节 经济评价基本方法 ·················· 70
第四节 项目的财务评价 ·················· 78
第五节 国民经济评价 ·················· 84
习题 ·················· 91

第四章 工程项目进度控制 ·················· 93
第一节 概述 ·················· 93
第二节 进度计划的编制与优化 ·················· 97
第三节 进度计划实施中的检查与调整 ·················· 103
习题 ·················· 112

第五章 工程质量控制 ·················· 115
第一节 工程质量控制的概念和原理 ·················· 115

第二节	工程质量控制系统	120
第三节	工程施工质量控制	121
第四节	工程质量验收	128
第五节	工程质量事故的分析和处理	132
第六节	生产设备的质量控制	137
第七节	政府监督检查工程质量	140
第八节	常见的工程质量统计方法的应用	142
第九节	质量管理体系标准及卓越绩效管理模式	146
习 题		149

第六章 工程项目施工成本控制 150

第一节	概述	150
第二节	建筑安装工程费用的组成与计算	151
第三节	成本管理的任务与措施	159
第四节	成本计划的编制	162
第五节	成本控制与分析	166
第六节	工程结算	174
习 题		178

第七章 工程项目安全与环境管理 179

第一节	概述	179
第二节	施工安全控制的特点、程序和基本要求	181
第三节	施工安全保证体系	183
第四节	施工安全控制的方法	187
第五节	工程安全事故	192
第六节	安全文明施工（使用）技术	199
习 题		204

第八章 工程项目合同管理 205

第一节	概述	205
第二节	工程合同	212
第三节	工程索赔	233
第四节	合同价款的调整	242
第五节	国际工程合同条件	253
习 题		256

第九章 工程项目生产要素管理 258

第一节	概述	258
第二节	人力资源管理	259
第三节	材料管理	263
第四节	机械设备管理	269

第五节　技术管理 …………………………………………………………………… 275
　　第六节　资金管理 …………………………………………………………………… 278
　　习　题 ………………………………………………………………………………… 281
第十章　工程项目风险管理 ………………………………………………………………… 283
　　第一节　概述 ………………………………………………………………………… 283
　　第二节　风险影响因素的识别 ……………………………………………………… 289
　　第三节　风险评价方法 ……………………………………………………………… 298
　　第四节　风险管理对策 ……………………………………………………………… 303
　　习　题 ………………………………………………………………………………… 308
第十一章　工程项目信息管理 ……………………………………………………………… 309
　　第一节　概述 ………………………………………………………………………… 309
　　第二节　施工项目信息的分类与内容 ……………………………………………… 311
　　第三节　信息编码与处理 …………………………………………………………… 312
　　第四节　项目管理信息系统 ………………………………………………………… 315
　　第五节　建设工程文件和档案资料管理 …………………………………………… 320
　　习　题 ………………………………………………………………………………… 322
第十二章　工程项目计划与组织协调 ……………………………………………………… 323
　　第一节　概述 ………………………………………………………………………… 323
　　第二节　工程项目计划的内容 ……………………………………………………… 329
　　第三节　工程项目组织协调 ………………………………………………………… 334
　　第四节　建设队伍的沟通协调 ……………………………………………………… 341
　　习　题 ………………………………………………………………………………… 345
第十三章　工程项目竣工验收与后评价 …………………………………………………… 346
　　第一节　概述 ………………………………………………………………………… 346
　　第二节　竣工验收的程序和内容 …………………………………………………… 354
　　第三节　竣工决算 …………………………………………………………………… 360
　　第四节　项目后评价 ………………………………………………………………… 366
　　第五节　项目回访与保修 …………………………………………………………… 368
　　习　题 ………………………………………………………………………………… 370
参考文献 ……………………………………………………………………………………… 371

第一章 工程项目管理概论

第一节 概 述

一、项目与工程项目

1. 项目

项目的定义很多,许多相关组织和学者都给项目下过定义。英国标准化协会(BSI)发布的《项目管理指南》一书对项目的定义为:具有明确的开始和结束点、由某个人或某个组织所从事的具有一次性特征的一系列协调活动,以实现所需求的进度、费用以及各功能要素等特定目标。

项目是一种非常规性、非重复性和一次性的任务,具有确定的目标和确定的约束条件。例如某校区图书馆的建设过程是一个项目,而建成后为图书馆配套的设施就是这个项目的产品。

2. 工程项目

工程项目是指为达到预期的目标,投入一定量的资本,在一定的约束条件下,经过决策与实施的必要程序,从而形成固定资产的一次性事业。从管理角度看,一个工程项目应是在一个总体设计及总概算范围内,由一个或者若干个互有联系的单项工程组成的,建设中实行统一核算、统一管理的投资建设工程。

工程项目是最为常见也是最为典型的项目类型,是项目管理的重点。工程项目具有如下特点:

(1)目标的约束性。工程项目实现其目标要受到多方面条件的制约:
①时间约束,即工程要有合理的工期时限。
②资源约束,即工程要在一定的人、财、物力条件下来完成。
③质量约束,即工程要达到预期的生产能力、技术水平、产品等级的要求。

(2)周期长、风险大。工程项目一般具有建设周期长,投资回收期长,工程寿命周期长,工程质量好坏影响面大,使用时间长的特点。由于工程项目建设是一次性的,其周期长,建设过程中各种不确定因素很多,因此投资的风险性很大。

(3)特殊的组织和法律条件。由于社会化大生产和专业化分工,现代工程项目都有多个单位和部门参加,要保证项目有秩序、按计划实施,必须建立严密的项目组织。与企业组织相比,项目组织有它的特殊性。工程项目组织是一次性的,参加单位之间主要靠合同作为纽带建立起组织,同时以经济合同作为分配工作、划分责权利关系的依据;而参加单位之间在项目过程中的协调主要通过合同和项目管理规范实现;项目组织是多变的、不稳定的。工程项目建设和运行应遵守相关的法律条例,例如:合同法、环境保护法、税法、招标投标法等。

(4)复杂性和系统性。现代工程项目越来越具有如下特征:项目规模大,范围广,投资大;有新知识新工艺的要求,技术复杂、新颖;施工组织由许多专业组成,各单位共同协作;工程项目经历由构思、决策、设计、计划、采购供应、施工、验收到运行的全过程,项目使用期长,对全局影响大;受多目标限制,如资金限制、时间限制、资源限制、环境限制等。

(5)建设项目和建设过程固定在某一地点,建设产品具有唯一性的特点。

3. 工程项目的组成

工程项目也称建设项目,一个建设项目由若干个单项工程、单位工程、分部工程和分项工程组成。分项工程是最基本的单元。

1)单项工程

单项工程是指具有独立的设计文件,竣工后可以独立发挥生产能力或生产效益的工程。

一个建设项目可由一个单项工程组成,也可以由若干个单项工程组成,同时任何一项单项工程都是由若干个单位工程组成的。

2)单位工程

单位工程是单项工程的组成部分。单位工程是单项工程中具有独立的设计图纸和具备独立施工条件,可以独立组织施工,但完工后不能独立发挥生产能力。

3)分部工程

分部工程是按照单位工程的工程部位、专业性质划分的,是单位工程的进一步分解。例如土建工程的分部工程是按建筑工程的主要部位如基础工程、主体工程、装饰工程等划分的。

4)分项工程

分项工程是分部工程的组成部分。分项工程应按主要工种、材料、施工工艺、设备类别等进行划分。土建工程的分项工程是按建筑工程的主要工种如土石方工程、混凝土工程、抹灰工程等划分的。

二、工程项目管理理论的产生与发展

现代项目管理是在20世纪50年代后发展起来的。传统上,项目管理的直观概念就是"对项目进行管理",项目管理的对象就是项目。随着项目管理实践与理论体系的不断发展,项目管理一词具有两种含义:一是指一种有意识按照项目的特点和规律进行组织的管理活动,即实践活动;另一种是指一门管理学科,即以项目管理活动为研究对象的一门学科,即理论体系。

我国的工程建设项目管理实践可以追溯到久远的古代,在中华民族5000年的文明史中,有很多大工程,如都江堰水利工程、宋朝丁渭修复皇宫工程、北京故宫等工程已经应用到了一些朴素的项目管理理论。但是这些宝贵的经验并没有得到系统的继承和发展。我国现代项目管理学科的形成是由于统筹法的应用而逐渐形成的,1965年6月6日,《人民日报》发表了华罗庚教授《统筹方法平话》,推动了网络计划技术在全国的普及和应用,并且取得了良好的经济效益。改革开放后,促进了西方发达国家先进的项目管理方法和模式在我国的推广和应用,1982年起,在我国部分重点建设项目中开始尝试运用项目管理模式,例如:云南布鲁革水电站项目,这是我国第一个聘用外国专家,采用国际标准应用项目管理进行建设的水电工程项目,并取得了巨大的成功。随后在二滩水电站、三峡水利枢纽建设和其他大型工程建设项目中,都相应采取了项目管理这一有效手段,并且取得了良好的经济效益。1988~1993年,在建设部的领导下,对工程建设项目管理进行了5年试点,并陆续颁布并实施了《建设工程监理规范》(GB/T 50319—2000)、《建设工程项目管理规范》(GB/T 50326—2001)、《建设项目工程总承包管理规范》(GB/T 50358—2005)和《建设工程项目管理规范》(GB/T 50326—2006)(修订版),2003年6月中国建筑工业出版社出版了《中国工程项目管理知识体系》一书,它使工程建设项目管理实现了规范化。

第二节 工程项目管理的内容与任务

一、工程项目管理的基本内容

为了实现项目管理目标,必须对项目进行全过程的多方面的管理。从不同的角度,项目管理有不同的描述:

(1)将管理学中对"管理"的定义进行拓展,则"项目管理"是通过计划、组织、人事、领导和控制等职能,设计和保持一种良好的环境,使项目参加者在项目组织中高效率地完成既定的项目任务。

(2)按照一般管理工作的过程,项目管理可分为项目的预测、决策、计划、控制、反馈等工作。

(3)按照系统工程方法,项目管理可分为确定目标、拟定方案、实施方案、跟踪检查等工作。

(4)按项目实施过程,项目管理工作可分为:

①工程项目目标设计,项目定义及可行性研究;

②工程项目的系统分析,包括项目的外部系统(环境)调查分析及项目的内部系统(项目结构)分析等;

③工程项目的计划管理,包括项目的实施方案及总体计划、工期计划、成本(投资)计划、资源计划以及它们的优化;

④项目的组织管理,包括项目组织机构设置、人员组成、各方面工作与职责的分配、项目管理规程的制定;

⑤项目的合同管理,包括项目的招标、投标管理,合同实施控制,合同变更管理,索赔管理;

⑥项目的信息管理,包括项目信息系统的建立、文档管理等;

⑦项目的实施控制,包括进度控制、成本(投资)控制、质量控制、风险控制、变更管理;

⑧项目后工作,包括项目验收,移交,运行准备,项目后评估,对项目进行总结,研究目标实现的程度、存在的问题等。

二、工程项目管理的类型

在工程项目建设的不同阶段,参与工程建设的各方的管理内容及重点各不相同。工程项目管理的类型主要有以下几种。

1. 业主(建设单位)进行的项目管理

项目业主即项目的投资者或出资者。由业主代表组成项目法人机构,取得项目法人资格,从投资者利益出发根据建设意图和建设条件,对项目投资和建设方案做出既要符合自身利益又要适应建设法规和政策规定的决策,并在项目的实施过程中履行业主应尽的责任和义务,为项目的实施者创造必要的条件。业主的决策水平、业主的行为规范性等,对一个项目的建设起着重要的作用。

项目法人设立后,由他对项目寿命周期的各个过程实行全面管理并对项目建设的成败负有全面责任。项目法人在不同阶段的主要职责是:

(1)前期工作阶段。负责筹集建设资金、提出项目的建设建议、组织可行性研究、进行项目决策、厂址选择、落实项目建设所需的外部配套条件。

(2)设计阶段。负责组织设计方案竞赛或设计招标工作,编制和确定招标方案;对投标单位的资质进行全面审查,综合评选,择优选定中标单位;签订设计委托合同,提出设计任务书或设计纲要,并按设计要求提供有关设计基础资料;及时了解设计文件的编制进度并进行设计质量控制及投资控制,落实设计合同的履行;设计完成后,要及时组织设计文件(含概预算)的审查,提出审核意见,上报初步设计文件和概算文件;进一步审查资金筹措计划和用款计划等。

(3)施工招标阶段。负责组织工程施工招标和设备材料采购招标工作,编制和确定招标方案;对投标单位的资质进行全面审查,择优选定工程施工和设备材料供应的中标单位,签订工程施工合同及设备材料采购合同;落实开工前的各项施工准备工作。

(4)施工阶段。负责编制并组织实施项目年度投资计划、用款计划及建设进度计划;组织工程建设实施,负责控制建设投资、施工进度和质量安全;建立建设情况报告制度,定期向建设主管部门报送建设情况;项目投产前,要组织好运营管理班子,培训管理人员,做好各项运营生产准备工作;项目按批准的设计文件建成后,要及时组织工程预验收,并负责提出项目竣工验收申请报告;编制工程竣工决算报告。

在以上设计、施工招标及施工阶段中,项目法人若委托监理单位以第三方的身份对工程项目的建设过程实施监督管理,其职责还应包括:通过招标方式择优选择监理单位、签订建设工程委托监理合同、实施合同管理等工作。同时,在项目法人委托监理的相应阶段,其部分职责则由监理单位来承担。监理单位的具体职责和任务,应在项目法人与监理单位所签订的建设工程委托监理合同中予以明确。

(5)生产运营阶段。负责组织生产运营工作的内部管理机构;组织生产管理和运营管理;按时向有关部门报送生产信息和统计资料;制订债务偿还计划,并按时偿还债务;实现资产的保值增值,按项目法人的组建章程进行利润分配;组织项目后评价,提出项目后评价报告。

业主的工程项目管理是站在投资主体的立场上,对工程项目建设的全过程进行的科学、有效和必要的管理。业主的管理由于一般都委托监理公司,所以偏重于重大问题的决策,如项目立项及决策、监理公司的选定、承包方式的确定及承包商的确定等。同时要做好必要的协调和组织工作。为此,业主必须设立相应的项目管理机构,任命精明强干的项目经理。

2. 施工单位进行的项目管理

施工单位通过工程投标竞争,取得承包合同后,通过制订最经济合理的施工方案,组织人力、物力和财力进行工程的施工安装作业等技术活动,以期求得在规定的工期内,全面完成质量符合发包方技术标准的施工任务。通过工程点交,取得预期的经济效益,实现其生产经营目标。因此施工单位是将建设项目的建设意图和目标转变成具体工程目的物的生产经营者,是项目实施过程的主要参与者。

施工企业的项目管理简称施工项目管理,即施工企业(承包商)站在自身的角度,从其利益出发,按与业主签订工程承包合同界定的工程范围所进行的项目管理。施工企业为履行工程承包合同和落实企业生产经营方针目标,在项目经理负责制的条件下,依靠企业技术和管理的综合实力,根据工程项目的内在规律,对工程施工全过程进行计划、组织、指挥、协调和控制。

3. 建设监理单位或咨询公司代业主进行的项目管理

建设监理单位接受业主委托和授权,根据国家批准的工程项目建设文件,有关工程建设的法律法规、技术规范、工程建设监理委托合同以及其他工程建设合同对工程项目进行监督管理,即实施业主方的工程项目管理。其内容包括:三大目标控制、合同管理、信息管理以及项目的协调工作。因此,监理单位的水平和工作质量,对项目建设过程的作用和影响是非常重要的。

4. 设计单位进行的项目管理

设计单位是将业主或建设项目法人的建设意图、政府建设法律法规要求、建设条件作为输入,经过智力的投入进行建设项目技术、经济方案的综合创作,编制出用以指导建设项目施工安装活动的设计文件。设计联系着项目决策和项目施工两个阶段,设计文件既是项目决策方案的体现,也是项目施工方案的依据。因此,设计过程是确定项目总投资目标和项目质量目标,包括建设规模、使用功能、技术标准、质量规格等。设计先于施工,然而设计单位的工作还责无旁贷地延伸于施工过程,指导处理施工过程可能出现的设计变更和技术变更,确认各项施工结果与设计要求的一致性。

5. 政府建设管理

政府建设主管部门尽管不直接参与建设项目的生产活动,但由于建筑产品的社会性强、影响大,生产和管理的特殊性等,需要政府通过立法和监督,来规范建设活动的主体行为,保证工程质量,维护社会公共利益。政府的监督职能应贯穿于项目实施的各个阶段。

政府建设主管部门必须对建设项目的决策立项、规划、设计方案进行审批,对项目实施过程的各个环节实行建设程序的监督,要充分发挥和运用法律法规的手段,培育、发展和规范我国的建筑市场体系,使建设项目运行全过程的活动都纳入法制轨道。

政府建设主管部门还要派出工程质量监督机构,核查工程的设计、施工单位和建筑构件厂等的资质等级,监督其严格执行技术标准,检查工程(产品)质量,掌握工程质量状况,以确保工程质量。

政府对建设项目管理还包括安全管理。

三、工程项目管理的任务

工程项目管理的任务可以概括为最优地实现项目的质量、投资/成本、进度、安全四大目标。也就是有效地利用有限的资源,用尽可能少的费用、尽可能快的速度和优良的工程质量建成工程项目,使其实现预定的功能。工程项目建设不同阶段具有不同的阶段目标。阶段性目标服从和受控于项目总目标,并影响总目标的实现。工程项目管理者的任务就是在一定的约束条件下,有效地组织人力、物力、财力去逐一实现阶段目标,进而保证总目标的实现。

工程项目管理过程由四个基本环节组成。这四个环节就是管理职能的具体化,即:

1) 确定目标

管理者首先要在规定的总目标下,确定某一方面的目标和这方面工作的各阶段的目标。如质量目标,要先确定工程质量的总目标,然后确定不同阶段的质量目标,如决策阶段、设计阶段、施工阶段、竣工验收阶段等目标。施工阶段又可分为地基工程、基础工程、钢筋工程、混凝土工程等等,每个阶段都要确定目标要求或质量标准。

2) 制订方案和措施

明确目标之后,就要提出达到目标的多种方案,并对各种方案进行评审,分析其长处和短处,然后确定实现目标的最佳方案,在此基础上提出具体措施。

3) 实施方案

将选定的方案付诸实施。

4) 跟踪检查

就是检查决策方案的执行情况。如果未被执行或执行的效果不理想,则应查明干扰因素来自何处,如果问题明确,则又回到确定目标上去,开始新的一轮循环。

第三节 工程项目目标控制

一、基本概念

目标是人们对所需进行工作或活动结果的希望值。按目标本身的特性,可分为定性目标和定量目标。定性目标一般是比较直观的形象的结果表达;而定量目标,则通过一系列具体的数值指标明确地表示结果。建设项目的目标主要包括三个,即投资目标、进度目标、质量目标。其中,投资的表现形式可表达为资金的支出;进度的表现形式为工程建设的工期(天数);质量的表现形式为工程的质量等级。因此,建设项目目标属于定量目标。另外,从项目管理角度分析,项目目标是对工程建设进行控制的绝对的、必需的前提条件,因为只有目标明确的建设项目才需要也才能够进行有效的控制。而所谓明确的目标,也就是指目标必须是定量的。

任何工程项目都不会只有一个目标。建设项目属于多目标系统,在这个系统中,单一地、绝对地突出某个目标,是不能保证项目系统总目标得到圆满实现的。因为在目标系统中,对某个目标控制,必然会影响到其他目标,这就要求我们研究目标之间的关系和目标控制的优先问题。项目目标控制不外乎是通过编制项目计划来表达具体执行方案,然后再执行这个计划。由于人们的认识能力和技术水平的限制,在编制具体的计划时,我们不可能一下子找到最佳的系统目标组合(投资最少、进度最快、质量最好)。所以,在实际工作中,总是要相对突出某个目标,此时,该目标就被称为主目标。所谓主目标就是指在一定系统和一定约束条件下,必须予以保证的项目目标。

控制是工程项目管理的重要职能之一。控制通常是指管理人员按照事先制订的计划和标准,检查和衡量被控对象在实施过程中所取得的成果,并采取有效措施纠正所发生的偏差,以保证计划目标得以实现的管理活动。由此可见,实施控制的前提是确定合理的目标和制订科学的计划,继而进行组织设置和人员配备,并实施有效地领导。计划一旦开始执行,就必须进行控制,以检查计划的实施情况。当发现实施过程有偏离时,应分析偏离计划的原因,确定应采取的纠正措施,并采取纠正行动。在纠正偏差的行动中,继续进行实施情况的检查,如此循环,直至工程项目目标实现为止,从而形成一个反复循环的动态控制过程。

二、工程项目目标控制原理

工程项目的成功来自于对项目有创建性的科学化管理。工程项目科学化管理的主要方法是"目标管理方法"(Management By Objective),其精髓是"以目标指导行动"。即欲使工程项目获得成功,首先需要制定科学合理的工程项目目标,然后以实现目标为宗旨,对工程项目的实施过程进行有效的控制,工程项目管理即是追求项目目标顺利实施的活动过程。

建设项目本身是一动态系统,它具有一般动态系统的主要特征:有预期的相对稳定状态;系统内部存在经常性的变化;从外部环境到系统内部有信息转移,而所传递的信息是系统内部调节进程的依据;具有可调节、纠正行动的能力,能保持系统的动态平衡。实施项目目标控制的方法很多,但其原理是基本一致的。下面用自动控制原理中的几个概念来说明项目目标控制原理。

由于控制方式和方法的不同,控制可分为多种类型。例如,按照事物发展过程,控制可分为事前控制、事中控制、事后控制;按照是否形成闭合回路,控制可分为开环控制和闭环控制;按照纠正措施或控制信息的来源,控制可分为前馈控制和反馈控制。归纳起来,控制可分为两大类,即主动控制和被动控制。

1. 主动控制

主动控制就是预先分析目标偏离的可能性,并拟定和采取各项预防性措施,以使计划目标得以实现。主动控制是一种面对未来的控制,它可以解决传统控制过程中存在的时滞影响,尽最大可能改变偏差已经成为事实的被动局面,从而使控制更为有效。

主动控制是一种前馈控制。当控制者根据已掌握的可靠信息预测出系统将要输出偏离计划的目标时,就制定纠正措施并向系统输入,以便使系统的运行不发生偏离。主动控制又是一种事前控制,它必须在事情发生之前采取控制措施。

实施主动控制,可以采取以下措施:

(1)详细调查并分析研究外部环境条件,以确定影响目标实现和计划实施的各种有利和不利因素,并将这些因素考虑到计划和其他管理职能之中。

(2)识别风险,努力将各种影响目标实现和计划实施的潜在因素揭示出来,为风险分析和管理提供依据,并在计划实施过程中做好风险管理工作。

(3)用科学的方法制订计划。做好计划可行性分析,消除那些造成资源不可行、技术不可行、经济不可行和财务不可行的各种错误和缺陷,保障工程的实施能够有足够的时间、空间、人力、物力和财力,并在此基础上力求使计划得到优化。事实上,计划制订得越明确、完善,就越能设计出有效的控制系统,也就越能使控制产生更好的效果。

(4)高质量地做好组织工作,使组织与目标和计划高度一致,把目标控制的任务与管理职能落实到适当的机构和人员,做到职权与职责明确,使全体成员能够通力协作,为共同实现目标而努力。

(5)制订必要的备用方案,以对付可能出现的影响目标或计划实现的情况。一旦发生这些情况,因有应急措施做保障,从而可以减少偏离量,或避免发生偏离。

(6)计划应有适当的宽松度,即"计划应留有余地"。这样,可以避免那些经常发生但又不可避免的干扰因素对计划产生影响,减少"例外"情况产生的数量,从而使管理人员处于主动地位。

(7)沟通信息流通渠道,加强信息收集、整理和研究工作,为预测工程未来发展状况提供全面、及时、可靠的信息。

2. 被动控制

被动控制是指当系统按计划运行时,管理人员对计划的实施进行跟踪,将系统输出的信息进行加工、整理,再传递给控制部门,使控制人员从中发现问题,找出偏差,寻求并确定解决问题和纠正偏差的方案,然后再回送给计划实施系统付诸实施,使得计划目标一旦出现偏离就能得以纠正。被动控制是一种反馈控制。对项目管理人员而言,被动控制仍然是一种积极的控制,也是一种十分重要的控制方式,而且是经常采用的控制方式。

被动控制可以采取以下措施:

(1)应用现代化管理方法和手段跟踪、测试、检查工程实施过程,发现异常情况,及时采取纠偏措施。

(2)明确项目管理组织中过程控制人员的职责,发现情况及时采取措施进行处理。

(3)建立有效的信息反馈系统,及时反馈偏离计划目标值的情况,以便及时采取措施予以纠正。

3. 主动控制与被动控制的关系

对项目管理人员而言,主动控制与被动控制都是实现项目目标所必须采用的控制方式。有效地控制是将主动控制与被动控制紧密地结合起来,力求加大主动控制在控制过程中的比例,同时进行定期、连续的被动控制。只有如此,才能完成项目目标控制的根本任务。

三、目标控制的过程与方法

1. 控制过程

在控制过程中,都要经过投入、转换、反馈、对比、纠正等基本环节。如果缺少这些基本环节中的某一个,动态控制过程就不健全,就会降低控制的有效性。

(1)投入。控制过程首先从投入开始。一项计划能否顺利的实现,基本条件是能否按计划所要求的人力、材料、设备、机具、方法和信息等进行投入。计划确定的资源数量、质量和投入的时间是保证计划实施的基本条件,也是实现计划目标的基本保障。因此,要使计划能够正常实施并达到预定目标,就应当保证将质量、数量符合计划要求的资源按规定时间和地点投入到工程建设中。项目管理人员如果能把握住对"投入"的控制,也就把握住了控制的起点要素。

(2)转换。工程项目的实现总是要经由投入到产出的转换过程,也就是使投入的人、财、物、方法、信息转变为产出品,最终按设计图纸输出完整的工程项目。在转换过程中,计划的执行往往会受到来自外部环境和内部系统多因素的干扰,造成实际进展情况偏离计划轨道。而这类干扰往往是潜在的,未被人们所预料或人们无法预料的。同时,由于计划本身不可避免地存在着程度不同的问题,因而造成实际输出结果与期望输出结果之间发生偏离。为此,项目管理人员应当做好"转换"过程的控制工作:跟踪了解工程实际进展情况,掌握工程转换的第一手资料,为今后分析偏差原因、确定纠正措施提供可靠依据。同时,对于那些可以及时解决的问题,采取"即时控制"措施,及时纠正偏差,避免"积重难返"。

(3)反馈。反馈是控制的基础工作。对于一项即使认为制订得相当完善的计划,项目管理人员也难以对其运行的结果有百分之百的把握。因为在计划的实施过程中,实际情况的变化是绝对的,不变是相对的。每个变化都会对预定目标的实现带来一定的影响。因此,项目管理人员必须在计划与执行之间建立密切的联系,及时捕捉工程进展信息并反馈给控制部门,为控制服务。

为使信息反馈能够有效地配合控制的各项工作,使整个控制过程流畅地进行,需要设计信息反馈系统。它可以根据需要建立信息来源和供应程序,使每个控制和管理部门都能及时获得所需要的信息。

(4)对比。对比是将实际目标成果与计划目标相比较,以确定是否有偏离。对比工作的第一步是收集工程实施成果并加以分类、归纳,形成与计划目标相对应的实际目标值,以便进行比较。第二步是对比较结果进行分析,判断实际目标成果是否出现偏离。如果未发生偏离或所发生的偏离属于允许范围之内,则可以继续按原计划实施。如果发生的偏离超出允许的范围,就需要采取措施予以纠正。

(5)纠正。当出现实际目标成果偏离计划目标的情况时,要找出造成偏差的原因,采取措施进行消除。如果是轻度偏离,通常可采用较简单的措施进行纠偏。如果目标有较大偏离时,则需要改变局部计划才能使计划目标得以实现。如果已经确定的计划目标不能实现,那就需要重新确定目标,然后根据新目标制订新计划,使工程在新的计划状态下运行。当然,最好的纠偏措施是把管理的各项职能结合起来,采取系统的办法。这不仅需要在计划上做文章,还要在组织、人员配备、领导等方面做文章。

总之,每一次控制循环结束都有可能使工程呈现出一种新的状态,或者是重新修订计划,或者是重新调整目标,使其在这种新状态下继续开展。

2. 工程项目目标控制的方法

控制的方法随控制目标的不同而不同。对工程项目进行控制,可以采用现代化的管理方法和手段,常用的目标控制方法有如下几种。

(1)网络计划法。网络计划技术是一种用于工程进度控制的有效方法,在工程项目目标控制中采用这种方法也有助于工程成本的控制和资源的优化配置。

应用网络计划技术时,可按下列步骤对工程进度目标实施控制:

①根据工程项目具体要求编制网络计划图,并按有关目标要求进行网络计划的优化;

②定期进行网络计划执行情况的检查,主要分析实际进度与计划进度的差异;

③分析产生进度差异的原因以及工作进度偏差对总工期及后续工作的影响程度;

④根据工程项目总工期及后续工作的影响程度,采取进度调整措施,调整原进度计划;

⑤执行调整后的网络计划,并在执行过程中定期进行实际进度的检查与分析。

如此循环,直至工程项目进度目标实现为止。

(2)S曲线法,详见第四章。

(3)香蕉曲线法,详见第四章。

四、工程项目目标协调

1. 三大目标之间的关系

工程项目的质量、进度和投资三大目标是一个相互关联的整体,三大目标之间既存在着矛盾,又存在着统一。进行工程项目管理,必须充分考虑工程项目三大目标之间的对立统一关系,注意统筹兼顾,合理确定三大目标,防止发生盲目追求单一目标而冲击或干扰其他目标的现象。

(1)三大目标之间的对立关系。任何事物都存在于矛盾之中,而矛盾具有斗争性,即矛盾的双方相互排斥、相互对立。由于三大目标是构成工程项目目标控制系统的基本要素,针对工程项目这一客观事物,三大目标之间是矛盾的关系,从而就决定了它们之间存在着对立的关系。例如,通常情况下,如果业主对工程质量有较高的要求,那么就要投入较多的资金和花费较长的建设时间;如果要抢时间、高速度地完成工程项目,把进度目标定得很高,那么投资就要相应地提高,或者质量要求适当下降;如果要降低投资、节约费用,那么势必要考虑其对项目的功能要求和质量标准的影响。所有这些都反映了工程项目三大目标存在着对立的关系。

(2)三大目标之间的统一关系。在通常情况下,适当增加投资数量,为采取加快进度的措施提供经济条件,即可加快项目建设进度,缩短工期,使项目尽早动用,投资尽早回收,项目全寿命周期经济效益得到提高;适当提高项目功能要求和质量标准,虽然会造成一次性投资和建设工期的增加,但能够节约项目动用后的经常费和维修费,从而获得更好的投资经济效益;如果项目进度计划制订得既科学又合理,使工程进展具有连续性和均衡性,不但可以缩短建设工期,而且有可能获得较好的工程质量并降低工程费用。所有这一切都说明,工程项目三大目标之间存在着统一的一面。

从以上分析可知,三大目标在项目不同建设阶段,主次矛盾会相互转换。当然在谈及每一个阶段的主要矛盾时,作为次要矛盾的其他控制目标也很重要,说它们次要只不过是相对于主要矛盾而言的,也应引起项目建设各方主体的高度重视。

2. 工程项目的协调

工程项目的运行会涉及很多方面的关系,为了处理好这些关系,就需要协调。协调是管理的重要职能,其目的就是通过协商和沟通,意见一致,齐心协力,保证项目目标的实现。因此,工程项目协调对项目目标的实现具有重要意义。

工程项目协调的内容大致可以分为以下几个方面:

(1)组织关系的协调,主要是解决项目组织内部的分工与配合问题。

项目中的组织系统内部各组成部分构成一定的分工协作和信息沟通关系。组织关系的协调,要靠组织运转正常,发挥组织能力的作用。

(2)供求关系的协调,包括工程项目实施中所需人力、资金、设备、材料、技术、信息的供应,主要通过协调解决供求平衡问题。项目运作需要资源,因此资金、劳动力、材料、机械设备、动力等需求,实际上是求得项目资源保证。需求关系协调是要按计划供应,抓重点和关键,健全调度体系,充分发挥调度人员的作用。

(3)配合关系的协调,包括承包商、建设单位、设计单位、分包单位、供应单位、监理单位在配合关系上的协助和配合以达到同心协力的目的。还包括项目组织内部人际关系的协调,人际关系的协调主要解决人员之间在工作中的联系和矛盾。

(4)约束关系的协调,主要是了解和遵守国家及地方在政策、法规、制度等方面的制约,求得执法部门的指导和许可。工程项目与远外层的关系包括与政府部门、金融组织与税收部门、现场环境保护单位的关系。这些关系的处理没有定式,协调更加困难,应按有关法规、公共关系准则、经济联系规定处理。例如,与政府部门的关系是请示、报告、汇报的关系,与银行的关系是送审、申请及借贷、委托关系,与现场环境保护单位的关系则是遵守规定,取得支持的关系等。

第四节 工程管理与建设监理

一、建 设 监 理

随着工程建设规模的增加,工程技术日趋复杂化,工程项目管理更加专业化。通常情况下,业主缺乏这类专业管理人员,因而,专门从事工程咨询活动的专业公司应运而生。工程监理是工程咨询的一种最典型的咨询活动。

1. 建设监理概念

工程监理是对工程建设有关活动的"监理",这是一项目标性很明确的具体行为,它包括视察、检查、评价、控制等从旁纠偏,督促目标实现等一系列活动,是一个以严密的制度构成为显著特征的综合管理行为。工程监理通过对工程建设参与者的行为及其他投入物和产出物进行监控、督导和评价,并采取相应的管理措施,保证工程建设行为符合国家法律、法规和有关政策,制止建设行为的随意性和盲目性,促使工程建设费用、进度、质量、安全按计划实现,确保工程建设行为合法性、科学性、合理性、安全性和经济性。

建设监理制是我国在工程建设领域中和项目法人制与项目经理制并列推行的制度,工程建设监理机构受项目法人业主的委托,对建设工程项目提供智力型的监督和管理的技术服务,可以使得业主在工程建设过程的管理活动中得到高水平的专业技术帮助,从质量、工期、投资、安全四个主要的方面提高项目的运作水平,保证项目的质量水平,按照工期要求控制工程进展,并可提高项目的资金使用效能,改善投资效率。

建设监理单位是在业主授予的责权范围内,具有计划、组织、指挥、协调、控制等方面职能的单位。公正地监督施工承包合同实施,解决合同实施过程中出现的各种情况,保证工程按合同正常进展。另外,需要明确的是,建设监理是业主唯一的现场施工管理者,业主的决策和意见应通过监理单位来贯彻执行,以避免现场指挥系统混乱。同时,为保证监理单位责权统一,充分发挥监理单位的作用,使之能够在施工现场及时、有效、公正地监理,监理单位还应有质量否决权,签发付款凭证权和开工、停工、返工、复工权。

2. 建设监理的工作内容

建设监理受聘于业主,代表业主对工程施工全过程进行监督管理,具体工作内容如下:

(1)审查施工单位的施工组织设计、施工方案、施工总进度计划。

(2)全面贯彻设计意图,严格监督施工单位按设计文件及施工图纸施工。对施工单位提出的设计图纸的问题、建议及时反馈给业主,并通过业主向设计单位反映,由设计单位做出相应的修改。

(3)按工程进度核实工程量,为业主做好按进度拨款的签证工作,严格控制投资额度。

（4）检查各阶段的进度及计划执行情况，发现问题及时分析原因，督促施工单位及时调整或采取补救措施。

（5）严格控制工程质量，把好原材料和中间产品质量检验关，做好见证取样及送检制度，做好旁站监理工作，及时验收单元工程及隐蔽工程等。

二、建设监理的性质

我国建设监理制度推行是工程建设项目管理体制的一项重要改革，建设监理的实施对工程建设项目管理的影响主要体现在其性质上。建设监理的性质主要包括：

1. 服务性

监理单位是知识密集型的高智能服务性组织，以自己的科学知识和专业经验为业主提供工程建设监理服务。

2. 公正性和独立性

建设监理单位在工程建设监理中具有组织有关各方协作、配合的职能，同时是合同管理的主要承担者，具有调解有关各方之间权益矛盾，维护合同双方合法权益的职能。为了使这些职能得以实施，它必须坚持其公正性，而为了保护其公正性，又必须在人事上和经济上保持独立，以独立性为公正性的前提。

3. 科学性

科学性是建设监理单位区别于其他一般性服务机构的重要特征，也是其赖以生存的重要条件。建设监理单位的科学性来源于它所拥有的监理人员的高素质。监理工程师必须具有相当的学历，有长期从事工程建设工作的丰富经验，通晓相关的技术、经济、管理和法律，经权威机构考核合格并在政府建设主管部门登记注册、发给证书，才能取得从事监理业务的合法资格。监理单位依靠相当数量合格的人员，成为智力密集型高智能服务性机构，因而具有能发现建设过程中设计和施工的技术、管理和经济方面问题并加以科学合理解决的能力，能够提供有权威的高水平专业服务，并具有能在竞争中生存、发展的强劲生命力。

随着我国社会主义市场经济体制的逐步建立，政府职能逐步从计划经济体制下的微观管理向"规划、监督、协调、服务"为主要内容的宏观管理转变。

在工程建设领域，建设监理制度的推行，使工程建设管理成为在政府有关部门的监督管理之下，由项目业主、承包商、监理单位直接参加的"三方"管理体制。这种管理体制的建立，使我国的工程项目建设管理体制与国际惯例实施了接轨，加强了政府对工程建设的宏观监督管理，改变了过去既要抓工程建设的宏观监督，又要抓工程建设的微观管理的不切合实际的做法，而将微观管理的工作转移给社会化、专业化的监理单位，并形成专门行业。在工程建设中真正实现政企分开，使政府部门集中精力去做好立法和执法工作。

同时，通过专业化、社会化监理单位所提供的科学的项目管理服务，使得工程项目建设的全过程在监理单位的参与下得以科学有效地实施管理，为提高工程建设水平和投资效益奠定基础。

另外，新型的工程建设管理体制和建设监理制度的推行，将参加工程项目建设的三方紧密地联系起来，形成既有利于相互协调又有利于相互约束的完整的项目组织系统，为实现工程项目总目标奠定了组织基础。这主要是由于在项目管理组织中增加了新的一方，即出现了"第三方"——监理单位,从而使整个工程项目管理的组织得以健全。

按照这种新型的工程建设管理体制的运行原则,充分利用市场竞争机制,业主择优选择承包商,并通过签订工程承发包合同在承包商与项目业主之间建立承发包关系;同时通过工程建设监理合同,在项目业主与监理单位之间建立了委托服务关系,利用协调约束机制,根据建设监理制的规定以及工程承发包合同和工程建设监理合同的进一步明确,在监理单位与承包商之间建立了监理与被监理关系。这样,项目业主、承包商、监理单位通过三种关系紧密联系起来,形成一个完整的项目组织系统。这个组织系统在三种关系的协调之下的一体化运行,将产生巨大组织效应,为顺利建成工程项目发挥不可估量的作用。

第五节 工程项目的招投标

一、招投标的意义

1. 招(投)标的概念

招标、投标是市场经济竞争的产物。所谓招标、投标制度是指招标人事先提出工程施工、货物采购或服务项目的条件和要求,邀请众多的投标人参加投标,并按照规定条件和程序从中择优选取中标对象的一种市场交易行为。

招标、投标的目的是为了提高工程、商品或服务质量,节约投资,提高经济效益。同时对参与投标者优胜劣汰,促使竞争者提高工作效率和产品质量,或改善服务质量。

2. 招标、投标方式的特点

(1)程序规范。按照国际惯例和中国现行操作办法,招标、投标程序和条件由招标机构事先拟定,对招投标双方之间具有法律效力的规则,一般不能随意改变,必须严格按既定程序进行招(投)标,违者必纠。

(2)全方位开放,透明度高。公开招标必须在报刊或其他媒体上登载招标通告,对招标要求、条件、标准必须作详细说明,邀请所有潜在的投标人参加投标,招标、投标活动完全置于公开的社会和法律监督之下,防止不正当的交易行为。

(3)公平、客观原则。招(投)标全过程都本着公平竞争的原则进行,凡有能力或够资质的投标者均可参加投标,招标方不得有任何歧视,评标时,评标委员会也必须公平客观地对待每一个投标者。

(4)交易双方一次成交。投标者接到中标通知书后,即可签订交易合同,一次成交。基于以上四大特点,招标、投标可以获取最大限度的竞争者,参与投标者也可以获得公平、公正待遇,这对提高工作效率和效益,杜绝腐败现象和不正当的竞争,都具有重大意义。

工程建设项目的招投标制度是伴随着建设市场的形成而逐步发展和完善起来的。从本质上说,招投标活动是买方和卖方两个方面的工作。从买方的角度来看,业主的招标活动是一项有组织的采购活动,因此,业主应着重分析招标的程序与组织方法,以及国家法律、行政规章、地方立法和交易惯例;从卖方的角度来看,投标是承包人利用商业机会进行竞卖的活动,因此,应侧重于竞争手段和策略的研究与运用。

我国指导招投标的国家法律是《中华人民共和国招标投标法》和以此为依据的相关行政规章和地方法规。《中华人民共和国招标投标法》既是实体法,又是程序法,对招标投标的内容、招标投标的程序,都做出了明确的规定,集中体现了市场经济要求的"公平、公正、公开"的基本原则。下面将从招标、投标、评标与定标几个方面,阐述工程建设项目招标投标的内容、程序和方法。

二、工程建设项目的招标

1. 招标范围和规模

根据《中华人民共和国招标投标法》和《工程建设项目招标范围和规模标准规定》,招标范围包括:

(1)大型基础设施、公用事业等关系社会公共利益、公众安全的项目;

(2)全部或者部分使用国有资金投资或者国家融资的项目;

(3)使用国际组织或者外国政府贷款、援助资金的项目。

上述三类项目包括项目的勘察、设计、施工、监理以及与工程建设有关的重要设备、材料等的采购,如达到下列标准之一的,必须进行招标:

(1)施工单项合同估算价在人民币400万元以上的;

(2)重要设备、材料等货物的采购,单项合同估算价在人民币200万元以上的;

(3)勘察、设计、监理等服务的采购,单项合同估算价在人民币100万元以上的。

2. 业主自行招标应具备的条件

(1)是法人或依法成立的组织;

(2)有与招标工程相适应的经济、技术管理人员;

(3)有组织编制招标文件的能力;

(4)有审查招标资质的能力;

(5)有组织开标、评标、定标的能力。

3. 项目招标具备的条件

(1)概算已批准;

(2)工程建设项目已列入国家部门或地方的年固定资产投资计划;

(3)建设用地的征用已经完成,并取得建筑规划许可证;

(4)有能力满足施工需要的施工图纸和技术资料;

(5)建设资金和主要建设材料、设备的来源已落实;

(6)已向建设项目所在地规划部门办理报建手续,施工现场的"三通一平"已经完成或列入施工招标范围。

4. 招标程序

业主方作为建设项目招标的主体或招标人,在招标投标活动中处于中心的地位。业主方在招标过程中的主要工作内容和工作程序如下:

1)确定招标业主是否具有自行招标条件

业主不具备自行招标的条件时,应委托有资格的招标代理机构组织招标活动。业主具备自行招标资格的,应向招标投标行政监督机构备案。

2)确定招标方式

《中华人民共和国招标投标法》规定的招标方式有两种:公开招标和邀请招标。

（1）公开招标是指招标单位在国内外主要报刊上或通过广播、电视等新闻媒体发布招标公告，凡有兴趣并符合要求的承包商，均可以申请投标。经过资格审查后，按规定时间参加投标。目前我国实行公开招标的工程建设项目越来越多，公开招标方式越来越普遍。

（2）邀请招标是指招标单位向预先确定的若干家承包商单位发出投标邀请函，就招标工程的内容、工作范围和实施条件等做出简要说明，请他们来参加投标竞争。被邀请单位同意参加投标后，从招标单位获取招标文件，并在规定时间内投标报价。邀请招标的邀请对象数目以5~10家为宜，但不应少于3家，否则就失去了竞争的意义。

3）决定对潜在投标人的资格审查方式

对潜在投标人的资格审查，是招投标工作中的重要程序之一。国家法律规定了相关资质限制的工程建设项目的招标投标。

对潜在投标人的资格审查，通常分为资格预审和资格后审两种方式。所谓资格预审，是指在向投标人发出投标邀请函或发送招标文件前，按照事先确定的关于承包商资质等级、社会信誉、财务状况、类似工程经历、现有合同情况等条件，筛选潜在投标人，只向资格预审合格的潜在投标人发出投标邀请函或招标文件。招标人采用资格预审办法对潜在投标人进行资格审查的，应当发布资格预审公告、编制资格预审文件。资格后审方式则是向具备相应资质等级、并有意参与工程投标的全体投标人发出招标邀请函或招标文件，资质审查的内容与条件含在招标文件中，并作为评标的条件之一。为减少评标的工作量，目前一般采用资格预审方式审查承包商的资质。

4）结合拟招标工程的特点，编制并发布招标文件

招标文件是招标人向全体投标人发出的要约邀请，是招标人拟通过工程建设项目招标、投标活动选择承包商以达成招标人最大合法利益的原则性文件。因此，它是所有投标人在投标过程中必须遵循的主要投标依据。相应的，其内容既应包括建设工程概况、工期及质量要求、投标报价的依据、方式、适用的法律、技术规范等主要合同内容，也需要包括评标、定标的标准和细则，还应明确标书格式、投标期限、响应内容、开标地点与程序等。

5）组织投标人察看现场，召集标前答疑会

这些安排主要保证所有投标人对即将进行的投标活动有全面和一致的了解，以利于各承包商公平竞标。

6）在招标投标行政监督部门的监督下，组织开标、评标和定标

公开开标是《中华人民共和国招标投标法》规定的法定程序，是招标投标程序是否合法的重要判据。在开标之后、评标之前，招标人认为有必要的，应要求投标人对标书中的相关内容进行必要的澄清和补充。但投标人对标书内容的澄清，不得成为对投标响应的实质性修改。在招标投标过程中，招标人有义务及时处理与招标投标有关的权利人对招投标过程提出的异议。

7）确定中标人

经过评标委员会对投标人的标书评定后，评标委员会的评标报告会向招标人推荐投标书，较好地满足了招标文件实质性要求和条件的3家中标候选人，供招标人选择确定。招标人可以选择最能满足招标文件实质性要求的候选人为中标人，也可以分别与候选人进行合同前谈判，进一步明确技术与经济细节，最后结合合同前谈判的情况，确定中标人。但不得在推荐的

中标候选人之外另行选定中标人。

8) 与依法产生的中标人进行合同谈判,并订立建设工程承发包合同

在确定了中标单位后,招标人与中标人的合同前谈判,仅限于澄清投标书的细节和合同条款细节,不得另行订立违背中标通知书、招标文件、投标文件所确立的原则的合同。

三、工程建设项目的投标

投标是投标人接受招标人的要约邀请,编制投标文件,实质性响应招标人,向招标人做出要约的经济行为。投标人的主要工作内容和工作程序有:

1) 决定是否接受招标人的要约

邀请潜在投标人在领取或购买了招标文件后,就接受了招标人的要约邀请。潜在投标人应按照招标公告或资格预审公告的要求,编制并及时送达资格预审文件。资格预审合格的,才成为本招标工程的投标人。

2) 领取招标文件,参加标前答疑会和现场察看

投标人应按照招标文件规定的时间、地点,参加招标人组织的标前答疑会和现场察看。

3) 决定建设工程投标方式

投标人应根据工程特点和现阶段承包工程量情况,决定采用独立投标还是与其他投标人组成投标联合体投标的方式。

决定与其他具备相关资质条件的经济实体联合投标,可能源于下列两种情形之一:投标人作为总承包人不具备本工程建设项目中某些项目实施的资质要求;或自身承担的工程量较多,希望本工程与跟自己同类型的经济实体共同完成。

采用联合投标方式的,联合双方应在投标前达成联合投标协议,以明确双方在投标过程中的权利、义务,和中标后双方各自承担的工作内容、项目实施的组织方式等。

4) 及时编制并送达投标文件

投标文件是投标人对招标人在招标文件中提出的实质性要求和条件做出的实质性的响应,投标书是承包合同的基础和重要组成部分,因此,投标策略的选择,是投标人在投标书编制过程中最主要、最根本的决策。

投标策略中最常用的有:中标策略和不均衡报价策略。

(1) 中标策略主要基于对招标文件的深入理解、对竞争者实力的了解与把握。投标人急于获得工程建设项目的,可能会采用低价中标、实施中加强索赔的策略;对于在该招标中具备明显的专业技术、管理经历或其他优势的工程,投标人可要求较高的中标价格;或按照招标文件的要求,报出一个有竞争力的合理低标,通过对原设计进行修改,降低工程造价,从而要求招标人从设计优化节约中给予奖励的方式,来弥补中标价格的利润不足。

(2) 不均衡报价策略主要是通过现场的实际察看和寻找设计文件及招标人工程量清单的错误,将实施中工程量必将大幅度增加的项目的单价提高,实施中工程量将显著减少的项目的单价减低,而保持投标总价的不变或小幅度提高,以便在工程中标后的实施中通过计量支付获得理想的利润水平。

未通过资格预审的申请人提交的投标文件,以及逾期送达或者不按照招标文件要求密封的投标文件,招标人应当拒收。

5)参与公开开标,澄清投标书

参与招标人组织的公开开标,并应招标人的要求,澄清投标书中的相关内容、技术细节,改正投标书中的明显错误。

6)订立工程承发包合同

中标的投标人与招标人进行合同前谈判,并订立与中标通知书内容相一致的建设工程承发包合同。

未中标的投标人对招标投标内容、程序等合法性有异议的,或中标人对招标人在合同谈判中的行为有异议的,均可向招标人提出异议或向招标投标行政监督部门投诉。

投标中经常遇到的问题:

1. 封面

(1)封面格式是否与招标文件要求格式一致,文字打印是否有错字。

(2)封面标段、面积是否与所投标段、面积一致。

(3)企业法人或委托代理人是否按照规定签字或盖章,是否按规定加盖单位公章,投标单位名称是否与资格审查时的单位名称相符。

(4)投标日期是否正确。

2. 目录

(5)目录内容从顺序到文字表述是否与招标文件要求一致。

(6)目录编号、页码、标题是否与内容编号、页码(内容首页)、标题一致。

3. 投标书及投标书附录

(7)投标书格式、标段、里程是否与招标文件规定相符,建设单位名称与招标单位名称是否正确。

(8)报价金额是否与"投标报价汇总表合计"、"投标报价汇总表"、"综合报价表"一致,大小写是否一致,国际标中英文标书报价金额是否一致。

(9)投标书所示工期是否满足招标文件要求。

(10)投标书是否按已按要求盖公章。

(11)法人代表或委托代理人是否按要求签字或盖章。

(12)投标书日期是否正确,是否与封面所示吻合。

4. 修改报价的声明书(或降价函)

(13)修改报价的声明书是否内容与投标书相同。

(14)降价函是否按招标文件要求装订或单独递送。

5. 授权书、投标保证金、银行保函、信贷证明

(15)授权书、银行保函、信贷证明是否按照招标文件要求格式填写,是否由法人正确签字或盖章。

(16)投保保证金是否按要求提交,附上汇款凭证原件。

(17)委托书日期是否正确。

(18)委托权限是否满足招标文件要求,单位公章加盖完善。

(19)信贷证明中信贷数额是否符合业主明示要求,如业主无明示,是否符合标段总价的

一定比例。

6. 报价

(20) 报价编制说明要符合招标文件要求,繁简得当。

(21) 报价表格式是否按照招标文件要求格式,子目排序是否正确。

(22) "投标报价汇总表合计"、"投标报价汇总表"、"综合报价表"及其他报价表是否按照招标文件规定填写,编制人、审核人、投标人是否按规定签字盖章。

(23) "投标报价汇总表合计"与"投标报价汇总表"的数字是否吻合,是否有算术错误。

(24) "投标报价汇总表"与"综合报价表"的数字是否吻合,是否有算术错误。

(25) "综合报价表"的单价与"单项概预算表"的指标是否吻合,是否有算术错误。"综合报价表"费用是否齐全,特别是来回改动时要特别注意。

(26) "单项概预算表"与"补充单价分析表"、"运杂费单价分析表"的数字是否吻合,工程数量与招标工程量清单是否一致,是否有算术错误。

(27) "补充单价分析表"、"运杂费单价分析表"是否有偏高、偏低现象,分析原因,所用工、料、机单价是否合理、准确,以免产生不平衡报价。

(28) "运杂费单价分析表"所用运距是否符合招标文件规定,是否符合调查实际。

(29) 配合辅助工程费是否与标段设计概算相接近,降造幅度是否满足招标文件要求,是否与投标书其他内容的有关说明一致,招标文件要求的其他报价资料是否准确、齐全。

(30) 定额套用是否与施工组织设计安排的施工方法一致,机具配置尽量与施工方案相吻合,避免工料机统计表与机具配置表出现较大差异。

(31) 定额计量单位、数量与报价项目单位、数量是否相符合。

(32) "工程量清单"表中工程项目所含内容与套用定额是否一致。

(33) "投标报价汇总表"、"工程量清单"采用 Excel 表自动计算,数量乘单价是否等于合价(合价按四舍五入规则取整)。合计项目反求单价,单价保留两位小数。

7. 对招标文件及合同条款的确认和承诺

(34) 投标书承诺与招标文件要求是否吻合,招标文件要求逐条承诺的内容是否逐条承诺。

(35) 承诺是否涵盖了招标文件的所有内容,是否实质上响应了招标文件的全部内容及招标单位的意图。业主在招标文件中隐含的分包工程等要求,投标文件在实质上是否予以响应。

(36) 招标文件要求逐条承诺的内容是否逐条承诺。

(37) 对招标文件(含补遗书)及合同条款的确认和承诺,是否确认了全部内容和全部条款,不能只确认、承诺主要条款,用词要确切,不允许有保留或留有其他余地。

8. 施工组织及施工进度安排

(38) 工程概况是否准确描述。

(39) 计划开竣工日期是否符合招标文件中工期安排与规定,分项工程的阶段工期、节点工期是否满足招标文件规定。工期提前要合理,要有相应措施,不能提前的决不提前,如铺架工程工期。

(40) 工期的文字叙述、施工顺序安排与"形象进度图"、"横道图"、"网络图"是否一致,特别是铺架工程工期要针对具体情况仔细安排,以免造成与实际情况不符的现象。

(41) 总体部署:施工队伍及主要负责人与资审方案是否一致,文字叙述与"平面图"、"组织机构框图"、"人员简历"及拟任职务等是否吻合。

(42) 施工方案与施工方法、工艺是否匹配。

(43) 施工方案与招标文件要求、投标书有关承诺是否一致。材料供应是否与甲方要求一致,是否统一代储代运,是否甲方供应或招标采购。临时通信方案是否按招标文件要求办理。(有要求架空线的,不能按无线报价)。施工队伍数量是否按照招标文件规定配置。

(44) 工程进度计划:总工期是否满足招标文件要求,关键工程工期是否满足招标文件要求。

(45) 特殊工程项目是否有特殊安排:在冬季施工的项目措施要得当,影响质量的必须停工,膨胀土雨季要考虑停工,跨越季节性河流的桥涵基础雨季前要完成,工序、工期安排要合理。

(46) "网络图"工序安排是否合理,关键线路是否正确。

(47) "网络图"如需中断时,是否正确表示,各项目结束是否归到相应位置,虚作业是否合理。

(48) "平面图"是否按招标文件布置了队伍驻地、施工场地及大临设施等位置,驻地、施工场地及大临工程占地数量及工程数量是否与文字叙述相符。

(49) 劳动力、材料计划及机械设备、检测试验仪器表是否齐全。

(50) 劳动力、材料是否按照招标要求编制了年、季、月计划。

(51) 劳动力配置与劳动力曲线是否吻合,总工天数量与预算表中总工天数量差异要合理。

(52) 标书中的施工方案、施工方法描述是否符合设计文件及标书要求,采用的数据是否与设计一致。

(53) 施工方法和工艺的描述是否符合现行设计规范和现行设计标准。

(54) 是否有防汛措施(如果需要),措施是否有力、具体、可行。

(55) 是否有治安、消防、环保措施及农忙季节劳动力调节措施。

(56) 主要工程材料数量与预算表工料机统计表数量是否吻合一致。

(57) 机械设备、检测试验仪器表中设备种类、型号与施工方法、工艺描述是否一致,数量是否满足工程实施需要。

(58) 施工方法、工艺的文字描述及框图与施工方案是否一致,与重点工程施工组织安排的工艺描述是否一致;总进度图与重点工程进度图是否一致。

(59) 施工组织及施工进度安排的叙述与质量保证措施、安全保证措施、工期保证措施叙述是否一致。

(60) 主要工程项目的施工方法与设计单位的建议方案是否一致,理由是否合理、充分。

(61) 施工方案、方法是否考虑与相邻标段、前后工序的配合与衔接。

(62) 临时工程布置是否合理,数量是否满足施工需要及招标文件要求。临时占地位置及数量是否符合招标文件的规定。

(63) 过渡方案是否合理、可行,与招标文件及设计意图是否相符。

9. 工程质量

(64) 质量目标与招标文件及合同条款要求是否一致。

(65)质量目标与质量保证措施"创全优目标管理图"叙述是否一致。

(66)质量保证体系是否健全,是否运用ISO9002质量管理模式,是否实行项目负责人对工程质量负终身责任制。

(67)是否有完善的冬、雨季施工保证措施及特殊地区施工质量保证措施。

10. 安全保证措施、环境保护措施及文明施工保证措施

(68)安全目标是否与招标文件及企业安全目标要求口径一致。

(69)安全保证体系及安全生产制度是否健全,责任是否明确。

(70)安全保证技术措施是否完善,安全工作重点是否单独有保证措施。

(71)环境保护措施是否完善,是否符合环保法规,文明施工措施是否明确、完善。

11. 工期保证措施

(72)工期目标与进度计划叙述是否一致,与"形象进度图"、"横道图"、"网络图"是否吻合。

(73)工期保证措施是否可行、可靠,并符合招标文件要求。

12. 控制(降低)造价措施

(74)招标文件是否要求有此方面的措施(没有要求不提)。

(75)若有要求,措施要切实可行,具体可信(不作过头承诺、不吹牛)。

(76)遇到特殊有利条件时,要发挥优势,如队伍临近、就近制梁、利用原有大临等。

13. 施工组织机构、队伍组成、主要人员简历及证书

(77)组织机构框图与拟上的施工队伍是否一致。

(78)拟上施工队伍是否与施工组织设计文字及"平面图"叙述一致。

(79)主要技术及管理负责人简历、经历、年限是否满足招标文件强制标准,拟任职务与前述是否一致。

(80)主要负责人证件是否齐全。

(81)拟上施工队伍的类似工程业绩是否齐全,并满足招标文件要求。

(82)主要技术管理人员简历是否与证书上注明的出生年月日及授予职称时间相符,其学历及工作经历是否符合实际、可行、可信。

(83)主要技术管理人员一览表中各岗位专业人员是否完善,符合标书要求;所列人员及附后的简历、证书有无缺项,是否齐全。

14. 企业有关资质、社会信誉

(84)营业执照、资质证书、法人代表、安全资格、计量合格证是否齐全并满足招标文件要求。

(85)重合同守信用证书、AAA证书、ISO9000系列证书是否齐全。

(86)企业近年来从事过的类似工程主要业绩是否满足招标文件要求。

(87)财务状况表、近年财务决算表及审计报告是否齐全,数字是否准确、清晰。

(88)报送的优质工程证书是否与业绩相符,是否与投标书的工程对象相符,且有影响性。

15. 其他复核检查内容

(89)投标文件是否有缺页、重页、装倒、涂改等错误。

(90)复印完成后的投标文件如有改动或抽换页,其内容与上下页是否连续。
(91)如有综合说明书,其内容与投标文件的叙述是否一致。
(92)按招标文件要求是否逐页签字,修改处是否由法人或代理人签字。
(93)投标文件是否按规定格式密封包装、加盖正副本章、密封章;并建立电子文件。
(94)页眉标识是否与本页内容相符,页面设置中"字符数/行数"是否使用了默认字符数。
(95)一个工程项目同时投多个标段时,共用部分内容是否与所投标段相符。
(96)国际投标以英文标书为准时,加强中英文对照复核,尤其是对英文标书的重点章节的复核(如工期、质量、造价、承诺等)。
(97)采用施工组织模块,或摘录其他标书的施工组织内容是否符合本次投标的工程对象。

四、工程建设项目的开标、评标与定标

开标应当在招标文件确定的提交投标文件截止时间的同一时间公开进行;开标地点应当为投标文件中预先确定的地点。投标人少于3个的,不得开标,招标人应当重新招标。

工程建设项目的评标与定标的过程,就是评标委员会依据事先确定的评标条件对投标人的投标书进行评价,评估投标书对招标文件中提出的实质性要求和条件满足的程度,进而推荐中标人,招标人根据评标委员会的推荐,结合与投标人合同前谈判的情况,最后确定中标人的行为。

评标过程有两点是特别重要的,一是评标条件的事先性和公开性,再则是评标条件的科学性与合理性。之所以要求评标条件是公开的和事先拟定的,既是为了所有投标人在编制投标文件时具有针对性,也是为了避免在开标后再制定的评标条件会偏向于特定的投标人。之所以要求评标条件的科学性和合理性,在于招标投标的目的是为工程建设项目选择最合适的承包人,而不是一场智力游戏。

工程建设项目中标的条件,《招标投标法》规定应符合下列条件之一:

(1)能够最大限度地满足招标文件中规定的各项综合评价标准。

(2)能够满足招标文件的实质性要求,并且经评审的投标价格最低;但是投标价格低于成本的除外。

因此,通常采用的评标方法包括:综合评估法(或百分制评分法)、经评审的最低投标价法和合理最低标。

所谓综合评估法或百分制评分法,是为所有参与评价的因素(技术因素、报价因素、工期因素、质量等级因素、企业评价因素)设定分值,总分为100分,按照各投标人各项考评因素得分之和排序,综合评分最高的三家投标人成为评标委员会推荐的中标候选人。而评标价法则将所有非价格因素按照确定的方式折算为货币或加权计算,以确定最低评标价。譬如,生产性项目提前竣工投产,会产生直接的经济效益并减少固定资产投资贷款利息,那么,缩短的建设工期将按照每提前1天折算为造价减低的某一对应值;房地产开发项目因为某些著名的建筑商承接施工而成为开发商楼盘的卖点之一而将楼价提升某一额度,则该类公司的社会信誉也可折算为造价降低的相应额度。最低评标价的前3名,将成为评标委员会推荐的中标候选人。至于最低投标价格中标,在工程建设项目招标投标中很少采用。其适用范围仅限于招标人采购简单商品、半成品、设备、原材料,以及其他性能、质量相同或容易进行比较的货物,价格可以作为评标时考虑的唯一因素。合理最低标是对最低投标价中标的修正与完善。按照《中华人

民共和国反不正当竞争法》的规定,产品或服务的提供人不得以低于成本的价格出售商品或提供服务,因此,最低投标价不得低于同期社会平均劳动生产力水平下的成本价格。

  评标委员会推荐的中标候选人应当限定在 1~3 人,并标明排列顺序。国有资金占控股或者主导地位的项目,招标人应当确定排名第一的中标候选人为中标人。排名第一的中标候选人放弃中标、因不可抗力提出不能履行合同,或者招标文件规定应当提交履约保证金而在规定的期限内未能提交,或者被查实存在影响中标结果的违法行为等情形,不符合中标条件的,招标人可以按照评标委员会提出的中标候选人名单排序依次确定其他中标候选人为中标人。依次确定其他中标候选人与招标人预期差距较大,或者对招标人明显不利的,招标人可以重新招标。

习 题

1. 简述项目和工程项目的概念。
2. 项目的特点是什么?项目有哪些类型?
3. 工程项目管理是怎么分类的?
4. 工程项目管理的任务是什么?
5. 目标控制的方法有哪些?
6. 建设监理的概念是什么?
7. 简述招投标的内容与程序。

第二章 工程项目管理组织

第一节 概　述

一、工程项目管理组织的概念

"组织"是建设工程项目管理的基本职能之一。所谓组织是人们为了实现某种既定目标，通过明确的分工协作关系，建立不同层次的权力、责任、利益制度而构成的能够一体化运行的人的系统。组织学分为组织结构学和组织行为学。组织结构的要素一般包括管理层次、管理跨度、管理部门和管理职责四个方面。各要素之间密切相关、相互制约，在组织结构设计时，必须考虑各要素间的平衡与衔接。本章主要介绍工程项目管理组织结构。

建设工程项目管理组织结构是根据项目管理目标，通过科学设计而建立的组织实体。该机构是由一定领导体制、部门设置、层次划分、职责分工、规章制度和信息系统等构成的有机整体，以一个合理有效的组织结构为框架所形成的权力系统、责任系统、利益系统、信息系统，是实施工程项目管理及实现最终目标的组织保证。

二、工程项目管理组织的内容和程序

1）确定工作任务

根据项目目标确定的目标体系来确定工程项目需要完成的任务。

2）选择项目管理组织形式

直线式、职能式和矩阵式的组织形式各具特点，在项目管理机构组织策划过程中，不能机械地照搬某种形式，而应根据项目的特点来选择适当的组织形式。

3）确立组织结构、划分工作部门

在组织形式确定的前提下，应根据项目的特点和需要完成的任务，首先确定组织的层次结构。一般组织结构可以分成三大层次，即决策层、管理层和劳务作业层。在层次结构的基础上，对每一层次设定相应的工作部门，来负责该层次工作任务的完成。

4) 确定岗位职责、落实工作人员

确定了工作部门的工作任务之后,就要确定每个部门的工作岗位,岗位的设置应以完成部门的任务为目标,遵循责权一致的原则进行。对每一个岗位都要制定相应的职责和工作内容,并根据岗位的要求落实工作人员。

5) 制定工作制度和工作流程

组织策划的最后一步就是在已经建立好的组织机构中确立工作的基本制度,并规范各部门的工作流程。工程项目的工作流程的组织是在工程项目管理班子组织确立的情况下拟定的,目的是通过一整套完整而标准的工作流程使项目管理工作有条不紊地进行,从而确保工程项目目标的最终实现。

三、工程项目管理组织机构设置的原则

1. 任务目标原则

组织机构作为一种管理手段,其设置的根本目的在于确保项目目标的实现。从这一根本目标出发,组织机构设置应该根据目标而设事(任务),因事而设机构和划分层次,因事设人和定岗定责,因责而授权,权责明确,权责统一,关系清楚。

2. 管理幅度和管理跨度统一的原则

现代组织理论十分重视管理跨度的科学性。所谓管理跨度是指每一个管理者直接管辖的人数(部门负责人)。

一个成功的领导,是以良好的信息沟通为前提的。而良好的双向信息沟通只能在有限的范围内才能实现,某个层次的管理者是上下双向信息沟通的汇聚点,因此直接管理的跨度一般只能有十来个人。

管理跨度大小的选择,应综合考虑领导者所处理事务的重要性、复杂程度及所管理下属人员对工作的熟练程度等因素,以便使信息能够迅速、准确地传递。一般来讲,如果所处理的事务多为决策性、方向性的重要问题,或所处理的事务比较复杂,或下属人员对工作不够熟练时,领导者的管理跨度应选择的小一些。反之,如果处理的事务多为日常的、规范性的事务,或所处理的事务比较简单,或下属人员对本职工作相当熟练时,则管理跨度可适当选择大一些。

法国管理学家格兰丘纳斯在1993年首先提出:如果一个领导者直接管辖的人数为 N,那么它们之间可能产生的沟通关系系数 C 为:

$$C = N[2^{N-1} + (N-1)] \tag{2-1}$$

式中:C——可能存在的工作关系数;

N——管理跨度。

若直接管辖的人数太多,双向沟通关系系数很大,这时指令、信息的传递容易失真,需要将信息"过滤"(去伪存真、精简、摘要),以便对少量有价值的信息进行"深加工"。对领导者控制适当的管理跨度是对信息过滤的最好办法。为此就要将管理系统划分为若干个层次,使每一个层次的领导者保持适当的管理跨度,以集中精力在其职责范围内实施有效的管理。

管理层次划分的多少,应本着尽量精简的原则,根据部门事务的繁杂程度和各层次管理跨度的大小加以确定。如果层次划分过多,信息传递容易发生失真及遗漏的现象,可能会导致管理失误。但是,若层次划分过少,各层次管理跨度过大,会加大领导者的管理难度,也可能导致

管理失误。

图 2-1 为日本大成会社在承担的我国云贵高原鲁布革工程中项目管理管理组织结构图,项目部共有 33 人,分为四个层次,管理跨度为五。

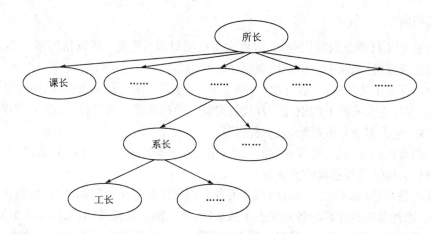

图 2-1 鲁布革工程项目管理组织结构图

科学的管理跨度加上适当的管理层次划分和适当的授权,是建立高效组织机构的基本条件。

3. 系统化原则

项目组织的系统化是由项目自身的系统化决定的。

项目是一个开放的系统,是由多个系统组成的,各系统之间存在着大量的"结合部",这就要求项目组织必须是一个完整的封闭的组织结构系统,否则就会出现项目组织与项目活动间的不匹配、不协调。

组织机构的系统化,突出表现在组织结构的封闭性和整体性上。这就要求组织内部各层次间、各级组织之间要形成一个相互制约、相互联系的有机体。所以应对各层次的职能划分、授权范围、人员配备做出统筹安排,以使系统有机、高效的运作,完成项目各项任务,实现项目目标。

4. 精简、高效的原则

项目组织在保证必要职能的前提下,应尽量简化机构,减少层次,严格控制二、三线人员,把"不用多余的人,一专多能"作为用人的基本原则。

5. 项目组织与企业组织一体化原则

项目组织是企业组织的有机部分。企业是它的母体,归根到底,项目组织是由企业组建的。从管理方面来看,企业是项目管理的外部环境,项目管理人员全部来自于企业,项目管理组织解体后,其人员仍回到企业。项目的组织形式与企业的组织形式有关,不能离开企业的组织形式去谈项目的组织形式。

四、我国建设项目业主(甲方)的组织机构沿革

项目业主的组织形式与我国投资管理体制关系极为密切,在计划经济体制下,国家是建设项目的唯一投资主体,大都以项目的主管部门为主体,组建多种形式的工程指挥部,负责工程

实施。对一般工业投资项目(竞争性投资项目)则由企业(业主)采用自组织方式管理,或采用交钥匙方式。随着改革开放,计划经济向市场经济转型,工程监理制被引入项目的实施管理中,项目法人责任制成为项目管理责任的主体。项目法人责任制发展沿革如下：

1. 指挥部制

1960年由国家计委党组发出通知,对重大工程项目成立"基本建设指挥部",这是当时压缩基本建设投资规模、加强中央统一计划领导的产物。

工程指挥部是由建设单位、设计单位、施工单位、项目所在地党委及物资、银行等有关部门的代表组成,实行党委领导下的指挥部首长负责制。指挥部统一指挥设计、施工、物资供应、地方支援等工作,它类似于军事组织,是一种临时组织。

这种组织形式的特点是：指挥部权威很大,用行政手段组织建设与施工,能够迅速集中人力、物力和财力,保证工程建设的实施。

它的缺点是：指挥部不是靠合力协调有关各方的经济利益和责权利关系,而是靠行政手段结合在一起,因此参加指挥部的各方失去了独立性,分工协作是低效的,系统动作也是低效的。总指挥部下设的各分指挥部之间的横向联系也很困难,工作实施协调难度大。此外,工程建设指挥部是一个临时机构,专业人员素质难以保证。在这种建设模式下,花钱的不管筹钱,筹钱的不管还钱,造成了巨大的浪费。

十一届三中全会后,在一些大型基础设施和基础工业工程项目建设中采用了一种常设工程指挥部的组织形式。它是由政府的主管部门授权,抽调出各方面的专家组成常设的项目管理机构,作为政府的派出机构,拥有代表政府管理项目的一切权利,负责对大型项目的统筹实施管理、协调控制。

这种指挥部权威很大,权力集中,常设指挥部职能相对专一,机构相对健全,人员相对稳定；但不是经济实体,在管理体制上采用行政手段,靠政府的权力管理项目。从职责上看,它只对项目的按期竣工和工程的质量负责,不承担项目的经济责任。

2. 工程监理代理制

工程监理代理制是建设单位分别与承包商和监理机构签订合同,由监理机构全权代表建设单位对建设项目实施管理,对承包商进行监督。这时建设单位(业主)不直接管理项目,而是委托企业外部的专门从事项目管理的经济实体——监理机构来全权代表业主对项目进行管理、监督、协调、控制。这种方式项目的拥有权与管理权相分离,业主只需对项目制定目标提出要求,并负责最后工程的验收。

监理单位拥有工程项目管理的专门知识,拥有丰富管理经验的人才,这种经济实体,国际上称为"工程师单位",是独立于业主和承包商的第三方法人,它具有工程技术监理和项目管理的双重职能。

3. 交钥匙管理方式

按照建设单位提出的项目使用要求,把项目管理的所有内容一揽子包出去,即将勘测设计、材料设备选购、工程施工、试生产验收等全部工作委托给一家大承包公司去做,工程竣工后接过钥匙即可启用,这种管理方式也叫作"全过程承包"。

承担这种任务的承包商可以是一体化的设计施工公司,也可以由设计、施工、器材供应、设备制造厂及咨询机构等组成的"联合财团"。

4. 建设单位自组织方式(企业基建部门负责制)

建设单位自组织方式,指建设单位内部设立常设的基建管理职能部门,建设工作由基建处及下设的计划科、预算科、设备科、材料科、工程科等组织项目实施。这些部门实际上起组织协调运筹工作,工程勘察设计、施工均采取发包、招标办法,有的还聘请监理机构协助工程监督、监理。但是由于基建职能部门不具备法人资格,与设计单位、施工单位及监理单位签订合同,必须由企业或事业单位等的建设单位的法人来签订。

建设单位自组织方式的各方关系如图2-2所示。

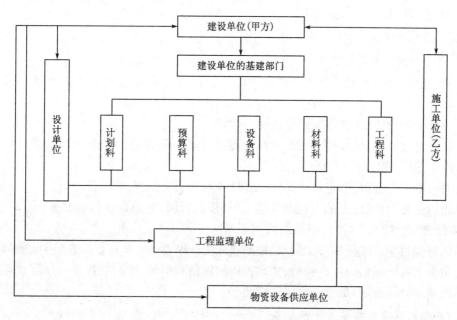

图2-2　建设单位自组织方式的各方关系

5. 项目法人责任制

改革开放之后,我国的投资管理体制进行了多方面的改革,但投资风险约束机制并没有彻底建立起来,在深化投资管理体制改革中,加强建设项目管理制度的改革,对于规避风险、提高投资效益有着极为重要的意义。建设项目管理组织制度改革的核心是在明晰投资产权关系的基础上,建立责权分明、管理科学的"项目法人制度"。

项目法人责任制源于业主责任制。业主是西方国家对建设项目的投资人的称谓。1992年原国家计划委员会颁发了《关于建设项目实行业主责任制的暂行规定》,同年十四届三中全会改成项目法人制。项目法人是指由项目投资人代表组成的对建设项目全面负责并承担投资风险的项目法人机构,它是一个拥有独立法人财产的经济组织。项目法人责任制是将投资所有权和经营权分离,对建设项目规划、设计、筹资、建设实施直到生产经营,以及投资的增值保值和投资风险负全部责任,自主经营、自负盈亏、自我发展、自我约束的经营机制。项目法人责任制符合现代企业制度的要求,是发达国家市场经济国家普遍采用的一种项目管理组织制度。我国政府规定:从1992年起,新开工和进行前期工作的全民所有制单位的基本建设项目,原则上都要实行项目法人责任制,要先有项目法人,后有项目,这就明确了建设项目经营的责任"人"。

1) 项目法人的组织形式

项目法人有下列几种组织形式：

(1) 由政府出资的新建项目，如交通、能源、水利等基础设施工程，可由政府授权设立工程管理委员会作为项目法人。

(2) 由企业投资进行的扩建、改建、技改项目，企业董事会（或实行工厂制的企业领导班子）是项目的法人。

(3) 由各个投资主体以合资的方式投资建设的新建、扩建、技改项目，则由出资各方代表组成的企业（项目）法人是项目法人。

2) 项目法人的职责

作为建设项目的财产所有者——项目法人，应承担下列的职责：

(1) 负责建设项目的科学规划与决策，以确定合理的建设规模和适应市场需求的产品方案。

(2) 负责项目融资，并合理安排投资使用计划。

(3) 制订全过程的全面工作计划，组织工程设计、施工，并进行监督、检查，在计划的投资范围内，按质、按工期完成建设任务。

(4) 对建设任务分解，确定每项工作的责任者及其职责范围，并进行协调。

(5) 组织工程设计、施工的发包和投标，严格履行合同，对建设项目的财务、进度、工期、质量进行监督、检查、控制，并进行必要的协调工作。

(6) 做好项目生产准备和竣工验收，按期投入生产经营。

(7) 负责项目建成后的生产经营，实现投资的保值和增值，审定项目利润分配方案。

(8) 按贷款合同规定，负责贷款本息偿还。

3) 项目法人与项目有关各方的关系

在建设项目的整个建设期和生产经营期，将与政府、银行、设计、施工、监理等许多有关部门发生众多的经济关系和领导与被领导关系。

政府与项目法人的关系是领导与被领导的关系。如果政府是项目的出资人，则政府还是项目财产的最终所有者。政府对建设项目应严格区别两种关系：一是作为政府部门，依法对建设项目有审批权、监督权，这是政府的社会经济管理职能；二是作为投资者，享有重大决策权和收益权，但要把所有权与经营权分离。总之，要按照现代企业制度的要求，实行政企分开，给企业以自主经营权和发展权，要尊重项目法人财产权。

根据国家的有关法规规定，建设项目的勘察设计、施工，应实行工程承发包制、招投标制、合同管理制和建设监理制，其目的是为了规范建设市场，降低工程造价，提高工程质量，合理利用社会资源。这样，在项目的实施过程中就与勘察设计单位、施工公司、设备材料供应商、工程监理机构发生了许多经济关系，这些经济关系大多通过经济合同形式予以处理，如图2-3所示。

实行工程承发包、招标与合同制，是对项目法人负责制的一个重要补充，它通过引入市场竞争机制，一方面强化了投资风险约束机制，分散了项目法人的风险，减轻了项目法人组织项目建设的工作量，可集中精力从事监督、协调、服务；另一方面保证了建设项目顺利实施和实现项目建设的目标。项目法人责任制、工程承发包制、招投标制和合同管理制的密切结合，对提高我国建设项目的管理水平有着重要的意义。必须明确，项目法人责任制是项目管理责任的主体。

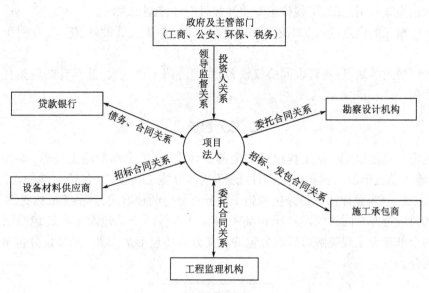

图 2-3　项目法人与有关各方的关系

第二节　工程项目承包模式

工程项目是一个涉及多学科、多专业的系统工程，在承包工程项目时往往需要多种专业的承包商按一定的组织方式进行。常见组织方式有以下几种。

一、平行承包模式

这种组织方式也称"分别承包方式"，是建设单位根据工程建设的实际需要把工程项目的设计任务分别委托给多个设计单位，或把工程项目的施工任务分别发包给多个施工单位。此时各设计单位、各施工单位之间的关系是平行的，如图2-4所示。采用此方式时必须遵照1999年3月九届人大二次会议通过的合同法的规定："发包人不得将应当由一个承包商完成的建设工程肢解成若干部分发包给几个承包商"。

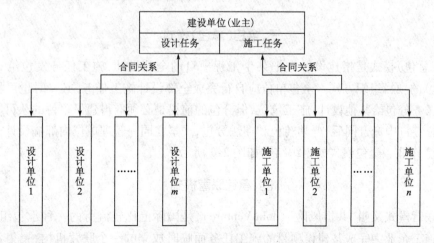

图 2-4　平行承包组织方式结构图

平行承包模式适用范围:工程技术专业性强且专业差别很大时。

平行承包模式的优点:可以加快工程进度赶工期;专业人员设计、施工,有利于提高工程质量。

平行承包模式的缺点:签订合同协议较多,管理协调工作量大,甚至有的需委托工程咨询公司进行管理。

二、总分包模式

总分包模式是建设单位把工程项目的全部设计任务(或全部的施工任务)委托给设计总包单位(或施工总包单位);再把部分设计任务(或部分施工任务)分包给其他的设计单位(或施工单位)完成,分为设计任务总分包和施工任务总分包两种形式,其系统机构见图2-5所示。采用此方式时应遵照合同法规定:"承包商不得将其承包的全部建设工程转包给第三人或者将其承包的全部建设工程肢解以后以分包的名义分别转包给第三人","禁止分包单位将其承包的工程再分包"。

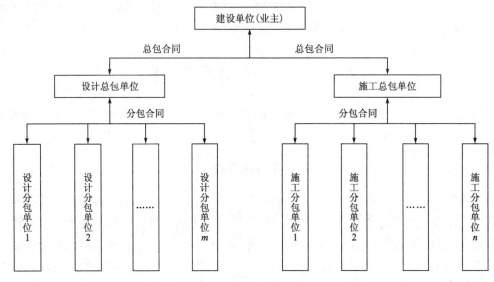

图2-5 总、分包组织方式结构图

三、全包(总包)模式

全包(总包)模式是指建设单位把某个工程项目的全部设计、施工任务发包给一个单位(全包单位)的项目组织方式。全包单位应自行完成全部设计施工任务,必要时也可将部分设计或施工任务分包给其他设计、施工单位,但分包的前提是必须取得建设单位的认可。国家规定中标单位签订中标合同后,严禁转包和违法分包,严禁在同一管理单位内部搞设计、监理、施工"一条龙"作业。全包模式的组织结构如图2-6所示。

四、承包联营模式

承包联营模式又叫"共担风险"(JointVenture),是国际上比较流行的一种承包组织方式。它是若干施工企业为完成某建设项目的施工任务而临时成立的一个联营机构,聚集各企业的人、财、物,重新组成一个经营机构,以便与建设单位签订承包合同,待合同实施期满以后,联营体解散,各企业按各自的股权大小分配联营所得的一种组织方式。

采用承包联营的组织方式,各施工企业是以联营体的名义与建设单位签订承包合同的,在联营体内部,各联营企业之间还要签订联营协议,以明确彼此之间的经济关系和责权等。承包联营体的各成员要共同推选出一位项目总负责人,统一领导、组织和协调工程项目的实施。

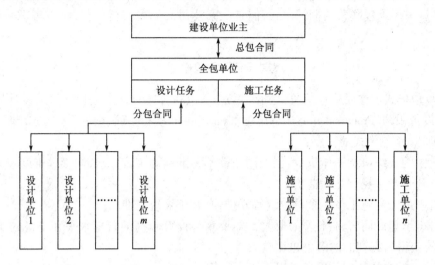

图 2-6　全包模式的组织结构图

承包联营的组织方式,建设单位与承包单位之间的合作合同结构较简单,在工程施工过程中建设单位的协调工作量也较少。由于联营体集中了各成员企业的人、财、物,所以联营体资源丰富、实力较强,是大、中、小施工企业联合起来承包大型工程的一种有利的组织形式。

五、合作体承包模式

合作体承包模式是由几家施工公司组成合作伙伴,以合作体名义与业主签订工程承包一项合同(基本合同),达成协议后,各公司再分别与业主签订工程承包合同。合作体承包的组织结构如图 2-7 所示。

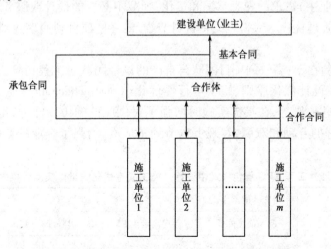

图 2-7　合作体方式的组织结构图

采用合作体承包模式的特点是业主协调工作量小，但风险较大。由于合作体互相协调，减少了业主的协调工作量。但当一家合作体公司破产时，其他公司不承担项目合同的经济责任，这一风险要由业主来承担。

此外，对各合作体公司来说，虽然有合作愿望，都想利用合作体增强总体实力，但彼此信任度低，不愿意采用承包联营的捆绑模式，但是一家公司又无力实行承包，所以考虑采用合作体承包模式。

六、EPC 承包模式

EPC 承包模式也称项目总承包，是指一家总承包联合体对整个工程项目的设计（Engineering）、材料设备采购（Procurement）、工程施工（Constrution）实行全面、全过程的"交钥匙"工程。

采用 EPC 承包模式的特点：

(1) 业主的组织协调工作量少，但合同条款不易准确确定，造成合同管理难度较大。

(2) 有利于业主控制工程造价。

(3) 由于设计与施工由一个单位统筹安排，有利于缩短工期。

(4) 对于承包商而言，责任重，风险大，需要承包商有较高的管理水平和丰富的实践经验，但是相应的获得高额利润的潜力也比较大。

EPC 承包模式的特点可以通过以下工程案例看出。

某工程公司，隶属于世界 500 强企业，是我国土木工程和环境保护专业领域里的大型综合性科研机构，也是集经营、科研、技术服务于一体的高新技术企业，采用 EPC 承包模式以低价成功竞标某外企工程项目，但是在具体实施过程中，压力也很大，主要体现在：

(1) 成本预测零利润。

(2) 设计过程中发现由于中美抗震规范的差异，造成钢结构工程量差异约 100t，即该部分成本亏损约 70 万元。

(3) 由于业主原因项目延期半年开工，造成部分材料价格上涨，该部分成本亏损约 60 万元。

也就是说，项目未开工便预计成本亏损约 100 万元，所以对于项目部而言，成本控制的风险很大。但是施工企业充分发挥了 EPC 承包模式中设计、施工、采购由一个单位统筹安排的特点，通过对用户（业主）需求的熟悉掌握和量化，削减不必要的设计或服务，去除冗余的成本和选择设计优化 + 管理优化 > 人力节约 + 材料节约，最终使项目利润率达到 9%，取得了好的经济效益。

总结其成功经验在于：高效的项目团队 = 自己的设计团队 + 工程指导设计 + 设计指导采购，由于遵循了总体设计优化原则、施工可行性优化（Constructionablity）原则、注重节能优化（LEED）原则、人性化原则等，在具体实施时增强了对供应商的协商能力，得到了业主全方位的支持，形成了良好的互动和双赢，客观上也节约了成本，增强了企业的竞争力，具体实施如表 2-1 所示。

某涉外工程 EPC 承包模式中设计—施工成本优化的具体实施效果表　　表 2-1

序号	原则	对应的成本优化	描述	成本变化
1	用户需求优化	厂房高度降低	厂房高度由 P&G 传统的 14m 改为 12m	降低 15%
		部分区域荷载降低	部分区域由 7.4kN/m^2 变为 3.5kN/m^2	降低 10%
		卸货平台长度增加	所有 Dockleveller 长度由 8ft 增加为 10ft	略有增加

续上表

序号	原则	对应的成本优化	描述	成本变化
2	全周期成本优化	节能照明	室内照明灯具（除高卤灯外）均改为LED节能灯	降低了业主日常运行费约20%
3	总体设计优化	冷却塔位置改变	由传统的屋顶改为放置在地面，大幅降低了钢结构材料和桩基础的成本	降低17%
4	施工可行性优化	维护结构彩钢板	内墙板厚度由0.34mm增加至0.46mm，屋面板厚度由0.53mm增加至0.60mm，防止施工过程损坏	略有增加
5	节能优化	空调设计	采用了变频VRV空调系统，相对于定速系统具有明显的节能、舒适效果	降低5%
6	人性化优化	男女卫生间	男女蹲位比例由6:4改为4:6	成本不变

第三节　项目管理组织机构形式

选择何种施工项目管理组织形式，企业应根据自身的综合素质、管理水平、基础条件等，及施工项目的规模、性质、外部环境、承包模式等确定，施工项目组织形式如下。

一、常见的施工项目管理组织机构形式

1. 直线式

直线式是一种最简单的组合机构形式，也叫作"军队式组织"。特点：组织上中下呈直线的权责关系，组织中每个人只接受一个直接上级的领导，其构成如图2-8所示。

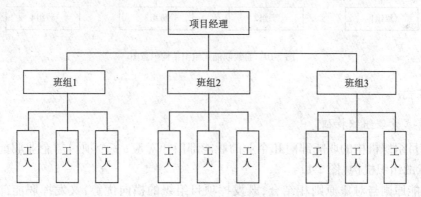

图2-8　直线组织结构示意图

直线式组织机构的主要优点是结构简单、权责分明、隶属关系明确、联系简捷、命令统一、反应迅速、工作效率高。缺点是项目经理没有参谋和助手，要求自身知识面广、能力高，通晓各种业务，是"全能式"人才。此外，由于不设职能部门，无法实现管理工作的专业化，横向联系差，不利于管理水平的提高。

2. 职能式

它是在项目管理机构内设立职能部门，作为项目经理的参谋机构。各职能部门负责一定

的工程项目管理任务并具有相应的权力,在其职能范围内有权直接向下级发出指令。职能式项目管理组织形式如图2-9所示。

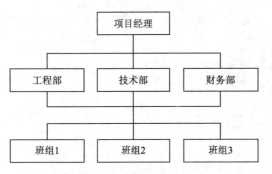

职能式组织形式由于实行了项目管理的职能分工,可以减轻项目总负责人的负担,有利于提高工作效率。但是对于下级来说,由于命令源不唯一,易形成多头领导,可能有矛盾的指令。该组织形式适用于大、中型建设工程项目。

图2-9 职能式组织结构示意图

3. 直线职能式

直线职能制组织形式,是以直线式为基础,在各级行政领导下,设置相应的职能部门(图2-10)。即在直线式组织统一指挥的原则下,增加了参谋机构。直线职能式组织结构模式与直线式组织结构模式相比,其最大的区别在于更为注重职能部门(参谋人员)在管理中的作用。直线职能式组织结构模式既保留了直线式组织结构模式的集权特征,同时又吸收了职能式组织结构模式的职能部门化的优点。直线职能式组织结构模式适合于复杂但相对来说比较稳定的项目组织管理,尤其是较大、中等规模项目组织。目前,直线职能式仍被我国大多数的施工企业采用。

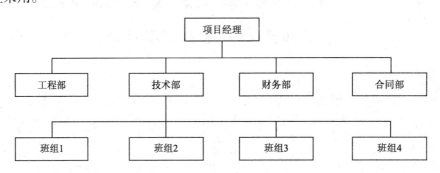

图2-10 直线职能式组织结构示意图

4. 矩阵式

1) 矩阵式管理组织特征

(1) 项目组织机构的职能部门和企业的职能部门相对应,多个项目与企业职能部门结合成矩阵形状的组织机构(图2-11)。

(2) 职能原则与对象原则相结合,既发挥项目组织的横向优势,又发挥职能部门的纵向优势。

(3) 企业职能部门是永久性的,项目管理组织机构是临时的。职能部门负责人对参与项目管理班子的成员有调动、考察和业务指导的责任;项目经理则将参与项目组织的人员有效地组织起来,进行项目管理的各项工作。

(4) 项目管理班子成员接受企业原职能部门负责人和项目经理的双重领导。职能部门侧重业务领导,项目经理侧重行政领导。项目经理对参与项目组织的成员有使用、奖惩、增补、调换或辞退的权力。

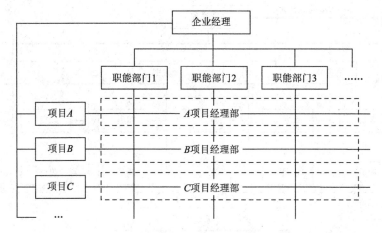

图 2-11 矩阵式项目管理组织

2) 矩阵式管理组织适用范围

矩阵式施工项目管理组织形式适用于同时承担多个项目工程的企业。在这种情况下,各项目对专业技术人才和管理人员都有需求,加在一起数量较大,采用矩阵式组织形式可以充分利用有限的人力资源同时对多个项目进行管理,特别有利于发挥稀有人才的作用,适用于大型、复杂的施工项目。因大型复杂的施工项目要求多部门、多技术、多工种配合实施,在不同阶段,对不同人员,有不同数量和搭配各异的需求,显然部门控制式(以专业部门或施工队作为项目管理组织机构)和工作队式组织均不能满足项目的这种要求。

3) 矩阵式管理组织优缺点

该组织形式解决了传统模式中企业组织与项目组织的相互矛盾;它既有利于人才的全面培养,又有利于人力资源的充分利用。其缺点主要表现在人员来自各职能部门,既受项目经理领导,又受原部门领导,这种双重领导若意见不一致时,易产生矛盾,使当事人无所适从。

矩阵式组织对企业管理水平、项目管理水平、领导者的素质、组织机构的办事效率、信息沟通渠道的畅通等,均有较高的要求。在组织协调内部关系时,必须要有强有力的组织措施和协调办法。

4) 实际案例

某钢厂是一个新建的短流程中型钢厂,采用当时世界上最新的薄板坯连铸连轧工艺、大型超高功率电弧炉炼钢,薄板坯连铸—精炼轧机制,工程占地 130 万平方米,位于珠江沿岸,是某市重点建设项目。

钢厂首期投资人民币约 100 亿元,主要建设内容为 150t 超高功率交流电炉一座,150t 钢包精炼炉一座,薄板坯连铸、连轧机组一套,可逆式冷轧机及其相关机组一套。钢厂首期工程招标分炼钢厂和铸轧厂两个主体系统,工程承包方式为根据招标文件中所列工程量清单的综合项各子项进行合家包干。土建、安装总造价人民币约 60 亿元,首期工程大致工期为 3 年。共有 3 家大型国有施工企业参加了首期工程的招投标。

经过激烈的投标竞争,总部位于武汉的某冶金部大型国有施工企业中标了该工程的炼钢厂主体系统。该施工企业采取了矩阵式的管理模式组建某钢厂项目经理部,组织结构如图 2-12 所示。

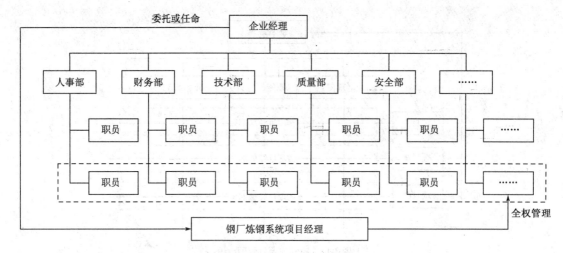

图 2-12　某钢厂矩阵式项目管理组织

从图 2-12 中可以看出：

(1) 钢厂炼钢系统项目经理由施工企业总经理委托或任命,项目经理在企业内部招聘或抽调职能部门人员组成施工项目管理机构(项目经理部,图中虚线框中所框出),由项目经理全权管理,具有较强的独立性。

(2) 项目管理班子成员与原所在部门脱钩。原部门负责人仅负责对被抽调人员的业务指导,但不能随意干预其工作或调回人员。

(3) 项目管理机构与施工项目同寿命,项目结束后机构撤销,所有人员仍回原部门。

5. 事业部式

事业部式项目管理组织形式如图 2-13 所示。其特征是：企业成立事业部,事业部在企业内部是职能部门,对外则享有相对独立的经营权,可以是一个独立的单位。事业部一般是按地区、按工程类型或按经营内容等设置。

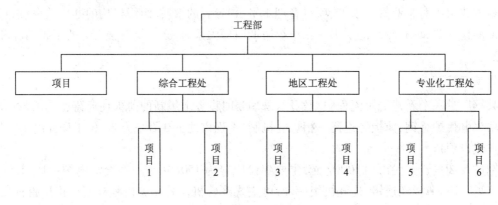

图 2-13　事业部式项目组织

(1) 适用范围。事业部式项目管理组织适用于大型经营性企业的工程承包,特别是适用于远离公司本部的工程承包。但如果一个地区只有一个项目,没有后续工程时不宜设立地区事业部,也就是它适用于在一个地区有长期市场或一个企业有多种专业化施工力量时采用。

(2) 优缺点。该种组织形式的优点是能较迅速地适应环境变化,提高企业的应变能力;既可以加强经营战略的管理,又可以加强项目的管理;有利于延伸企业的经营职能,扩大企业的经营业务,便于企业开拓新的业务领域。缺点是企业对项目部的约束力减弱,有时会造成企业结构的松散。因此企业必须加强制度约束,强化企业的综合协调能力。

二、施工项目管理组织形式的选择

选择何种施工项目管理组织形式,应由企业根据自身的综合素质、管理水平、基础条件等,同施工项目的规模、性质、外部环境、项目经理的管理能力等结合起来做出决策,以选择出最适合的施工项目组织机构形式,使层次简化、权责明确、指挥灵便、管理有序。一般可按下列思路选择施工项目组织形式。

大、中型工程项目,人员素质相对较好,管理基础强,业务综合能力强,宜采用矩阵式或事业部式的项目管理组织机构形式。尤其是远离总公司的大、中工程项目宜采用矩阵式或事业部式的项目管理组织形式。

较大和中等型工程项目可以采用直线职能式的组织结构形式。

小型项目、简单项目、承包内容专一的项目,宜采用职能部门控制式(把项目委托给某一职能部门或某一施工队组织管理,在本部门内选人组成项目管理班子)项目管理组织形式。

三、施工项目经理部

施工项目经理部是在项目经理领导下建立的项目管理组织机构,是由企业授权并代表企业履行工程承包合同、进行项目管理的工作班子。其职能是对施工项目实施阶段进行综合管理。

1. 施工项目经理部的地位

(1)施工项目经理部是企业在某一工程项目上的一次性管理组织机构,由企业委任的施工项目经理来领导。

(2)施工项目经理部对施工项目从开工到竣工的全过程实施管理,对作业层具有管理和服务的双重职能,其工作质量好坏将对作业层的工作质量有重大影响。

(3)施工项目经理部是代表企业履行工程承包合同的主体,是对最终建筑产品和建设单位全面负责、全过程负责的管理实体。

(4)施工项目经理部是一个管理组织体,要完成项目管理任务和专业管理任务;凝聚管理人员的力量,调动其积极性,促进合作;协调部门之间、管理人员之间的关系,发挥每个人的岗位作用,为共同目标进行工作;贯彻组织责任制,搞好管理;及时与经理部部门之间、与作业层之间、与公司之间、与外部环境之间进行信息沟通。

2. 施工项目经理部的设立

施工项目经理部根据项目管理规划大纲确定的项目组织形式组建,设立的一般步骤为:确定项目经理部管理任务和组织形式→确定项目经理部的层次、职能部门和工作岗位→确定人员、职责、权限→对项目管理目标责任书确定的目标进行分解→制定规章制度和目标责任考核与奖惩制度。

1)施工项目经理部的规模

施工项目经理部的规模无具体规定,一般按项目的性质和规模设置。通常当工程的规模达到以下要求时,均要建立单独的项目经理部:建筑面积 5 000 m² 以上的公共建筑、工业建筑;

住宅建设小区1万平方米以上;其他工程投资在500万元以上。有些单位把项目经理部分为三个等级:

(1)一级施工项目经理部:建筑面积为15万平方米以上的群体工程;建筑面积在10万平方米以上的单体工程;投资在8 000万元以上的各类施工项目。

(2)二级施工项目经理部:建筑面积在10~15万平方米的群体工程;建筑面积在5~10万平方米的单体工程;投资在3000~8 000万元的各类施工项目。

(3)三级施工项目经理部:建筑面积在2~10万平方米的群体工程;建筑面积在1~5万平方米的单体工程;500~3 000万元的各类施工项目。

建筑面积在1万平方米以下的群体工程,建筑面积在5 000平方米以下的单体工程,按照项目经理责任制的有关规定,可实行项目授权代管和栋号承包。以栋号长为负责人,直接与代管项目经理签订"栋号管理目标责任书"。

2)部门设置和人员配备

施工项目是市场竞争的核心、企业管理的重心、成本管理的中心。为此,施工项目经理部应优化设置部门、配备人员,全部岗位职责能覆盖项目施工的全方位、全过程;人员应素质高、一专多能、有流动性。不同等级的施工项目经理部部门设置和人员配备,可参考表2-2。

施工项目经理部的部门设置和人员配备参考　　　　　　　　表2-2

施工项目经理部等级	人数(人)	项目领导	职能部门	主　要　工　作
一级 二级 三级	30~45 20~30 15~20	项目经理 总工程师 总经济师 总会计师	经营核算	预算、资金收支、成本核算、合同、索赔、劳动分配等
			工程技术	生产调度、施工组织设计、进度控制、技术管理、劳动力配置计划、统计等
			物资设备	材料工具询价、采购、计划供应、运输、保管、物资储备管理、机械设备租赁及配套使用等
			监控管理	施工质量、安全管理、消防、保卫、文明施工、环境保护等
			测试计量	计量、测量、试验等

对于大型项目,其施工项目经理部的人员配置应满足:一是项目经理必须有一级建造师资质;二是管理人员中的高级职称人员不应低于10%。

3)项目经理部的组织层次

施工项目经理部的组织层次可分为决策层、监督管理层、业务实施层三个层次。

(1)决策层。项目经理部的决策层是以项目经理为首的、有项目副经理、三总师参加的项目管理领导班子。施工项目在实施过程中的一切决策行为都集中于决策层,其中项目经理是领导核心。

(2)监督管理层。监督管理层是指在项目经理领导下的各个职能部门(如技术、经营、安全保障等)负责人。监督管理层是施工项目具体实施的直接指挥者,并对劳务作业层按劳务分包合同进行管理和监督。

(3)业务实施层。项目经理部中的业务实施层是为在项目经理部中由各个职能部门负责人所直接指挥的部门专业人员,是项目的底层管理者。

如果从整个企业的范围来看,项目经理部的组织层次可理解为企业在施工项目上的浓缩,他们在项目范围内行使着相应的企业职能。

第四节 项目经理与建造师

一、项目经理

项目经理与职能部门主管虽然均是中层管理者,但他们所行使的管理职能不同。项目经理是业主或企业法定代表人在工程项目上的全权委托代理人,居于整个项目的核心地位,在工程项目管理中起着举足轻重的作用,是决定项目实施成败的关键角色。

二、项目经理的责权利

1. 项目经理的责任

项目经理作为项目的负责人,其基本责任就是通过一系列的领导及管理活动,使项目的目标成功实现,并使项目相关者都能够满意。

项目经理对于所属上级组织的责任是:保证项目的目标符合上级组织目标;充分利用和保管上级分配给项目的资源;及时与上级就项目进展进行沟通。

项目经理对于所管项目的责任是:明确项目目标及约束;制订项目的各种活动计划;确定适合于项目的组织机构;招募项目组织成员,建设项目团队;获取项目所需资源;领导项目团队执行项目计划;跟踪项目进展并及时对项目进行控制;处理与项目相关者的各种关系;进行项目考评并完成项目报告。

2. 施工项目经理的任务、权限和利益

1)任务与工作内容

(1)任务。施工项目经理的任务主要是保证施工项目按照规定的目标,高速、优质、低耗地全面完成;保证各生产要素在项目经理授权范围内最大限度地优化配置。

(2)工作内容:

①代表企业实施施工项目管理,贯彻执行国家法律、法规、方针、政策和强制性标准,执行企业的管理制度,维护企业的合法权益。

②签订和组织履行《项目管理目标责任书》,执行企业与业主签订的《项目承包合同》中由项目经理负责履行的各项条款。

③严格财经制度,加强成本核算,积极组织工程款回收,按《项目管理目标责任书》处理项目经理部与国家、企业、分包单位及职工之间的利益分配。

④组织编制项目管理实施规划,包括工程进度计划和技术方案,制订安全生产和保证质量措施,并组织实施。

⑤对进入现场的生产要素进行优化配置和动态管理,执行有关技术规范和标准,积极推广应用新技术、新工艺、新材料和项目管理软件集成系统。

⑥建立质量管理体系和安全管理体系,并组织实施。进行现场文明施工管理,预防和处理突发事件。确保工程质量、工期,实现安全、文明生产,努力提高经济效益。

⑦在授权范围内负责与企业管理层、劳务作业层、各协作单位、发包人、分包人和监理工程师等的协调,解决项目中出现的问题;进行现场文明及安全施工管理,预防和处理突发事件。

⑧组织制定项目经理部各类管理人员的职责权限和各项规章制度,搞好与公司机关各职

能部门的业务联系和经济往来,定期向公司经理报告工作。

⑨参与工程竣工验收、准备结算资料,做好工程竣工结算、资料整理归档,接受企业审计,并做好项目经理部的解体与善后工作。

⑩协助企业进行项目的检查、鉴定和评奖申报。

2) 施工项目经理的权限

项目经理必须具有一定的权限,这些权限应由企业法人代表授予,并用制度和目标责任书的形式具体确定下来。项目经理在授权范围和企业规章制度范围内,应具有以下权限:

(1) 组织项目管理班子;

(2) 以企业法定代表人代表的身份处理与所承担的工程项目有关的外部关系,委托签署有关合同;

(3) 指挥工程项目建设的生产经营活动,调配并管理进入工程项目的人力、资金、物质、机械设备等生产要素;

(4) 选择施工作业队伍;

(5) 进行合理的经济分配;

(6) 企业法定代表人授予的其他管理权力。

3) 施工项目经理的利益

项目经理最终的利益是项目经理行使权力和承担责任的结果,也是市场经济条件下责、权、利、效相互统一的具体体现。利益可分为两大类:一是物资兑现,二是精神奖励。项目经理应享有以下利益:

(1) 获得基本工资、岗位工资和绩效工资。

(2) 在全面完成《项目管理目标责任书》确定的各项责任目标、交工验收并结算后,接受企业的考核和审计,除按规定获得物质奖励外,还可获得表彰、记功、优秀项目经理等荣誉称号和其他精神奖励。

(3) 经考核和审计,未完成《项目管理目标责任书》确定的责任目标或造成亏损的,按有关条款承担责任,并接受经济或行政处罚。

三、项目经理的素质要求

项目经理是项目成败的关键人物之一,应具备相应的素质。不同项目对项目经理的素质要求不可能完全相同,但基本的素质要求是一致的。这就是应具备良好的道德素养、必备的知识、较强的综合能力、丰富的实践经验和健康的体魄。

1. 良好的道德素养

道德素养决定着人的行为处事。中国古人说"能者居侧、贤者居上",良好的道德素养是对项目经理最基本的要求。这种道德素养体现在两方面:一是维护社会正义的道德素养;二是个人行为的道德素养,包括要能够诚实守信、宽容大度等。任何管理的终极目标是引导人的自觉性,而一个具有良好道德素养的项目经理可以为下属起到很好的示范作用。

2. 必备的专业知识

项目经理要对项目进行有效管理,必须具备项目管理的理论知识,需要掌握项目管理的理念、观点、思想、方法、工具和技术。此外还应掌握必要的专业技术。对于大型复杂的工程项目,其工艺、技术、设备的专业性要求较强,项目经理应具备必要的专业技术知识,否则就无法决策。不熟悉专业技术,往往是导致项目管理失败的主要原因之一。

3. 较强的综合能力

不同的项目,对项目经理能力要求的程度不同。复杂、重要的项目,要求项目经理的能力强;反之则可降低。所以,项目经理应具备与所承担项目管理责任相适应的能力,其中包括:领导能力、管理能力、组织能力、决策能力、协调能力、沟通能力、创新能力、系统的思维能力等。人才资源是工程项目能否获得长期效益的无形资本。用人之道在于"用人之长,记人之功,容人之过,解人之忧",合理的奖罚原则和以人为本的管理之道有助于协调各方关系。

4. 丰富的实践经验

项目管理是实践性很强的科学。如何将项目管理的理论方法应用于实践则是一门艺术。只有通过足够的项目管理实践,积累丰富的经验,才能增加对项目及项目管理的掌控,这种时间的积累就是我们常说的"火候",丰富的实践经验有时比单纯从课本学到的理论知识更有助于项目经理对项目实现有效的管理。

5. 健康的体魄

工程项目复杂、条件艰苦、要求高,管理任务繁重,项目经理应具有健康的身体才能适应和胜任。

6. 相应的执业资格

工程建设项目经理应通过国家有关部门的考试,获得与所承担工程项目相应级别的建造师执业资格,这是能成为项目经理的"入门砖",也是其综合素质和能力的重要体现。

四、建造师执业资格制度简介

建造师执业资格制度起源于英国,迄今已有150余年历史。目前,世界上许多发达国家均建立起该项制度。我国建立建造师执业资格制度是与国际接轨、开拓国际建筑市场的客观要求。

为了加强建设工程项目管理,提高建设工程施工管理专业技术人员素质,规范施工管理行为,保证工程质量和施工安全,根据《中华人民共和国建筑法》、《建设工程质量管理条例》,人事部、建设部于2002年12月5日联合下发了《关于印发〈建造师执业资格制度暂行规定〉的通知》(人发[2002]111号),印发了《建造师执业资格制度暂行规定》。

《中华人民共和国建筑法》第14条规定:"从事建筑活动的专业技术人员,应当依法取得相应的执业资格证书,并在执业证书许可的范围内从事建筑活动。"《建设工程质量管理条例》规定,注册执业人员因过错造成质量事故时,应接受相应的处理。

1. 建造师的定位与职责

建造师是以专业技术为依托,以工程项目管理,主要是以施工管理为主业的执业注册人员。建造师是懂管理、懂技术、懂经济、懂法规,综合素质较高的复合型人员,既要有理论水平,也要有丰富的实践经验和较强的组织能力。建造师注册受聘后,可以建造师的名义担任建设工程项目施工的项目经理,从事其他施工活动的管理,从事法律、行政法规或国务院建设行政主管部门规定的其他业务。在行使项目经理职责时,一级注册建造师可以担任《建筑业企业资质等级标准》中规定的特级、一级建筑业企业资质的建设工程项目施工的项目经理；二级注册建造师可以担任二级建筑业企业资质的建设工程项目施工的项目经理。大中型工程项目的项目经理必须逐步由取得建造师执业资格的人员担任；但取得建造师执业资格的人员能否担任大中型工程项目的项目经理，应由建筑业企业自主决定。

2. 建造师的级别

建造师分为一级建造师和二级建造师，英文名称分别为：Constructor 和 Associate Constructor。一级建造师具有较高的标准、较高的素质和管理水平，有利于开展国际互认。同时，考虑我国建设工程项目量大面广，工程项目的规模差异悬殊，各地经济、文化和社会发展水平有较大差异，以及不同工程项目对管理人员的要求也不尽相同，设立二级建造师，可以适应施工管理的实际需求。

3. 建造师的专业

一级建造师资格考试（《专业工程管理与实务》）科目设置10个专业类别：建筑工程、公路工程、铁路工程、民航机场工程、港口与航道工程、水利水电工程、市政公用工程、通信与广电工程、矿业工程、机电工程。二级建造师资格考试（《专业工程管理与实务》）科目设置6个专业类别：建筑工程、公路工程、水利水电工程、市政公用工程、矿业工程和机电工程。

4. 建造师的资格考试

一级建造师执业资格实行全国统一大纲、统一命题、统一组织的考试制度，由人事部、建设部共同组织实施，原则上每年举行一次考试；二级建造师执业资格实行全国统一大纲，各省、自治区、直辖市命题并组织的考试制度，考试内容分为综合知识与能力和专业知识与能力两部分，报考人员要符合有关文件规定的相应条件，一级、二级建造师执业资格考试合格人员，分别获得《中华人民共和国一级建造师执业资格证书》、《中华人民共和国二级建造师执业资格证书》。

5. 建造师的注册

取得建造师执业资格证书且符合注册条件的人员，必须经过注册登记后，方可以建造师名义执业。建设部或其授权机构为一级建造师执业资格的注册管理机构；各省、自治区、直辖市建设行政主管部门制定本行政区域内二级建造师执业资格的注册办法，报建设部或其授权机构备案。准予注册的申请人员，分别获得《中华人民共和国一级建造师注册证书》、《中华人民共和国二级建造师注册证书》。已经注册的建造师必须接受继续教育，更新知识，不断提高业务水平。建造师执业资格注册有效期一般为3年，期满前3个月，要办理再次注册手续。

6. 注册建造师的执业范围

注册建造师有权以建造师的名义担任建设工程项目施工的项目经理；从事其他施工活动的管理；从事法律法规或国务院行政主管部门规定的其他业务。

7. 注册建造师和项目经理的关系

项目经理是建筑业企业实施工程项目管理设置的一个岗位职务，项目经理根据企业法定代表人的授权，对工程项目自开工准备至竣工验收实施全面组织管理。项目经理的资质由行政审批获得。

建造师是从事建设工程管理（包括工程项目管理）的专业技术人员，其执业资格按照规定应具备一定条件,并参加考试合格的人员,才能获得这个资格。获得建造师执业资格的人员,经注册后可以担任工程项目的项目经理及其他有关岗位职务。项目经理负责制与建造师执业资格制度是两个不同但又具有联系的两个制度。

实行建造师执业资格制度后,大中型工程项目的项目经理必须由取得建造师执业资格的人员来担任,这对提高项目经理的管理水平,加强施工管理,保证工程质量,更好地落实项目经理负责制起重要作用。但另一方面,建造师执业资格的人员是否担任项目经理,由企业自主决定。小型工程项目的项目经理可以由不是建造师的人员担任。

第五节　施工项目管理规划

一、简　述

施工项目管理规划包括施工项目管理规划大纲(以下简称"规划大纲")和施工项目管理实施规划(以下简称"实施规划")。"规划大纲"是在投标前编制,用以指导编制投标文件、投标报价和签订施工合同。"实施规划"是在施工合同签订后编制,用以策划施工项目计划目标、管理措施和实施方案,保证施工合同的顺利实施。施工项目管理"规划大纲"与"实施规划"的区别见表2-3。

施工项目管理"规划大纲"与"实施规划"的对比表　　　　表2-3

种　类	服务范围	编制时间	编制者	主要特性	主要目标
施工项目管理规划大纲	投标与签约	投标书编制前	经营管理层	规划性	中标和经济效益
施工项目管理实施规划	施工准备至验收	签约后开工前	项目管理层	作业性	实现合同要求及效益

施工项目管理规划的编制要求如下:

(1)符合招标文件、合同条件以及发包人(包括监理工程师)对工程的要求。它们在很大程度上决定施工项目管理的目标,因此在编制过程中必须全面研究施工项目的招标文件和合同文件。

(2)符合实际,具有科学性和可行性。要进行大量的调查,掌握可靠的资料,以便能较好地反映以下几点:

①符合环境条件,如工程环境、现场条件、气候条件、当地市场的供应能力等。

②反映项目本身的客观规律。按工程规模、复杂程度、质量标准、工程项目自身的逻辑性和规律性作规划,不能过于片面强调压缩工期、降低费用和提高质量。

③反映项目相关各方的实际能力,包括发包方的支付能力、管理和协调能力、材料和设备供应能力等;承包商的施工能力、供应能力、设备装备水平、管理水平和生产效率、过去同类工程的经验、目前在手的工程数量等;设计单位、供应商、分包商的能力等。

④符合国家和地方的法律、法规、规程、规范。

⑤符合现代管理理论,采用新的管理方法、手段和工具。

⑥具有全面性、系统性和一定的弹性。

二、施工项目管理规划大纲

项目管理规划大纲是由企业管理层在投标之前编制的、旨在作为投标依据、满足招标文件要求及签订合同要求的文件。

1. 施工项目管理规划大纲的作用

施工项目管理规划大纲是整个施工项目管理的纲要文件,其作用有:

(1)指导投标文件的编制;

(2)指导工程投标、合同谈判和签订;

(3)作为中标后编制施工项目管理实施规划的依据。

2. 施工项目管理规划大纲的编制

施工项目管理规划大纲应由企业管理层在领取招标文件后,在投标报价、确定施工方案、编制施工组织设计前编制。由于时间、费用的限制,施工项目管理规划大纲不必太详细,一般只要符合招标文件、符合本企业管理层对施工项目投标的要求即可。

编制施工项目管理规划大纲的依据包括:

(1)招标文件及发包人对招标文件的解释;

(2)企业管理层对招标文件的分析研究结果;

(3)工程现场的环境调查;

(4)发包人提供的工程信息和资料;

(5)有关市场信息;

(6)企业代表人的投标决策意见。

3. 施工项目管理规划大纲的内容及编制方法

1)项目概况

(1)项目的基本情况。项目的规模可用一些数据指标描述。

(2)承包范围。包括承包人的主要合同责任、承包工程范围的主要数据指标、主要工程量等。可编制一个粗略的施工项目工作分解结构图,并对编码做出说明。

2)项目实施条件分析

项目实施条件主要包括:发包人条件,相关市场条件,自然条件,政治、法律和社会条件,现场条件,招标条件等。

3)施工项目管理目标

(1)发包方要求的目标,如合同规定的使用功能要求、工期、价格、质量标准,以及发包方或法律规定的环境保护标准和安全标准。

(2)企业对施工项目的要求,如成本目标、企业形象,以及对合同目标的调整要求,如承包人希望工期提前。

施工项目的目标往往依据企业的总体经营战略和本项目的实施策略而制定。施工项目管理的目标应尽可能定量描述,且是可执行的、可分解的。在项目实施过程中可以用目标进行控制,在项目结束后可以用目标对施工项目经理部进行考核。

施工项目的目标水平应使施工项目经理部通过努力能够实现,不切实际的过高会使项目经理部失去努力的信心;过低会使项目失去优化的可能,导致企业经营效益的降低和施工项目之间的不平衡。

4)拟定施工项目组织架构

施工项目的组织架构应符合企业对施工项目的组织策略。

(1)对专业性施工任务的组织方案,如是否分包或分包方式,材料和设备的供应方式等。

(2)施工项目经理部的构成方案,需原则性地确定项目经理、总工程师等的人选。

通常按照招标的要求,项目经理和技术负责人需在发包人的澄清会议上进行答辩,所以必须尽早任命,并介入投标过程。这不仅利于中标,且能保证施工项目管理的连续性。

5)质量目标规划和主要施工方案

(1)质量目标规划。质量目标应符合招标文件要求的总体质量目标。其各项指标应符合招标文件规定的质量标准,应符合国家和地方的法律、法规、规范的要求。施工项目管理工作、施工方案和组织措施等都要保证该质量目标的实现。这是承包人对发包人的最重要的承诺。

应重点说明质量目标的分解和保证质量目标实现的主要技术组织措施。

(2)主要的施工方案。包括工程施工程序;重点单位工程或重点分部工程的施工方案;主要的技术措施,拟采用的新技术和新工艺;拟选用的主要施工机械设备等。

6)工期目标和施工总进度计划

包括招标文件的工期要求,总工期目标的分解,主要的里程碑事件及主要工程活动的进度计划安排,施工进度计划表,保证进度目标实现的技术组织措施。

规划大纲中的工期目标与总进度计划,不仅应符合招标人在招标文件中提出的总工期要求,而且应考虑到环境条件的制约、工程的规模和复杂程度、承包人可能有的资源投入强度等,要有可行性。并应参考当地已完成的同类工程的实际进度状况。

7)施工预算和成本目标规划

应提出编制施工预算和成本计划的总体原则、项目的总成本目标、成本目标分解,如施工人工、主要材料、设备用量以及相关的费用,现场管理费额度,保证成本目标实现的技术组织措施。成本目标规划应留有一定的余地,并有一定的浮动区间。

成本目标是承包人投标标价的基础,将来又会作为对施工项目经理部的成本目标责任和考核奖励的依据,它应反映承包人的实际开支,所以在确定成本目标时不应考虑承包人的经营战略。

8)项目风险预测和安全目标规划

(1)根据工程的实际情况,对主要风险因素做出预测,并提出相应的对策措施,提出风险管理的主要原则。

(2)提出总体的安全目标责任,施工过程中的主要不安全因素,保证安全的主要措施。对危险性较大,或专业性较强的施工项目,应当编制施工安全组织计划(或施工安全管理体系),并提出保证安全的组织、技术和管理措施。

9)施工平面图和现场管理规划

(1)说明施工现场情况,施工现场平面的特点,施工现场平面布置的原则。

(2)确定现场管理目标,现场管理的原则,施工平面图及其说明。

(3)提出现场管理的主要技术组织措施。

施工现场平面图和施工现场管理规划必须符合环境保护法、劳动保护法、城市管理规定、工程施工规范、文明现场标准等对现场的要求。

10）投标和签订施工合同规划

（1）对投标小组组成、投标和合同总体策略、工作原则做出说明。

（2）规定投标和签订合同的授权。

（3）提出投标工作的计划安排。

这些属于企业的项目经营工作，是在招标文件分析的基础上进行的，应符合招标文件的规定。对大型施工项目的投标必须采用项目管理的方法，做更为详细的组织计划。

11）文明施工及环境保护规划

包括文明施工和环境保护特点、组织体系、内容及其技术组织措施。

根据施工工程范围、特点、性质、环境、发包人要求等的不同，施工项目管理规划大纲可能还需要增加其他内容。

三、施工项目管理实施规划

施工项目管理实施规划是承包人在中标后、工程开工之前由项目经理主持编制的，旨在指导项目实施阶段管理的文件。它比施工项目管理规划大纲要具体、细致，更注重可操作性。

1. 编制依据

施工项目管理实施规划的编制依据包括：

(1)施工项目管理规划大纲；

(2)企业与施工项目经理签订的"项目管理目标责任书"；

(3)施工合同及其相关文件；

(4)企业的管理体系、项目经理部的自身条件及管理水平、新掌握的其他信息等。

2. 编制程序

施工项目管理实施规划的编制程序一般为：分析施工合同、施工条件及目标责任书→确定实施规划的目录及框架→项目各职能部门或人员分工编写→项目经理协调、汇总→企业管理层审查→修改定稿→报企业领导批准→监理工程师认可。

3. 施工项目管理实施规划的内容及编制方法

1）工程概况

包括以下内容：工程特点；建设地点特征；施工条件；施工项目管理特点及总体要求。

编制时应包括规划大纲的一些内容，如施工项目概述和施工项目目标等。此外需列出施工项目的工作目录清单。

2）施工部署

施工部署是对整个工程施工的总体安排，应包括以下内容：项目的质量、进度、成本及安全目标；拟投入的最高人数和平均人数；分包计划、劳动力使用计划、物资供应计划；施工程序；项目管理总体安排等。

其中项目管理总体安排包括项目经理部的结构和人员安排；项目管理总体工作流程和制度设置；项目经理部各部门的责任矩阵图；实施过程中的控制、协调、总结分析与考核工作过程的规定等。

3）施工方案

应对各单位工程、分部分项工程的施工方法做出说明，一般包括：施工流向和施工程序；施工段划分；施工方法和施工机械选择；安全施工设计；环境保护内容及方法等。

4）施工进度计划

施工进度计划包括施工总进度计划和单位工程施工进度计划。进度计划编制时应包含以下内容：

（1）编制说明。用以说明进度计划的编制依据、指导思想、编制思路及使用注意事项。

（2）施工进度计划。根据施工部署中的进度控制目标进行编制，用以安排进度控制的实施步骤和时间。

（3）发包人或监理工程师要求的其他内容。

5）资源需求计划

资源需求计划包括：劳动力需求计划，主要材料和周转材料需求计划，机械设备需求计划，预制品定货和需求计划，大型工具、器具需求计划等，应分类编制。对大型施工项目还应编制施工项目资金计划，按施工工期确定资金的投入、工程款收入和现金流量计划。

资源需求计划的编制，应按照合同施工范围所确定的工程量、已确定的施工方案及资源消耗定额进行。计划的内容包括资源名称、种类、数量、需要的时间等，用表格表示。并可按照时间坐标，绘制出整个施工工期范围内资源的投入强度。

6）施工准备工作计划

施工准备工作计划的内容包括：施工准备组织及时间安排；技术准备工作；施工现场准备；作业队伍和施工管理人员的组织准备；物资准备；资金准备等。

对大型的施工项目施工准备工作应采用项目管理方法，确定施工准备工作的范围，对施工准备工作进行结构分解，确定各项工作的负责人、工作要求、时间安排，并编制施工准备工作网络计划。

7）施工平面图

包括施工平面图说明、施工平面图和施工平面图管理规划。

施工平面图应按照国家或行业规定的制图标准和制度要求进行绘制，图中应包括如下内容：在施工现场范围内现存的永久性建筑；拟施工的永久性建筑；现存永久性道路和施工临时道路；垂直运输机械；施工临时设施，包括办公室、仓库、配电间、宿舍、料场、搅拌站等；施工水电管网等。

8）施工技术组织措施计划

应针对工程的具体情况提出保证实现进度、质量、安全、成本目标，保证季节性施工、保护环境、文明施工的措施。上述各项措施均应包括技术措施、组织措施、经济措施及合同措施。

9）项目风险管理规划

应包括以下内容：风险因素识别一览表；风险可能出现的概率及损失值估计；风险管理的重点；风险防范对策；风险管理责任等。

在上述内容的基础上编制风险分析表。对于特别大的或特别严重的风险可以进行专门的风险规划。

10) 项目信息管理规划

应包括以下内容：与项目组织相适应的信息流通系统；信息中心的建立规划；项目管理软件的选择与使用规划；信息管理实施规划。

11) 技术经济指标、施工项目管理评价指标计算与分析

包括以下内容：规划的指标；规划指标水平高低的分析和评价；实施难点的对策。

在施工项目管理规划中应列出规划所达到的技术经济指标，以体现规划的水平，验证项目目标完成的可能性，作为下达责任指标的依据，作为项目结束时评价管理业绩的依据。

技术经济指标至少应包括：

(1) 进度方面的指标：总工期；

(2) 质量方面的指标：工程整体质量水平、分部分项工程的质量水平；

(3) 成本方面的指标：工程总造价或总成本、单位工程量成本、成本降低率；

(4) 资源消耗方面的指标：总用工量、单位工程量（或其他量纲）用工量、平均劳动力投入量、高峰人数、劳动力不均衡系数、主要材料消耗量及节约量、主要大型机械使用数量及台班量；

(5) 其他指标：如施工机械化水平等。

施工项目管理评价指标，可以根据企业对施工项目管理的要求、施工项目的特殊性、发包人或监理工程师的要求等进行调整。

四、某邮电大楼工程施工项目管理实施规划案例

1. 项目背景

某邮电通信大楼是一幢具有一流设施和智能型的办公大楼，总建筑面积 $32150m^2$（其中地下面积 $2150m^2$，地上面积 $30000m^2$），地下 1 层，地上 24 层。该工程综合容积率为 6.5，综合覆盖率 46%，绿化覆盖率 23%。工程总投资 1.9 亿元人民币。

2. 项目目标

根据本工程特点，结合内部环境和外部环境，确定主要目标如下：

(1) 交付成果：一幢具有一流设施和智能型邮电通信大楼，建筑面积 $32150m^2$。

(2) 工期目标：2003 年 1 月 1 日开工，2005 年 6 月 30 日竣工，总工期 30 个月。

(3) 成本目标：控制于总投资 1.9 亿元人民币之内。

(4) 质量目标：所有工程一次验收合格率 100%，优良率 90%；并且必保"市优"，争创"鲁班奖"。

(5) 安全文明目标：无重大伤亡事故，轻伤率小于千分之三，争创"市安全文明样板工地"。

(6) 环保目标：绿色施工。

3. 组织机构确定

按照实行项目负责制的要求，组建"邮电大楼工程项目部"，公司委派一位项目经理负责该项目的组织实施。为了充分发挥项目经理对项目的管理作用，统筹考虑计划、人力、资源、费用及质量管理，保证项目顺利实施，采用矩阵式的项目组织，如图 2-14 所示。

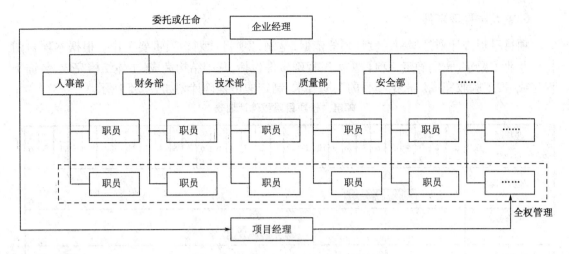

图 2-14　邮电大楼矩阵式项目组织结构

4. 项目团队成员分工

项目团队组成人员分工见表 2-4。

邮电大楼项目团队成员分工表　　　　　　　　　　　　表 2-4

序　号	项目机构	工作分工	主要工作内容
1	项目经理	全面负责	项目全面管理 1. 目标 2. 项目组织机构设计 3. 重大里程碑
2	计划财务部	计划管理	4. 工作分解结构 5. 工作责任分解
3	人事资源部	人力资源管理	6. 人力与资源使用计划
4	工程技术部	计划管理	7. 编制网络计划 8. 编制进度计划
5	计划财务部	费用管理	9. 费用分解 10. 费用分析
6	安全质量部	风险管理	11. 风险分析
7	工程技术部	施工管理	12. 进度管理

5. 项目主要管理措施

(1) 制度管理。制定《项目管理制度汇编》,实现管理程序化;倡导"总包总管"意识和"服务"意识,提高管理水平。

(2) 计划管理。项目工程、技术、质量、安全文明、物资、成本、财务等工作实行计划管理,并规范计划的编制、审核、审批制度。

(3) 计算机管理。项目内部实行局域网,做到资源共享;用《速恒管理软件》进行管理,实现管理科学化、现代化。

(4) 项目发展战略:低成本、优服务、高效率。

6. 重大里程碑事件

项目里程碑计划是编制进度计划的依据,是制订项目计划一项重要工作。根据本项目的特点及业主要求,我们确定该项目重大里程碑事件包括:基础结构完成,主体结构完成,装饰工程完成,竣工验收完成。根据项目的工期要求,制定的里程碑计划如表 2-5 所示。

邮电大楼项目里程碑计划表　　　　　　　　　　　表 2-5

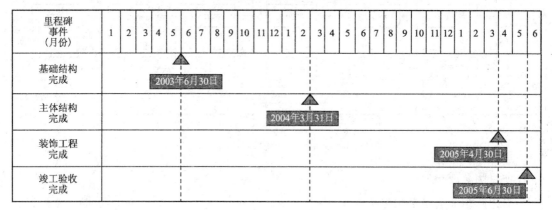

7. 项目责任分配

项目责任分配是在项目结构分解的基础上,进一步明确工作的责任。具体讲就是工作任务落实到项目部相关部门或个人头上,明确表示他们在组织中的关系、责任和地位。换句话说就是事事有人做、事事有人管。分配对象:职能部门;分配原则:质量第一。表 2-6 为项目责任分配表。

邮电大楼项目责任分配表　　　　　　　　　　　表 2-6

任务		责任部门(个人)						
编号	名称	项目经理	人力资源部	办公室	计划财务部	工程技术部	安全质量部	设备物资部
110	施工准备	△	○	○	○	▲	○	○
121	土方开挖	△	○	○	○	○	▲	○
122	地基处理	△	○	○	○	○	▲	○
123	基础结构	△	○	○	○	▲	○	○
131	群楼结构	△	○	○	○	▲	○	○
132	主楼结构	△	○	○	○	▲	○	○
133	砌体工程	△	○	○	○	○	▲	○
140	屋面工程	△	○	○	○	▲	○	○
151	门窗工程	△	○	○	○	○	▲	○
152	楼地面工程	△	○	○	○	▲	○	○
153	装饰工程	△	○	○	○	▲	○	○
161	给排水工程	△	○	○	○	○	▲	○
162	采暖通风工程	△	○	○	○	○	▲	○
163	强电工程	△	○	○	○	▲	○	○

续上表

任务编号	任务名称	责任部门(个人)						
		项目经理	人力资源部	办公室	计划财务部	工程技术部	安全质量部	设备物资部
164	智能化系统	△	○	○	○	▲	○	○
165	消防工程	△	○	○	○	▲	○	○
166	电梯安装	△	○	○		○	▲	○
171	道路	△	○	○	○	▲	○	○
172	停车场	△	○	○	○	○	▲	○
173	绿化	△	○	○	○	▲	○	○
180	竣工验收	△	○	○	○	▲	○	○
190	项目管理	▲	○	○	○	○	○	○

注：▲-负责；△-监督；○-参与。

8. 项目人力资源的配置计划

项目的实施过程,实质上是人、财、物等有限资源有机的结合过程。在项目实施过程中,各种资源在项目中的地位、作用是不一样的,其中人力资源是最基本、最重要、最具创造性的资源,是影响项目成效的决定性因素。这是由人力资源的特征所决定的。本项目主要从以下几个方面考虑人力资源的配制计划。

(1)项目本身的要求；
(2)公司人力资源现状；
(3)公司、项目组织结构形式。

人力资源配制计划的依据是项目分解结构、进度计划等。基本的思路是先预计每项工作的工作量,然后结合资源的可利用情况及工期的要求进行综合分析,确定每项工作需要的资源数量和工期。项目人力资源计划见表2-7及人力资源负荷图(略)。

邮电大楼人力资源计划表　　　　　　表2-7

工作编号	任务名称	人力资源	工日(日)	资源人数(人)	工期(天)
110	施工准备	管理人员	900	30	30
120	基础工程				
121	土方开挖	工人	600	20	30
122	地基处理	工程师/工人	5 400	5/85	60
123	基础结构	工程师/工人	21 000	5/345	60
130	地上主体结构				
131	裙房结构	工程师/工人	21 000	5/345	60
132	主楼工程	工程师/工人	52 500	5/245	210
133	砌体工程		21 000	2/98	210
140	屋面工程	工程师/工人	3 000	2/48	60
150	装修工程				
151	楼地面	工人	15 000	100	150

续上表

工作编号	任务名称	人力资源	工日(日)	资源人数(人)	工期(天)
152	门窗工程	工人	7 500	50	150
153	装饰工程	工人	96 000	200	480
160	安装工程				
161	给排水工程	工人	15 000	50	300
162	采暖通风工程	工人	6 000	50	120
163	强电工程	工人	6 000	50	120
164	智能化系统	工程师/工人	10 800	10/50	180
165	消防工程	工程师/工人	4 500	2/28	150
165	电梯安装	工程师/工人	2 400	2/18	120
170	室外工程				
171	道路	工人	900	30	30
172	停车场	工人	900	30	30

9. 项目人力资源管理

(1)人力资源的招聘：项目管理的核心人员从公司内部选拔、部分应急人员面向社会招聘。

(2)人力资源的培训与开发：包括技术培训、取向培训、文化培训。

通过培训确保组织获得所需要的人才、增加组织的吸引力留住人才、减少员工的挫折感，增强员工的信心。

(3)人力资源的激励：不同的员工采取不同的激励手段。

(4)建立绩效评估体系，定期进行绩效评估，奖优罚劣。

10. 项目进度计划

1) 项目进度计划编制的依据

(1)根据项目工期要求、现场施工条件、项目特点和本单位施工经验及技术、装备、人员情况编制。总工期30个月。

(2)为使资源使用合理化，根据本单位常年施工的实践经验，本计划利用网络优化技术按倒排工期法编制。

(3)每项工作的持续时间按工程类比施工经验、劳动定额等综合考虑而来，具有较大可靠性。

(4)由于计划工期与要求工期相同，所以施工中必须加强对进度的监控，以确保计划工期的实现。进度监控常用的方法主要是调度报表分析、每周交班会、核实和定期检查。

2) 项目进度计划编制步骤

(1)根据项目工作分解的工序、各工序间的逻辑关系和组织关系，确定工序间的先后关系和搭接关系，建立工作关系表。

(2)根据工序工作内容、相关的施工经验和劳动定额，确定各工序的持续时间。

(3)根据各工序的工作关系和持续时间，编制网络计划(略)和甘特图，如表2-8所示。

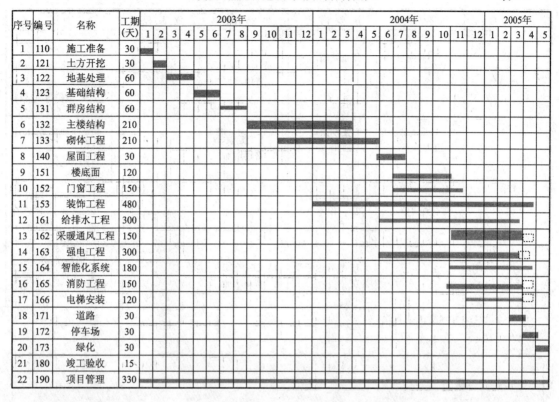

邮电大楼施工进度计划表（甘特图）　　　　表2-8

11. 项目风险管理

1) 项目风险识别

基于项目的特点和背景资料，对各种存在和潜在的风险进行识别。本项目存在的风险主要有：管理风险，费用风险，工期风险，质量风险，环保风险，安全风险等。

2) 项目风险分析与评估

对风险的来源、性质、出现的频率、危害程度进行定性定量分析和评估，从而为制订相应的措施提供依据。本项目风险排序为：

　　（1）成本风险　　　（2）安全风险　　　（3）质量风险
　　（4）工期风险　　　（5）管理风险　　　（6）环保风险等

针对项目风险的不同因素，制订相应的预防、减轻、转移、后备等措施，如表2-9所示。

邮电大楼项目风险控制规划表　　　　表2-9

序　号	风险种类	风险内容	影响结果	危害程度	应对措施
1	费用风险	1. 不了解市场； 2. 管理不善； 3. 资金不到位	费用增加，成本失控	A	1. 市场调研； 2. 成本分割，预留应急费； 3. 转移部分风险给合约商
2	安全风险	出现安全事故	工期延误，费用增加	A	1. 加强安全措施的落实； 2. 投保险

续上表

序 号	风险种类	风险内容	影响结果	危害程度	应对措施
3	质量风险	质量缺陷	业主不满意，费用增加	B	1. 加强技术措施；2. 强化施工过程管理；3. 严格控制原材料
4	工期风险	1. 工期太短；2. 工作安排不合理	工期延误，费用增加	B	1. 合理安排工序搭接；2. 工期索赔
5	管理风险	1. 管理不到位；2. 合作方选择不当	费用增加	C	1. 加强管理监控；2. 选择合适的合约商
6	环保风险	环保不达标受处罚	工期延误，费用增加	C	1. 加强环保措施；2. 合理安排作业时间

注：A-高风险；B-中风险；C-低风险

习 题

1. 直线职能式的组织形式有哪些特点？适用范围如何？
2. 试述矩阵式施工项目经理部的设立步骤。
3. 试述工程建设项目经理的主要职责包括哪些？
4. 施工项目经理的任务主要包括哪些？
5. 项目经理应具备哪些素质？
6. 什么是施工项目管理规划？它与施工组织设计有何异同？
7. 施工项目管理规划大纲与施工项目管理实施规划有何区别？
8. 施工项目管理规划大纲与施工项目管理实施规划编制的内容各有哪些？

第三章 工程项目投资决策与评价

第一节 投资决策的原则与程序

一、投 资 决 策

1. 投资决策概念

决策一般是指为了实现某一目标,根据客观的可能性和科学的预测,通过正确的分析、计算以及决策者的综合判断,对行动方案的选择所做出的决定。决策是整个项目管理过程中一个关键的组成部分,决策的正确与否直接关系到项目成败。

投资决策,根据涉及的范围和对象,可分为宏观决策和微观决策两种。宏观投资决策是在全国范围内或在某一个地区范围内,为促进国民经济持续、快速、健康发展,对投资方向、结构、规模、布局等重大问题所做的决策;微观投资决策则是针对企业的投资项目进行决策,通过对拟建项目建设的必要性、可行性分析和方案比较选择做出最后决断。同时,决策不是一个瞬间的动作,它是一个过程。一个合理的决策过程包含的基本步骤见图 3-1。

投资项目决策属于微观决策范围,它是按照一定程序、方法和标准,对项目的投资规模、投资方向、投资结构、投资分配及投资方案做出具体选择。项目投资决策必须符合国家宏观政策、产业政策、行业规划和地区规划的要求。

2. 项目投资决策的重要性

项目决策的重要性,可以集中概括成为两句话,决策成功,项目才能成功,决策失败,项目必然失败;决策正确,是最大的节约,决策错误,是最大的浪费。

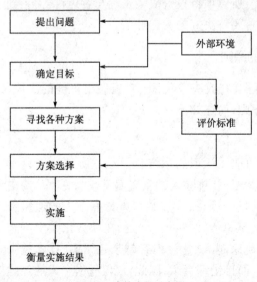

图 3-1 决策步骤示意图

项目决策的重要性,是由建设项目本身的特点决定的。由于建设项目在本质上是一种特殊专项生产,其投资是一次性的,项目决策也是一次性的,决策本身便具有不可重复性和不可更改性。所谓不可更改性是相对的,不是绝对的,其含义之真谛在于:在做出决策付诸实施后,如果发现决策有误,或者由于其他各种原因企图改变决策的某些部分或全部,或者迫于新出现的既成事实不得不对决策做出某些调整,那就必然要付出不小代价,造成投资的重大损失和浪费。

由于建设项目具有投资额度大、建设周期长的特点,意味着变化不定的事先不可预见的因素多,决策的风险大、难度高。由于建设项目的空间位置的固定性,选址决策一旦失误,便具有悔之不及、难以更改的性质。在国内外建设史上,选址决策错误者不乏其例。由于建设项目内外协作配套关系多、涉及面广,整体性强,使项目决策面临着"牵一发而动全身"的高难度和高风险的陷阱。有的水电站拦河坝址选在有断层或者有流砂的地段上,等到发现时水坝已建成大半,结果造成前功尽弃的损失。有的煤矿,设计能力年产 300 万吨,工程建成后才发现煤的工业可采储藏量只有 200 万吨,造成很大的浪费。有的大型加工工业项目,地址选在既不靠近原料供应基地,也不毗邻销售市场的地点,造成运输成本高昂的重大决策失误和经济损失。有的新企业建成后,由于决策时未发现生产工艺技术不过关,结果不能投产经营。有的项目,由于决策时未发现原材料或燃料能源供应不足,结果建成后不能投产。

项目投资决策主要根据项目的可行性研究报告和项目评估报告做出决策。项目的投资决策对投资项目的一些根本性问题做出科学的决断,如拟建项目地址选择,初步设计方案的确定,项目建设必要性,技术上是否先进适用,经济上是否合理,财务上是否有满意的盈利水平,建设项目内外条件是否具备,企业产品是否具备国内外的竞争力等一系列重大问题,必须做出正确判断和决定。只有做出正确的项目决策,才能正确地定项目、定项目地址(定点)、定设计、定项目投资建设方案,才能从总体上从各个主要的方面保证项目建设全过程的正常进行和顺利完成,不出大的差错;才能保证项目建成后生产经营的正常运转和全部投资如期回收,达到预期的投资目标。

综上所述,我们可以说,项目决策的正确与失误,决定着整个建设项目的成败得失和投资效益高低好坏,决定着整个项目的命运和发展前途。所以项目投资决策正确与否,直接关系到项目建设的成败和企业发展的命运,是项目投资者首要解决好的关键环节。

二、投资决策的原则

项目决策既然如此重要,那么,决策者(或决策机构,或决策集团)要想做出正确的决策,必须遵循和依据哪些原则呢?这里介绍 6 个总的原则,简述如下。

1. 决策科学化原则

科学,是人们对客观事物本质、特点和规律性的理性认识的系统化总结。所谓决策科学化,就是要求决策者做出的决策必须以科学的资料为根据,排除人的主观偏见或臆测。从历史发展的观点来看,在小生产条件下,建设工商企业的投资项目,大多数可以依靠个人的经验和知识,做出正确的或较为正确的决策,并取得良好甚至卓越效果的。但是,在社会化大生产相当发达的现代社会经济生活中,投资项目建设规模越来越大,建设内容越来越繁多,技术越来越复杂,建设过程往往很长,内外配合协作关系面广而且错综复杂,因此,仅仅凭借个人的经验和智慧来决策,是远远不够用的,必须走依靠科学进行决策的必由之路。我们可以从两方面着手:一是请水平较高、各方面人才较全的咨询公司对拟建项目进行客观的、公正的、独立的、不受任何外来影响的技术经济可行性研究,做出实事求是的科学评价。二是项目决策需要解决的问题实在太多,决策者不能也不必一一事必躬亲、平均使用力量,而必须抓住整个项目起决定作用的最根本最重大的几个关键问题,例如项目该不该建,能不能建成功,在什么地方建,如何建等问题,一个问题一个问题地分别听取有关各方面科学家、工程师、设计师、专家、学者的意见,然后,再做出决策者自己的判断。

2. 决策民主化原则

所谓决策民主化,主要指项目决策应由决策机构的领导班子集体充分讨论后做出,不能也不应该主要领导人一个人说了算。领导班子集体决策之前,应充分发扬民主,走群众路线,广泛倾听各方面群众的意见,集思广益,特别要注意倾听不同意见和反对意见。善于从不同意见和反对意见中吸取营养、采纳合理因素,特别要注意倾听有关各方面专家的意见和"参谋班子"的意见。

如何搞好民主化决策关键在于认真讨论和讲求实效。先要让与会者把心里话讲出来、讲充分;其次对有争论的问题和讨论不清楚的事情,要继续组织实事求是的深入细致的调查研究,调研有结果后,再进行集体讨论和决策,不要过急地轻率地做决定,草草了事。总之,民主讨论不可流于形式,以致收效不大。当然有些决策存在着时间问题或保密问题。即使这样,也应在条件许可的范围内尽可能多找一些人交换意见或互相商量。

3. 决策程序化原则

决策程序化,是指决策者和决策机构必须遵守的决策全过程各个必经阶段和必要环节的先后次序的制度性规定。决策全过程,就大中型建设项目决策而言,一般应当包括决策准备阶段(决策前期工作阶段)、决策阶段、决策后总结反馈阶段等三个阶段。各阶段又有若干必经环节。例如,世界银行贷款项目决策的全过程,就分为"项目选择"、"项目准备"、"项目评估"、"项目谈判"、"项目总结评价"五个阶段。

4. 决策系统性原则

决策系统性,是指要根据系统论的观点,全面考察与投资项目有关的各方面的信息,包括市场需求信息、生产供给信息、技术信息、政策信息、自然资源与经济社会基础条件等信息,还要考虑相关建设和同步建设,项目建设对原有产业结构的影响,项目的产品在市场上的竞争能力与发展潜力。为此要进行深入细致的调查研究。

5. 决策责任制原则

(1)投资项目决策是具有风险和困难的致命性决策。决策的成功与失误,常常决定着项目成败得失的命运。因此,必须建立明确的全方位的决策责任制,使参与决策工作的机构和当事人,从各自不同的岗位和层次、不同的方面和角度承担与自己职权相称的风险和责任,才能够减少整个项目决策的盲目性,避免轻率决策、仓促决策、主观武断决策等等错误,有力地促使决策参与者明确树立慎重决策、科学决策和民主决策的指导思想。

(2)建立决策责任制是针对社会主义建设几十年实践经验和教训提出来的。众所周知,在社会主义全民所有制经济的投资建设实践中,长期存在着"争投资、争项目",出了问题"谁都有责任、谁都没有责任"的普遍现象。要克服这种现象,不通过立法程序,建立"项目决策责任制"是不行的。

(3)建立决策责任制的主要依据,是权责统一原则。参加决策工作的人和机构,具有的职权与应当承担相应的责任,是平衡一致的,是统一的。从法学的观点看,在商品经济条件下,不存在只享有权力而不承担义务和责任的经济行为,也不存在只有责任和义务而不享有权利和权力的经济行为。因此,既然有权参与决策,就理应义不容辞地承担一部分自己应当承担的责任。不可讳言,主要决策人理应承担决策的主要责任。

6. 决策合理性原则

投资决策需要通过多方案的分析比较。定量分析有其反映事物本质的可靠性和确定性的一面,但也有其局限和不足的一面。当决策变量较多、问题较复杂时,要取得定量分析的最优结果往往需要耗费大量的人力、费用或时间。如果缺乏完善的分析方法和一定的原始数据,甚至很难得出可靠的结果。另外,有些因素(如社会、政治、心理、行为等)较难进行定量分析,但对事物的发展却具有举足轻重的影响。因此,在进行定量分析的同时,也要注重定性分析。

定性分析与定量分析相结合,在很多情况下要求人们决策时兼顾定量与定性的要求来选择"最适"的方案,这就是说,应该以"最适"代替"最优",以"合理"的原则代替"最优"的原则。

三、投资决策体系

项目决策体系是指不同决策主体间的权力构成,包括权力的划分及相互间的联系和制约。

1. 国家决策权

国家决策权即国家政府部门对建设项目所拥有的决策权。国家是社会主义市场经济的领导者和组织者,与这一地位相适应,国家决策权在决策体系中必须有主导地位。社会主义国家投资体制改革的经验教训说明,在企业取得较大的投资决策权后,如果国家的决策权不占主导地位,就会对国民经济的协调发展带来威胁。强调国家决策的主导地位,目的是要国家通过投资决策来宏观控制经济命脉。

2. 企业决策权

企业自主权的扩大,要求企业必须具有相应的投资决策权。企业自我改造和自我发展的能力就意味着企业必须具有一定的投资决策权。其原因主要如下:

(1)企业的投资决策权与经营权是不可分离的。如果我们不允许企业有投资决策权,实际上就是不让企业支配大部分自有资金,这样所谓的经营自主权也就成了一句空话。

(2)有了投资决策权,企业才能追求自身的长远利益,才会有兴旺发达的持久动力。

(3)有了投资决策权,企业才会有真正的竞争。

实践也已证明,靠统一的指令性计划来安排和控制每一项投资和每个建设项目是不可行的。随着社会主义市场经济的进一步规范及企业自主权的扩大,企业所拥有的投资决策权逐步规范化。只要国家制订出一个科学的指导性计划,并利用税收、利息等经济手段,就能保证企业投资沿着正确的方向发展。

3. 银行的参与决策权

银行,尤其是建设银行,在项目决策体系中占有重要地位。国家和企业是投资的主体,银行是资金的供应者,银行正是以资金供应者的身份参与投资项目活动的。

银行参与项目决策的权力与其提供的资金的性质和数量相一致。银行参与国家决策同参与企业决策作用是不同的。对于国家指令性计划下达的项目,银行只具有参谋建议权。这些项目的投资虽然都来于银行贷款,但这些贷款仍具有财政性质。在项目未决策之前,银行可以向国家决策机构提供信息并提出建议。一旦做出决策,银行必须按国家指令性计划适时供应贷款。

银行参与企业决策的作用则与以上大不相同。这是因为银行提供给企业的贷款在性质上与前者大不相同。银行对企业提供的是真正的信贷资金,银行与企业的关系是真正的信贷关系,信贷双方对于投资效果的好坏都有直接的利害关系。银行用贷与不贷、贷多贷少以及高息低息等经济手段,直接影响着企业的投资决策。银行对企业投资决策影响作用的大小决定于企业使用多少银行贷款。项目投资中有一分银行贷款,银行就在项目决策中有一分发言权。一旦银行贷款占了项目投资的一半以上,银行就会与企业一样,成为主要决策者之一。

国家决策权、企业决策权、银行决策参与权的合理划分与有机结合构成了我国项目决策体系的主体。随着经济体制改革的深入发展,这一决策体系还要进一步发展和完善,股份经济的出现将使国家、企业、个人以及银行的决策关系趋于复杂,外商独资企业、合资企业以及私人企业使得决策体系又增加新的内容。在改革的进程中,一个以国家、企业与银行决策关系为主体,以其他决策关系为补充的适应于我国国情的项目决策体系必将成熟起来。

四、项目投资决策程序

项目的建设和决策不是凭空想象的,而是以经济发展与市场背景和社会需求为前提,在分析预测和比较的基础上形成的。各国的工程项目建设程序,政府的和私人的项目都各不相同,但国际上大型工程项目一般包括如下阶段,如图3-2所示。

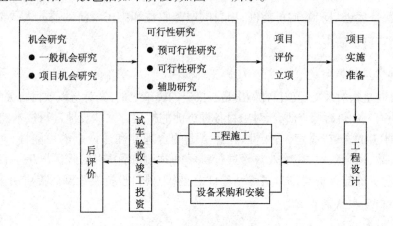

图 3-2 项目建设程序图

下面主要介绍机会研究、可行性研究和项目后评价。

1. 机会研究

机会研究也称项目建议书,就是为工程建设项目的投资方出建议,在一定的地区和部门内以自然资源和市场的调查为基础寻求最大的投资机会。主要包括:

(1)建设项目提出的依据和必要性。
(2)市场预测。市场预测的可靠性直接影响工程项目的收益。如某校学生公寓项目实行 BOT 模式,在建设和运营的 15 年合同期内,因考虑物价、收费、人工成本和水暖电等因素的欠缺,致使后期经营存在困难。而某高速公路建设项目同样采用 BOT 模式,在建设前期车辆调查时过于保守,未考虑到未来 20 年车辆的高速发展,合作方获得了很人收益。

(3)建设规模和产品方案的构想。

(4)建设地点包括自然条件和社会条件及环境影响分析等评价。

(5)资源供应的可能性和可靠性。

(6)主要技术工艺设想。

(7)配套环境及条件。

(8)投资预测和资金筹措的办法。

(9)建设工期。

(10)经济效益分析及技术经济指标。

机会研究的重点是作投资环境分析,对建设投资和生产成本进行初步估算。而估算的依据是市场预测。

一般投资机会研究,通常由国家机关和上级主管部门进行。其目的是提供投资的方向性建议,包括地域性投资机会,如西部大开发、高新技术开发区等;还有主管部门的投资机会,如本行业发展规划中所提供的投资项目;最后还有资源利用性的投资机会,如矿藏资源、水利资源、农业资源开发等投资机会。经过一般投资机会研究,然后再进行具体项目的投资机会研究。

对企业或个人投资者而言,投资机会研究就是通过市场需求与供给调查,为企业选择最有利获得利润的投资领域和投资方向,寻找最有市场发展前景的投资机会。

机会研究的主要内容是:投资项目选择;投资的资金条件;自然资源条件和社会地理条件;项目在国民经济中的地位和对产业结构、生产力布局的影响;拟建项目产品在国内外市场上需求量、竞争力及替代进口产品的可能性;项目的财务收益和国民经济效益的大致估算预测等。

2. 项目的可行性研究

1)可行性研究的概念

可行性研究是指对某工程项目在做出是否投资的决策之前,先对与该项目有关的技术、经济、社会、环境等所有方面进行调查研究,对项目各种可能的拟建方案认真地进行技术经济分析论证,研究项目在技术上的先进、适宜、适用性,在经济上的合理性和建设上的可能性,对项目建成投产后的经济效益、社会效益、环境效益等进行科学的预测和评价,据此提出该项目是否应该投资建设,以及选定最佳投资建设方案等结论性意见,为项目投资决策部门提供决策的依据。

2)可行性研究报告的内容

项目可行性研究的内容,是指对项目有关的各个方面论证分析其可行性,包括项目在技术上、财务上、经济上、商业上、管理上等方面的可行性。其中任一方面的可行性,都与其特定的性质、条件和具体内容有关,各有所区别和侧重。可行性研究报告包括以下内容:

(1)项目总论。主要说明建设项目提出的背景,投资的必要性和经济意义,投资者和项目的概况,以及开展此项目研究工作的依据和研究范围。

(2)项目建设必要性分析。项目建设必要性分析从两方面进行,即宏观必要性分析和微观必要性分析。宏观必要性分析包括:项目建设是否符合国民经济平衡发展和结构调整的需要;项目建设是否符合国家的产业政策。微观必要性分析包括:项目产品是否符合市场的要求;项目建设是否符合地区或部门的发展规划;项目建设是否符合企业战略发展的要求,能否给企业带来效益。

(3)产品市场分析与结论。市场分析是指对项目产品供求关系的分析。通过科学的方法,预测项目产品在一定时期的供给量和需求量,并对供需关系进行定量和定性分析,最后得出结论,即项目产品是否有市场。

3) 生产规模的确定

首先分析决定拟建项目生产规模的因素,然后依据这些因素,用科学的方法确定项目的生产规模,并分析拟建项目的规模经济性。

4) 建设条件分析与结论

项目的建设条件主要有:物质资源条件即自然资源条件,原材料和动力条件;交通运输条件,主要指厂外的交通运输;工程地质和水文地质条件;厂址条件和环境保护条件等等。

建设条件分析主要是分析资源条件的可靠性,原材料供应的稳定性,燃料、动力供应和交通运输条件的保证性,厂址选择的合理性和环境保护的可行性。结论是对建设条件总的评论,即资源是否分配合理,是否充分和有效地利用;原材料来源渠道是否畅通,供应是否能保证及时和稳定,价格是否基本合理;燃料和动力是否有保证,是否可以节约使用;交通运输成本是否经济合理,同步建设投资是否落实;厂址的选择是否有利于生产、销售,方便生活;"三废"治理有无相应的措施,能否满足有关部门的要求;工程地质和水文地质的资料是否可靠等等。

5) 技术条件分析与结论

技术条件包括拟建项目所使用的技术、工艺和设备条件。技术分析包括技术的来源、水平;工艺分析包括工艺过程、工艺的可行性和可靠性;设备分析包括设备的询价、先进程度和可靠性。技术条件分析的结论是:所用技术是否先进、适用、成熟,有无必要从国外引进;工艺是否科学合理,有无改进的可能;设备是否先进,是否可靠,是国内制造还是从国外引进。

6) 财务效益分析

财务效益分析就是根据财务数据估算的资料,编制一系列表格,计算一系列技术经济指标,对拟建项目的财务效益进行分析和评价。评价指标有反映项目盈利能力和清偿能力的指标。反映项目盈利能力的指标包括动态指标和静态指标。动态指标包括财务内部收益率、财务净现值、动态投资回收期等;静态指标包括投资回收期(静态)、投资利润率、投资利税率、资本金利润率和资本金净利润率等。反映项目清偿能力的指标包括借款偿还期和"财务三率",即资产负债率、流动比率和速动比率。

在进行财务效益分析时,可以对上述指标进行选择,可以计算出全部指标,也可以选择其中的一部分指标。但一般情况下,要选择财务内部收益率、投资回收期、借款偿还期(如果有建设投资借款的话)等指标。如果是属于出口或替代进口的拟建项目,财务效益分析还要求进行外汇效果分析,即计算财务外汇净现值、节汇成本或换汇成本等指标,用以反映项目的外汇效益。

在财务效益分析中,计算出的评价指标要与有关标准或规定或历史数据、经验数据等进行比较,以判断项目的盈利能力和清偿能力,确定项目财务上的可行性。

7) 不确定性分析

不确定性分析用来判断拟建项目风险的大小,或者说用来考察拟建项目抗风险能力。进行可行性研究,一般要进行盈亏平衡分析和敏感性分析,有时根据实际情况也用概率分析方法。盈亏平衡分析是一种静态分析方法,主要是通过计算盈亏平衡时的产量和生产能力利用率来考察拟建项目适应市场变化的能力和抗风险能力。敏感性分析是通过对拟建项目经济效益影响比较大的因素(如产品价格、经营成本、建设投资、建设周期等)的变化给评价指标所带来的变化,考察哪些因素对拟建项目经济效益影响最大和拟建项目的抗风险能力。

8) 国民经济效益分析

国民经济效益分析是站在整个国民经济整体角度来考察和分析拟建项目的可行性。一般的,凡是影响国民经济宏观布局、产业政策实施,或生产有关国计民生的产品的大中型投资项目,都要求进行国民经济效益分析。

国民经济效益分析的关键,一是外部效果(外部效益、外部费用,也叫间接效益和间接费用)的鉴别和度量;二是对不合理的产出物和投入物的现行价格进行调整,调整成影子价格。

9) 结论与建议

结论与建议由两部分组成:一是拟建项目是否可行或选定投资方案的结论性意见;二是问题和建议,主要是在前述分析、评价的基础上,针对项目所遇到的问题,提出建设性意见和建议。如果这些问题不予以解决,项目则是不可行的。拟建项目的问题可分为两大类:一类是在实施过程中无法解决的;另一类是在实施过程中通过努力可以解决的。这里讲的问题是指后一类,建议也是针对后一类问题提出来的。

项目的问题和建议包括政策和体制方面的问题和建议。拟建项目的资源、经济等方面的分析和评价都与一定时期政策和体制有关,如资源、开发、投资、价格、税收等无不受制于国家的矿产资源开采政策、投资政策、价格政策和税务政策;项目产品的销售、物料投入的来源、厂址选择等无不受制于国家的经济管理体制。如果这些政策是灵活的,可以变通的,体制是可以改革的,可行性研究人员可在问题和建议中提出影响项目可行的政策和体制方面的问题,并根据项目的特点和要求,提出合理的改进意见。

项目的问题和建议还包括项目本身的问题和解决措施,如销售渠道的选择、资金筹措方案、出口比例的确定、贷款偿还方式等。

可行性研究是决策项目是否可行的重要评价指标,直接关系到项目的成败和后期对环境资源有序开发利用保持国民经济持续发展的重要内容。而在我国为突击上项目将可行性研究报告作为一种形式和走过场,恰恰忽略了其核心内容,造成诸多投资失误。

3. 项目评估与决策

项目评估就是在可行性研究的的基础上,在最终决策之前,对其市场、资源、技术、经济和社会等方面的问题进行再分析、再评价,以选择最佳投资项目(或投资方案)的一种科学方法。项目评估是投资前期对工程项目进行的最后一项研究工作,也是建设项目必不可少的程序之一。它是由项目的审批部门委托专门评估机构及贷款银行,从全局出发,根据国民经济的发展规划,国家的有关政策、法律,对可行性研究报告或设计任务书提出的投资项目方案,就项目建设的必要性、技术、财务、经济的可行性等,进行多目标综合分析论证,对可行性研究报告或设计任务书所提供材料的可靠性、真实性进行全面审核,最后提出项目"可行"或"不可行"或"重新研究"的评估报告。

根据项目评估的需要,项目评估分为项目主管部门评估、银行评估,另外环保部门、劳动部门和消防安全部门也要对可行性研究的有关内容进行评估。因不同部门评估的角度、立足点不同,评估的侧重点也不一致。

1) 审批部门评估

通常意义的项目评估,指的是项目审批单位在审批项目之前,对拟建项目的可行性研究所作的再分析、再评价。按照有关规定,大中型项目由国家发展改革委委托中国国际工程咨询公司对项目的可行性研究报告进行评估。评估机构应根据国家的有关规定,对可行性研究报告编制的依据,基本的数据资料,分析计算方法的真实性、可靠性和科学性进行审查,在分析审查的基础上提出评估报告。

在我国现行投资管理体制下,多数承担可行性研究的机构隶属于项目的主管部门,再加上其他因素的影响,可行性研究报告难免有一定的局限性。项目评估可以避免受主管部门和建设单位的影响,提高评估的客观性。

2) 贷款银行评估

根据现行规定,项目的贷款银行必须参与项目评估,非贷款银行的评估不能代替。参照世界银行的办法,银行评估一般从以下几个方面进行:

(1) 审查项目在执行过程中是否有足够的资金保证。这就是说,除银行贷款外,国家规定的项目资本金来源是否已经落实,否则不予贷款。

(2) 对项目未来的收益是否有偿还本息及一切债务的能力做出评估。这项工作通过审核编制的预测资产负债表、损益表和现金流量表来进行。

(3) 对项目的经济效益和投资回收年限做出评估。对于某些公共项目如农田灌溉项目,还要审查项目是否可以从受益者收回项目投资及经营费用,若收费标准定得太低,就会影响项目的投资收益。

3) 环境保护部门的评估

按国家现行规定,那些对环境影响较大的项目,如排放大量污染物、废渣、废气、废水的基本建设项目、技术改造项目(如造纸、冶金、电镀、化工、纺织等行业);大规模开垦荒地、围海围湖造田和采伐森林的建设项目,应由环境研究机构对拟建项目做出《环境影响评估报告》。对小型基建项目和限下技改项目,也需要填报《环境影响报告》。

国家规定,各级环保部门负责本地区建设项目的环境保护措施的审查,要对建设项目"三同时"(指治理"三废"的工程与主体工程要同时设计,同时施工,同时验收投产)措施进行审查监督,要提出环境保护的各项要求和措施,如防止污染的工艺流程及其预期的治理效果。对资源开发引起的生态变化、环境绿化设计、环境监测手段、环境保护措施的投资进行监督、审查。

4. 项目后评价

项目后评价是世界银行贷款项目生命周期中的最后一个阶段。项目后评价是在项目正式投产一年后,按照严格的程序对项目执行的全过程进行认真的回顾,总结经验和教训,供下一个新项目实施参考。后评价的内容一般包括:过程评价(立项和项目实施过程中的管理)、效益评价(财务评价、国民经济评价)、影响评价(经济影响、环境影响和社会影响)、可持续性评价和综合评价。

第二节 项目投资经济效益指标体系

一、经济效益

经济效益是指人们在经济实践活动中取得的有用成果与劳动耗费之比,或产出的经济成果与投入的资源总量(包括人力、物力、财力等资源)之比。

劳动耗费是指在生产过程中消耗的活劳动和物化劳动。活劳动消耗是指生产过程中具有一定的科学知识和生产经验并掌握一定生产技能的人,消耗一定的时间和精力,发挥一定的技能,有目的地付出的脑力和体力劳动。物化劳动消耗是指进行劳动所具有的物质条件和基础,它一方面包括原材料、燃料、动力、辅助材料在生产过程的消耗;另一方面还包括厂房、机器设备、技术装备等在从事生产实践过程中的磨损折旧等。

经济效益就是所获得的有效的劳动成果与投入的劳动耗费之间的比值,这个值越大,经济效益就越好。据此可知,若保证有效的劳动成果不变,通过技术或规模等手段努力降低越多的劳动耗费,经济效益就越好;类似地,若使劳动耗费保持不变,努力取得更大的有效劳动成果,则经济效益就越好。反之就越差。

二、经济效益分类

由于人们考察问题的角度不同,以及经济效益自身的可计量性不同,可将经济效益作如下分类。

1. 直接经济效益和相关经济效益

这是从技术方案采纳者角度所做的分类。所谓直接经济效益,是指方案采纳者通过方案实施可以直接得到的经济效益;所谓相关经济效益,是指与方案采纳者经济上相关的单位可以从方案实施中间接得到的经济效益。

对于方案采纳者来说,前者一般是看得见的,评价方案时不易被忽略。但从全社会角度以及方案采纳者长远利益出发,则更应强调后者,因为相关经济效益是从更高层次对方案能否实施做决策的重要依据。

2. 企业经济效益和国民经济效益

这是根据受益范围大小所做的分类。企业经济效益(财务效益)是技术方案为企业带来的效益;国民经济效益是技术方案为国家所做的贡献。对技术方案的分析,不仅要分析企业经济效益,还要分析国民经济效益,尤其是对国民经济全局有重大影响的技术方案更是如此。对技术方案的取舍,应主要取决于国民经济评价的结果。

3. 有形经济效益和无形效益

这是根据能否用货币计量所做的分类。把能用货币计量的称为有形经济效益,不能用货币计量的称为无形效益。

技术方案的无形效益有经济方面的,也有社会方面的,如生态、环境、教育、政治、就业、保健、文化等,因此不应忽视对无形效益的分析。无形效益不能或不易用货币计量,目前多采用定性分析方法或定性与定量分析相结合的方法描述。

4. 绝对经济效益和相对经济效益

这是根据经济评价用途所做的分类。绝对经济效益是指某技术方案本身所取得的经济效益;相对经济效益是指一方案与另一方案对比所得到的经济效益。分析和优选技术方案时,在绝对经济效益可行的基础上,才可以比较其相对经济效益。

三、经济效益的一般表达式

在不同的运用场合,经济效益可以有多种计量方法,这里给出的是定量计算经济效益的最一般形式。对它的要求,一是能够完全反映出经济效益的内涵,二是表达式中的各指标应具有普遍意义。据此要求,其表示方法有三种:

1. 差额表示法

这是一种用有效成果与劳动消耗之差表示经济效益大小的方法。表达式为

$$E = B - C \tag{3-1}$$

式中:E——经济效益,也称作净效果指标;
B——有效成果;
C——劳动消耗。

式中的 E、B、C 必须使用相同的计量单位,$B-C>0$ 是技术方案可行的经济界限。当 B、C 都以货币单位计量时,计算的经济效益常称为净收益。这种方法一般不易用来衡量技术装备水平和内外部条件差异较大的技术方案。

2. 比值表示法

这是一种用有效成果与劳动消耗之比表示经济效益大小的方法。表达式为

$$E = B/C \tag{3-2}$$

这里的 E 也可称作效果耗费比。B、C 可使用不同的计量单位。当计量单位相同时,$B/C>1$ 是技术方案可行的经济界限。

3. 差额—比值表示法

这是一种用差额表示法与比值表示法相结合来表示经济效益大小的方法。表达式为

$$E = \frac{B-C}{C} \tag{3-3}$$

这里的 E 也可称作净效果耗费比,它表示单位劳动消耗所取得的净效果,在技术经济分析中更为常用。$\frac{B-C}{C}>0$ 是技术方案可行的经济界限。

以上三种表达式是建立经济效益评价指标的基础,也是定量分析经济效益的重要依据,一般均结合起来加以应用。

四、经济效益评价指标体系

对任何一项工程,其投产后能否获得经济效益及获得经济效益的大小,是评价项目甚至决定是否投资该项目的重要内容。为保证投资的科学与正确,全面准确地分析、评价工程项目或投资方案经济效益,研究建立一套有统一标准经济效益评价的技术经济指标,作为对比评价的依据,是十分必要的工作。

对各种技术经济活动,首先要解决技术与经济结合的方式,即设计技术方案,然后分析方案的技术可行性、经济合理性,并从技术与经济等方面优选方案。预计技术方案实施后的经济效益,是决定方案取舍及选优的基础。评价技术方案的经济效益,涉及评价的指标及指标体系,以及评价的标准等问题。

所谓经济效益评价指标,是用于衡量经济效益大小的尺度。根据经济效益的概念,可把其中用于衡量有效成果(产出)的指标,称为效果指标;用于衡量劳动消耗(投入)的指标,称为耗费指标;用于衡量二者对比关系的指标,称为经济效益指标。

1. 效果指标

效果指标的用途有两个：一是和耗费指标结合在一起用于衡量经济效益；二是在耗费一定时，单独用于衡量经济效益。具体内容包括以下三方面：

(1) 数量效果指标。社会需要首先表现在产出的数量方面，投入一定时，产出的数量越多越好。数量效果指标既可表现为实物形态，如产量、销量等，又可表现为价值形态，如销售收入、总产值、净产值等。

(2) 质量效果指标。社会对产出数量的需求总是建立在对其质量需求基础之上的。质量效果和数量效果是不可分割的两个方面。技术方案的产出质量，包括单个产品质量和总体产品质量两方面，其中单个产品质量主要是指产品所具有的功能和技术性能，如产品的寿命、可靠性、精度等；总体产品质量主要是指产品的经济性能指标，如品种、合格品率、优等品率、返修率、废品率等。

质量指标的计量单位各不相同，不能直接相加减，这给定量分析带来一定困难。目前可采用评分法、功能评价法、定性与定量分析相结合的方法等对质量效果指标进行量化。

(3) 时间效果指标。社会需要在尽可能短时间内提供数量多、质量好的产品，因此，产出的时间，包括产品设计和制造周期、工程项目建设期、工程项目达产期等也是衡量经济效果的重要指标。在进行经济效益分析时，可单独使用。但也经常通过时间价值的折算转化为数量效果指标。

2. 耗费指标

耗费指标的用途与上述效果指标类似。耗费指标可分为劳动消耗指标（直接劳动消耗和间接劳动消耗）和劳动占用指标两种。

(1) 劳动消耗指标。劳动消耗指标既可用实物形态表示，如技术方案在运行中所消耗的原材料、燃料、动力、生产设备等物化劳动消耗以及劳动力等活劳动消耗，又可用价值形态表示，如相应的原材料费、燃料费、动力费、折旧费及工资费用等。这些单项消耗指标都是产品制造成本的构成部分，因而产品制造成本是衡量劳动消耗的综合性价值指标。

(2) 劳动占用指标。通常是指所有劳动所占用的固定资产。劳动占用指标通常也有实物形态和价值形态两种。实物形态的劳动占用指标，通常是指技术方案为正常进行生产而长期占用的厂房、设备、货币资金和各种物料的数量；价值形态的劳动占用指标是实物占用量的货币表现，通常分为固定资金和流动资金两部分。因而技术方案投资是衡量劳动占用的综合性价值指标。

3. 经济效益指标

经济效益指标可分为价值性指标、比率性指标、时间性指标三类，如图 3-3 所示。

(1) 价值性指标（又叫差额指标）。价值性指标是反映效果与耗费之差的指标，如静态差额指标有利润额、利税额、附加值等；动态差额指标有净现值、净年金、净终值等。这类指标数值越大越好。

① 净现值法。净现值法要求将各年的现金流量按期望的收益率或资金成本率换算成现值（PV），以求得投资方案的净现值（Net Present Value 简称 NPV）。

净现值法的决策程序如图 3-3 所示。

首先，找出投资方案的现金流量（方案的原始投资额也包括在内），再用适当折现率（贴现

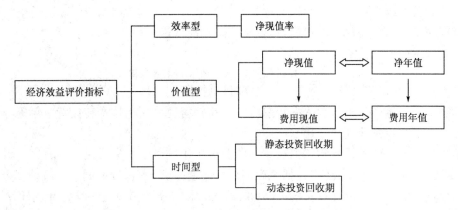

图 3-3 各评价指标的类型和关系

时所使用的利率)将这些现金流量折算成现值。

其次,将所有的现金流量的现值加起来(其中现金流入值为正,现金流出值为负),所得到的总和,就是投资方案的净现值。

投资方案的净现值可用公式(3-4)算出:

$$NPV = \sum_{t=0}^{n} (CI - CO)_t (1 + i_0)^{-t} \tag{3-4}$$

式中: CI——现金流入;

CO——现金流出;

i_0——折现率;

$(CI - CO)_t$——第 t 年的净现金流量。

若投资现值为正,则表明该投资方案的收益率高于预期的收益率,故应该接受该投资方案;若净现值为负,则表明该投资方案的收益率低于预期的收益率,故应拒绝该投资方案;若决策需从一些互斥方案中进行选择,则应选取净现值最高者。

②净年值(NAV)。净年值通过资金等值换算将项目净现值分摊在寿命期内(1~n),各年的净年值:

$$NAV = NPV(A/P, i_0, n) \tag{3-5}$$

式中: A——年金;

P——现值;

n——计息期数。

③费用现值(PC)。参考方案产出相同,或者诸方案同样满足需要,但无法进行经济计量,可以通过费用现值与费用年值来比较。准则是费用现值小的方案好,公式为:

$$PC = \sum_{t=0}^{n} CO_t (1 + i_0)^{-t} \tag{3-6}$$

④费用年值(AC)

$$AC = PC(A/P, i_0, n) \tag{3-7}$$

(2)比率性指标。比率性指标是反映效果与耗费之比,或净效果与耗费之比的指标。

从静态角度考察,反映经济效益的指标,主要有投资收益率、投资利润率、投资利税率、投资效果系数、追加投资效果系数、成本利润率等。

从动态角度考察,主要指标有内部收益率、外部收益率、净现值率等。

①投资利润率。投资利润率又称平均报酬率,是指项目达到设计生产能力后的一个正常

年份的年利润总额或平均年利润总额与原始投资额的比率。这个比率越高，说明获利能力越强。投资利润率法，就是根据投资项目投资利润率的高低进行投资决策的一种方法。

投资利润率的计算公式为：

$$投资利润率 = \frac{年利润总额或年平均利润总额}{项目总投资} \times 100\% \tag{3-8}$$

年利润总额 = 年产品销售收入 – 年总成本 – 年销售税金 – 年技术转让费 – 年资源税 – 年营业外净支出

年销售税金 = 年产品税 + 年增值税 + 年营业税 + 年城市维护建设税 + 年教育费附加

总投资 = 固定资产投资（不包括生产期更新改造投资）+ 投资期利息 + 流动资金

如果投资项目是一个增加投资的方案，那么公式中的分子应该是平均每年由于增加投资而增加的净利润，分母应当是增加的投资额。在进行投资决策时，应该将投资方案的投资利润率同投资者主观上预定的期望投资利润率相比。

投资方案利润率 > 期望利润率，则接受投资方案；投资方案利润率 < 期望利润率，则拒绝投资方案。如果有若干投资方案可供选择，应该选择投资利润率最高的投资方案。

②投资利税率。投资利税率是指项目达到设计生产能力后的一个正常生产年份的年利税总额或项目生产期内的年利税总额或项目生产期内的年平均利税总额与项目总投资的比率。其计算公式为：

$$投资利税率 = \frac{年利税总额或年平均利税总额}{项目总投资} \times 100\% \tag{3-9}$$

年利税总额 = 年销售收入 – 年总成本

年利税总额 = 年利润总额 + 年销售税金及附加

投资利税率可根据损益表中的有关数据计算得到。在经济效益评价中，将投资利税率与行业平均投资利税率对比，以判别单位投资对国家累计的贡献水平是否达到本行业的平均水平。

③资本金利润率。资本金利润率是指项目的年利润总额和项目资本金（指注册资本金）的比值。

$$资本金利润率 = 年利润总额 / 资本金 \times 100\% \tag{3-10}$$

④净现值率（NPVR）。净现值率考察单位投资的净现值效应。式中 PVI 是项目投资现值。公式为：

$$NPVR = NPV/PVI \tag{3-11}$$

⑤内部收益率 IRR。内部收益率是项目现金流入量现值等于现金流出量现值时的折现率。经济含义是在项目寿命期内项目内部未收回投资每年的净收益率，或投资的赢利率，表明资金的使用效率。计算 IRR 的理论公式：

$$\sum_{t=0}^{n}(CI-CO)_t(1+i^*)^{-t} = 0 \Rightarrow IRR = i^* \tag{3-12}$$

当 IRR ≥ 0 时，项目可接受；当 IRR ≤ 0 时，项目不可接受。内部收益率就是投资的内在报酬率，即一笔投资的增值率。

内部收益率用试差法来计算。分别试算两个折现率 i_1、i_2，使其对应的折算率 NPV_1、NPV_2 分别为一正一负，按照线性插值法示意图 3-4，由插值公式计算：

$$\frac{IRR-i_1}{(i_2-i_1)} = \frac{NPV_1}{NPV_1+|NPV_2|} \Rightarrow IRR = i_1 + \frac{NPV_1}{NPV_1+|NPV_2|}(i_2-i_1) \tag{3-13}$$

内部收益率指标的最大优点是它能直观地反映技术方案投资的最大盈利能力,或最大的利息偿还能力。但由于其计算公式所给的仅是必要条件,因而内部收益率指标在使用上也有一定的局限性。

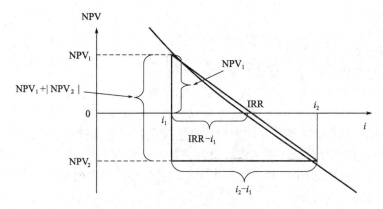

图 3-4 线性插值法示意图

a. 如下三种情况不能使用 IRR 指标:第一,只有现金流入或流出的方案,此时不存在有明确经济意义的 IRR。第二,非投资情况。即先从方案取得收益,然后用收益偿付有关的费用,如设备租赁。在这种情况下,只有 IRR $\leqslant i^*$ 的方案才可接受。第三,当方案的净现金流量的正负符号改变不止一次时,就会出现多个使净现值等于零的折现率,此时 IRR 无法定义。

b. 由于内部收益率是根据方案本身数据计算出来的,而不是专门给定的,所以 IRR 不能直接反映资金时间价值的大小。

c. 如果只根据 IRR 指标大小进行方案的投资决策,可能会使那些投资大、IRR 低,但收益总额很大、对国民经济全局有重大影响的方案落选。因此,IRR 指标往往和 NPV 指标结合起来使用。因为有时 NPV 大的方案,其 IRR 不一定大;反之亦然。

⑥投资收益率。投资收益率是指项目在正常生产年份的净收益与投资总额的比值。

$$R = NB/K \tag{3-14}$$

NB 是正常年份的净收益,K 为投资总额,表示为 $K = \sum_{t=0}^{m} K_t$。

(3)时间性指标。时间性指标是从时间上反映效果与耗费相比较的指标,常用的有贷款偿还期,投资回收期等。这两个指标既可用静态计算,也可用动态计算。

①投资回收期。指从项目投建之日起,用项目各年的净收入将全部投资收回所需要的期限。静态投资回收期不考虑现金流折现;动态投资回收期考虑现金流折现。投资回收期指标表征了项目的风险是否兼顾项目获利能力和项目风险的评价,由于舍弃了回收期后的收入与支出数,因而不表征项目的真实赢利情况,更不支持基于效益的多方案的比较。

投资回收期计算公式:

静态投资回收期

$$\sum_{t=0}^{T_p} NB_t = \sum_{t=0}^{T_p} (B-C)_t = K \tag{3-15}$$

动态投资回收期

$$\sum_{t=0}^{T_p} (CI-CO)_t (1+i_0)^{-t} = 0 \tag{3-16}$$

式中:T_p——投资回收期;

$$T_p = T - 1 + 第(T-1)年的累计净现金流量的绝对值/第 T 年的净现金流量 \quad (3-17)$$

式中：NB_t——净收入；

B——收入；

C——成本；

K——投资；

CI——现金流入；

CO——现金流出；

T——各年累积净现金流量首次大于等于零的年份。判别准则：

$T_p \leq T_b$，表示项目可以考虑接受；$T_p \geq T_b$ 表示项目不可接受。T_b 为基准投资回收期。

②借款偿还期。借款偿还期是在国家财政规定及项目财务条件下，项目投产后可以用作还款的利润，折旧及其他收益偿还固定资产投资借款本金和利息所需的时间。流动资金借款在生产期内每年仅支付利息，生产期末偿还本金。借款偿还期可由财务平衡表直接推算，以年表示，其计算公式为：

$$借款偿还期 = [借款偿还后开始出现盈余年份数] - 1 +$$
$$[上年应偿还借款额/当年可用于偿还的收益额] \quad (3-18)$$

③资产负债率

$$资产负债率 = 负债总额/资产总额 \times 100\% \quad (3-19)$$

资产包括：固定资产净值、流动资产（包括现金及各种存贷、应收及预付款项等）、在建设工程无形资产（包括专利权、著作权、非专利技术、商誉等）及递延资产（包括开发费、租入的固定资产改建费等）净值；

负债包括：流动负债（应付账款、短期借款等）、中长期借款、所有者权益（包括资本金、公积金、未分配利润等）。

由公式(3-19)可以看出资产负债率反映的是项目各年所面临的风险程度及偿债能力。一般资产负债率要控制在100%以内，否则就会资不抵债。

④流动比率

$$流动比率 = 流动资产总额/流动负债总额 \times 100\%$$

流动资产包括：应收贷款、存货、现金、累计盈余资金；

流动负债包括：应付贷款、短期贷款。

流动比率是反映项目偿付流动负债能力的指标，一般应大于200%，否则就可能出现流动资金周转困难。

⑤速动比率

$$速动比率 = (流动资产 - 存货)/流动负债 \times 100\% \quad (3-20)$$

由式(3-20)可以看出速动比率反映的是项目快速偿还流动负债能力。它一般要求控制在100%。

第三节 经济评价基本方法

在经济评价的工程中，有很多评价方法可以选择，其中最常用的方法有以下7种。

一、单指标比较法

单指标评价法是指用单一指标作为方案选择的标准来选择方案，该指标可以是价值指标、实物指标或者时间指标等。其优点是指标比较单一,只反映方案的某个方面的真实情况,便于决策者很快做出决策。单指标比较法多用于互斥方案、独立方案和混合方案的比较与选择。其方法主要有净现值法、年值法、投资回收期法、差额净现值法、差额内部收益率法等。

二、多指标比较法

对于一些较复杂的方案,如果采用单指标比较法来评定方案,就不能全面地反映方案的总体状况,因为它人为地隔断了方案的内在联系。对于这类方案的比较,需要用一系列指标来综合评价。一般来说,这种综合评价分为两个方面:一是技术方面的综合评价,二是商务(经济)方面的综合评价。下面通过一个例题来说明这种方法在评标中的具体应用。

例 3-1: 某工程采用公开招标方式,有 A、B、C、D、E、F 共 6 家投标单位参加投标,经资格预审该 6 家投标单位均满足业主要求。该工程采用两阶段评标法评标,评标委员会由 7 名委员组成,评标的具体规定如下:

1. 第一阶段评技术标

技术标共计 40 分,其中施工方案 15 分,总工期 8 分,工程质量 6 分,项目班子 6 分,企业信誉 5 分。技术标各项内容的得分,为各评委评分去除一个最高分和一个最低分后的算术平均数。技术标合计得分不满 28 分者,不再评其商务标。

表 3-1 为各评委对 6 家投标单位施工方案评分的汇总表。表 3-2 为各投标单位总工期、工程质量、项目班子、企业信誉得分汇总表。

评委对施工方案的打分汇总表 表 3-1

投标单位\评委	一	二	三	四	五	六	七
A	13	11.5	12.0	11.0	11.0	12.5	12.5
B	14.5	13.5	14.5	13.0	13.5	14.5	14.5
C	12.0	10.0	11.5	11.0	10.5	11.5	11.5
D	14.0	13.5	13.5	13.0	13.5	14.0	14.5
E	12.5	11.5	12.0	11.0	11.5	12.5	12.5
F	10.5	10.5	10.5	10.0	9.5	11.0	10.5

各投标单位得分汇总表 表 3-2

投标单位	总工期	工程质量	项目班子	企业信誉
A	6.5	5.5	4.5	4.5
B	6.0	5.0	5.0	4.5
C	5.0	4.5	3.5	3.0
D	7.0	5.5	5.0	4.5
E	7.5	5.0	4.0	4.0
F	8.0	4.5	4.0	3.5

2. 第二阶段评商务标

商务标共计 60 分。以标底的 50% 与投标单位报价算术平均数的 50% 之和为基准价,但最高(或最低)报价高于(或低于)次高(或次低)报价的 15% 者,在计算投标单位报价算术平均数时不予考虑,此时最高报价(最低报价)单位的商务标得分为 15 分。

以基准价为满分(60分),报价比基准价每下降1%,扣1分,最多扣10分;报价比基准价每增加1%,扣2分,扣分不保底。

表3-3为各投标单位报价和标底汇总表。

投标单位报价和标底汇总(单位:万元) 表3-3

投标单位	A	B	C	D	E	F	标底
报价	13 656	11 108	14 303	13 098	13 241	14 125	13 790

3. 计算结果(保留2位小数)。

问题:请采用多指标综合评标法,按得分最高者中标的原则确定中标单位。

解:(1)计算各投标单位施工方案的得分,见表3-4。

各投标单位施工方案的得分表 表3-4

投标单位＼评委	一	二	三	四	五	六	七	平均得分
A	13	11.5	12.0	11.0	11.0	12.5	12.5	11.9
B	14.5	13.5	14.5	13.0	13.5	14.5	14.5	14.1
C	12.0	10.0	11.5	11.0	10.5	11.5	11.5	11.2
D	14.0	13.5	13.5	13.0	13.5	14.0	14.5	13.7
E	12.5	11.5	12.0	11.0	11.5	12.5	12.5	12.0
F	10.5	10.5	10.5	10.0	9.5	11.0	10.5	10.4

(2)计算各投标单位技术标得分,见表3-5。

各投标单位技术标得分表 表3-5

投标单位	施工方案	总工期	工程质量	项目班子	企业信誉	合计
A	11.9	6.5	5.5	4.5	4.5	32.9
B	14.1	6.0	5.0	5.0	4.5	34.6
C	11.2	5.0	4.5	3.5	3.0	27.2
D	13.7	7.0	5.5	5.0	4.5	35.7
E	12.0	7.5	5.0	4.0	4.0	32.5
F	10.4	8.0	4.5	4.0	3.5	30.4

由于投标单位C的技术标仅得27.2分,小于28分的最低限,按规定,不再评其商务标。

(3)计算各投标单位的商务得分,见表3-6。

各投标单位的商务得分表 表3-6

投标单位	报价(万元)	报价与基准价的比例(%)	扣分	得分
A	13 656	(13 656/13 660)×100 = 99.97	(100 − 99.97)×1 = 0.03	59.97
B	11 108			15.00
D	13 098	(13 098/13 660)×100 = 95.89	(100 − 95.89)×1 = 4.11	55.89
E	13 241	(13 241/13 660)×100 = 96.93	(100 − 96.93)×1 = 3.07	56.93
F	14 125	(14 125/13 660)×100 = 103.4	(100 − 103.4)×2 = 6.80	53.20

因为,(13 098 − 11 108)/13 098 = 15.19% > 15%,(14 125 − 13 656)/13 656 = 3.43% < 15%

所以,投标单位 B 的报价(1 1108)在计算基准价时不予考虑。
则:基准价 = 13 790 × 50% + (13 656 + 13 098 + 13 241 + 14 125)/4 × 50% = 13 660 万元
计算各投标单位的综合得分,见表 3-7。

各投标单位的综合得分表　　　　　　　　　　　表 3-7

投 标 单 位	技术标得分	商务标得分	综 合 得 分
A	32.90	59.97	92.87
B	34.60	15.00	49.60
D	35.70	55.89	91.59
E	32.50	56.93	89.43
F	30.40	53.20	83.60

因为投标单位 A 的综合得分最高,故应选择其为中标单位。

三、盈亏平衡分析法

盈亏平衡分析又叫量本利分析,主要是通过分析产品量、本、利之间的关系,找出建设方案盈利与亏损在产量、单价、单位产品成本等方面的临界值(俗称盈亏平衡点 BEP),以判断各方案在各种不确定因素作用下的风险情况。它是分析拟建项目成本与收益的平衡关系,判断拟建项目适应市场变化的能力和风险大小的一种分析方法。盈亏平衡分析的主要目的在于通过盈亏平衡计算找出和确定一个盈亏平衡点,以及进一步突破此点后增加销售数量、增加利润、提高盈利的可能性。盈亏平衡分析还能够有助于发现和确定企业增加盈利的潜在能力以及各个有关因素变动对利润的影响程度。

由于项目的收益与成本都是产品产量的函数,我们一般又根据它们之间的函数关系,将盈亏平衡分析分为两种,即线性盈亏平衡分析和非线性盈亏平衡分析。

1. 线性盈亏平衡分析

所谓线性盈亏平衡分析是指项目的收益与成本都是产量的线性函数。这里有一个基本假设:

(1)成本是产品生产量的函数;
(2)生产量等于销售量;
(3)单位变动成本随产量线性变化;
(4)在所分析的产量范围内,固定成本保持不变;
(5)销售收入是销售价格和销售数量的线性函数;
(6)所采用的数据均为正常年份(即达到设计能力生产期)的数据。

根据上述假设条件和有关产品成本的性态分析资料,我们可以用图示的方法把项目的销售收入、总成本费用、产量三者之间的变动关系反映出来,从而为盈亏平衡分析建立形象的概念,以便于比较和分析。项目产量—成本—利润之间的制约关系可用图 3-5 表示。

由产量和成本之间的线性关系可知:

$$\begin{cases} S = P \times Q \\ C = F + V \times Q \end{cases} \tag{3-21}$$

式中:S——产品销售收入;

C——产品总成本；

P——产品单价；

Q——年产量；

F——年固定成本；

V——单位产品变动成本。

在盈亏平衡点处，产品销售收入等于产品总成本，即：$S = C$

所以 $$P \times Q = F + V \times Q$$

则 $$Q_{BEP} = F/(P - V) \tag{3-22}$$

式中：Q_{BEP}——盈亏平衡产量；

$P - V$——单位产品的边际贡献。

除了用产量表示外，盈亏平衡点还可以用生产能力利用率、销售价格、销售收入、单位产品的变动成本等来表示，如：

盈亏平衡生产能力利用率为：
$$R_{BEP} = Q_{BEP}/Q \times 100\%$$

盈亏平衡销售价格为：
$$P_{BEP} = V + F/Q$$

2. 非线性盈亏平衡分析

在实际的生产经营过程中，产品的销售收入与销售量之间，成本费用与产量之间并不一定呈线性关系，而是呈非线性关系，如图 3-6 所示。

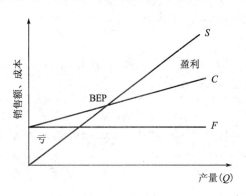

图 3-5　盈亏平衡图

F-固定成本曲线；C-总成本曲线；S-销售收入曲线

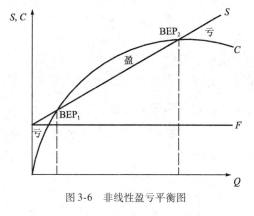

图 3-6　非线性盈亏平衡图

四、优劣平衡分析

优劣平衡分析，又称损益平衡分析，是方案比较中应用最广泛的方法之一。它是根据某个评价指标在某个因素的变动情况下，对多个方案优劣变化的比较，有时又称为多方案盈亏平衡分析法。其基本过程为：

（1）确定比较各方案优劣的指标。

（2）确定各方案的指标值随变动因素变化的函数关系。
$$R_i = f_i(x)$$

式中：R_i——第 i 个方案的指标值（因变量），$i = 1, 2, \cdots, n$；

x——变动因素（自变量）；

$f_i(x)$——第 i 个方案的指标值随着自变量 x 变化的函数关系。

(3)绘制优劣平衡分析图(图3-7),各方案的指标随变动因素变化曲线的交点即为方案之间的优劣分歧点(损益平衡点),确定对应的变动因素 x 的值。

(4)根据指标值的最大化(如收益等)或最小化(如费用等)的目标,确定变动因素变化的各区域的最优方案的选择。

例3-2:某公司欲购买生产设备一台,生产一种产品。现在有 A、B 两种型号的机器供选择,两种型号生产的速度和质量均相同,寿命期都为 1 年。其中 A 型号售价1.2万元,加工费为 5 元每件;B 型号售价1.0万元,加工费为 6 元每件。设该公司的基准收益率为11%。该如何选择设备?

解:设该公司年生产量为 X 件,则购买 A、B 型号的机器的总成本分别为:
$$C_A = 12\ 000 + 5X$$
$$C_B = 10\ 000 + 5.2X$$

在优劣平衡点上,$X_{AB} = (12\ 000 - 10\ 000)/(5.2 - 5) = 10\ 000$ 件。

当计划年生产量少于 10 000 件时,选用 B 型号是经济的;当计划年生产量多于 10 000 件时,选用 A 型号是经济的,见图3-8。

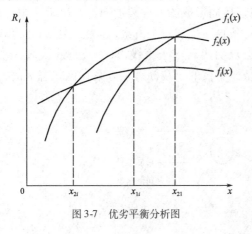

图3-7 优劣平衡分析图

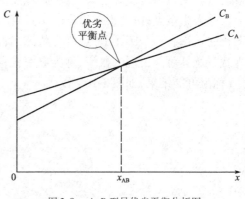

图3-8 A、B型号优劣平衡分析图

五、敏感性分析法

敏感性分析是一种常用的评价经济效果的不确定性方法。敏感性分析是研究建设项目的主要因素如产品售价、产量、经营成本、投资、建设期等发生变化时,导致项目财务评价指标如内部收益率、净现值、投资收益率、投资回收期等的预期值发生变化的程度。通过敏感性分析,在诸多的不确定因素中找出对经济效益指标反应敏感的因素,并确定这些因素在一定范围内变化时,对经济指标的影响程度,使决策者能了解项目建设中可能遇到的风险,从而提高投资决策的准确性。同时,通过敏感性分析也可以揭示影响项目经济效益的最重要的因素,以便对其重新调查、分析、计算,并在项目的不同阶段对最为敏感的因素进行重点控制,进一步提高投资决策的安全性。

敏感性分析主要分为以下几个步骤:

(1)确定敏感性分析指标;

(2)选择不确定因素,设定变化幅度并计算其影响程度;

(3)寻找敏感性因素;

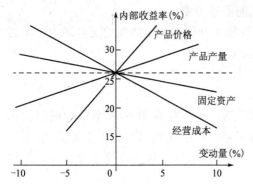

图 3-9　不确定因素对内部收益率的影响

（4）综合经济效果评价，选择最佳方案。

如图 3-9 就是在产品价格、产品产量、固定资产、经营成本等不确定因素下，变化幅度为 ±5%，±10% 时，内部收益率的敏感性分析图。由图可见，当以内部收益率作为分析指标时，产品价格是最敏感因素，其次是经营成本，再次是产品质量，而固定资产是最不敏感因素。

六、概率分析法

敏感性分析可指出项目评价指标对各不确定因素的敏感程度。找出敏感因素，但它不能说明不确定因素发生变动的情况的可能性的大小。事实上，各个不确定因素在未来发生某一幅度变动的概率是不尽相同的，因而如需进一步指明不确定性因素的变化对项目经济评价指标的影响产生的可能性大小时，这就需要借助于概率分析。

概率分析的方法有多种，如模拟法、解析法、期望值法、蒙特卡罗模拟法等。但常用的还是决策树法。决策树是以方框和圆圈为节点，由直线连接而形成的一种树形图。在决策树中，方框节点称为决策点；由决策点引出若干条直线，每一条直线代表一个方案，称为方案枝；在每条方案枝的末端有一个圆圈节点，称为状态点；由状态点引出若干条直线，每一条直线代表一个客观状态及其可能出现的概率，称为概率枝；在每条概率枝的末端标有某方案在该状态下的损益值，称为可能结果，如图 3-10 所示。

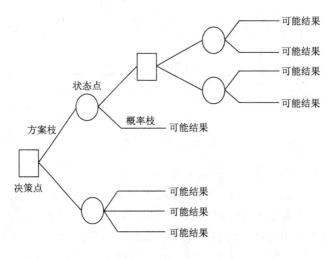

图 3-10　决策树形图

概率分析的一般计算步骤是：

（1）列出各种应考虑的不确定因素，如投资、经营成本、销售价格等；

（2）设想各种不确定因素可能发生的变化情况，即确定其数值发生变化个数；

（3）分别确定各种情况出现的可能性（即概率），并保证每个不确定因素可能发生的情况的概率之和等于 1；

（4）分别求出各种不确定因素发生变化时，方案的净现金流量的各状态发生的概率和相

应状态下的净现值 NPV,然后求出净现值的期望值;

(5)求出净现值大于或等于零的累计概率;

(6)对概率分析结果做出说明。

例 3-3:某投标单位面临 A、B 两项工程投标,因受本单位资源条件限制,只能选择其中一项工程投标,或者两项工程均不投标。根据过去类似工程投标的经验数据,A 工程投高标的中标概率为 0.3,投低标的中标概率为 0.6,编制投标文件的费用为 3 万元;B 工程投高标的中标概率为 0.4,投低标的中标概率为 0.7,编制投标文件的费用为 2 万元。各方案承包的效果、概率及损益情况如表 3-8 所示。

各投标方案效果概率及损益表　　　　　表 3-8

方案	效果	概率	损益表(万元)
A 高	好 中 差	0.3 0.5 0.2	150 100 50
A 低	好 中 差	0.2 0.7 0.1	110 60 0
B 高	好 中 差	0.4 0.5 0.1	110 70 30
B 低	好 中 差	0.2 0.5 0.3	70 30 −10
不投标			0

问题:试运用决策树法进行投标决策。

解:(1)画出决策树,标明各方案的概率和损益值,如图 3-11 所示。

(2)计算图 3-11 中各机会点的期望值(将计算结果标在各机会点上方)。

点⑦:$150 \times 0.3 + 100 \times 0.5 + 50 \times 0.2 = 105$ 万元

点②:$105 \times 0.3 - 3 \times 0.7 = 29.4$ 万元

点⑧:$110 \times 0.2 + 60 \times 0.7 + 0 \times 0.1 = 64$ 万元

点③:$64 \times 0.6 - 3 \times 0.4 = 37.2$ 万元

点⑨:$110 \times 0.4 + 70 \times 0.5 + 30 \times 0.1 = 82$ 万元

点④:$82 \times 0.4 - 2 \times 0.6 = 31.6$ 万元

点⑩:$70 \times 0.2 + 30 \times 0.5 - 10 \times 0.3 = 26$ 元

点⑤:$26 \times 0.7 - 2 \times 0.3 = 17.6$ 万元

点⑥:0

(3)选择最优方案。因为点③的期望值最大,故应投 A 工程低标。

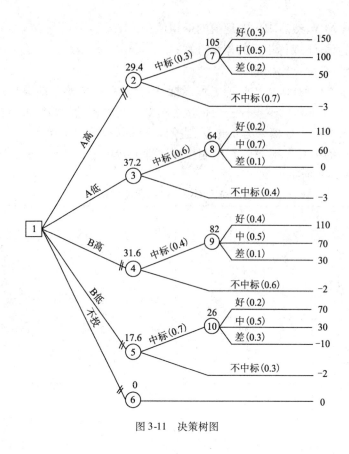

图 3-11 决策树图

七、费用—效益分析法

对一些项目进行国民经济评价时,一般都要用到费用效益分析法。这里的费用专指国民经济费用,即为完成某项目国民经济所付出的代价,一般包括直接费用和间接费用两类。这里的效益专指项目对国民经济所做的贡献,即由于项目的建成投产为国家提供的总的经济效益和社会效益。效益通常分为直接效益和间接效益两类。

第四节 项目的财务评价

一、财务评价的概念、内容、方法及步骤

1. 财务评价的概念

建设项目的财务评价,就是从企业角度,根据国家现行价格和各项现行的经济、财政、金融制度的规定,分析测算拟建项目直接发生的财务效益和费用,编制财务报表,计算评价指标,考察项目的盈利能力、贷款清偿能力以及外汇效果等财务状况,来判别拟建项目的财务可行性。建设项目的财务评价,主要是通过对各个技术方案的财务活动分析,凭借一系列评价指标的测算和分析来论证建设项目财务上的可行性,并以此来判别建设项目在财务上是否有利可图。当然,从财务上分析建设项目经济效益时,不仅要测算、分析正常经营条件下的项目经济效益,同时还应测算、分析在不利条件下,不利因素对建设项目经济效益的影响,进行建设项目经济

效益的不确定性分析,以估计项目可能承担的风险,确定项目在经济上的可靠性。

2. 财务评价的内容

财务评价的主要内容是对拟建设项目的盈利能力、贷款清偿能力以及外汇平衡能力进行分析。盈利能力是反映项目财务效益最主要的标志,它直接关系到项目的生存和发展。在财务评价中,项目建成后是否能盈利,盈利能力有多大,是否足以抵抗风险,主要依靠盈利能力来反映;贷款清偿能力主要是指项目偿还建设期贷款和本项目的其他债务的能力,它是企业筹资决策的主要依据;外汇平衡能力是指一些涉及外汇收支和能够出口创汇的项目,还要进行外汇平衡能力的分析,以衡量该项目对国家外汇状况的影响。

3. 财务评价方法

财务评价方法主要是对项目进行现金流量分析、静态获利性分析、动态获利性分析、财务报表分析。

4. 财务评价步骤

(1)收集、整理、分析、估算财务基础数据,编制财务辅助报表;
(2)编制财务基本报表;
(3)根据财务报表分析财务评价指标;
(4)进行不确定分析,得出财务评价结论。

二、建设项目财务评价报表的编制

1. 财务评价辅助报表

(1)固定资产投资估算表,见表3-9。

固定资产投资估算表(单位:万元)   表3-9

序号	工程费用名称	估算价值						占固定资产比例(%)	备注
		建筑工程	设备购置	安装工程	其他费用	合计	其中外币		
1	工程费用								
1.1	主要生产项目								
	其中:外币								
1.2	辅助生产项目								
1.3	公用工程								
1.4	环境保护工程								
1.5	总图运输								
1.6	服务性工程								
1.7	生活福利工程								
1.8	厂外工程								
2	其他费用								
	其中:土地费用								
	合计(1+2)								
3	预备费								
3.1	基本预备费								
3.2	涨价预备费								
4	投资方向调节税								
5	建设期贷款利息								
	合计(1+2+3+4+5)								

(2) 流动资金估算表,见表3-10。

流动资金估算表(单位:万元)　　　　　　　　　　表3-10

序 号	项 目	最低周转天数	周转次数	达到设计生产能力期(年)
1	流动资产			
1.1	应收账款			
1.2	存货			
1.3	现金			
2	流动负债			
2.1	应付账款			
3	流动资金(1-2)			

(3) 投资计划与资金筹措表,见表3-11。

投资计划与资金筹措表(单位:万元)　　　　　　　　　表3-11

序号	项 目	合计人民币	1/年				2/年				n/年			
			外币	折人民币	人民币	小计	外币	折人民币	人民币	小计	外币	折人民币	人民币	小计
1	总投资													
1.1	建设投资													
1.2	建设期利息													
1.3	流动资金													
2	资金筹措													
2.1	自有资金													
	其中:													
	用于流动资金													
2.1.1	资本金													
2.1.2	资本溢价													
2.2	借款													
2.2.1	长期借款													
	其中:													
	用于建设投资													
	用于建设期利息													
2.2.2	流动资金借款													
2.2.3	短期借款													
2.3	其他													

(4) 主要投入物及产出物使用价格依据表。
(5) 单位产品生产成本估算表。
(6) 外购原材料及燃料动力费估算表。
(7) 固定资产折旧费估算表。
(8) 无形资产及递延资产估算表。
(9) 总成本费用估算表,见表3-12。

总成本费用估算表（单位：万元） 表 3-12

序 号	项 目	合 计	生 产 期			
			1	2	……	n
1	外购原材料					
2	外购燃料动力					
3	工资及福利					
4	修理费					
5	折旧费					
6	摊销费					
7	财务费用					
	其中：利息支出					
8	其他费用					
	其中：土地使用税					
9	总成本费用					
	其中：①固定成本					
	②可变成本					
10	经营成本					

（10）产品销售收入和销售税金及附加估算表，见表 3-13。

产品销售收入和销售税金及附加估算表（单位：万元） 表 3-13

序 号	项 目	单 价	销 售 量	金 额
1	产品销售收入			
2	销售税金及附加			
2.1	产品增值税			
2.2	城乡维护建设税			
2.3	教育费附加			

（11）借款还本付息计算表。

2. 财务评价的基本报表

（1）财务现金流量表（全部投资），见表 3-14。

财务现金流量表（全部投资）（单位：万元） 表 3-14

序 号	项 目	建设期		投产期		达产期			合计
		1	2	1	2	1	2	……	n	
	生产负荷（%）								
1	现金流入								
1.1	产品销售收入								
1.2	回收固定资产余值								
1.3	回收流动资金								
2	现金流出								
2.1	建设投资								
2.2	流动资金								
2.3	经营成本								
2.4	销售税金及附加								
2.5	所得税								
3	净现金流量(1-2)								
4	累计净现金流量								
5	所得税前净现金流量(3+2.5)								
6	所得税前累计净现金流量								

计算指标：①内部收益率：
②净现值：($i = $ %)
③投资回收期：

(2) 财务现金流量表（自有资金），见表3-15。

财务现金流量表（自有资金）（单位：万元） 表3-15

序 号	项 目	建设期		投产期		达产期			合计
		1	2	1	2	1	2	…… n	
	生产负荷(%)								
1	现金流入								
1.1	产品销售收入								
1.2	回收固定资产余值								
1.3	回收流动资金								
2	现金流出								
2.1	自有资金								
2.2	借款本金偿还								
2.3	借款利息支付								
2.4	经营成本								
2.5	销售税金及附加								
2.6	所得税								
3	净现金流量(1-2)								

计算指标：①财务内部收益率：
②财务净现值：($i_c = $ %)

(3) 损益表，见表3-16。

损益表（单位：万元） 表3-16

序 号	项 目	建设期		投产期		达产期			合计
		1	2	1	2	1	2	…… n	
	生产负荷(%)								
1	产品销售收入								
2	销售税金及附加								
3	总成本费用								
4	利润余额(1-2-3)								
5	所得税								
6	税后利润								
7	可供分配利润								
7.1	盈余公积金								
7.2	应付利润								
7.3	未分配利润								
	累计未分配利润								

(4) 资金来源与运用表，见表3-17。

资金来源与运用表（单位：万元）　　　　　　　　　　　表 3-17

序　号	项　　目	建　设　期		投　产　期		达　产　期				合计
		1	2	1	2	1	2	……	n	
	生产负荷(%)									
1	资金来源									
1.1	利润总额									
1.2	折旧费									
1.3	摊销费									
1.4	长期借款									
1.5	流动资金借款									
1.6	其他短期借款									
1.7	自有资金									
1.8	其他									
1.9	回收固定资产余值									
1.10	回收流动资金									
2	资金运用									
2.1	建设投资									
2.2	建设期利息									
2.3	流动资金									
2.4	所得税									
2.5	应付利息									
2.6	长期借款本金偿还									
2.7	流动资金借款本金偿还									
2.8	其他短期借款本金偿还									
3	盈余资金									
4	累计盈余资金									

(5) 资产负债表，见表 3-18。

资产负债表（单位：万元）　　　　　　　　　　　表 3-18

序　号	项　　目	建　设　期		投　产　期		达　产　期				合计
		1	2	1	2	1	2	……	n	
1	资产									
1.1	流动资产总额									
1.1.1	应收账款									
1.1.2	存货									
1.1.3	现金									
1.1.4	累计盈余资金									
1.2	在建工程									
1.3	固定资产净值									
1.4	无形及递延资产									
2	负债及所有者权益									
2.1	流动负债总额									
2.1.1	应付账款									
2.1.2	流动资金借款									
2.1.3	其他短期借款									
2.2	长期借款									
	负债小计									
2.3	所有者权益									
2.3.1	资本金									
2.3.2	资本公积金									
2.3.3	累计盈余公积金									
2.3.4	累计未分配利润									

计算指标:①资产负债率(%):
②流动比率(%):
③速动比率(%):
(6)财务外汇平衡表,见表3-19。

财务外汇平衡表(单位:万元) 表3-19

序 号	项 目	建设期		投产期		达产期			合计
		1	2	1	2	1	2	…… n	
	生产负荷(%)								
1	外汇来源								
1.1	产品销售外汇收入								
1.2	外汇借款								
1.3	其他外汇收入								
2	外汇运用								
2.1	建设投资中外汇支出								
2.2	进口原材料								
2.3	进口零部件								
2.4	技术转让费								
2.5	偿付外汇借款本息								
2.6	其他外汇支出								
2.7	外汇余缺								

三、财务评价指标

按财务评价的目标,可分为反映盈利能力的指标、反映清偿能力的指标和反映外汇平衡能力的指标。这些指标都可以通过基本的财务报表直接或者间接求得。其中反映盈利能力的指标为内部收益率、净现值、投资回收期、投资利润率、投资利税率、资本金利润率、资本金净利润率等;反映清偿能力的指标有借款偿还期、财务比率(资产负债率,流动比率,速动比率);反映外汇平衡能力的指标主要是外汇平衡表(表3-19)。

第五节 国民经济评价

国民经济评价是项目经济评价的核心部分,它是从国家整体角度考察项目的效益和费用,用影子价格、影子工资、影子汇率和社会折现率计算项目建成以后给国民经济和整个社会带来的净收益,以评价项目经济上的合理性。

在财务评价中,所考察的是项目清偿能力和盈利能力,追求的是企业盈利最大,考察的对象是项目本身的直接效益和直接费用。由于评价范围较窄,故称为微观评价。

在国民经济评价中,所考察的是项目是否有效地利用了国家的有限资源,是否为国民经济增长做出了贡献,追求的目标是项目对国民经济贡献的最大化,考察的对象是包含项目在内的国民经济系统,除了计算项目的直接效益和直接费用外,还要计算项目的间接效益和间接费用,即项目的外部效果。由于评价的范围较广,故称为宏观评价。

直接费用指项目投入物的直接经济价值;间接费用是指国民经济为项目付出了代价,但在项目的直接费用中未得到反映的部分,如某化工厂对周边环境的污染。直接效益是指项目产出物的直接经济价值;间接效益是指项目为国民经济做出了贡献,但在直接效益中并未得到反映的部分。间接效益和间接费用通称为外部效果。如果一个项目有间接效益或间接费用,我们就称该项目存在外部效果。

在国民经济评价中,由于考察的是国民经济系统,因此,凡是不引起国家资源消耗及国民经济增长总量变动的,就不是国民经济评价考察的内容,而只是国民经济大系统内部不同部门、不同单位之间利益的再分配,是内部转移支付。如税金、国内贷款利息、政府补贴等属于内部转移支付,故税金及国内贷款利息不能列为项目的费用,补贴也不能列为项目的效益。

一、国民经济评价参数

1. 影子价格

项目国民经济评价中采用影子价格来计算项目的效益和费用。影子价格是一种能够确切反映社会的效益和费用的合理价格,有时也称为计算价格或经济价格。从理论上说,影子价格是完全竞争市场条件下,供应和需求达到均衡时的产品和资源的价格。理论上,可以将国民收入作为目标函数,利用线性规划的方法求出影子价格。影子价格具有以下特点:

(1) 影子价格考虑了资源的供求关系,反映了资源的稀缺性,供大于求的资源的影子价格为零。

(2) 影子价格具有边际性,它既等于资源最优规划下的边际机会成本,又等于资源的边际产出价值。

(3) 影子价格不是实际价格,而是一种计算价格。某一资源的影子价格不是一个固定数值,而是随着经济结构的改变而变化的。

国民经济评价采用影子价格的主要原因是,发展中国家的市场经济由于经济管理体制、经济贸易政策、劳动力过剩、本国工业保护和外汇短缺等原因,价格扭曲变形严重,导致市场价格不能如实反映价值的现象普遍存在。因此,使用影子价格可以很好地保证社会资源的最优配置和有效利用,从而使国民经济高速、高效地发展。

在确定影子价格时,将项目的投入物和产出物分为外贸货物、非外贸货物和特殊投入物三种类型分别考虑。

外贸货物是指其生产或使用将直接或间接影响国家进出口的货物。项目产出物中的外贸货物分为直接出口(外销产品)、间接出口(内销产品,替代其他货物使其他货物增加出口)、替代进口(内销产品,以产顶进,减少进口)三类。项目投入物中的外贸货物分为直接进口(国外产品)、间接进口(国内产品,挤占其他企业的投入物使其增加进口)、减少出口(国内产品,挤占原来用于出口、现在也能出口的产品)三类。

非外贸货物是指其生产或使用将不影响国家进出口的货物。非外贸货物中一类是"天然"的非外贸货物,如公路、港口等,另一类是由于运输费用过高或受国内国外贸易政策和其他条件限制不能进行外贸的货物。

特殊投入物指在性质上不同于一般的投入物,如劳动力、土地、资金等。

外贸货物的影子价格一般以口岸价格为计算基础,先乘以影子汇率换算成人民币,再适当加减国内运输费和贸易费用。

直接出口产品的影子价格(S.P)等于离岸价格(F.O.B)乘以影子汇率(SER),减去国内运输费用(T_1)和贸易费用(Tr_1),即

$$\text{S.P} = \text{F.O.B} \times \text{SER} - (T_1 + Tr_1) \tag{3-23}$$

间接出口产品的影子价格(S.P)等于离岸价格(F.O.B)乘以影子汇率,减去原供应厂到

口岸的运输费用(T_2)及贸易费用(Tr_2),加上原供应厂到用户的运输费用(T_3)及贸易费用(Tr_3),再减去拟建项目到用户的运输费用(T_4)及贸易费用(Tr_4),即

$$S.P = F.O.B \times SER - (T_2 + Tr_2) + (T_3 + Tr_3) - (T_4 + Tr_4) \tag{3-24}$$

替代进口产品的影子价格(S.P)等于原进口货物的到岸价格(C.I.F)乘以影子汇率,加口岸到用户的运输费用(T_5)及贸易费用(Tr_5),再减去拟建项目到用户的运输费用及贸易费用,即

$$S.P = C.I.F \times SER + (T_5 + Tr_5) - (T_4 + Tr_4) \tag{3-25}$$

直接进口产品的影子价格(S.P)等于到岸价格(C.I.F)乘以影子汇率,加国内运输费用和贸易费用,即

$$S.P = C.I.F \times SER + (T_1 + Tr_1) \tag{3-26}$$

间接进口产品的影子价格(S.P)等于到岸价格(C.I.F)乘以影子汇率,加口岸到原用户的运输费用及贸易费用,减去供应厂到用户的运输费用及贸易费用,再加上供应厂到拟建项目的运输费用(T_6)及贸易费用(Tr_6),即

$$S.P = C.I.F \times SER + (T_5 + Tr_5) - (T_3 + Tr_3) + (T_6 + Tr_6) \tag{3-27}$$

减少出口产品的影子价格(S.P)等于离岸价格(F.O.B.)乘以影子汇率,减去供应厂到口岸的运输费用及贸易费用,再加上供应厂到拟建项目的运输费用(T_6)及贸易费用(Tr_6),即

$$S.P = F.O.B \times SER - (T_2 + Tr_2) + (T_6 + Tr_6) \tag{3-28}$$

非外贸货物的影子价格应按其国民经济的实际价值和供求关系确定,一般分为产出物和投入物。

增加供应数量满足国内消费的产出物,若供求平衡,可按财务价格定价;若供不应求,可参照国内市场价格并考虑价格变化的趋势定价,但不应高于相同质量产品的进口价格;若无法判断供求状况,取上述价格中较低者。

不增加国内供应数量,只是替代其他相同或类似企业的产出物,致使被替代企业停产或减产的,若质量与被替代产品相同,应按被替代企业相应的产品可变成本分解定价;若提高产品质量,原则上应按被替代产品的可变成本加提高产品质量而带来的国民经济效益定价。

2. 影子汇率

汇率是两种不同的国家货币之间的比价。影子汇率反映了外汇的真实价值,体现了从国家角度对外汇价值的估量,在项目国民经济评价中用于外汇与人民币之间的换算,同时,它又是换汇或节汇成本的判据。

影子汇率换算系数是影子汇率与国家外汇汇率的比值系数,是由中央主管部门确定的国家参数。根据现阶段我国的外汇供求情况、进出口结构及换汇成本,国家计委规定影子汇率换算系数为1.08。在项目国民经济评价中,国家外汇汇率乘以影子汇率换算系数便得到影子汇率。

3. 社会折现率

社会折现率是社会对资金机会成本和资金时间价值的估量,即资金的影子价格。它是项目进行国民经济评价和方案比较的主要依据,在计算净现值时它作为基准折现率,同时也可作为项目要求的最低内部收益率。项目要占用资金,从而使这部分资金失去了在国民经济其他方面使用的机会成本。

社会折现率确定得适当,有助于合理分配建设资金,引导资金投入到对国民经济贡献大的项目,还有助于调控投资规模,促进资金在长、短期项目之间合理配置,引导投资方向。社会折现率是由中央主管部门确定的国家参数,由国家统一测定发布。根据我国目前的投资收益水

平,国家计划委员会将我国目前的社会折现率定为12%,供各类建设项目进行国民经济评价时统一采用。

二、国民经济评价指标

1. 国民经济评价的基本报表

(1)国民经济效益费用流量表。国民经济效益费用流量表根据投资计算的基础的不同,分为全部投资的国民经济效益费用流量表和国内投资的国民经济效益费用流量表两部分,见表3-20和表3-21。

国民经济效益费用流量表(全部投资)(单位:万元)　　　　表3-20

序号	年份 项目	建设期		投产期		达产期			合计
		1	2	1	2	1	2	…… n	
	生产负荷(%)								
1	效益流量								
1.1	产品销售收入								
1.2	回收固定资产余值								
1.3	回收流动资金								
1.4	项目间接效益								
2	费用流量								
2.1	固定资产投资								
2.2	流动资金								
2.3	经营费用								
2.4	项目间接费用								
3	净效益流量(1-2)								
计算指标:经济内部收益率: 社会折现率(i_s =　%):									

国民经济效益费用流量表(国内投资)(单位:万元)　　　　表3-21

序号	年份 项目	建设期		投产期		达产期			合计
		1	2	1	2	1	2	…… n	
	生产负荷(%)								
1	效益流量								
1.1	产品销售收入								
1.2	回收固定资产余值								
1.3	回收流动资金								
1.4	项目间接效益								
2	费用流量								
2.1	固定资产投资中国内资金								
2.2	流动资金中国内资金								
2.3	经营费用								
2.4	流至国外的资金								
2.4.1	国外借款本金偿还								
2.4.2	国外借款利息支付								
2.4.3	其他								
2.5	项目间接费用								
3	净效益流量(1-2)								
计算指标:经济内部收益率: 社会折现率(i_s =　%):									

(2)经济外汇流量表。经济外汇流量表主要用来计算经济外汇净现值、经济换汇成本和经济节汇成本等指标。进行外汇效果分析,反映项目对国家外汇收支的直接影响和间接影响,见表3-22。

经济外汇流量表(全部投资)(单位:万元)　　　　表3-22

序号	年份 项目	建设期		投产期		达产期			合计
		1	2	1	2	1	2	…… n	
	生产负荷(%)								
1	外汇流入								
1.1	产品销售收入								
1.2	外汇借款								
1.3	其他外汇收入								
2	外汇流出								
2.1	固定资产投资中外汇支出								
2.2	进口原材料								
2.3	进口零部件								
2.4	技术转让费								
2.5	偿付外汇借款本息								
2.6	其他外汇支出								
3	净外汇流量(1-2)								
4	产品替代进口收入								
5	净外汇效果(3+4)								

计算指标:社会折现率(i_s = %):
　　　　经济换汇成本或经济节汇成本:

2. 费用效益流量分析指标

(1)内部收益率(IRR)。

(2)净现值(NPV)。

3. 外汇效果分析指标

(1)经济外汇净现值(ENPVF)。经济外汇净现值是反映项目实施后对国家外汇收支影响的重要指标,用于衡量项目对国家外汇的真实净贡献或净消耗。其计算公式是:

$$\text{ENPVF} = \sum_{t=0}^{n} (FI - FO)_t (1 + i_s)^{-t} \tag{3-29}$$

式中:　FI——外汇流入量;

　　　　FO——外汇流出量;

　　$(FI - FO)_t$——第 t 年的净外汇流量。

　　　　i_s——社会折现率。

(2)经济换汇成本或经济节汇成本。经济换汇成本是指用货物的影子价格、影子工资和社会折现率计算的为生产出口产品而投入的国内资源现值与生产出口产品的经济外汇净现值之比。其表达式为:

$$\text{经济换汇成本} = \frac{\sum_{t=1}^{n} DR_t (1 + i_s)^{-t}}{\sum_{t=1}^{n} (FI' - FO')_t (1 + i_s)^{-t}} \tag{3-30}$$

式中:DR_t——项目在第t年为出口产品投入的国内资源;
　　FI'——生产出口产品的外汇流入;
　　FO'——生产出口产品的外汇流出;
　　i_s——社会折现率。

当有产品替代进口时,应计算经济节汇成本。经济节汇成本是用货物的影子价格、影子工资和社会折现率计算的为生产代替进口产品而投入的国内资源现值与生产代替进口产品的经济外汇净现值之比,即节约一美元外汇所需的人民币金额。其表达式为:

$$经济节汇成本 = \frac{\sum_{t=1}^{n} DR''_t (1 + i_s)^{-t}}{\sum_{t=1}^{n} (FI'' - FO'')_t (1 + i_s)^{-t}} \tag{3-31}$$

式中:DR''_t——项目在第t年为生产替代进口产品投入的国内资源;
　　FI''——生产替代进口产品的外汇流入;
　　FO''——生产替代进口产品的外汇流出。

三、公共项目的评价法——费用效益分析法

1. 费用效益的识别方法

从前面的内容中可知,一个项目不仅包括由项目的投入和产出所度量的直接费用和直接收益(直接效果),而且包括直接费用和直接收益以外的间接费用和间接收益(外部效果);不仅包括对社会的生产、消费和进出口贸易产生实际影响的有形效果,而且还包括难以用货币计量的无形效果。项目在分析、评价的过程中,都有一个费用效益识别的问题。费用效益识别的方法不同,所得结果也不一致。从目前识别效益的方法来看,主要有两种,即"有无分析法"和"前后分析法"。

1) 有无分析法

所谓有无分析法,就是考察在项目"有"或"无"工艺技术改进的条件下,对国民经济造成的影响。比如,某企业对生产工艺进行了改进,使单件产品成本降低了10元,改进后的年产量为2万台,价格提高30元,那么,对于企业利润这一目标,"有"改进项目的年利润比无改进项目的年利润就多了80万元。这就是这项改进对企业利润的贡献。

例3-4: 某企业现有一生产项目,现在年产量为5 000台,售价1 000元/台,成本600元/台;由于市场竞争,预计1年后售价为900元/台时,销售量可达6 000台。如果现在对项目进行改造,预计项目改造后销量将达10 000台,且售价可提高到1 100元/台。成本不变,项目改造实施需1年时间。试考察和识别该项目对企业利润的贡献。

解: 首先,分析"无"项目状态下企业的利润水平。

1年后的企业利润是:$(900 - 600) \times 6\,000 = 180$(万元/年)

在"有"项目状态下,1年后的企业利润是:$(1\,100 - 600) \times 10\,000 = 500$(万元/年)

把两者加以比较得:改造项目能使企业利润增加320万元/年。

2) 前后分析法

这种识别方法与"有无分析法"不同,它是把项目改造前和改造后的各项目标水平加以比较,两者之差即为项目效益。比如,对上面的例子,按"前后分析法":

项目建成前企业利润为$(1\,000-600)\times 5\,000=200$(万元/年),而建成后利润为500(万元/年),所以项目的经济效益是每年多获得的利润为300万元。

由此可见:"有无分析法"和"前后分析法"所得结果不一定相同,而且实践表明在一般情况下都是如此。

2. 费用效益分析方法

1) 费用效益比率法

这种方法是从项目方案总成本的角度进行费用—效益的分析。在给定的最低期望收益率下,当总效益现值大于总费用现值时,我们就认为该项目是可行的。其计算公式为:

$$B/C = 总效益现值/总费用现值 = 年效益/年费用 \tag{3-32}$$

或者

$$B - C = 总效益 - 总费用 = 年效益 - 年费用 \tag{3-33}$$

对单一方案来说,只要$B/C>1$或者$B-C>0$,就可以认为方案是可行的。

2) 增量成本费用效益分析法

这种方法是从方案增量成本的角度进行费用—效益分析的。所谓增量成本是指相互对比的两个方案总成本的差额。当多个方案进行互斥比较时,先用费用效益比率法对每个方案进行评价,保留$B/C>1$的方案,然后再按投资由低到高排列,最后再用增量成本费用效益分析法比较。其计算公式为:

$$\Delta B/\Delta C = 增量效益现值/增量费用现值 = 增量年效益/增量年费用 \tag{3-34}$$

或者

$$\Delta B - \Delta C = 增量总效益现值 - 增量费用现值 = 增量年效益 - 增量年费用 \tag{3-35}$$

对于相互比较的两个方案来说,若$\Delta B/\Delta C>1$或者$\Delta B-\Delta C>0$,就保留投资大的方案,否则就保留投资小的方案。依次比较后,保留到最后的方案就是最佳方案。

例3-5: 某山区因无道路和外界相通,每年都有大量农特产因无法运出而烂掉,给农民造成巨大经济损失。为解决该问题,政府决定修建道路。现有如下4种方案供选择,此外,"维持现状"也作为备选方案之一。有关数据见表3-23,试对方案进行效益成本分析。假设使用年限很长,基准收益率为10%。

各方案费用效益分析表(单位:万元) 表3-23

方 案	投资与运行成本年值	农产品外买年效益	旅游开发年效益
A.维持现状	0	0	0
B.修普通公路	50	100	10
C.修高速公路	80	120	30
D.修铁路	120	150	50
E.修铁路+公路	170	160	70

解: 各方案的效益—成本分析的计算结果汇总于表3-23中。其中增量效益费用比率分别为(B-A)方案、(C-B)方案、(D-C)方案和(E-D)方案。

从表3-24中可以得出如下结果:

各方案的增量效益费用计算表(单位:万元)　　　　表 3-24

方　案	年效益	年费用	增量年效益	增量年费用	效益费用比率(%)	增量效益费用比率(%)
A	0	0	0	0		
B	110	50	110	50	2.200	2.200
C	150	80	40	30	1.875	1.333
D	200	120	50	40	1.667	1.250
E	230	170	30	50	1.353	0.600

(1) 从效益费用比率看,B、C、D、E 方案的效益费用比率均大于1,说明这4个方案都是可以接受的。

(2) 如果不进行增量分析,方案 E 有可能中选,因为它不但具有大于1的效益费用比率,还能提供最大的总效益。另外,由于方案 B 的效益费用比率要比其他方案的都大一些,这样就可能发生只选择方案 B 而不考虑其他方案的错误。

(3) 当我们进行增量分析时,我们可以看出,(E-D)方案的增量效益费用比率<1,因此,应排除 E 方案;(B-A)方案、(C-B)方案、(D-C)方案的增量效益费用比率都大于1,因此我们应该选择方案 D 作为最佳方案,因为方案 D 和方案 C 相比,其增量效益费用比率大于1。

当方案效益不好计量时,如绿化对环境的美化作用,红绿灯对交通秩序的改善等都不好计量效益,可以利用效益成本分析法进行补充,即在效用相同或者相近的情况下,用成本最低来选择方案。

习　题

1. 工程建设项目经济评价方法有哪些?

2. 某企业每年固定成本为2 000万元,产品价格200元,单位产品可变成本160元,求盈亏平衡点。

3. 某项目的年总成本 $C = 0.5x^2 - 4x + 8$,产出品的价格 $p = 6 - 0.125x$,其中 x 是产出品量,求盈亏平衡点。

4. 某人以10%的利率借入五年期贷款12万元经营书店,其后五年净收益预计为3.9万、3万、3.2万、3.7万、4.6万。所得用于再投资,预计再投资的收益率为14%,问该贷款可否借入?

5. 某工程分两期进行施工,第一期完工后,第二期要半年后开工,现工地设备面临搬迁问题。如果搬迁,半年后搬回需要搬迁费8 000元。如不搬迁需采取保养措施:当遇到天气好(概率为0.6),可用一般保养,需费用3 000元;如经常下雨(概率为0.4),可能造成100 000元损失。若采用特殊保养措施(费用10 000元),有0.8的可能性损失1 000元,0.2的可能性损失4 000元。用决策树的方法来选择方案。

6. 某公司打算制造一种新产品,需要投资500万元,这种新产品的需求量有三种可能性,需求量很大(概率为0.5)今后5年每年有收益200万元;需求量一般(概率为0.4),

今后5年每年收益160万元;需求量很小(概率0.1),今后五年每年收益60万元。基准贴现率10%,用期望值法为公司做投资决策。

7. 国外某建筑公司已订合同承建包括塔楼和三层公寓的住宅小区,项目的合同期为8年,安排施工计划及施工方法说明书时,决定购置所需起重设备。准备有三个投资方案。

方案A:三台A型塔式起重机,每台购价20万元,8年后残值为2.5万元,每年维修费1.2万元,3年后大修一次费用为3万元,每台起重机司机月工资1 200元.

方案B:一台A型塔式起重机,费用如上,此外配4台B型塔式起重机,每台购价8万元,8年后残值为0.5万元,年维修费0.6万元,4年后大修一次费用为2.5万元,起重机司机费用如上。

方案C:使用七台B型塔式起重机,费用如上。若公司的资金成本$i=14\%$,问应选哪种方案?

8. 由于缺乏合适的土地,某厂被迫建厂于河岸沼泽地,为了防止河水泛滥需加筑围墙。围墙增加了初始投资,但却能减少洪水造成的水淹损失。不同高度围墙的造价、洪水造成的损失以及该地的以往水文记录如表3-25所示。

已知该河上游10年后将建水库并彻底解决水患,该企业的基准收益率为10%,问应当筑多高的坝为好?(用三种方法评价)

当地水文资料及筑坝的损益　　　　表3-25

河水超出墙高 (m)	河水达到上述 高度年份数	出现上述河水 高度的概率	河水高于墙高 的损失(元)	筑上述高墙的 投资(元)
0	28	0.4	0	0
1	14	0.2	70 000	135 000
2	14	0.2	105 000	200 000
3	8	0.11	150 000	280 000
4	6	0.09	200 000	370 000
合计	70	1.0	—	—

第四章 工程项目进度控制

建设工程项目是在动态条件下实施的,因此进度控制也必须是一个动态的管理过程。它包括:进度目标的分析和论证、在搜集资料和调查研究的基础上编制进度计划、进度计划的跟踪检查与调整。

第一节 概 述

一、进度控制的概念

建设工程进度控制是指对工程项目建设各阶段的工作内容、工作程序、持续时间和衔接关系,根据进度控制总目标及资源优化配置的原则编制计划并付诸实施,然后在进度计划的实施过程中经常检查实际进度是否按计划要求进行,对出现的偏差情况进行分析,采取补救措施或调整、修改原计划后再实施,直到建设工程竣工交付使用为止。建设工程进度控制的最终目的是确保建设项目按预定的时间动用或提前交付使用,建设工程进度控制的总目标是建设工期。

不管进度计划的周密程度如何,在其实施过程中,必然受各种因素的干扰而发生变化,使人们难以执行原定的进度计划。为此,进度控制应采用动态控制原理,在计划执行过程中,不断检查建设工程实际进展情况,并将实际状况与计划安排进行比较,从中得到进度偏差的信息,分析偏差产生的原因,采取组织、技术、经济等措施,维持或调整原进度计划,保证建设工程项目的总工期目标得以实现。

二、影响进度的因素分析

在工程建设过程中,存在着许多影响进度的不利因素,其中人为因素是最大的干扰。从产生的根源来看,有的来源于建设单位以及上级主管部门;有的来源于勘察设计、施工、监理及材料、设备供应商;有的来源于政府、建设主管部门和社会;有的来源于各种自然条件。在工程建设过程中,常见的影响因素有:

(1)业主因素。如业主提出设计变更、业主拖欠工程款、业主未能及时提供施工场地等。
(2)勘察设计因素。如勘察资料不准确导致设计失误或有缺陷、图纸内容矛盾、各专业图纸不配套、重大设计失误等。

（3）施工技术因素。如施工方案不合理、施工安全措施不当、施工工艺错误等。

（4）监理因素。如监理工程师的错误指令、监理工程师未及时验收签字或未及时下达指令、监理工程师未履行监理的其他职责等。

（5）自然环境因素。如气候、地质、水文、不可抗力等。

（6）社会环境因素。如建设行政主管部门的安全检查、扰民及民扰、节假日等。

（7）组织管理因素。如施工计划安排不周密、组织协调不力、领导指挥失当、各单位、各专业、各个施工过程配合上发生矛盾等。

（8）材料、设备因素。如材料、设备选型不当；品种、规格、质量、数量、供货时间不能满足工程的需要；设备安装失误、出现故障等。

三、进度控制的措施

为了实施进度控制，确保建设项目进度控制目标的实现，进度控制的措施应包括组织措施、技术措施、经济措施及合同措施。

（1）组织措施。主要包括：建立进度控制的目标体系，明确进度控制的人员及其职责分工；建立工程进度报告制度及进度信息沟通网络；建立进度计划审核制度和进度计划实施中的检查分析制度；建立进度协调会议制度，定期召开进度协调会；建立图纸审查、工程变更和设计变更管理制度。

（2）技术措施。主要包括：审查进度计划；编制进度控制工作细则，以指导相关人员实施进度控制；采用网络计划技术，对工程进度实施动态控制。

（3）经济措施。主要包括：及时支付工程预付款及进度款；对工期提前给予奖励或赶工费；对工期延误进行索赔等。

（4）合同措施。主要包括：加强合同管理和风险管理、严格控制合同变更、明确进度控制的责任和目标等。

（5）信息管理措施。主要包括：建立进度信息收集和报告制度，定期进行计划进度与实际进度的比较分析，及时提供进度比较分析报告等。

四、进度控制的主要任务

业主方进度控制的任务是控制整个项目实施阶段的进度，包括控制设计准备阶段的工作进度、设计工作进度、施工进度、物资采购工作进度，以及项目动用前准备阶段的工作进度。监理方受业主的委托，协助业主完成进度控制的任务。

设计方进度控制的任务是依据设计任务委托合同对设计工作进度的要求控制设计工作进度，这是设计方履行合同的义务。另外，设计方应尽可能使设计工作的进度与招投标、施工和物资采购等工作进度相协调。出图计划是设计方进度控制的依据，也是业主方控制设计进度的依据。

施工方进度控制的任务是依据施工任务委托合同对施工进度的要求控制施工进度，这是施工方履行合同的义务。在进度计划编制方面，施工方应视项目的特点和施工进度控制的需要，编制深度不同的控制性、指导性和实施性施工的进度计划，以及按不同计划周期（年、月、周）的施工计划等。

材料、设备供货方进度控制的任务是依据供货合同对供货的要求控制供货进度，这是供货方履行合同的义务。供货方的进度计划应包括供货的所有环节,如采购、加工制造、运输等。

五、进度控制的过程

建设项目的进度控制包括计划、实施、检查和调整四个环节。

1. 建设项目进度计划

项目进度计划有项目的前期准备、设计、施工和动用前准备等几个阶段的进度计划。在项目进度控制中进度计划这个环节的实质性体现为:一是制订分级进度计划,即将上述计划细化为项目总进度计划(总控制)、项目分阶段进度计划(中间控制)和项目分阶段的各子项进度计划(详细控制),二是需对这些计划进行优化,这样才能提高项目进度计划的有效控制程度。

2. 建设项目进度实施

项目进度实施过程中,由于存在干扰因素,会使实施结果偏离进度计划。项目进度控制在项目进度实施阶段实质性地体现为:一是预测干扰因素;二是分析风险程度;三是采取预控措施。采用这些监控手段,可避免或减少实际结果与进度计划的偏差。

3. 建设项目进度检查

要了解和掌握项目进度计划在实施过程中的变化趋势和偏差程度,必须进行项目进度检查。项目进度控制,在项目进度检查阶段的实质性体现为:一是跟踪检查;二是数据采集;三是偏差分析(实际结果与进度计划的比较)。这些偏差识别工作的快速、准确进行,可提高项目进度控制的敏感度和精度。

4. 建设项目进度调整

项目进度计划在实施过程中,由于发生偏差而需要调整时,是个非常复杂的过程。项目进度控制在项目进度调整阶段实质性地体现为:一是偏差分析,分析产生进度偏差的前因后果;二是动态调整,寻求进度调整的约束条件和可行方案;三是优化控制,使进度、费用变化最小,能达到或逼近进度计划的优化控制目标。

六、建设项目进度控制过程中的协调

在建设项目进度控制过程中仅通过对各个单一的因素进行控制来控制进度,往往不能取得理想的控制效果,还必须注重各影响因素之间的内在关系,即通过协调各因素之间的种种关系以最终形成管理合力。工程进度协调管理是指从系统的观点出发,努力协调以下关系以营造良好的管理环境。

1. 协调人际关系

人员因素是影响工程进度的多种因素之中最具有决定性作用的因素,进度控制过程中形成良好的各方人际关系有利于明确职责、化解矛盾、提高效率、减少工程进展阻力。

2. 协调工作关系

这是指通过协调业主单位、设计单位、施工单位、材料设备供应单位、政府部门及总包单位与分包单位之间的各种关系以求得各方良好的配合与协作,从而确保工程进度的顺利进展。

3. 协调资源关系

这主要是指建立工程建设过程中劳动力、机械设备、材料、能源动力、资金等各项资源需求量与实际供应能力之间的平衡关系及各项资源配置之间的均衡关系。为保证项目的顺利进行,资源关系协调必须贯穿于整个建设过程的始终。

4. 协调现场关系

由于工程施工过程复杂,加之现场条件多变,为保证施工建造过程的连续、均衡进展,必须就施工现场各类临时设施、交通运输、材料物资储存、机械设备进场出场、水电供应等各项工作进行妥善安排、合理调度,从而使之在时间顺序、空间布置等各方面都尽可能地达成优化配置。

七、建设项目进度控制的目标

建设项目进度计划的实施,就是用建设项目进度计划指导工程建设实施活动,落实和完成计划进度目标。建设项目进度计划的实施,首先必须建立明确的进度目标,在建立项目进度目标时,除明确项目总目标以外,还必须根据进度计划,按项目实施的阶段及分工等设立不同层次的进度分目标,并构成一个有机的建设项目进度目标系统。这些分目标相对独立而又相互制约,它使各项目实施单位及项目各实施阶段的目标都十分明确。

项目进度分目标可根据不同要求而设立,一般有以下几种类型:

1. 按项目实施阶段设立分目标

根据项目的特点,可把项目实施过程分成若干实施阶段。每个实施阶段又可根据自身特点,再分成下一层次的相关阶段。每个阶段都可设立相应的进度控制目标,由此形成按实施阶段设立的项目进度目标系统。如建设项目,就可按建设程序分为决策阶段、实际实施阶段和投产使用阶段。决策阶段又可分为提出项目建议书、对项目进行可行性研究、投资决策和拟定设计任务书等更为详细的相关阶段。而实际实施阶段又可分为设计、招标、施工安装、验收阶段;投产使用阶段又可分为生产准备、试生产、正式生产等阶段。在项目进度总目标确定后,我们还可依据总进度目标的要求,设立各个层次上相关阶段的进度分目标。图4-1 为某设备研制项目实施阶段进度目标分解简图。

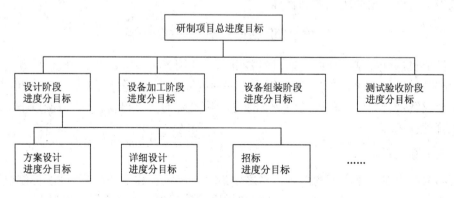

图 4-1 某设备研制项目实施阶段进度目标分解图

2. 按项目所包含的子项目设立分目标

通常,一个大的项目总是由许多子项目组成的。如一个水利工程项目就包含有大坝枢纽工程、通航船闸工程、发电厂房工程等等子工程项目。因此可以依据项目总进度目标的要求,确立各子项目的进度目标。图4-2 所示就是某机场建设项目在施工阶段按子项目进行进度目标分解的示意图。

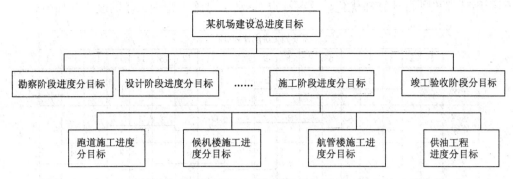

图 4-2　某机场建设项目施工阶段进度目标分解图

3. 按项目实施单位设立分目标

一个项目,通常都是由不同的单位共同完成的。在项目实施过程中,这些单位的工作总是相互衔接、交叉进行的,每个单位各阶段工作的进度,对项目总进度目标及相关单位的工作都有很大的影响。因此,也可以按项目的实施单位,设立其进度目标要求,以保证各单位之间工作的顺利衔接配合,使项目顺利完成。

4. 按时间设立分目标

为便于检查、监督,也可按项目进度计划总目标的要求,将项目实施进度计划分解成逐年、逐季、逐月的进度计划。这样,可随时检查项目完成情况,提出相应的进度要求。

总之,进度目标如何分解、分解为多少层次,要依实际需要和具体情况而定。一般情况下,项目规模越大、工期要求越紧,其目标分解的层次就越多,按不同类型进行目标分解就越有实际意义。

第二节　进度计划的编制与优化

一、进度计划的编制

网络计划技术是随着现代科学技术和工业生产的发展而产生的,是一种科学的计划管理方法。它在 20 世纪 50 年代后期出现于美国,60 年代开始在我国得到推广和应用。目前网络计划方法已广泛地应用于各个部门、各个领域。特别是工程建设部门,无论是在项目的招投标,还是在项目的规划、实施与控制等各个阶段,都发挥着重要作用,逐渐成为项目管理的核心技术及重要组成部分。

目前常用的工程进度计划表达形式有横道计划和网络计划两种。它们虽具有同样的功能,但特点却有较大的差异。横道计划是以横向线条结合时间坐标来表示各项工作的起止时间和先后顺序,整个计划由一系列的横道组成。而网络计划是以箭线和节点组成的网状图形来表示的施工进度计划。

横道图计划的优点是易于编制、简单、明了、直观;因为有时间坐标,各项工作的起止时间、作业持续时间、工作进度、总工期,以及流水作业状况都能一目了然;对人力和其他资源的计算也便于按图叠加(图 4-3)。其缺点是不能全面地反映出各项工作之间的相互关系和影响,不便进行各种时间参数的计算,不能反映哪些是主要的、关键性的工作,看不出计划中的潜力所在,不能用计算机进行计算和优化。这些缺点,不利于对施工管理工作的改进和加强。

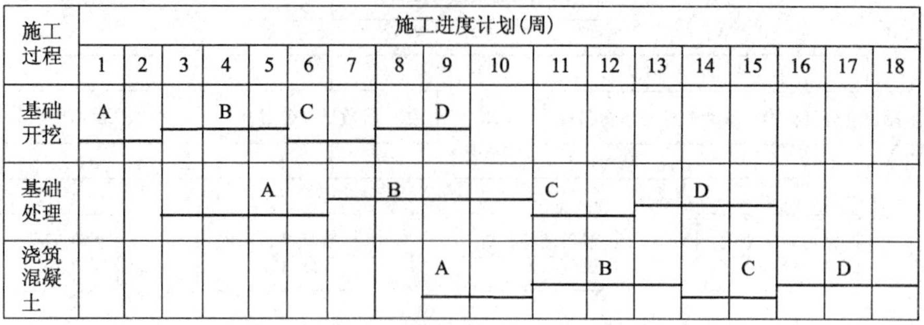

施工过程	施工进度计划(周)																	
	1	2	3	4	5	6	7	8	9	10	11	12	13	14	15	16	17	18
基础开挖	A			B		C			D									
基础处理					A		B				C			D				
浇筑混凝土								A				B			C		D	

图 4-3 用横道图表示的施工进度计划

网络计划的优点,是把工程项目中的各有关工作组成了一个有机的整体,能全面而明确地反映出各项工作之间的相互制约和相互依赖的关系;可以进行各种时间参数的计算,能在工作繁多、错综复杂的计划中找出影响工期的关键工作和关键线路,便于管理人员抓住主要矛盾,集中精力确保工期,避免盲目抢工;通过对各项工作存在机动时间的计算,可以更好地运用和调配人员与设备,节约人力、物力,达到降低成本的目的;在计划执行过程中,当某一项工作因故提前或拖后时,能从网络计划中预见到对其后续工作及总工期的影响程度,便于采取措施;可以利用计算机进行计划的编制、计算、优化和调整。它的缺点是,流水作业表达不清晰;对一般的网络计划,不能利用叠加法计算各种资源的需要量。

总之,网络计划技术可以为施工管理提供多种信息,有助于管理人员合理地组织生产,明确管理的重点应放在何处,怎样缩短工期,在哪里有潜力,如何降低成本等,从而有利于加强工程管理。可见,它既是一种有效的计划表达方法,又是一种科学的工程管理方法。

网络图是由箭线和节点按照一定规则组成的、用来表示工作流程的有向的、有序的网状图形。网络计划是指在网络图中加注工作的时间参数等而形成的进度计划。目前常用的网络计划有:双代号网络计划、单代号网络计划、时标网络计划、搭接网络计划等。

二、网络计划的优化

网络计划的优化,就是在满足既定的约束条件下,按某一目标对网络计划进行不断检查、评价、调整和完善,以寻求最优方案的过程。网络计划的优化有工期优化、费用优化和资源优化三种。费用优化又叫时间成本优化;资源优化分为资源有限—工期最短的优化和工期固定—资源均衡的优化。

1. 工期优化

工期优化是在网络计划的工期不满足要求时,通过压缩计算工期以达到要求工期目标,或在一定约束条件下使工期最短的过程。

工期优化一般是通过压缩关键工作的持续时间来达到优化目标。而缩短工作持续时间的主要途径,就是增加人力和设备等施工力量、加大施工强度、缩短间歇时间。因此,在确定需缩短持续时间的关键工作时,应按以下几个方面进行选择:

(1)缩短持续时间对质量和安全影响不大的工作;
(2)有充足备用资源的工作;
(3)缩短持续时间所需增加资源(人员、材料、机械、费用)最少的工作。

可以根据以上要求直接选择需缩短时间的工作。也可按各方面因素对工程的影响程度分别设置计分分值,将需缩短持续时间的工作分项进行评价打分,从而得到"优先选择系数"。对系数小者,应优先考虑压缩。

在优化过程中,要注意不能将关键工作压缩成非关键工作,但关键工作可以被动地(即未经压缩)变成非关键工作,关键线路也可以因此而变成非关键线路。当优化过程中出现多条关键线路时,必须将各条关键线路的持续时间压缩同一数值,否则不能有效地将工期缩短。

网络计划的工期优化步骤如下:

(1)求出计算工期并找出关键线路及关键工作。

(2)按要求工期计算出工期应缩短的时间目标 ΔT:

$$\Delta T = T_c - T_r \tag{4-1}$$

式中:T_c——计算工期;
T_r——要求工期。

(3)确定各关键工作能缩短的持续时间。

(4)将应优先缩短的关键工作压缩至最短持续时间,并找出新关键线路。若此时被压缩的工作变成了非关键工作,则应将其持续时间回延,使之仍为关键工作。

(5)若计算工期仍超过要求工期,则重复以上步骤,直到满足工期要求或工期已不能再缩短为止。

需要注意:当所有关键工作的持续时间都已达到其能缩短的极限,或虽部分关键工作未达到最短持续时间但已找不到继续压缩工期的方案,而工期仍未满足要求时,应对计划的技术、组织方案进行调整(如采取技术措施、改变施工顺序、采用分段流水或平行作业等),或对要求工期重新审定。

例 4-1:某工程,施工合同中约定工期 19 周,经总监理工程师批准的施工总进度计划如图 4-4 所示。

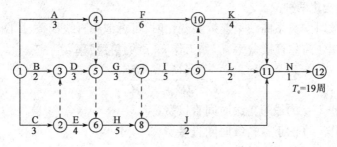

图 4-4　施工总进度计划(时间单位:周)

施工过程中,A、D 工作完成后,建设单位拟将后续工程的总工期缩短 2 周,要求项目监理机构帮助拟定一个合理的赶工方案,以便与施工单位洽商。项目监理机构提出的后续工期可以缩短的时间及其赶工费率见表 4-1。

后续工作可缩短的时间与赶工费率　　　　　　　　　　　表 4-1

工作名称	F	G	H	I	J	K	L	N
可缩短的时间(周)	2	1	0	1	2	2	1	0
赶工费率(万元/周)	0.5	0.4	—	3.0	2.0	1.0	1.5	—

问题:项目监理机构如何调整计划才能既实现建设单位的要求又能使赶工费用最少?说

明理由。增加的最少赶工费用是多少?

解:由于 A、D 工作完成后,施工总进度计划的关键线路只有工作 G、I、K 和 N,工作 N 不存在可缩短的时间,故应不考虑压缩;工作 G、I、K 的赶工费率从小到大依次是 G(0.4 万元)、K(1.0 万元)、I(3.0 万元),那么首先压缩工作 G 的时间 1 周(可缩短的时间只有 1 周),压缩工作 G 产生的赶工费为 0.4 万元;再压缩工作 K 的时间 1 周,压缩工作 K 产生的赶工费为 1.0 万元。

增加的最少赶工费用是(0.4+1.0)万元 = 1.4 万元。

所以,项目监理机构在原施工总进度计划的基础上,各缩短工作 G 和工作 K 的工作时间 1 周,这样才能既实现建设单位的要求又能使赶工费用最少。

上述网络计划的工期优化方法是一种技术手段,是在逻辑关系一定的情况下压缩工期的一种有效方法,但绝不是唯一的方法。事实上,在一些较大的工程项目中,调整好各专业之间及各工序之间的搭接关系、组织立体交叉作业和平行作业、适当调整网络计划中的逻辑关系,对缩短工期有着更重要的意义。

2. 费用优化

在一定范围内,工程的施工费用随着工期的变化而变化,在工期与费用之间存在着最优解的平衡点。费用优化就是寻求最低成本时的最优工期及其相应进度计划,或按要求工期寻求最低成本及其相应进度计划的过程。因此费用优化又叫工期—成本优化。

1) 工期与成本的关系

工程的成本包括工程直接费和间接费两部分。在一定时间范围内,工程直接费随着工期的增加而减少,而间接费则随着工期的增加而增大,它们与工期的关系曲线见图 4-5。工程的总成本曲线是将不同工期的直接费和间接费叠加而成,其最低点就是费用优化所寻求的目标。该点所对应的工期,就是网络计划成本最低时的最优工期。

就某一项工作而言,根据工作的性质不同,其直接费和持续时间之间的关系,通常有连续型变化和非连续型变化两种。

(1) 费用与持续时间关系曲线呈连续型变化时,可近似用直线代替,见图 4-6,以方便地求出直接费费用增加率(简称直接费率)。如工作 $i-j$ 的直接费率 a_{i-j}^D:

$$a_{i-j}^D = \frac{CC_{i-j} - CN_{i-j}}{DN_{i-j} - DC_{i-j}} \tag{4-2}$$

式中:CC_{i-j}——工作 $i-j$ 的最短持续时间直接费;

CN_{i-j}——工作 $i-j$ 的正常持续时间直接费;

DN_{i-j}——工作 $i-j$ 的正常持续时间;

DC_{i-j}——工作 $i-j$ 的最短持续时间。

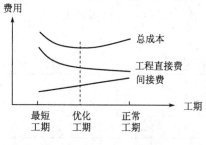

图 4-5 工期—费用关系曲线

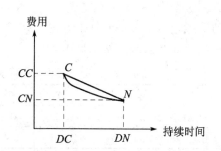

图 4-6 连续型的时间—直接费关系

(2)有些工作的直接费与持续时间是根据不同施工方案分别估算的,找不到变化关系曲线,所以不能用数学公式计算,只能在几个方案中进行选择。

2)费用优化的方法与步骤

工期—费用优化的基本方法是,从网络计划的各工作持续时间和费用关系中,依次找出即能使计划工期缩短、又能使得其费用增加最少的工作,不断地缩短其持续时间,同时考虑间接费叠加,即可求出工程成本最低时的相应最优工期或工期指定时相应的最低工程成本。优化步骤如下:

(1)计算初始网络计划的工程总直接费和总费用。

网络计划的工程总直接费等于各工作的直接费之和,用$\sum C_{i-j}^{D}$表示。

当工期为t时,网络计划的总费用C_t^T为:

$$C_t^T = \sum C_{i-j}^{D} + a^{ID} \cdot t \tag{4-3}$$

式中:a^{ID}——工程间接费率,即工期每缩短或延长一个单位时间所需减少或增加的费用。

(2)计算各项工作的直接费率。

(3)找出网络计划中的关键线路并求出计算工期。

(4)逐步压缩工期,寻求最优方案。

当只有一条关键线路时,将直接费率最小的一项工作压缩至最短持续时间,并找出关键线路。当有多条关键线路时,就需压缩一项或多项直接费率或组合直接费率最小的工作,并将其中正常持续时间与最短持续时间的差值最小的为幅度进行压缩,并找出关键线路。若被压缩工作变成了非关键工作,则应减少对它的压缩时间,使之仍为关键工作。但关键工作可以被动地(即未经压缩)变成非关键工作,关键线路也可以因此而变成非关键线路。

在确定了压缩方案以后,必须将被压缩工作的直接费率或组合直接费率值与间接费率进行比较,如等于间接费率,则已得到优化方案;如小于间接费率,则需继续压缩;如大于间接费率,则在此之前的小于间接费率的方案即为优化方案。

(5)绘出优化后的网络计划。

绘图后,在箭杆上方注明直接费,箭杆下方注明优化后的持续时间。

(6)计算优化后网络计划的总费用。

3. 资源优化

资源是为完成施工任务所需的人力、材料、机械设备和资金等的统称。完成一项工程任务所需的资源量基本上是不变的,不可能通过资源优化将其减少。资源优化是通过改变工作的开始时间,使资源按时间的分布符合优化目标:包括在资源有限时如何使工期最短,当工期一定时如何使资源均衡。

资源优化宜在时标网络计划上进行,本处只介绍各项工作均不切分的优化方法。

1)"资源有限,工期最短"的优化

该优化是通过调整计划安排,以满足资源限制条件,并使工期增加最少的过程。

(1)优化的方法:

①若所缺资源仅为某一项工作使用,则只需根据现有资源重新计算该工作持续时间,再重新计算网络计划的时间参数,即可得到调整后的工期。如果该项工作延长的时间在其时差范围内时,则总工期不会改变;如果该项工作为关键工作,则总工期将顺延。

②若所缺资源为同时施工的多项工作使用,则必须后移某些工作,但应使工期延长最短。调整的方法是将该处的一些工作移到另一些工作之后,以减少该处的资源需用量。如该处有两个工作 $m-n$ 和 $i-j$,则有 $i-j$ 移到 $m-n$ 之后或 $m-n$ 移到 $i-j$ 之后两个调整方案,如图4-7所示。

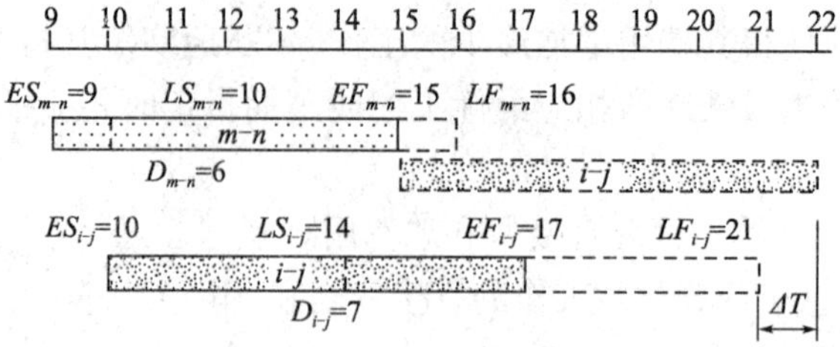

图 4-7 工作 $i-j$ 调整对工期的影响

将 $i-j$ 移至 $m-n$ 之后时,工期延长值:

$$\Delta T_{m-n, i-j} = EF_{m-n} + D_{i-j} - LF_{i-j}$$
$$= EF_{m-n} - (LF_{i-j} - D_{i-j})$$
$$= EF_{m-n} - LS_{i-j} \quad (4-4)$$

当工期延长值 $\Delta T_{m-n,i-j}$ 为负值或 0 时,对工期无影响;为正值时,工期将延长。故应取 ΔT 最小的调整方案。即要将 LS 值最大的工作排在 EF 值最小的工作之后。如本例中:

方案 1:将 $i-j$ 排在 $m-n$ 之后,则 $\Delta T_{m-n,i-j} = EF_{m-n} - LS_{i-j} = 15 - 14 = 1$;

方案 2:将 $m-n$ 排在 $i-j$ 之后,则 $\Delta T_{i-j,m-n} = EF_{i-j} - LS_{m-n} = 17 - 10 = 7$。应选方案 1。

当 $\min\{EF\}$ 和 $\max\{LS\}$ 属于同一工作时,则应找出 EF_{m-n} 的次小值及 LS_{i-j} 的次大值代替,而组成两种方案,即:

$$\Delta T_{m-n,i-j} = (次小\ EF_{m-n}) - \max\{LS_{i-j}\} \quad (4-5)$$
$$\Delta T_{m-n,i-j} = \min\{EF_{m-n}\} - (次大\ LS_{i-j}) \quad (4-6)$$

取小者的调整顺序。

(2)优化步骤:

①检查资源需要量。从网络计划开始的第 1 天起,从左至右计算资源需用量 R_t,并检查其是否超过资源限量 R_a。如果整个网络计划都满足 $R_t < R_a$,则该网络计划就已经达到优化要求;如果发现 $R_t > R_a$,就应停止检查而进行调整。

②计算和调整。先找出发生资源冲突时段的所有工作,再按式(4-4)或式(4-5)、式(4-6)计算 $\Delta T_{m-n,i-j}$,确定调整的方案并进行调整。

③重复以上步骤,直至出现优化方案为止。

2)"工期固定,资源均衡"的优化

该优化是通过调整计划安排,在工期不变的条件下,使资源需要量尽可能均衡的过程。资源均衡可以有效地缓解供应矛盾、减少临时设施的规模,从而有利于工程组织管理,并可降低工程费用。常用优化方法有削高峰法和方差值最小法。在此只介绍方差值最小法。

(1)方差值(σ_2)最小法的基本原理。

方差值是指每天计划需要量 R_t 与每天平均需要量 R_m 之差的平方和的平均值,即

$$\sigma^2 = \frac{1}{T}\sum_{t=1}^{T}[R_t - R_m]^2 \quad (4-7)$$

为使计算简便,将上式展开并作如下变换:

$$\sigma^2 = \frac{1}{T}\sum_{t=1}^{T}[R_t^2 - 2R_tR_m + R_m^2] = \frac{1}{T}\sum_{t=1}^{T}R_t^2 - 2\frac{1}{T}\sum_{t=1}^{T}R_tR_m + R_m^2$$

而 $\frac{1}{T}\sum_{t=1}^{T}R_t = R_m$,代入上式,得:$\sigma^2 = \frac{1}{T}\sum_{t=1}^{T}R_t^2 - R_m^2$ (4-8)

上式中 T 与 R_m 为常数,因此,只要 R_t^2 最小就可使得方差值 σ^2 最小。

(2)优化的步骤与方法:

①按最早时间绘出符合工期要求的时标网络计划,找出关键线路,求出各非关键工作的总时差,逐日计算出资源需要量或绘出资源需要量动态曲线。

②优化调整的顺序。由于工期已定,只能调整非关键工作。其顺序为:自终点节点开始,逆箭线逐个进行。对完成节点为同一个节点的工作,须先调整开始时间较迟者。

在所有工作都按上述顺序进行了一次调整之后,再按该顺序逐次进行调整,直至所有工作既不能向右移也不能向左移为止。

③工作可移性的判断。由于工期已定,故关键工作不能移动。非关键工作能否移动,主要看是否能削峰填谷或降低方差值。判断方法如下:

a. 若将工作 k 向右移动一天,则在移动后该工作完成的那一天的资源需要量应等于或小于右移前工作开始那一天的资源需要量。也就是说不得出现削了高峰后,又填出新的高峰。若用 r_k 表示 k 工作的资源强度,i、j 分别表示工作移动前开始和完成的那一天,则应满足下式要求:

$$R_{j+1} + r_k \leq R_i \quad (4-9)$$

b. 若将工作 k 向左移动一天,则在左移后该工作开始那一天的资源需要量应等于或小于左移前工作完成那一天的资源需要量,否则也会产生削峰又填谷成峰的问题。即应符合下式要求:

$$R_{i-1} + r_k \leq R_j \quad (4-10)$$

c. 若将工作 k 右移一天或左移一天不能满足上述要求时,则可考虑在其总时差范围内,右移或左移数天后能否使资源需要量更加均衡。

向右移动时,判别式为:

$$[(R_{j+1} + r_k) + (R_{j+2} + r_k) + (R_{j+3} + r_k) + \cdots] \leq [R_i + R_{i+1} + R_{i+2} + \cdots] \quad (4-11)$$

向左移动时,判别式为:

$$[(R_{i-1} + r_k) + (R_{i-2} + r_k) + (R_{i-3} + r_k) + \cdots] \leq [R_j + R_{j-1} + R_{j-2} + \cdots] \quad (4-12)$$

第三节 进度计划实施中的检查与调整

一、进度计划在实施中的检查

在工程项目的实施过程中,由于外部环境和条件的变化,进度计划的编制者很难事先对项目在实施过程中的问题进行全面的估计。气候的变化、不可预见事件的发生都会对工程进度计划的实施产生影响,造成实际进度偏离计划进度,如果进度偏差得不到及时纠正,将会影响进度总目标的实现。

进度计划的检查与调整的步骤:

(1)定期收集进度报表或现场实地检查工程进展情况,每周、每半月或每月进行一次检查。

(2)定期召开现场会议,了解工程实际进度状况,同时协调有关工序的进度关系。

(3)将实际进度与计划进度进行对比分析,常用的比较方法有:横道图比较法、S曲线比较法、前锋线比较法等,以确定实际进度与计划进度之间的差距。

(4)分析进度偏差产生的原因,及其对后续工作和总工期的影响。

(5)采取措施调整进度计划,并实施调整后的进度计划。

二、进度计划在实施中的分析

进度计划执行情况检查的目的,是通过实际进度与计划进度进行比较,得出实际进度较计划要求超前或滞后的结论,并进一步判定计划完成程度,以及通过预测后期工程进度,从而对计划能否如期完成做出事先估计等等。进度计划执行情况比较的方法主要包括如下几种:

1. 横道图比较法

横道图比较法是指将项目实施过程中收集到的实际进度信息,经整理后直接用横道线并排地画于原计划的横道线处,以供进行直观比较的方法。

例如,某工程项目基础工程的计划进度和截止到第9周末的实际进度如图4-8所示,其中双线条表示该工程计划进度,粗实线表示实际进度。从图中实际进度与计划进度的比较可以看出,到第9周末进行实际进度检查时,挖土方和做垫层两项工作已经完成;支模板按计划也应该完成,但实际只完成75%,任务量拖欠25%;绑扎钢筋按计划应该完成60%,而实际只完成20%,任务量拖欠40%。

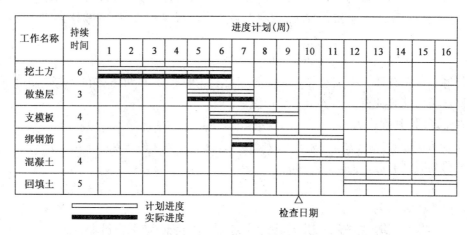

图4-8 某基础工程实际进度与计划进度比较图

除上例中的常用比较形式外,横道图比较法还包括双比例单侧横道图比较法、双比例双侧横道图比较法两种形式,如图4-9和图4-10所示。两方法的相同之处是在工作计划横道线上下两侧作两条时间坐标线,并在两坐标线内侧逐日(或每隔一个时间单位)分别记载相应工作的计划与实际累计完成比例,即形成所谓的"双比例";其不同之处是前一方法用单侧附着于计划横道线的黑粗线表示相应工作的实际起止时间与持续天数,后一方法则是以计划横道线总长表示计划工作量的100%,再将每日(或每单位时间)实际完成的工作量占计划工作总量的百分比,逐一用相应比例长度的黑粗线交替画在计划横道线的上下两侧,从而直观地反映计划执行过程中每日(或每一单位时间内)实际完成工作量的数量比例。

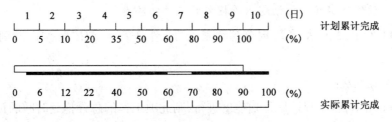

图 4-9 双比例单侧横道图比较法

通过图 4-9 可知,原计划用 9 天完成的一项工作其实际完成时间为 10 天,因而实际与计划相比拖延一天,这项工作的实际开始时间比计划时间推迟半天,并在第 7 天停工一日;而图 4-10 则表示计划用 9 天完成的一项工作其实际完成时间为 10 天,因而实际与计划相比拖延一天(计划横道线的虚线延长部分表示实际完成这项工作尚需的作业天数),同时通过该图计划横道线两侧涂黑粗线长度的相互比较还可以清楚地观察每天实际完成工作任务量的多少。最后,通过以上两例中两条时间坐标线上计划与实际累计完成百分比数的比较,还可直观反映计划执行过程中的每一天实际进度较计划进度的超前或滞后幅度。

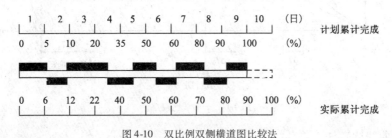

图 4-10 双比例双侧横道图比较法

2. S 形曲线比较法

从整个工程建设项目进展的全过程看,单位时间内完成的工作任务量一般都随着时间的递进而呈现出两头少、中间多的分布规律,即工程的开工和收尾阶段完成的工作任务量少而中间阶段完成的工作任务量多(图 4-9 和图 4-10 中两条时间坐标线上的计划与累计完成工作任务量的百分比数实际上已揭示出此种分布规律)。因此如以横坐标表示进度时间,以纵坐标表示累计完成工作任务量而绘制出来的曲线将是一条 S 形曲线。S 形曲线比较法就是将进度计划确定的计划累计完成工作任务量和实际累计完成工作任务量分别绘制成 S 形曲线,并通过两者的比较来判断实际进度与计划进度相比是超前还是滞后,以及得出其他各种有关进度的信息的进度计划执行情况的检查方法。

如图 4-11,应用 S 形曲线比较法比较实际和计划两条 S 形曲线可以得出以下几种分析与判断结果:

1) 工程建设项目实际进度与计划进度比较情况

对应于任意检查日期,与相应的实际 S 形曲线上的一点,若位于计划 S 形曲线左侧表示此时实际进度比计划进度超前,位于右侧则表示实际进度比计划进度滞后。

2) 工程建设项目实际进度比计划进度超前或滞后的时间

如图 4-11 所示,ΔT_a 表示 T_a 时刻实际进度超前的时间,ΔT_b 表示 T_b 时刻实际进度滞后的时间。

3）工程建设项目实际比计划超出或拖欠的工作任务量

如图 4-11 所示，ΔQ_a 表示 T_a 时刻超额完成的工作任务量，ΔQ_b 表示 T_b 时刻拖欠的工作任务量。

4）预测工作进度

如图 4-11 所示，若工程按原计划速度进行，则此项工作的总计拖延时间的预测值为 ΔT_c。

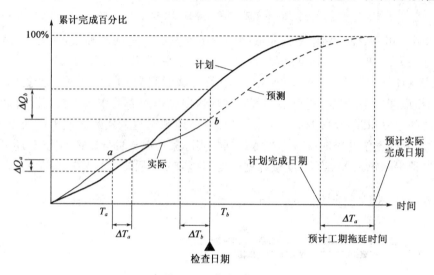

图 4-11　S 曲线比较法

3. 香蕉形曲线比较法

根据工程网络计划的原理，网络计划中的任何一项工作均可具有最早可以开始和最迟必须开始这两种不同的开始时间，而通过 S 形曲线比较法可知，一项计划工作任务随着时间的推移其逐日累计完成的工作任务量可以用 S 形曲线表示。于是，工程网络计划中的任何一项工作，其逐日累计完成的工作任务量就必然都可以借助于两条 S 形曲线概括表示：其一是按工作的最早可以开始时间安排计划进度而绘制的 S 形曲线称 ES 曲线；其二是按工作的最迟必须开始时间安排计划进度而绘制的 S 形曲线称 LS 曲线。由于两条曲线除在开始点和结束点相互重合以外，ES 曲线上的其余各点均落在 LS 曲线的左侧，从而得两条曲线围合成一个形如香蕉的闭合曲线圈，如图 4-12 所示。

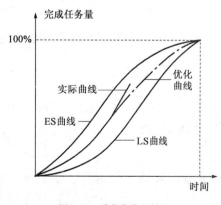

图 4-12　香蕉曲线比较法

通常在项目实施的过程中，进度管理的理想状况是在任一时刻按实际进度描出的点均落在香蕉形曲线封闭区域内，因为这说明实际工程进度被控制于工作的最早可以开始时间和最迟必须开始时间的要求范围之内，因而呈现正常状态。而一旦按实际进度描出的点落在 ES 曲线的上方（左侧）或 LS 曲线的下方（右侧），则说明与计划要求相比实际进度超前或滞后，此时已产生进度偏差。除了对工程的实际进度与计划进度进行比较，香蕉形曲线的作用还在于对工程实际进度进行合理的调整与安排，这意味着如果工程项目中各项工作均按最早开始时间安排进度,将导致项目的投资加大;而如果各项工作都按最迟开始时间安排进度,则一旦受到某些进度影响因素的干扰,将导致工期拖延,使工程进度风险加大。因此,一个科学合理的进度计划优化曲线应位于香蕉曲线所包络的区域之内(图4-12),此外也可确定在计划执行情况检查日期之后的后期工程的ES曲线和LS曲线的变化趋势。

香蕉曲线比较法的作用:
(1)合理安排工程进度计划;
(2)定期比较工程项目的实际进度与计划进度;
(3)预测后期工程进展趋势。

4. 前锋线比较法

前锋线比较法是通过绘制某检查时刻工程实际进度前锋线,进行工程实际进度与计划进度的比较,它主要适合于时标网络计划。所谓前锋线,是指在原时标网络计划上,从检查时刻的时标点出发,用点画线依次将各项工作实际进展位置点连接而成的折线。通过实际进度前锋线与原进度计划中各工作箭线交点的位置来判断工作实际进度与计划进度的偏差,进而判定该偏差及对后续工作和总工期的影响。

绘制前锋线步骤如下:

(1)在时标网络计划图上绘制实际进度前锋线。一般从时标网络计划图上方时间坐标的检查日期开始绘制,依次连接相邻工作的实际进展位置点,最后与时标网络计划图下方时间坐标的检查日期相连接。工作实际进展位置点的判定方法有两种:按该项工作已完任务比例进行判定,或按尚需作业时间进行判定。

(2)进行实际进度与计划进度的比较。对某项工作来说,实际进度与计划进度的关系可能存在以下三种关系:

①工作实际进展点落在检查日期的左侧,表明该工作实际进度拖后,拖后的时间为两者之差;

②工作实际进展点与检查日期重合,表明该工作实际进度与计划进度一致;

③工作实际进展点落在检查日期的右侧,表明该工作实际进度超前,超前的时间为两者之差。

(3)预测进度偏差及对后续工作和总工期的影响。通过实际进度与计划进度的比较确定进度偏差后,还可根据该工作的自由时差和总时差预测该进度偏差对后续工作和总工期的影响,从而采取相应的调整措施对原进度计划进行调整,确保顺利实现工期目标。分析步骤如下:

①分析出现进度偏差的工作是否为关键工作。如果出现进度偏差的工作位于关键线路上,该工作即为关键工作,则无论其偏差有多大,都将对后续工作和总工期产生影响,必须采取相应的调整措施;如果出现偏差的工作是非关键工作,则需要根据进度偏差值与总时差和自由时差的关系作进一步分析。

②分析进度偏差是否超过总时差。如果工作的进度偏差大于该工作的总时差,则此进度偏差必将影响其后续工作和总工期,必须采取相应的调整措施;如果工作的进度偏差未超过该工作的总时差,则此进度偏差不影响总工期。

③分析进度偏差是否超过自由时差。如果工作的进度偏差大于该工作的自由时差,则此进度偏差将对其后续工作产生影响,此时应根据后续工作的限制条件确定调整方法;如果工作

的进度偏差未超过该工作的自由时差,则此进度偏差不影响后续工作,原进度计划可以不作调整。

例 4-2：某工程的施工合同工期为 16 周,施工进度计划如图 4-13 所示(时间单位:周),各工作均按匀速施工。

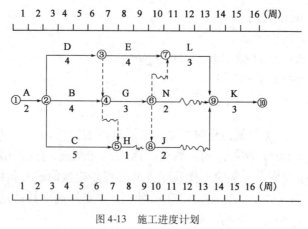

图 4-13 施工进度计划

工程施工到第 4 周末时进行进度检查,发现 A 工作已经完成；B 工作施工时,遇到异常恶劣的气候,造成施工单位的施工机械损坏和施工人员窝工,实际只完成估算工程量的 25%；C 工作为配合检验检测工作,只完成了估算工程量的 20%；施工中发现地下文物,导致 D 工作尚未开始。

问题：根据第 4 周末的检查结果,在图 4-13 上绘制实际进度前锋线,逐项分析 B、C、D 三项工作的实际进度对总工期的影响,并说明理由。

若第 4 周末施工单位就 B、C、D 出现的进度偏差,提出工程延期,那么该工程可以延期多长时间？为什么？

解：实际进度前锋线如图 4-14 所示。

B 工作拖后 1 周,不影响工期,因 B 工作总时差为 1 周。

C 工作拖后 1 周,不影响工期,因 C 工作总时差为 3 周。

D 工作拖后 2 周,影响工期 2 周,因 D 工作总时差为零(或 D 工作为关键工作)。

批准工程延期 2 周。因为施工中发现地下文物造成 D 工作拖延,不属于施工单位责任。

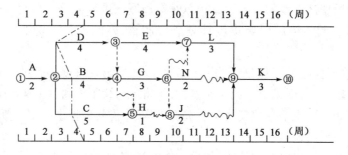

图 4-14 标注前锋线的施工进度计划

5. 列表比较法

列表比较法是通过将截止到某一检查日期某项工作的尚有总时差与其原有总时差的计算结果列于表格之中进行比较,以判断工程实际进度与计划进度相比超前或滞后情况的方法。

由网络计划原理可知,工作总时差是在不影响整个工程任务按原计划工期完成的前提下,该项工作在开工时间上所具有的最大机动余地,因而根据某一检查日期时各项工作尚有总时差的数值可以分析判断工作进度偏差及能否如期完成整个工程进度计划的情况。

工作尚有总时差可定义为,从检查日开始到此项工作的最迟必须完成时间的尚余天数与自检查日算起该工作尚需的作业天数两者之差。将工作尚有总时差与原有总时差进行比较以对进度计划执行情况进行检查,其具体结论可归纳如下:

(1)若工作尚有总时差大于原有总时差,则说明该工作的实际进度比计划进度超前,且为两者之差;

(2)若工作尚有总时差等于原有总时差,则说明该工作的实际进度与计划进度一致;

(3)若工作尚有总时差小于原有总时差但仍为正值,则说明该工作的实际进度比计划进度滞后,但计划工期不受影响,此时工作实际进度的滞后天数为两者之差。

若工作尚有总时差小于原有总时差且已为负值,则说明该工作的实际进度比计划进度滞后且计划工期已受影响,此时工作实际进度的滞后天数为两者之差,而计划工期的延迟天数则与工序尚有总时差天数相等。

列表比较法可同时适用于网络计划执行情况的检查。例如某工程,对第二次检查工程进度时网络计划的实际执行情况列表进行比较、判断,如表4-2所示。

工程进度检查比较表　　表4-2

工作名称或代号	检查日	自检查日起工作尚需作业天数	最迟完成时间（天）	检查日到最迟完成时间尚余天数	工作原有总时差（天）	工作尚有总时差（天）	判断结论		
							工作进度（天）		工期
							超前	滞后	
(1)	(2)	(3)	(4)	(5)=(4)-(2)	(6)	(7)=(5)-(3)	(8)=(5)-(6)	(9)=(7)-(6)	(10)
C	4	2	5	1	1	-1		2	延迟1天
E	4	1	9	5	3	4	1		
B	4	3	6	2	0	-1		1	延迟1天
D	4	1	6	2	1	1	0	0	

三、进度计划的调整方法

1. 进度计划的调整原则

进度计划执行过程中,如发生实际进度与计划进度不符,则必须修改与调整原定计划,从而使之与变化以后的实际情况相适应。由于一项工程任务系由多个工作过程组成,且每一工作过程的完成往往均可以采用不同的施工方法与组织方法,而不同方法对工作持续时间、费用和资源投入种类、数量均有不同要求,工程进度的计划安排往往可以有多种方案。对处于执行过程中的进度计划进行的调整而言,通过改变施工方法及组织方法,即采用另一计划安排方案,有可能取得一定的时间宽裕以纠正已出现的进度偏差。因此,进度计划执行过程中对原定计划进行调整不但是必要的,而且也是可行的。

但更为准确地讲,进度计划执行过程中的调整究竟有无必要还应视进度偏差的具体情况而定,对此可分析说明如下:

1) 当进度偏差体现为某项工作的实际进度超前

由网络计划技术原理可知,作为网络计划中的一项非关键工作,其实际进度的超前事实上不会对计划工期形成任何影响。换言之,计划工期不会因非关键工作的进度提前而同步缩短。由于加快某些个别工作的实施进度,往往可导致资源使用情况发生变化,管理过程中稍有疏忽甚至可能打乱整个原定计划对资源使用所做的合理安排,特别是在有多个平行分包单位施工的情况下,由此而引起的后续工作时间安排的变化往往会给项目管理者的协调工作带来许多麻烦,这就使得加快非关键工作进度而付出的代价并不能够收到缩短计划工期的相应效果。另一方面,对网络计划中的一项关键工作而言,尽管其实施进度提前可引起计划工期的缩短,但由于上述原因,往往同样也会使缩短部分工期的实际效果得不偿失。因此,当进度计划执行过程中产生的进度偏差体现为某项工作的实际进度超前,若超前幅度不大,此时计划不必调整;当超前幅度过大,则此时计划必须调整。

2) 当进度偏差体现为某项工作的实际进度滞后

进度计划执行过程中如果出现实际工作进度滞后,此种情况下是否调整原定计划,通常应视进度偏差和相应工作总时差及自由时差的比较结果而定。由网络计划原理定义的工作时差概念可知,当进度偏差体现为某项工作的实际进度滞后,是否需对进度计划做出相应调整的具体情形可分述如下:

(1) 若出现进度偏差的工作为关键工作,则由于工作进度滞后,必然会引起后续工作最早开工时间的延误和整个计划工期的相应延长,因而必须对原定进度计划采取相应调整措施。

(2) 当出现进度偏差的工作为非关键工作,且工作进度滞后天数已超出其总时差,则由于工作进度延误同样会引起后续工作最早开工时间的延误和整个计划工期的相应延长,因而必须对原定进度计划采取相应调整措施。

(3) 若出现进度偏差的工作为非关键工作,且工作进度滞后天数已超出其自由时差而未超出其总时差,则由于工作进度延误只引起后续工作最早开工时间的拖延而对整个计划工期并无影响,因而此时只有在后续工作最早开工时间不宜推后的情况下才考虑对原定进度计划采取相应调整措施。

(4) 若出现进度偏差的工作为非关键工作,且工作进度滞后天数未超出其自由时差,则由于工作进度延误对后续工作的最早开工时间和整个计划工期均无影响,因而不必对原来总进度计划采取任何调整措施。

2. 进度计划调整的方法

当实际进度偏差影响到后续工作和总工期而需要调整进度计划时,其调整方法有两种:

1) 改变某些工作的逻辑关系

当工程项目实施中产生的进度偏差影响到总工期,且有关工作的逻辑关系允许改变时,可以改变关键线路和超过计划工期的非关键线路上的有关工作的逻辑关系,达到缩短工期的目的。比如,将顺序施工的工作改为平行作业、搭接作业以及分段组织流水作业等,都可以有效地缩短工期。

2) 缩短某些工作的持续时间

这种方法是不改变工程项目中各项工作之间的逻辑关系,而通过采取增加资源投入、提高劳动效率等措施来缩短某些工作的持续时间，使工程进度加快，以保证按计划工期完成该工程项目。这些被压缩持续时间的工作是位于关键线路和超过计划工期的非关键线路上的工作。同时，这些工作又是其持续时间可以被压缩的工作。这种调整方法通常可以在网络上直接进行。其调整方法视限制条件及对其后续工作的影响程度的不同而有所区别，一般可分为以下三种情况：

（1）网络计划中某项工作进度拖延的时间已经超过其自由时差但未超过其总时差，则该工作不会影响总工期，只会对后续工作产生影响。因此，在进行调整前，需要确定其后续工作允许拖延的时间限制，并以此作为进度调整的限制条件。

（2）网络计划中某项工作进度拖延的时间超过其总时差，则该工作将会影响总工期和后续工作。进度计划的调整方法为：

①如果项目总工期不允许拖延，工程项目必须按照原计划工期完成，则只能采取缩短关键线路上后续工作持续时间的方法来达到调整计划的目的。

②如果项目总工期允许拖延，则此时可以用实际数据取代原计划数据，并重新绘制实际进度检查日期之后的简化网络计划即可。

③如果项目总工期允许拖延的时间有限，实际进度拖延的时间超过此限制条件时，也需要对网络计划进行调整，以满足要求。具体的调整方法是以总工期的限制条件为规定工期，对检查日期之后尚未实施的网络计划进行工期优化，即通过缩短关键线路上后续工作持续时间的方法来使总工期满足规定工期的要求。

3）网络计划中某项工作进度超前

网络计划中某项工作进度超前，不一定会使总工期提前，有可能会造成其他目标的失控。因此，如果工程项目实施中出现进度超前的情况，还必须综合分析进度超前对后续工作的影响，提出合理的调整方案，以确保工期总目标的顺利实现。

例4-3：某工程的合同工期15个月，施工进度计划如图4-15所示。

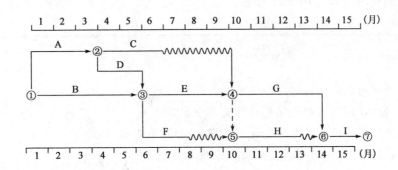

图4-15 施工进度计划

工程施工过程中发生下列事件：

事件1：在第5个月初到第8个月末的施工过程中，由于建设单位提出工程变更，使施工进度受到较大影响。截止第8个月末，未完工作尚需作业时间见表4-3。施工单位按索赔程序向项目监理机构提出了工程延期的要求。

事件2：建设单位要求本工程仍按原合同工期完成，施工单位需要调整施工进度计划，加快后续工程进度。经分析得到的各工作有关数据见表4-3。

相 关 数 据 表　　　　　　　　　　表 4-3

工作名称	C	E	F	G	H	I
尚需作业时间(月)	1	3	1	4	3	2
可缩短的持续时间(月)	0.5	1.5	0.5	2	1.5	1
缩短持续时间所增加的费用(万元/月)	28	18	30	26	10	14

问题：

(1)该工程施工进度计划中关键工作和非关键工作分别有哪些？C和F工作的总时差和自由时差分别为多少？

(2)事件1中，逐项分析第8个月末C、E、F工作的拖后时间及对工期和后续工作的影响程度，并说明理由。

(3)针对事件1，项目监理机构应批准的工程延期时间为多少？说明理由。

(4)针对事件2，施工单位加快施工进度而采取的最佳调整方案是什么？相应增加的费用为多少？

解：(1)施工进度计划中关键工作有：A、B、D、E、G、I；非关键工作有C、F、H。

C工作的总时差和自由时差分别为3、3。

F工作的总时差和自由时差分别为3、2。

(2)第8个月末，C工作拖后3周，不影响工期，因C工作总时差为3周；也不影响后续工作，因C工作自由时差为3周。E工作拖后2周，影响工期2周，因E工作总时差为0；影响后续工作G、H、I的最早开始时间推后2周，因E工作自由时差为0。F工作拖后2周，不影响工期，因F工作总时差为3周；也不影响后续工作，因F工作自由时差为2周。

(3)针对事件1，该工程可批准延期2周，因为建设单位提出工程变更属于业主原因，且E工作影响工期2周。

(4)施工单位加快施工进度而采取的最佳调整方案是压缩I工作和E工作各1个月。

相应增加的费用为18 + 14 = 32万元。

习 题

1. 网络计划的优化包括哪几个方面？

2. 试述网络计划的工期优化包括哪几个步骤？

3. 当网络计划的计算工期超过计划工期时，应压缩哪些工作？

4. 在费用优化时，如何判断是否已经得到优化方案？

5. 什么是前锋线？在时标网络计划上，如何绘制前锋线？

6. 当实际进度偏差影响到后续工作和总工期而需要调整进度计划时，其调整方法有哪些？

7. 某工程项目，业主通过招标与甲建筑公司签订了土建工程施工合同，包括A、B、C、D、E、F、G、H八项工作，合同工期360天。业主与乙安装公司签订了设备安装施工合同，包括设备安装与调试工作，合同工期180天。通过相互的协调，编制了如图4-16所示的网络进度计划。该工程施工过程中发生了以下事件：

(1)基础工程施工时,业主负责供应的钢筋混凝土预制桩供应不及时,使A工作延误7天;

(2)B工作施工后进行检查验收时,发现一预埋件埋置位置有误,经核查,是由于设计图纸中预埋件位置标注错误所致;甲建筑公司进行了返工处理,损失5万元,且使B工作延误15天;

(3)甲建筑公司因人员与机械调配问题造成C工作增加工作时间5天,窝工损失2万元;

(4)乙安装公司设备安装时,因接线错误造成设备损坏,使乙安装公司安装调试工作延误5天,损失12万元。

发生以上事件后,施工单位均及时向业主提出了索赔要求。

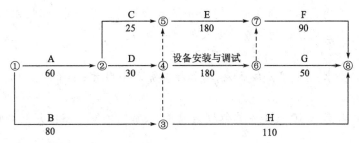

图4-16 网络进度计划(单位:天)

问题:

(1)施工单位对以上各事件提出索赔要求,分析业主是否应给予甲建筑公司和乙安装公司工期和费用补偿。

(2)如果合同中约定,由于业主原因造成延期开工或工期延期,每延期一天补偿施工单位6 000元,由于施工单位原因造成延期开工或工期延误,每延误一天罚款6 000元。计算施工单位应得的工期与费用补偿各是多少?

(3)该项目采用预制钢筋混凝土桩基础,共有800根桩,桩长9m。合同规定:桩基分项工程的综合单价为180元/米;预制桩由业主购买供应,每根桩按950元计。计算甲建筑公司桩基础施工应得的工程款是多少?

(注:计算结果保留一位小数。)

8.某工程项目开工之前,承包方向项目管理工程师提交了施工进度计划如图4-17所示,该计划满足合同工期100天的要求,合同价500万元(其中含现场管理费60万元)。

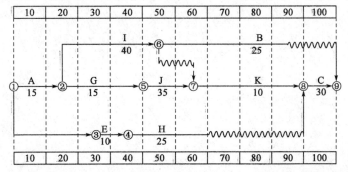

图4-17 进度计划表

在上述施工进度计划中,由于工作 E 和工作 G 共用一台塔吊(塔吊原计划在开工第 25 天后进场投入使用),必须顺序施工,使用的先后顺序不受限制(其他工作不使用塔吊)。

根据投标书附件规定,塔吊租赁费 600 元/天、台班费 850 元/天、现场管理费率 10%,利润 5%,人工费 30 元/工日,人员窝工费 20 元/工日,赶工费 5 000 元/天。

问题:

(1)如果在原计划中先安排工作 E,后安排工作 G,塔吊应安排在第几天(上班时刻)进场投入使用较为合理?为什么?

(2)施工过程中,由于业主要求变更设计图纸,使工作 B 停工 10 天(其他工作持续时间不变),工程师及时向承包商发出了通知并指示承包商调整进度计划,以保证该工程按合同工期完工。承包商提出的调整计划及附加要求为:

①调整方案:将工作 J 的持续时间压缩 5 天;

②费用补偿要求:工作 J 压缩 5 天,增加赶工费 25 000 元;塔吊闲置 15 天,补偿 15 × 600 = 9 000 元;

③由于工作 B 停工 10 天造成其他机械闲置、人员窝工等综合损失 45 000 元(数据真实)。

承包方提出的调整方案是否合理?该计划如何调整更为合理?承包商的费用补偿要求是否合理?

(3)在施工过程中,由于不利的现场条件,引起人工费、材料费、施工机械分别增加 1.5 万元、3.8 万元、2 万元;另因设计变更,新增工程款 98 万元,引起工期延误 25 天。承包商可提出的现场管理费索赔应是多少万元?(计算结果保留两位小数)

第五章 工程质量控制

第一节 工程质量控制的概念和原理

一、工程质量控制的概念

1. 定义

按照我国标准《质量管理体系基础和术语》GB/T 19000—2008 做如下定义:

1) 质量

是指一组固有特性满足要求的程度。该定义理解为:质量不仅是指产品的质量,也包括产品生产活动或过程的工作质量,还包括质量管理体系运行的质量。这组固有特性是指满足顾客和其他相关方要求的特性,以满足要求的程度来衡量。而质量的要求是指明示的、隐含的或必须履行的需要和希望,这些要求又是动态的、发展的和相对的。

2) 施工质量

是指建设工程项目施工活动及其产品的质量。

3) 质量管理

是指在质量管理方面指挥和控制组织协调的活动。与质量有关的活动通常包括:质量方针和质量目标的建立,质量策划、质量控制、质量保证和质量改进。

4) 质量控制

质量控制是质量管理的一部分,是致力于满足质量要求的一系列相关活动。

2. 工程项目的质量控制

建设工程项目是由业主提出明确的需求,然后再通过一次性承发包生产,即在特定的地点建造特定的项目。因此工程项目的质量总目标,是业主建设意图通过项目策划,包括项目的定义及建设规模、系统构成、使用功能和价值、规格档次标准等的定位策划和目标决策来提出的。工程项目质量控制,包括勘察设计、招标投标、施工安装、竣工验收各阶段,均应围绕着致力于满足业主的质量总目标而展开。

3. 建设工程项目质量形成的影响因素

建设工程项目质量主要由施工阶段决定,而影响的主要因素有"人(Man)、材料(Material)、机械(Machine)、方法(Method)及环境(Envioronment)"等五个方面,即4M1E。

1)人的因素

对建设工程项目而言,人是泛指与工程有关的单位、组织及个人,包括直接参与工程项目建设的决策者、管理者、作业者。人的因素影响主要是指上述人员个人的质量意识及质量活动能力对施工质量造成的影响。人员的素质,即人的文化水平、技术水平、决策能力、管理能力、组织能力、作业能力、控制能力、身体素质及职业道德等,都将对工程质量产生不同程度的影响,所以工程质量控制应以控制人的因素为基本出发点。因此,我国实行执业资格注册制度和管理及作业人员持证上岗制度等。

2)材料的因素

工程材料泛指构成工程实体的各类建筑材料、构配件、半成品等,它是工程建设的物质条件,是工程质量的基础。工程材料选用是否合理、产品是否合格、材质是否经过检验、保管使用是否得当等,都将直接影响建设工程项目的质量。所以,加强对材料的质量控制,是保证工程质量的重要基础。

3)机械的因素

机械设备可分为两类:一是指组成工程实体及配套的工艺设备和各类机具如电梯、泵机、通风设备等,它们构成了建筑设备安装工程或工业设备安装工程,形成完整的使用功能;二是指施工过程中使用的各类机具设备,包括大型垂直与横向运输设备、各类操作工具、各种施工安全设施、各类测量仪器和计量器具等,简称施工机具设备。

4)方法的因素

方法是指工艺方法、工法、操作方法和施工方案。在工程施工中,施工方案是否合理、施工工艺是否先进、施工操作是否正确,都将对工程质量产生重大的影响。从某种程度上讲,技术工艺水平的高低,决定了施工质量的优劣。大力推进采用新技术、新工艺、新方法,不断提高工艺技术水平,是保证工程质量稳定提高的重要因素。

5)环境的因素

环境条件是指对工程质量特性起重要作用的环境因素,包括:工程技术环境,如工程地质、水文、气象等;工程作业环境,如施工环境作业面大小、防护设施、通风照明和通信条件等;工程管理环境,主要指工程实施的合同结构与管理关系的确定,组织体制及管理制度等;周边环境,如工程邻近的地下管线、建(构)筑物等。环境条件往往对工程质量产生特定的影响。加强环境管理,改进作业条件,把握好技术环境,辅以必要的措施,是控制环境对质量影响的重要保证。

二、工程项目质量控制的基本原理

1. PDCA 控制原理

工程项目质量保证体系的运行,应以质量计划为主线,以过程管理为重心,按照PDCA循环原理,按照计划、实施、检查和处置的步骤展开(图5-1)。

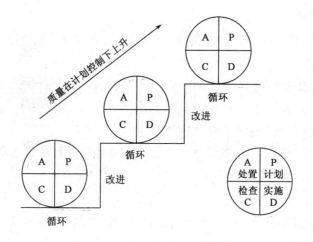

图 5-1 PDCA 循环示意图

1) 计划（Plan）

计划是质量管理的首要环节，通过计划，确定质量管理的方针、目标，以及实现方针、目标的措施和行动方案。计划包括质量管理目标和质量保证工作计划。质量管理目标的确定，就是根据项目自身特点，针对可能发生的质量问题、质量通病，以及与国家规范规定的质量标准的差距，或者用户提出的更新、更高的质量要求，确定项目施工应达到的质量标准。质量保证工作计划，就是为实现上述质量管理目标所采取的具体措施和实施步骤。质量保证工作计划应做到材料、技术、组织三落实。

2) 实施（Do）

实施包含两个环节，即计划行动方案的交底和按计划规定的方法及要求展开的施工作业技术活动。首先，要做好计划的交底和落实。落实包括组织落实、技术和物资材料的落实。其次，在按计划进行的施工作业技术活动中，依靠质量保证工作体系，保证质量计划的执行。具体地说，就是要依靠思想工作体系，做好思想教育工作；依靠组织体系，完善组织机构，落实责任制、规章制度等；依靠产品形成过程的质量控制体系，做好施工过程的质量控制工作等。

3) 检查（Check）

检查就是对照计划，检查计划执行的情况和效果，及时发现计划执行过程中的偏差和问题。检查一般包括两个方面：一是检查是否严格执行了计划的行动方案，检查实际条件是否发生了变化，总结成功执行的经验，查明没按计划执行的原因；二是检查计划执行的结果，即施工质量是否达到标准的要求，并对此进行评价和确认。

4) 处置（Action）

处置是在检查的基础上，把成功的经验加以肯定，形成标准，以利于在今后的工作中以此作为处理的依据，巩固成果；同时采取措施，纠正计划执行中的偏差，克服缺点，改正错误，对于暂时未能解决的问题，可记录在案，留到下一次循环加以解决。

质量保证体系的运行就是反复按照 PDCA 循环周而复始地运转，每运转一次，工程质量就提高一步。PDCA 循环具有大环套小环、互相衔接、互相促进、螺旋式上升，形成完整的循环和不断推进等特点。它是目标控制的基本方法。

2. 三阶段控制原理

三阶段控制是指：事前控制、事中控制和事后控制。它构成了质量控制的系统控制过程。

1）事前质量控制

事前控制要求预先进行编制周密的质量计划。尤其是工程项目施工阶段，制订质量计划或编制施工组织设计或施工项目管理实施规划，都必须建立在切实可行、有效实现预期质量目标的基础上，作为一种行动方案进行施工部署。

事前控制，主要强调质量目标的计划预控和按质量计划进行质量活动前的准备工作状态的控制。

2）事中质量控制

事中控制首先是对质量活动的行为约束，即对质量产生过程中各项技术作业活动操作者在相关制度的管理下的自我行为约束的同时，充分发挥其技术能力，去完成预定质量目标的作业任务；其次是参建各方对质量活动过程和结果的监督控制，这里包括来自企业内部管理者的检查检验和来自企业外部的工程监理和政府质量监督部门等的监控。

事中控制虽然包含自控和监控两大环节，但其关键还是增强质量意识，发挥操作者自我约束自我控制。即坚持质量标准是根本的，监控或他人控制是必要的补充，没有前者或用后者取代前者都是不正确的。因此在企业组织的质量活动中，通过监督机制和激励机制相结合的管理方法，来发挥操作者更好的自我控制能力，以达到质量控制的效果，是非常必要的。这也只有通过建立和实施质量体系来达到。

3）事后质量控制

事后控制包括对质量活动结果的评价认定和对质量偏差的纠正。从理论上分析，如果计划控制过程所制订的行动方案考虑得越是周密，事中约束监控的能力越强越严格，实现质量预期目标的可能性就越大。理想的状况就是希望做到各项作业活动"一次成功""一次交验合格率100%"。由于系统因素和偶然因素，因此当出现质量实际值与目标值之间超出允许偏差时，必须分析原因，采取措施纠正偏差，保持工程质量始终处于受控制状态。

3."三全"控制管理

"三全"管理是来自于全面质量管理TQC的思想，同时包含在质量体系（GB/T 19000-ISO9000）中，它指生产企业的质量管理应该是全面、全过程和全员参与的。

1）全面质量控制

是指对工程（产品）质量和工作质量以及人的质量的全面控制。工作质量是产品质量的保证，工作质量直接影响产品质量的形成，而人的质量直接影响工作质量的形成。因此提高人的质量（素质）是关键。建设工程项目的全面质量控制还应该包括建设工程各参与主体的工程质量与工作质量的全面控制。如业主、监理、勘察、设计、承包商、分包商、材料设备供应商等，任何一方、任何环节的疏忽或质量责任不到位都会造成对建设工程质量的影响。

2）全过程质量控制

是指根据工程质量的形成规律，从源头抓起，全过程推进，即GB/T 19000强调质量管理的"过程方法"管理原则。因此，必须掌握识别过程和应用"过程方法"进行全程质量控制。主要过程有：项目策划与决策过程；勘察设计过程；施工采购过程；施工组织与准备过程；检测设备控制与计量过程;施工生产的检验试验过程;工程质量的评定过程;工程竣工验收与交付过程;工程回访维修过程等。

3）全员参与控制

按照全面质量管理的思想,组织内部的每个部门和工作岗位都承担有相应的质量管理职能。组织的最高管理者确定了质量方针和目标,就应组织和动员全体员工参与到实施质量方针的系统活动中去,发挥自己的角色作用。开展全员参与质量管理的重要手段就是运用目标管理方法,将组织的质量总目标逐级进行分解,使之形成自上而下的质量目标分解体系和自下而上的质量目标保证体系,发挥组织内部每个工作岗位、部门或团队在实现质量总目标过程中的作用。

三、工程质量的基本特性

建设工程项目从本质上说是一项拟建或在建的建筑产品,它和一般产品具有同样的质量内涵,即一组固有特性满足需要的程度。这些特性是指产品的适用性、可靠性、安全性、经济性以及环境的适宜性等。由于建筑产品一般是采用单件性筹划、设计和施工的生产组织方式,因此,其具体的质量特性指标是在各建设工程项目的策划、决策和设计过程中进行定义的。建设工程项目质量的基本特性可以概括如下:

1. 反映使用功能的质量特性

建设工程项目的功能性质量,主要表现为建设工程使用功能需求的一系列特性指标,如房屋建筑的平面空间布局、通风采光性能;工业建设工程项目的生产能力和工艺流程;道路交通工程的路面等级、通行能力等等。按照现代质量管理理念,功能性质量必须以顾客关注为焦点,满足顾客的需求或期望。

2. 反映安全可靠的质量特性

建筑产品不仅要满足用途和功能的要求,而且在正常的使用条件下应能达到安全可靠的标准,如建筑结构自身安全可靠,使用过程防腐蚀、防坠、防火、防盗、防辐射,以及设备系统运行与使用安全等。可靠性质量必须在满足功能性质量需求的基础上,结合技术标准、规范(特别是强制性条文)的要求进行确定与实施。

3. 反映文化艺术的质量特性

建筑产品具有深刻的社会文化背景,历来人们都把建筑产品视同艺术品。其个性的艺术效果,包括建筑造型、立面外观、文化内涵、时代表证以及装修装饰、色彩视觉等,不仅使用者关注,而且社会也关注;不仅现在关注,而且未来的人们也会关注和评价。建设工程项目艺术文化特性的质量来自于设计者的设计理念、创意和创新,以及施工者对设计意图的领会与精益施工。

4. 反映建筑环境的质量特性

作为项目管理对象(或管理单元)的建设工程项目,可能是独立的单项工程或单位工程甚至某一主要分部工程;也可能是一个由群体建筑或线形工程组成的建设项目,如新、改、扩建的工业厂区,大学城或校区,交通枢纽,航运港区,高速公路,油气管线等。建筑环境质量包括项目用地范围内的规划布局、交通组织、绿化景观、节能环保;还要追求其与周边环境的协调性或适宜性。

第二节 工程质量控制系统

一、工程质量控制系统的构成

质量体系要素是构成质量体系的基本单元,它是工程质量产生和形成的主要因素(图5-2)。质量体系是由若干相关联、相互作用的基本要素组成。工程项目质量控制系统的构成,可按控制内容,实施的主体和控制的原理分类如下:

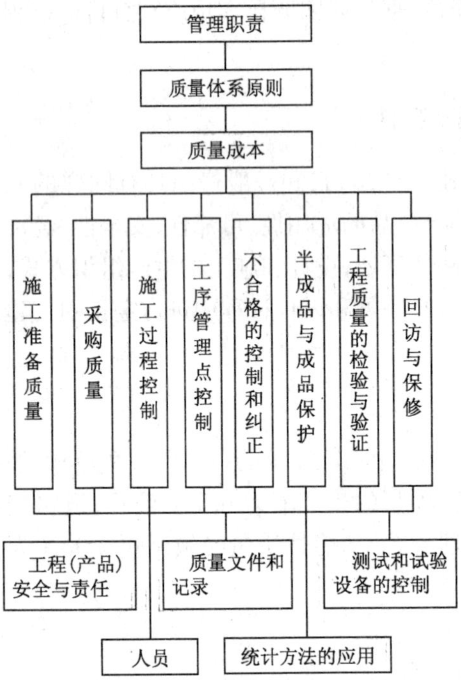

(1)工程项目质量控制系统的构成,按控制内容分有:

工程项目勘察设计质量控制子系统;
工程项目材料设备质量控制子系统;
工程项目施工安装质量控制子系统;
工程项目竣工验收质量控制子系统。

(2)工程项目质量控制系统构成,按实施的主体分有:

建设单位建设项目质量控制系统;
工程项目总承包企业质量控制系统;
勘察设计单位勘察设计质量控制子系统(设计——施工分离式);
施工企业(分包商)施工安装质量控制子系统;
工程监理企业工程项目质量控制子系统。

图5-2 工程项目质量体系要素组成

(3)工程项目质量控制系统构成,按控制原理分有:

质量控制计划系统,确定建设项目的建设标准、质量方针、总目标及其分解;

质量控制网络系统,明确工程项目质量责任主体构成、合同关系和管理关系,控制的层次和界面;

质量控制措施系统,描述主要技术措施、组织措施、经济措施和管理措施的安排;

质量控制信息系统,进行质量信息的收集、整理、加工和文档资料的管理。

(4)工程质量控制系统的不同构成方法,只是提供全面认识其功能的一种途径,实际上它们是交互作用的,而且和工程项目外部的行业及企业的质量管理体系如政府实施的建设工程质量监督管理体系、工程勘察设计企业及施工承包企业的质量管理体系、材料设备供应商的质量管理体系、工程监理咨询服务企业的质量管理体系、建设行业实施的工程质量监督与评价体系等有着密切的联系。

二、工程质量控制系统的建立

建设工程质量控制系统的建立,首先要确定质量环(从识别需要到评价这些需要是否得到满足的各阶段中,影响质量的相互作用活动的概念模式和"质量螺旋"是一个相似的概念);

完善质量体系结构并使之有效运行;质量体系必须文件化;要定期进行质量体系审核与质量体系评审和评价。

1. 建立工程质量控制体系的基本原则

1) 分层次规划的原则

第一层次是建设单位和工程总承包企业,分别对整个建设项目和总承包工程项目,进行相关范围的质量控制系统设计;第二层次是设计单位、施工企业(分包)、监理企业、在建设单位和总承包工程项目质量控制系统的框架内,进行责任范围内的质量控制系统设计,使总体框架更清晰、具体、落到实处。

2) 总目标分解的原则

按照建设标准和工程质量总体目标,分解到各个责任主体,明示于合同条件,由各责任主体制定质量计划,确定控制措施和方法。

3) 质量责任制的原则

即贯彻谁实施谁负责,质量与经济利益挂钩的原则。

4) 系统有效性的原则

即做到整体系统和局部系统的组织、人员、资源和措施落实到位。

2. 工程质量控制系统的建立程序

在充分掌握和分析社会、市场信息以及项目的特点和要求的基础上,确定建设工程项目的质量方针和目标;分析环境,对照标准,确定质量体系要素及质量体系结构;编制质量手册、质量计划、程序文件和质量记录等质量体系文件,具体步骤如下:

(1) 确定控制系统各层面组织的全程质量负责人及其管理职责,形成控制系统网络架构。

(2) 确定控制系统组织的领导关系、报告审批及信息流转程序。

(3) 制订质量控制工作制度,包括质量控制例会制度、协调制度、验收制度和质量责任制度等。

(4) 部署各质量主体编制相关质量计划,并按规定程序完成质量计划的审批,形成质量控制依据。

(5) 研究并确定控制系统内部质量职能交叉衔接的界面划分和管理方式。

第三节　工程施工质量控制

一、工程质量控制的目标

(1) 工程质量控制的总体目标是贯彻执行建设工程质量法规和强制性标准,正确配置施工生产要素和采用科学管理的方法,实现工程项目预期的使用功能和质量标准。这是建设工程参与各方的共同责任。参与各方的质量控制目标是共同的,即达到投资决算所确定的质量标准,保证竣工项目的使用功能及质量水平与设计文件所规定的要求一致。

(2) 建设单位通过施工全过程的全面质量监督管理、协调和决策,保证竣工项目达到投资决策所确定的质量标准。

(3)设计单位在施工阶段通过对施工质量的验收签证、设计变更控制及纠正施工中所发现的设计问题,采纳变更设计的合理化建议等,保证竣工项目的各项施工结果与设计文件(包括变更文件)所规定的标准相一致。

(4)施工单位通过施工全过程的全面质量自控,保证交付满足施工合同及设计文件所规定的质量标准(含工程质量创优要求)的建设工程产品。

(5)监理单位在施工阶段通过审核施工质量文件、报告报表和现场旁站及巡视检查、平行检测、施工指令和结算支付控制等手段的应用,监控施工承包单位的质量活动行为,协调施工关系,正确履行工程质量的监督责任,以保证工程质量达到施工合同和设计文件所规定的质量标准。

二、工程质量控制的依据

1. 共同性依据

指与质量管理有关的通用的、具有普遍指导意义和必须遵守的基本条件。主要包括:工程建设合同;设计文件、设计交底及图纸会审记录、设计修改和技术变更等;国家和政府有关部门颁布的与质量管理有关的法律和法规性文件,如《建筑法》、《招标投标法》和《质量管理条例》等。

2. 专门技术法规性依据

指针对不同的行业、不同质量控制对象制定的专门技术法规文件,包括规范、规程、标准、规定等,如:工程建设项目质量检验评定标准;有关建筑材料、半成品和构配件的质量方面的专门技术法规性文件;有关材料验收、包装和标志等方面的技术标准和规定;施工工艺质量等方面的技术法规性文件;有关新工艺、新技术、新材料、新设备的质量规定和鉴定意见等。

三、工程质量控制的一般方法

1. 质量文件审核

审核有关技术文件、报告或报表,是对工程质量进行全面管理的重要手段。这些文件包括:

(1)施工单位的技术资质证明文件和质量保证体系文件;

(2)施工组织设计和施工方案及技术措施;

(3)有关材料和半成品及构配件的质量检验报告;

(4)有关应用新技术、新工艺、新材料的现场试验报告和鉴定报告;

(5)反映工序质量动态的统计资料或控制图表;

(6)设计变更和图纸修改文件;

(7)有关工程质量事故的处理方案;

(8)相关方面在现场签署的有关技术签证和文件等。

2. 现场质量检查

现场质量检查的内容包括:

(1)开工前的检查。主要检查是否具备开工条件,开工后是否能够保持连续正常施工,能否保证工程质量。

(2)工序交接检查。对于重要的工序或对工程质量有重大影响的工序,应严格执行"三检"制度,即自检、互检、专检。未经监理工程师(或建设单位技术负责人)检查认可,不得进行下道工序施工。

(3)隐蔽工程的检查。施工中凡是隐蔽工程必须检查认证后方可进行隐蔽掩盖。

(4)停工后复工的检查。因客观因素停工或处理质量事故等停工复工时,经检查认可后方能复工。

(5)分项、分部工程完工后的检查。分项、分部工程完工后应经检查认可,并签署验收记录后,才能进行下一工程项目的施工。

(6)成品保护的检查。检查成品有无保护措施以及保护措施是否有效可靠。

四、施工质量的控制过程

施工质量控制的过程,包括施工准备质量控制、施工过程质量控制和施工验收质量控制。

(1)施工准备质量控制,是指工程项目开工前的全面施工准备和施工过程中各分部分项工程施工作业前的施工准备。此外,还包括季节性的特殊施工准备。施工准备质量是属于工作质量范畴,然而它对建设工程产品的质量的形成产生重要的影响。

(2)施工过程的质量控制,是指施工作业技术活动的投入与产出过程的质量控制,其内涵包括全过程施工生产及其中各分部分项工程的施工作业过程。

(3)施工验收质量控制,是指对已完成工程验收时的质量控制,即工程产品质量控制,包括隐蔽工程验收、检验批验收、分项工程验收、分部工程验收、单位工程验收和整个建设工程项目竣工验收过程的质量控制。

施工质量控制过程既有施工承包方的质量控制职能,也有业主方、设计方、监理方、供应方及政府的工程质量监督部门的控制职能,他们具有各自不同的地位、责任和作用。

施工方作为工程施工质量的自控主体,既要遵循本企业质量管理体系的要求,也要根据其在所承建工程项目质量控制系统中的地位和责任,通过具体项目质量计划的编制与实施,有效地实现自主控制的目标。

五、施工准备阶段质量控制

1. 建设单位(监理)对施工承包商施工前准备阶段的控制

1)对施工队伍及人员质量的控制

(1)审查承包单位担负施工任务的管理人员、技术人员及施工队伍的资质及条件是否符合要求,是否按施工组织设计及投标文件的要求建立健全质量管理体系并配备相应的管理人员。

(2)对于特殊作业(电焊工、电工、脚手架工等)的操作及检验试验人员的上岗许可证进行检查,必要时还应进行必要的考核和技能评定。

(3)总包单位选择好分包施工单位后,向建设单位(监理)提出申请,经建设单位(监理)审查,确认其技术及管理水平能满足施工要求后,方可允许进场承担施工任务。应审查分包单位营业执照、企业资质证书、特殊行业施工许可证、业绩、管理人员及特种作业人员上岗证。

2)对工程所需的原材料、半成品、构配件和永久性设备器材的质量控制

(1)采购的控制。

①优选供货厂家,必要时应实行招标采购。

②凡由承包商负责采购的材料、构配件、设备器材在采购定货前应向建设单位(监理)申报,并提交样品、产品说明书、质量检验证明等。经建设单位(监理)审查认可并发出书面认可文件后,方可进行订货采购。

③各种原材料、半成品、构配件及设备器材的质量应满足设计文件及有关标准要求,交货期应满足施工及安装进度安排的需要。

(2)材料设备进场的控制。

①凡运到施工现场的材料、构配件、设备应有产品、质量证明文件,并由承包商按规定要求进行检查验收后,向建设单位(监理)报送工程材料/构配件/设备报审表及其质量证明文件。建设单位(监理)按有关工程质量管理文件规定的比例采用平行检验或见证取样方式对该产品进行抽样检验。

未经建设单位(监理)验收或验收不合格的材料、构配件、设备,建设单位(监理)应拒绝签认,并应签发通知单,书面通知承包商限期将不合格的产品撤出现场。

②进口材料、设备的检查验收应会同国家商检部门进行,如在检验中发现质量问题或数量与合同不符、配件不全的情况时,应取得供货方及商检人员签署的记录,以便在规定的索赔期内提出索赔。

(3)对于新型材料、新型设备应事先提交可靠的技术鉴定及试验应用情况的报告及资料,经建设单位(监理)审查确认后方可在工程中应用。

3)对施工方案、方法和工艺的控制

(1)审查承包商提交的施工计划、施工组织设计、质量保证措施。承包商向建设单位(监理)提交上述文件后,经建设单位(监理)审查批准后遵照执行,承包商不得自行变更。

(2)审查施工方案。承包商拟定施工方案后,应经建设单位(监理)审查后,付诸实施。

4)审查与控制承包商对施工环境与条件方面的准备工作

(1)施工作业的辅助技术环境控制:包括水电动力供应,施工场地空间条件,交通运输道路,安全防护设备等;

(2)劳动环境控制:劳动力组织及工作面安排;

(3)现场自然环境条件控制:承包商对于在未来施工过程中自然环境条件可能出现的不利影响是否有充分认识并采取有效措施以消除其危害;

(4)施工现场的质量管理环境控制:总承包商及分包商的质量管理体系是否处于良好状态;检测制度、人员配备及试验、计量、仪器设备仪表等是否能满足质量要求;

(5)监理工程师对承包商的试验室进行考核。

5)工程测量放线的质量控制

(1)施工承包商对于给定的原始基准点、基准线和水准点等测量控制点进行复核,并上报监理审核批准后,施工承包商才能据以进行测量放线。

(2)监理工程师对于承包商所测量的施工测量控制网进行复测。

(3)监理工程师对于承包商报送的施工测量放线成果进行复核。

2. 建设单位(监理)应做好的事前质量控制工作

1)做好监控准备工作

(1)建立或完善建设单位(监理)的质量控制体系,例如:拟定重点分部分项工程的监控细则,配备监控人员并明确其分工及职责;配备监测仪器设备等。

(2)督促与协助承包商完善其质量管理体系。

2)设计交底及图纸会审

由建设单位(监理)在工程施工前组织设计单位和施工单位进行此项工作。先由设计单位向施工单位有关人员进行设计交底,介绍设计意图、工程特点、施工及工艺要求、技术措施和有关注意事项以及关键问题,然后由施工承包商提出设计图纸中存在的问题和疑点以及需要解决的技术问题,通过建设单位(监理)、设计单位、施工承包商的共同研究商讨,拟定解决办法,并写出图纸会审纪要,作为对设计图纸补充修改的依据。图纸审查内容包括:

(1)地质勘察资料是否齐全;

(2)设计地震烈度是否符合当地要求;

(3)设计是否满足防火要求及环境卫生要求;

(4)施工安全是否有保证;

(5)图纸及说明书是否齐全;

(6)图纸中有无遗漏、差错或相互矛盾之处;图纸表示方法是否清楚;

(7)所需材料的来源有无问题,能否替代;

(8)新材料新技术的应用有无问题;

(9)所提出的施工工艺方法是否合理,是否切合实际,是否存在不便于施工之处。

3)设计变更及其控制

建设单位、设计单位以及施工承包商均可能提出设计变更要求。对于设计单位提出的变更要求,应经过建设单位(监理)审查同意后,由设计单位进行变更。对于施工单位提出的设计变更要求,建设单位(监理)进行审查同意后,将变更要求书面通知设计单位。同样,建设单位若提出设计变更要求,也应书面通知设计单位。设计单位对于变更要求进行审查,确定其是否符合设计要求及实际情况,然后书面提出设计单位的意见或表示不同意变更或提出对该项变更的建议方案。建设单位(监理)对于设计单位提出的建议方案进行研究,必要时组织施工单位和设计单位共同研究,得出明确结论后,由设计单位进行具体变更。

建设单位对于无论哪一方提出的设计要求都应持慎重态度,认真估计该项设计变更在质量、工期、造价上的得失,然后付诸实施。

4)建设单位做好施工现场"三通一平"工作

建设单位应按照施工单位的施工需要,根据合同规定及时提供施工承包商所需的场地和施工通道以及水电供应条件,以保证及时开工,否则应承担赔偿工期及费用损失的责任。

5)严把开工关

承包商在各项准备工作就绪后,向建设单位(监理)提交开工申请单。经建设单位(监理)审查确认各方面准备工作合乎要求后,发布书面的开工指令,施工承包商才能开始正式施工。

六、施工过程质量控制

1.技术交底

项目开工前应由项目技术负责人向承担施工的负责人或分包人进行书面技术交底。技术交底资料应办理签字手续并归档保存。每一分部工程开工前均应进行作业技术交底。技术交底书应由项目施工技术人员编制,并经项目技术负责人批准实施。技术交底的内容主要包括:任务范围、施工方法、质量标准和验收标准,施工中应注意的问题,可能出现意外的预防措施及应急方案,文明施工和安全防护措施以及成品保护要求等。技术交底应围绕施工材料、机具、工艺、工法、施工环境和具体的管理措施等方面进行,应明确具体的步骤、方法、要求和完成的时间等。技术交底的形式有:书面、口头、会议、挂牌、样板、示范操作等。

2. 测量控制

项目开工前应编制测量控制方案,经项目技术负责人批准后实施。对相关部门提供的测量控制点,应在施工准备阶段做好复核工作,经审批后进行施工测量放线,并保存测量记录。在施工过程中应对设置的测量控制点(线)妥善保护,不准擅自移动。施工过程中必须认真进行施工测量复核工作,这是施工单位应履行的技术工作职责,其复核结果应报送监理工程师复验确认后,方能进行后续相关工序的施工。常见的施工测量复核有:

(1)工业建筑测量复核:厂房控制网测量、桩基施工测量、柱模轴线与高程检测、厂房结构安装定位检测、设备基础与预埋螺栓定位检测等。

(2)民用建筑测量复核:建筑物定位测量、基础施工测量、墙体皮数杆检测、楼层轴线检测、楼层间高程传递检测等。

(3)高层建筑测量复核:建筑场地控制测量、基础以上的平面与高程控制、建筑物中垂准检测和施工过程中沉降变形观测等。

(4)管线工程测量复核:管网或输配电线路定位测量、地下管线施工检测、架空管线施工检测、多管线交汇点高程检测等。

3. 计量控制

施工过程中的计量工作,包括施工生产时的投料计量、施工测量、监测计量以及对项目、产品或过程的测试、检验、分析计量等。其主要任务是统一计量单位制,组织量值传递,保证量值统一。计量控制的工作重点是:建立计量管理部门和配置计量人员;建立健全计量管理的规章制度;严格按规定有效控制计量器具的使用、保管、维修和检验;监督计量过程的实施,保证计量的准确。

4. 工序施工质量控制

施工过程是由一系列相互联系与制约的工序构成,工序是人、材料、机械设备、施工方法和环境因素对工程质量综合起作用的过程,所以对施工过程的质量控制,必须以工序质量控制为基础和核心。因此,工序的质量控制是施工阶段质量控制的重点。只有严格控制工序质量,才能确保施工项目的实体质量。工序施工质量控制主要包括工序施工条件质量控制和工序施工效果质量控制。

(1)工序施工条件控制。工序施工条件是指从事工序活动的各生产要素质量及生产环境条件。工序施工条件控制就是控制工序活动的各种投入要素的质量和环境条件的质量。控制的手段主要有:检查、测试、试验、跟踪监督等。控制的依据主要有:设计质量标准、材料质量标准、机械设备技术性能标准、施工工艺标准以及操作规程等。

(2)工序施工效果控制。工序施工效果主要反映在工序产品的质量特征和特性指标。对工序施工效果的控制就是控制工序产品的质量特征和特性指标达到设计质量标准以及施工质量验收标准的要求。工序施工质量控制属于事后质量控制,其控制的主要途径是:实测获取数据,统计分析所获取的数据,判断认定质量等级和纠正质量偏差。

按施工验收规范规定,工程质量必须进行现场质量检测,合格后才能进行下道工序施工。

5. 质量控制点的设置

质量控制点应以那些保证质量的难度大、对质量影响大或是发生质量问题时危害大的对象进行设置。选择的原则是:对工程质量形成过程产生直接影响的关键部位、工序或环节及隐蔽工程;施工过程中的薄弱环节,或者质量不稳定的工序、部位或对象;对下道工序有较大影响的上道工序;采用新技术、新工艺、新材料的部位或环节;施工无把握的、施工条件困难的或技术难度大的工序或环节;用户反馈指出和过去有过返工的不良工序。

根据上述选择质量控制点的原则,一般建筑工程质量控制点的位置可参考表5-1设置。

质量控制点的设置位置 表5-1

分项工程	质量控制点
工程测量定位	标准轴线桩、水平桩、龙门板、定位轴线、标高
地基、基础(含设备基础)	基坑(槽)尺寸、高程、土质、地基承载力、基础垫层和高程、基础位置、尺寸、高程、预埋件、预留洞孔的位置、高程、规格、数量,基础杯口弹线
砌体	砌体轴线、皮数杆、砂浆配合比、预留洞孔、预埋件的位置、数量、砌块排列
模板	位置、高程、尺寸、预留洞孔位置、尺寸、预埋件的位置、模板的强度、刚度和稳定性、模板内部清理及润湿情况
钢筋混凝土	水泥品种、强度等级、砂石质量、混凝土配合比、外加剂比例、混凝土振捣、钢筋品种、规格、尺寸、搭接长度、钢筋焊接、机械连接、预留洞孔及预埋件规格、位置、尺寸、数量,预埋构件吊装或出厂(脱模)强度、吊装位置、高程、支承长度、焊缝长度
吊装	吊装设备的起重能力、吊具、索具、地锚
钢结构	翻样图、放大样
焊接	焊接条件、焊接工艺
装修	视具体情况而定

6. 成品保护的控制

所谓成品保护,一般是指在项目施工过程中,某些部位已经完成,而其他部位还在施工,在这种情况下,施工单位必须负责对已完成部分采取妥善的措施予以保护,以免因成品缺乏保护或保护不善而造成损伤或污染,影响工程的实体质量。加强成品保护,首先要加强教育,提高全体员工的成品保护意识,同时要合理安排施工顺序,采取有效的保护措施。

成品保护的措施一般有防护(就是提前保护,针对被保护对象的特点采取各种保护的措施,防止对成品的污染及损坏)、包裹(就是将被保护物包裹起来,以防损伤或污染)、覆盖(就是用表面覆盖的方法,防止堵塞或损伤)、封闭(就是采取局部封闭的办法进行保护)等几种方法。

七、施工过程中的复核性检验

1. 施工预检

施工预检是指在工程项目或分部分项工程未施工前所进行的预先检查。它是防止可能发生差错及重大质量事故的重要措施。除施工单位进行预检外,建设单位(监理)要进行监督并予以审核认证。预检时要做出记录。建筑工程的预检内容主要包括：建筑物定位与高程；基础轴线高程、预留空洞、预埋体位置；墙体工程的墙身轴线、楼层高程、预留空洞位置尺寸；钢筋混凝土工程的模板位置尺寸、支撑固件、预留孔洞、预埋件、钢筋规格、型号、数量、位置等。

2. 工序交接检查验收

前道工序完工后，经建设单位（监理）检查认可其质量合格并签字确认后，才允许下道工序继续施工。这样逐道工序交接检查，整个施工过程的质量就得到保证。这一交接检查制度还适用于：施工班组之间、有关施工队之间、有关专业之间以及不同承包商之间的交接检查。

3. 隐蔽工程检查验收

某些将被其他后续工序施工所隐蔽或覆盖的分项工程必须在被隐蔽或覆盖前经过建设单位（监理）检查验收，确认其质量合格后，才允许加以覆盖。例如：对基础检查验收后才能进行基坑回填土；对结构构件的钢筋检查验收后才能浇注混凝土。

第四节 工程质量验收

工程质量验收是工程建设质量控制的一个重要环节，是对已完工的工程实体的外观质量及内在质量按规定程序检查后，确认其是否符合设计及各项验收标准的要求。质量验收包括施工过程的工程质量验收和施工项目竣工质量验收。其中检验批、分项工程、分部工程的验收属于过程验收；单位工程的验收属于竣工验收。

一、施工过程质量验收的内容

《建筑工程施工质量验收统一标准》（GB 50300—2001）与各个专业的施工质量验收规范，明确规定了各分项工程施工质量的基本要求，规定了分项工程检验批量的抽查办法和抽查数量，规定了检验批主控项目、一般项目的检查内容和允许偏差，规定了对主控项目、一般项目的检验方法，规定了各分部工程验收的方法和需要的技术资料等，同时对涉及人民生命财产安全、人身健康、环境保护和公共利益的内容以强制性条文做出规定，要求必须坚决、严格遵照执行。检验批和分项工程是质量验收的基本单元。分部工程是在所含全部分项工程验收的基础上进行验收的，在施工过程中随完工随验收，并留下完整的质量验收记录和资料；单位工程作为具有独立使用功能的完整的建筑产品，进行竣工质量验收。通过验收后留下完整的质量验收记录和资料，为工程项目竣工质量验收提供依据。施工过程的质量验收包括以下验收环节。

1. 检验批质量验收

所谓检验批，是指"按同一的生产条件或按规定的方式汇总起来供检验用的、由一定数量样本组成的检验体"。"检验批可根据施工及质量控制和专业验收需要按楼层、施工段、变形缝等进行划分"。检验批是工程验收的最小单位，是分项工程乃至整个建筑工程质量验收的基础，《建筑工程施工质量验收统一标准》（GB 50300—2001）有如下规定：

（1）检验批应由监理工程师（建设单位项目技术负责人）组织施工单位项目专业质量（技术）负责人等进行验收。

（2）检验批质量验收合格应符合下列规定：

①主控项目和一般项目的质量经抽样检验合格；

②具有完整的施工操作依据、质量检查记录。

主控项目是指对检验批的基本质量起决定性作用的检验项目。因此,主控项目的验收必须从严要求,不允许有不符合要求的检验结果。主控项目的检查具有否决权。除主控项目以外的检验项目称为一般项目。

2. 分项工程质量验收

分项工程的质量验收在检验批验收的基础上进行。一般情况下,两者具有相同或相近的性质,只是批量的大小不同而已。分项工程可由一个或若干检验批组成,《建筑工程施工质量验收统一标准》有如下规定：

(1)分项工程应由监理工程师(建设单位项目技术负责人)组织施工单位项目专业质量(技术)负责人进行验收。

(2)分项工程质量验收合格应符合下列规定：

①分项工程所含的检验批均应符合合格质量的规定；

②分项工程所含的检验批的质量验收记录应完整。

3. 分部工程质量验收

分部工程的验收是在其所含各分项工程验收的基础上进行,《建筑工程施工质量验收统一标准》(GB 50300—2001)有如下规定：

(1)分部工程应由总监理工程师(建设单位项目负责人)组织施工单位项目负责人和技术、质量负责人等进行验收；地基与基础、主体结构分部工程的勘察、设计单位工程项目负责人和施工单位技术、质量部门负责人也应参加相关分部工程验收。

(2)分部(子分部)工程质量验收合格应符合下列规定：

①所含分项工程的质量均应验收合格；

②质量控制资料应完整；

③地基与基础、主体结构和设备安装等分部工程有关安全、使用功能、节能、环境保护的检验和抽样检验结果应符合有关规定；

④观感质量验收应符合要求。

必须注意的是,由于分部工程所含的各分项工程性质不同,因此它并不是在所含分项验收基础上的简单相加。即所含分项验收合格且质量控制资料完整,只是分部工程质量验收的基本条件,还必须在此基础上对涉及安全和使用功能的地基基础、主体结构、有关安全及重要使用功能的安装分部工程进行见证取样试验或抽样检测；而且还需要对其观感质量进行验收,并综合给出质量评价。对于评价为"差"的检查点应通过返修处理等补救。

二、施工过程质量验收不合格的处理

施工过程的质量验收是以检验批的施工质量为基本验收单元。检验批质量不合格可能是由于使用的材料不合格,或施工作业质量不合格,或质量控制资料不完整等原因所致,其处理方法有：

(1)在检验批验收时,发现存在严重缺陷的应推倒重做,有一般缺陷的可通过返修或更换器具、设备消除缺陷后重新进行验收。

(2)个别检验批发现某些项目或指标(如试块强度等)不满足要求难以确定是否验收时,应请有资质的法定检测单位检测鉴定,当鉴定结果能够达到设计要求时,应予以验收。

(3)当检测鉴定达不到设计要求,但经原设计单位核算仍能满足结构安全和使用功能的检验批,可予以验收。

(4)严重质量缺陷或超过检验批范围内的缺陷,经法定检测单位检测鉴定以后,认为不能满足最低限度的安全储备和使用功能,则必须进行加固处理,虽然改变外形尺寸,但能满足安全使用要求,可按技术处理方案和协商文件进行验收,责任方应承担经济责任。

(5)通过返修或加固处理后仍不能满足安全使用要求的分部工程严禁验收。

三、竣工质量验收

施工项目竣工质量验收是施工质量控制的最后一个环节,是对施工过程质量控制成果的全面检验,是从终端把关进行质量控制。未经验收或验收不合格的工程,不得交付使用。

1. 竣工质量验收的依据

(1)国家相关法律法规和建设主管部门颁布的管理条例和办法;
(2)工程施工质量验收统一标准;
(3)专业工程施工质量验收规范;
(4)批准的设计文件、施工图纸及说明书;
(5)工程施工承包合同;
(6)其他相关文件。

2. 竣工质量验收的要求

(1)检验批的质量应按主控项目和一般项目验收;
(2)工程质量的验收均应在施工单位自检合格的基础上进行;
(3)隐蔽工程在隐蔽前应由施工单位通知监理工程师或建设单位专业技术负责人进行验收,并应形成验收文件,验收合格后方可继续施工;
(4)参加工程施工质量验收的各方人员应具备规定的资格,单位工程的验收人员应具备工程建设相关专业的中级以上技术职称并具有5年以上从事相关专业工程建设的工作经历,参加单位工程验收的签字人员应为各方项目负责人;
(5)涉及结构安全的试块、试件以及有关材料,应按规定进行见证取样检测;对涉及结构安全、使用功能、节能、环境保护等重要分部工程应进行抽样检测;
(6)承担见证取样检测及有关结构安全、使用功能等项目的检测单位应具备相应资质;
(7)工程的观感质量应由验收人员现场检查,并应与业主、施工方共同确认。

3. 竣工质量验收的标准

单位工程是工程项目竣工质量验收的基本对象。按照《建筑工程施工质量验收统一标准》(GB 50300—2001),建设项目单位(子单位)工程质量验收合格应符合下列规定:

(1)单位(子单位)工程所含分部(子分部)工程质量验收均应合格;
(2)质量控制资料应完整;
(3)单位(子单位)工程所含分部工程有关安全和功能的检验资料应完整;
(4)主要功能项目的抽查结果应符合相关专业质量验收规范的规定;
(5)观感质量验收应符合规定。

4. 竣工质量验收的程序

建设工程项目竣工验收,可分为验收准备、竣工预验收和正式验收三个环节进行。整个验收过程涉及建设单位、设计单位、监理单位及施工总分包各方的工作,必须按照工程项目质量控制系统的职能分工,以监理工程师为核心进行竣工验收的组织协调。

1) 竣工验收准备

施工单位按照合同规定的施工范围和质量标准完成施工任务后,应自行组织有关人员进行质量检查评定。自检合格后,向现场监理机构提交工程竣工预验收申请报告,要求组织工程竣工预验收。施工单位的竣工验收准备,包括工程实体的验收准备和相关工程档案资料的验收准备,使之达到竣工验收的要求。其中设备及管道安装工程等,应经过试压、试车和系统联动试运行检查记录。

2) 竣工预验收

监理机构收到施工单位的工程竣工预验收申请报告后,应就验收的准备情况和验收条件进行检查,对工程质量进行竣工预验收。对工程实体质量及档案资料存在的缺陷,及时提出整改意见,并与施工单位协商整改方案,确定整改要求和完成时间。具备下列条件时,由施工单位向建设单位提交工程竣工验收报告,申请工程竣工验收。

(1) 完成建设工程设计和合同约定的各项内容;
(2) 有完整的技术档案和施工管理资料;
(3) 有工程使用的主要建筑材料、构配件和设备的进场试验报告;
(4) 有工程勘察、设计、施工、工程监理等单位分别签署的质量合格文件;
(5) 有施工单位签署的工程保修书。

3) 正式竣工验收

建设单位收到工程竣工验收报告后,应由建设单位(项目)负责人组织施工(含分包单位)、设计、勘察、监理等单位(项目)负责人进行单位工程验收。

建设单位应组织勘察、设计、施工、监理等单位和其他方面的专家组成竣工验收小组,负责检查验收的具体工作,并拟定验收方案。

建设单位应在工程竣工验收前 7 个工作日前将验收时间、地点、验收组名单书面通知该工程的工程质量监督机构。建设单位组织竣工验收会议。正式验收过程的主要工作有:

(1) 建设、勘察、设计、施工、监理单位分别汇报工程合同履约情况及工程施工各环节施工满足设计要求,质量符合法律、法规和强制性标准的情况。
(2) 检查审核设计、勘察、施工、监理单位的工程档案资料及质量验收资料。
(3) 实地检查工程外观质量,对工程的使用功能进行抽查。
(4) 对工程施工质量管理各环节工作、对工程实体质量及质保资料情况进行全面评价,形成经验收组人员共同确认签署的工程竣工验收意见。
(5) 竣工验收合格,建设单位应及时提出工程竣工验收报告。验收报告应附有工程施工许可证、设计文件审查意见、质量检测功能性试验资料、工程质量保修书等法规所规定的其他文件。
(6) 工程质量监督机构应对工程竣工验收工作进行监督。

四、竣工验收备案

我国实行建设工程竣工验收备案制度。新建、扩建和改建的各类房屋建筑工程和市政基础设施工程的竣工验收，均应按《建设工程质量管理条例》规定进行备案。

（1）建设单位应当自建设工程竣工验收合格之日起15日内，将建设工程竣工验收报告和规划、公安消防、环保等部门出具的认可文件或准许使用文件，报建设行政主管部门或者其他相关部门备案。

（2）备案部门在收到备案文件资料后的15日内，对文件资料进行审查，符合要求的工程，在验收备案表上加盖"竣工验收备案专用章"，并将一份退建设单位存档。如审查中发现建设单位在竣工验收过程中有违反国家有关建设工程质量管理规定行为的，责令停止使用，重新组织竣工验收。

（3）建设单位有下列行为之一的，责令改正，处以工程合同价款2%～4%的罚款；造成损失的依法承担赔偿责任：

①未组织竣工验收，擅自交付使用的；
②验收不合格，擅自交付使用的；
③对不合格的建设工程按照合格工程验收的。

第五节 工程质量事故的分析和处理

一、工程质量问题的概念

1. 质量不合格

根据我国标准《质量管理体系基础和术语》（GB/T 19000—2008）的规定，凡工程产品未满足某项规定的要求，就称之为质量不合格；而未满足与预期或规定用途有关的要求，称之为质量缺陷。

2. 质量问题

凡是工程质量不合格必须进行返修、加固或报废处理，由此造成的直接经济损失低于规定限额的称为质量问题。

3. 质量事故

由于参建单位违反工程质量有关法律规定和工程建设标准，使工程产生结构安全、重要使用功能等方面的质量缺陷，必须进行返修、加固或报废处理，由此造成的直接经济损失高于规定限额以上的称工程质量事故。

二、工程质量事故的分类

1. 按事故造成损失的程度分级

按照住房和城乡建设部《关于做好房屋建筑和市政基础设施工程质量事故报告和调查处理工作的通知》（建质[2010]111号），根据工程质量事故造成的人员伤亡或直接经济损失，工程质量事故分为4个等级：

(1)特别重大事故。是指造成30人以上死亡,或者100人以上重伤,或者1亿元以上直接经济损失的事故。

(2)重大事故。是指造成10人以上30人以下死亡,或者50人以上100人以下重伤,或者5 000万元以上1亿元以下直接经济损失的事故。

(3)较大事故。是指造成3人以上10人以下死亡,或者10人以上50人以下重伤,或者1 000万元以上5 000万元以下直接经济损失的事故。

(4)一般事故。是指造成3人以下死亡,或者10人以下重伤,或者100万元以上,1 000万元以下直接经济损失的事故。

该等级划分所称的"以上"包括本数,所称的"以下"不包括本数。

上述质量事故等级划分标准与国务院令第493号《生产安全事故报告和调查处理条例》规定的生产安全事故等级划分标准相同。工程质量事故和安全事故往往会互为因果地连带发生。

2. 按事故责任分类

(1)指导责任事故。指由于工程指导或领导失误而造成的质量事故。例如,由于工程负责人不按规范指导施工,强令他人违章作业,或片面追求施工进度,放松或不按质量标准进行控制和检验,降低施工质量标准等而造成的质量事故。

(2)操作责任事故。指在施工过程中,由于操作者不按规程和标准实施操作,而造成的质量事故。例如,浇筑混凝土时随意加水,或振捣疏漏造成混凝土质量事故等。

(3)自然灾害事故。指由于突发的严重自然灾害等不可抗力造成的质量事故。例如地震、台风、暴雨、雷电及洪水等造成工程破坏甚至倒塌。这类事故虽然不是人为责任直接造成,但事故造成的损害程度也往往与事前是否采取了预防措施有关,相关责任人也可能负有一定的责任。

3. 按质量事故产生的原因分类

(1)技术原因引发的质量事故。指在工程项目实施中由于设计、施工在技术上的失误而造成的质量事故。例如结构设计计算错误,对地质情况估计错误,采用了不适宜的施工方法或施工工艺等引发质量事故。

(2)管理原因引发的质量事故。指管理上的不完善或失误引发的质量事故。例如,施工单位或监理单位的质量管理体系不完善,检验制度不严密,质量控制不严格,质量管理措施落实不力,检测仪器设备管理不善而失准,材料检验不严等原因引起的质量事故。

(3)社会、经济原因引发的质量事故。是指由于经济因素及社会上存在的弊端和不正之风导致建设中的错误行为,而发生质量事故。例如,某些施工企业盲目追求利润而不顾工程质量;在投标报价中恶意压低标价,中标后则采用随意修改方案或偷工减料等违法手段而导致发生的质量事故。

(4)其他原因引发的质量事故。指由于其他人为事故(如设备事故、安全事故等)或严重的自然灾害等不可抗力的原因,导致连带发生的质量事故。

三、工程质量问题原因分析

工程质量问题的表现形式千差万别,原因也多种多样,但归纳起来主要有以下几个方面:

1. 非法承包，偷工减料

由于社会腐败现象对施工领域的侵袭,非法承包,偷工减料,"豆腐渣"工程,成为近年重大施工质量事故的首要原因。

2. 违背基本建设程序

《建设工程质量管理条例》规定,从事建设工程活动,必须严格执行基本建设程序,坚持先勘察、后设计、再施工的原则。但是现实情况是:违反基本建设程序的现象屡禁不止,无立项、无报建、无开工许可、无招投标、无资质、无监理、无验收的"七无"工程,边勘察、边设计、边施工的"三边"工程屡见不鲜,几乎所有的重大施工质量事故都能从这几个方面找到原因。

3. 勘察设计的失误

地质勘察过于粗略,勘察报告不准不细,致使地基基础设计采用不正确的方案;或结构设计方案不正确,计算失误,构造设计不符合规范要求等。这些勘察、设计的失误在施工中显现出来,导致地基不均匀沉降,结构失稳、开裂甚至倒塌。

4. 施工的失误

施工管理人员及实际操作人员的思想、技术素质差,是造成施工质量事故的普遍原因。缺乏基本业务知识,不具备上岗的技术资质,不懂装懂瞎指挥,胡乱施工盲目干;施工管理混乱,施工组织、施工工艺技术措施不当;不按图施工,不遵守相关规范,违章作业;使用不合格的工程材料、半成品、构配件;忽视安全施工,发生安全事故等,所有这一切都可能引发施工质量事故。

5. 自然条件的影响

建筑施工露天作业多,恶劣的天气或其他不可抗力都可能引发施工质量事故。

其他如建筑材料及制品不合格等。

四、工程质量问题处理程序

工程质量事故发生后,按照上述建质[2010]111号文的规定,事故现场有关人员应立即向工程建设单位负责人报告。工程建设单位负责人接到报告后,应于1小时内向事故发生地县级以上人民政府住房和城乡建设主管部门及有关部门报告。同时,施工项目有关负责人应根据事故现场实际情况,及时采取必要措施抢救人员和财产,保护事故现场,防止事故扩大。房屋、市政工程生产安全和质量发生较大及以上事故的查处督办,按照住房和城乡建设部建质[2011]66号文《房屋市政工程生产安全和质量事故查处督办暂行办法》规定的程序办理。施工质量事故处理的一般程序如图5-3所示。

1. 事故调查

事故调查应力求及时、客观、全面,以便为事故的分析与处理提供正确的依据。调查结果,要整理撰写成事故调查报告,其主要内容包括:工程项目和参建单位概况;事故基本情况;事故发生后所采取的应急防护措施;事故调查中的有关数据、资料;对事故原因和事故性质的初步判断,对事故处理的建议;事故涉及人员与主要责任者的情况等。

2. 事故的原因分析

要建立在事故调查的基础上,避免情况不明就主观推断事故的原因。特别是对涉及勘察、设计、施工、材料和管理等方面的质量事故,往往事故的原因错综复杂,因此,必须对调查所得到的数据、资料进行仔细地分析,去伪存真,找出造成事故的主要原因。

3. 拟定事故处理的方案

事故的处理要建立在原因分析的基础上,并广泛听取专家及有关方面的意见,经科学论证,决定事故是否进行处理和怎样处理。在拟定事故处理方案时,应做到安全可靠、技术可行、不留隐患、经济合理、具有可操作性,满足结构安全和使用功能要求。

4. 事故处理

根据拟定的质量事故处理方案,对质量事故进行认真处理。处理的内容主要包括:事故的技术处理,以解决施工质量不合格和缺陷问题;事故的责任处罚,根据事故的性质、损失大小、情节轻重对事故的责任单位和责任人做出相应的行政处分直至追究刑事责任。

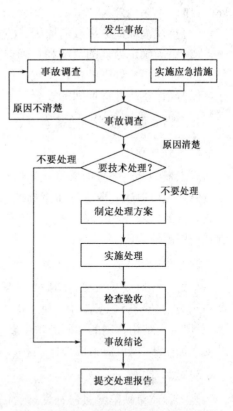

图 5-3 施工质量事故处理的一般程序

5. 事故处理的鉴定验收

质量事故的处理是否达到预期的目的,是否依然存在隐患,应当通过检查鉴定和验收做出确认。事故处理的质量检查鉴定,应严格按施工验收规范和相关的质量标准的规定进行,必要时还应通过实际量测、试验和仪器检测等方法获取必要的数据,以便准确地对事故处理的结果做出鉴定,最终形成结论。

6. 提交事故处理报告

事故处理结束后,必须尽快向主管部门和相关单位提交完整的事故处理报告,其内容包括:事故调查的原始资料、测试的数据;事故原因分析、论证;事故处理的依据;事故处理的方案及技术措施;实施质量处理中有关的数据、记录、资料;检查验收记录;事故处理的结论等。

五、质量事故处理

1. 事故处理的依据

处理工程质量事故,必须分析原因,做出正确地处理决策,这就要以充分的、准确的有关资料作为决策基础和依据。一般的质量事故处理,必须具备以下资料:

(1)与工程质量事故有关的施工图。

(2)与工程施工有关的资料、记录,例如建筑材料的试验报告,各种中间产品的检验记录和试验报告,以及施工记录等。

(3)事故调查分析报告。

2. 施工质量事故处理的基本要求

(1)质量事故的处理应达到安全可靠、不留隐患、满足生产和使用要求、施工方便、经济合理的目的。

（2）重视消除造成事故的原因，注意综合治理。

（3）正确确定处理的范围和正确选择处理的时间和方法。

（4）加强事故处理的检查验收工作，认真复查事故处理的实际情况。

（5）确保事故处理期间的安全。

3. 工程质量事故处理的基本方法

1）修补处理

当工程的某些部分的质量虽未达到规定的规范、标准或设计的要求，存在一定的缺陷，但经过修补后可以达到要求的质量标准，又不影响使用功能或外观的要求时，可采取修补处理的方法。例如，某些混凝土结构表面出现蜂窝、麻面，经调查分析，该部位经修补处理后，不会影响其使用及外观。

2）加固处理

主要是针对危及承载力的质量缺陷的处理。通过对缺陷的加固处理，使建筑结构恢复或提高承载力，重新满足结构安全性及可靠性的要求，使结构能继续使用或改作其他用途。例如，对混凝土结构常用的加固方法主要有：增大截面加固法、外包角钢加固法、粘钢加固法、增设支点加固法、增设剪力墙加固法和预应力加固法等。

3）返工处理

当工程质量缺陷经过修补处理后仍不能满足规定的质量标准要求，或不具备补救可能性，则必须实行返工处理。例如，某公路桥梁工程预应力按规定张拉系数为1.3，而实际仅为0.8，属严重的质量缺陷，也无法修补，只能返工处理。

4）限制使用

当工程质量缺陷按修补方法处理后无法保证达到规定的使用要求和安全要求，而又无法返工处理的情况下，不得已时可做出诸如结构卸载或减载以及限制使用的决定。

5）不作处理

某些工程质量问题虽然达不到规定的要求或标准，但其情况不严重，对工程或结构的使用及安全影响很小，经过分析、论证、法定检测单位鉴定和设计单位等认可后可不专门作处理。一般可不作专门处理的情况有以下几种：

（1）不影响结构安全、生产工艺和使用要求的。例如，某些部位的混凝土表面的裂缝，经检查分析，属于表面养护不够的干缩微裂，不影响使用和外观，也可不作处理。

（2）后道工序可以弥补的质量缺陷。例如，混凝土现浇楼面的平整度偏差达到10mm，但由于后续垫层和面层的施工可以弥补，所以也可不作处理。

（3）法定检测单位鉴定合格的。例如，某检验批混凝土试块强度值不满足规范要求，强度不足，但经法定检测单位对混凝土实体强度进行实际检测后，其实际强度达到规范允许和设计要求值时，可不作处理。对经检测未达到要求值，但相差不多，经分析论证，只要使用前经再次检测达到设计强度，也可不作处理，但应严格控制施工荷载。

（4）出现的质量缺陷，经检测鉴定达不到设计要求，但经原设计单位核算，仍能满足结构安全和使用功能的。例如，某一结构构件截面尺寸不足，或材料强度不足，影响结构承载力，但按实际情况进行复核验算后仍能满足设计要求的承载力时，可不进行专门处理。这种做法实际上是挖掘设计潜力或降低设计的安全系数,应谨慎处理。

6)报废处理

出现质量事故的工程,通过分析或实践,采取上述处理方法后仍不能满足规定的质量要求或标准,则必须予以报废处理。

第六节　生产设备的质量控制

一、设 备 监 造

某些重要设备如发电厂大型锅炉、发电机、变压器等,在到货验收时难以迅速发现某些内在质量问题,或即使能发现某些问题但返厂换货或进行现场处理都将延误工期造成损失,因此可在生产厂制造设备过程中对某些重要设备实行监造,即进行重点或全过程的质量监督,以便及时了解产品内在质量的真实情况,随时掌握和了解供货方是否履行定货合同,以确保交货质量。

1. 设备监造适用条件

(1)产品十分重要;

(2)制造难度大,技术复杂;

(3)产品到场后难以解体检查内部质量;

(4)属于新产品,制造过程中易发生质量问题;

(5)厂方生产该种设备经验不足,或建设单位对生产厂方生产该产品的质量控制能力及水平的信心不足。

2. 监造人员组成

可由建设单位(监理单位)派出,也可委托安装单位派出,或各方组成监造组。

3. 监造工作内容

(1)了解供货方质量管理体系,对生产过程中质量体系运行情况实施监督。

(2)监督所有材料质量、生产工艺及工序能力。

(3)监控生产厂方质量检查人员的资质以及质量检查工作情况和可靠性、准确性。

(4)参与产品出厂前的试验与检验。

(5)监督产品包装、运输的质量控制措施及手段。

4. 检查控制的重点内容

(1)钢结构焊接部件:检查材料质量,放样尺寸,切割下料,剖口焊接,部件组装,变形校正,外形尺寸,油漆,静动负荷试验和无损探伤等。

(2)机械类部件:检查原材料,铸件和锻件,调质处理,机械加工,组装,测量鉴定和负荷试验等。

(3)电气自动化部件:检查元件、组件,部件组装,仪表,信号,线路,空载和负荷试验。

二、设备检查验收

1. 开箱检查

外表检查,初步了解仪器是否完整,零部件及备品是否齐全。检查包装是否受损。

(1)宜将设备运至安装地点附近开箱,以减少开箱后的搬运,避免在二次搬运中丢失附件、备件。

(2)开箱前查明设备名称、型号、规格,查对箱号、箱数及包装情况,避免开错。

(3)将箱顶面尘土清除干净后再开箱,以防设备被污染。

(4)开箱时严防损伤设备及丢失附件备件。

(5)应随安装顺序拆除设备的防护物及包装,避免过早拆除以保护设备免遭污染、锈蚀、损坏。

(6)开箱后,设备的附件、备件应放在专用架上或专用箱内。

2. 设备检验

这是一项专业性很强的工作,需由有关技术生产部门参加。重要大型设备应由总工程师(总机械师)组织鉴定小组,对设备性能、参数、运转情况是否符合质量要求进行全面检验。

(1)工地交货设备一般由制造厂在工地进行组装、调试和生产性试验,合格后提请定货单位复验,待试验合格后,才能签署验收。

(2)调拨的旧设备的验收工作在调出单位进行,若测试不合格不装车发运。

(3)对解体运输的设备,在对总成部件及随机附件备品进行外观检查后,尽快在工地组装并进行检测试验。

(4)自制设备或设备改造项目,经过一定生产实践考验,并且原定的试验方案(大纲)的性能指标测试合格才能验收。

(5)关于保修期及索赔期的规定:国产设备从发货起 12~18 个月,进口设备 6~12 个月,有合同规定的按合同执行。因此对进口设备应力争在 6 个月内(或迟至 9 个月)安装调试完毕,以争取用 3~6 个月时间进行生产考验,发现问题及时提出索赔。

三、设 备 安 装

设备应符合有关的技术要求和质量标准,在安装过程中建设单位(监理)应对每个分项分部工程进行检查验收和质量评定。

1. 设备定位

(1)符合车间生产对象的特点及生产工艺、生产流程的要求,如为流水生产线更应注意工序间的运输和衔接。

(2)符合设备平面布置图和安装施工图要求,应有足够的空间、过道、运输道以方便操作,有利于安全,便于设备拆卸、清洗、修理、维护,便于材料、工件、部件运输。机床之间及机床与墙柱之间的距离按平面布置图要求。

(3)符合经济原则:使工件与材料运距短,车间平面利用率高,设备效能发挥大,生产管理方便。

(4)工艺设备、辅助设备、运输设备、电气设备、通风设备、管道系统之间应有机联系。辅助设备及运输设备应服从主要生产设备。

（5）粗加工与精加工设备间的距离,以不影响加工精度为原则。

（6）皮带运输机、辊道、传送链等连续运输设备,定位时应保证相互之间以及与辅助设备之间的正确衔接。

（7）设备排列整齐美观,同类设备纵横向排列或斜角排列时应对齐,倾斜角度一致。不同类型设备纵横排列或斜角排列时,其正面操作位置必须排列整齐。

（8）设备定位基准线以车间柱子的纵横中心线或墙的边线为基准;设备平面位置对基准线的距离及其相互间距的允许偏差以及定位高程应符合图纸及技术标准要求。设备定位的量度起点如图纸上有明确规定时应按规定要求,若图纸上仅有轮廓形状者应以设备实际形状的最外点算起。

2. 设备基础

（1）每台设备都应有具有一定体积的坚固的基础,以承受设备自重及设备运输时产生的振动力及惯性力。如设备基础不能满足上述要求必将影响设备的操作精度,从而影响产品质量,此外也将影响设备的使用寿命。

（2）在设备安装就位前,安装单位应对设备基础进行检查验收。

3. 设备安装

（1）找正。选择有足够代表性的测点,采用量具及仪器来检查设备安装后的平整度。选择的测点数应保证安装误差最小。但测点也不宜过多,以保证调整的效率。对于刚性较大的设备,测点数可较少;易变形的设备的测点应适当增多。

（2）初平。设备就位找正后,将设备的安装高程初步调整到接近要求的程度。设备的初平有时可与设备就位结合进行。因为此时设备虽已找正,但设备尚未彻底清洗,地脚螺栓尚未二次灌浆,设备尚未紧固,所以只能进行初平。

（3）精平。设备的地脚螺栓已灌浆,浆的强度不低于设计强度的70%,地脚螺栓才可紧固。此时可进行设备精平,即对设备进行最后检查调整,包括:安装高程、垂直度、直线度、平面度、平行度、同轴度、对称度以及跳动检测。

（4）装配完毕后,按技术条件检查各部分连接的正确性和可靠性,然后才可试运转。

四、设备试压及试运转

1. 试压

承压设备(变压容器、真空设备等)制造完毕后必须进行压力试验。

（1）水压试验。可达到强度及密封性试验两个目的。

（2）气压试验。其作用和水压试验相同,但比水压试验灵敏、迅速,且危险性较大,必须具备可靠的安全措施。下列情况之一才能采用气压试验:

①承压设备的结构不便于充满液体;

②承压设备的支撑结构不能承受充满液体后的负荷;

③承压设备内放水后不易干燥,而生产使用中又不允许剩有水分。

（3）气密性试验(密封性试验)。一般情况下水压或气压试验兼起强度试验和密封性试验的作用,只有当工作介质不同时才分别进行上述两种试验(先强度,后密封性)。当工作介质为液体时,用水压试验进行密封性试验;工作介质为气体时试验介质用空气或惰性气体。

2. 试运转

（1）各装置试运转顺序根据安装施工情况而定，但一般是公用工程各项目先试车，然后对产品生产系统各装置进行试车。

（2）中小型单体设备（如机械加工设备）只进行单机试车即可交付生产。对复杂、大型机组、流水线，特别是化工、石油、冶金、化纤、电力等需连续生产的企业必须按准备工作、单机试车、联动无负荷试车、投料试车四个阶段进行试运转。

（3）步骤：

①由无负荷到负荷；

②由部件到组件，由组件到单机，由单机到机组；

③分系统进行，先主动系统后从动系统；

④先低速逐渐增加高速；

⑤先手控后遥控运转，最后自控运转。

（4）注意事项：

①对于电动机传动设备，电动机先脱开试车，检查转向是否符合要求。先用人力缓动设备，然后点动数次再正式开车。试运转时，各操作闸刀未经允许不得随意"拉""合""按"；

②试运转中经常观察检查各润滑系统工作是否正常，认真记录温度、压力、流量、运转时间、动力消耗等数据，应在接近工艺条件下对仪表进行调校。

第七节　政府监督检查工程质量

我国《建设工程质量管理条例》明确规定，国家实行建设工程质量监督管理制度，由政府行政主管部门设立专门机构对建设工程质量行使监督职能。

一、监督管理部门职责的划分

国务院建设行政主管部门对全国的建设工程质量实施统一监督管理。国家交通、水利等有关部门按照国务院规定的职责分工，负责对全国有关专业建设工程质量的监督管理。

县级以上地方人民政府建设行政主管部门对本行政区域内的建设工程质量实施监督管理。县级以上地方人民政府交通、水利等有关部门在各自的职责范围内，负责对本行政区域内的专业建设工程质量进行监督管理。

国务院发展计划部门按照国务院规定的职责，组织稽查特派员，对国家出资的重大建设项目实施监督检查。

国务院经济贸易主管部门按照国务院规定的职责，对国家重大技术改造项目实施监督检查。

二、政府质量监督的性质与权限

1. 政府监督的性质

政府质量监督的性质属于行政执法行为，是主管部门依据有关法律、法规和工程建设强制性标准对工程实体质量和工程建设、勘察、设计、施工、监理单位和质量检测单位的工程质量行为实施监督。

2. 政府质量监督的职权

（1）接受政府委托，对建设工程质量进行监督，有权对建设工程参与各方行为进行检查。

（2）有权对工程质量检查情况进行通报，有权对差劣工程开具质量整改单及局部停工通知单等行政措施。

（3）接受政府委托，有权对建设参与各方的违法行为进行行政处罚。

三、政府质量监督的程序

1. 受理建设单位对质量监督的申报

在工程项目开工前，监督机构接受建设单位有关建设工程质量监督的申报书，并对建设单位提供的有关文件进行审查，审查合格签发有关质量监督文件。建设单位凭工程质量监督文件，向建设行政主管部门申领施工许可证。

2. 制订工作计划并组织实施

监督机构根据项目的具体情况，制订质量监督工作计划并组织实施。计划内容如下：

(1) 质量监督依据的法律、法规、规范、标准；

(2) 在项目施工的各个阶段，质量监督的内容、范围和重点；

(3) 实施质量监督的具体方法和步骤；

(4) 定期或不定期进入施工现场进度检查的计划安排；

(5) 质量监督记录用表形式；

(6) 监督人员及需用资源安排。

3. 对工程实体质量和工程质量行为进行抽查、抽测

（1）监督机构按计划在施工现场对建筑材料、设备和工程实体进行监督抽样，委托法人和法定资质的检测单位进行检测。检测重点是涉及结构安全和重要使用功能的项目，例如，在工程基础主体结构分部工程验收前，要对基础、主体结构混凝土分项进行监督检测；对施工中发生的质量问题、质量事故进行查处。

（2）对工程质量责任主体和质量检测等单位的质量行为进行检查，包括：参与工程建设各方的质量保证体系建立和运行情况；企业的工程经营资质证书和相关人员的资格证书；按建设程序规定的开工前必须办理的各项建设行政手续是否齐全完备；施工组织设计、监理规划等文件及审批手续和执行情况；执行相关法律法规和工程建设强制标准的情况；工程质量检查记录等。

4. 竣工阶段的质量监督

重点对竣工验收的组织形式、程序等是否符合有关规定进行监督；同时对监督检查中提出的质量问题的整改情况进行复查，检查整改情况。

5. 形成工程质量监督报告

工程质量监督报告的基本内容包括：工程项目概况；项目参建各方的质量行为检查情况；工程项目实体质量抽查情况；历次质量监督检查中提出质量问题的整改情况；工程竣工质量验收情况；项目质量评价；对存在的质量缺陷的处理意见等。

6. 建立工程质量监督档案

按单位工程建立建设工程质量监督档案,要求归档及时,资料记录等各类文件齐全,经监督机构负责人签字后归档,按规定年限保存。

第八节　常见的工程质量统计方法的应用

一、分层法

1. 分层法基本原理

分层法又称分类法,是将搜集的数据根据不同的目的,按其性质、来源、影响因素等加以分类和分层进行研究的方法。它可以使杂乱的数据和错综复杂的因素系统化、条理化,从而找出主要问题,采取相应的措施。常用的分层或分类标志有:时间、人员、材料、设备、操作方法等。

2. 分层法示例

例 5-1:一个焊工班组有 A、B、C 三位工人实施焊接作业,共抽检 60 个焊接点,发现有 18 点不合格,占 30%。究竟问题在哪里?根据分层调查的统计数据表 5-2 得知,主要是作业工人 C 的焊接质量影响了总体的质量水平。

分层调查统计数据表　　　　　　　　　　表 5-2

作业工人	抽检点数	不合格点数	个体不合格率(%)	占不合格点总数百分率(%)
A	20	2	10	11
B	20	4	20	22
C	20	12	60	67
合计	60	18	—	100

二、因果分析图法

1. 因果分析图法的基本原理

因果分析图法,也称为质量特性要因分析法,其基本原理是对每一个质量特性或问题采用如图 5-4 所示的方法,逐层深入排查可能原因,然后确定其中最主要的原因,进行有的放矢地处置和管理。

2. 因果分析图法示例

例 5-2:如图 5-4 所示,混凝土强度不合格的原因分析,其中,把混凝土施工的生产要素即人、机械、材料、施工方法和施工环境作为第一层面的因素进行分析;然后对第一层面的各个因素再进行第二层面的可能原因的深入分析。依此类推,直至把所有可能的原因分层次地一一罗列出来。

三、排列图法

1. 排列图法的基本原理

排列图又称主次因素分析图或帕累特图,见图 5-5。它是用来寻找影响工程(产品)质量

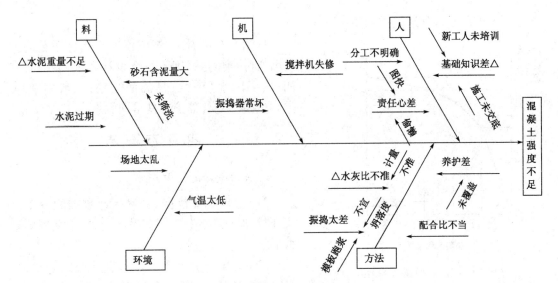

图 5-4 混凝土强度不合格因素

主要因素的一种有效方法。图中横坐标表示影响产品质量的因素或项目,一般以直方的高度表示因素出现的频数,并从左至右按频数多少由大到小顺序排列;纵坐标一般设置两个,左边的表示因素出现的频数,右边的表示因素出现的频率。将各因素出现频率的百分数顺次累计起来,即可求得各因素频率的累计百分数(累计频率)。通常将影响因素分为3类,第一类为累计百分数在0~80%范围的因素,称为A类因素,是主要因素;在累计百分数80%~90%范围的B类,是次要因素;累计百分数在90%~100%范围内的为C类,也就是一般因素。

在质量管理过程中,通过抽样检查或检验试验所得到的质量问题、偏差、缺陷、不合格等统计数据,以及造成质量问题的原因分析统计数据,均可采用排列图方法进行状况描述。

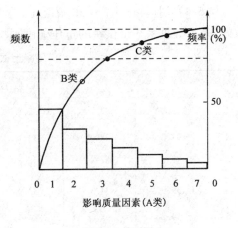

图 5-5 排列图

2. 排列图法示例

例 5-3:设有混凝土构件 150 件,检测后发现的缺陷整理于表 5-3。

混凝土构件检测结果统计　　　　表 5-3

编号	缺 陷 名 称	频数	频率	累计频率
1	强度不符合设计要求	87	0.58	0.58
2	表面有麻面	33	0.22	0.80
3	局部露筋	15	0.10	0.90
4	振捣不实	9	0.06	0.96
5	养护不良早期脱水	6	0.04	1.00
	合计	150	1.00	

绘制的混凝土构件缺陷排列图见图 5-6。

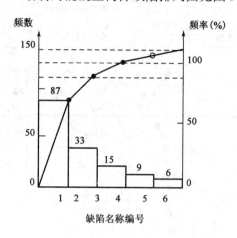

图 5-6 混凝土构件缺陷排列图

从图 5-6 可看出,影响混凝土构件质量的主要因素(A 类)是强度不符合设计要求,表面有麻面;次要因素(B 类)是局面露筋;一般因素(C 类)是振捣不实,养护不良早期脱水。

四、直方图法

1. 直方图法的主要用途

(1)整理统计数据,了解统计数据的分布特征,即数据分布的集中或离散状况,从中掌握质量水平。

(2)观察分析生产过程质量是否处于正常、稳定和受控状态以及质量水平是否保持在公差允许的范围内。

2. 直方图法示例

例 5-4:某搅拌站生产 C30 混凝土,为对其质量进行分析,先后共搜集了 50 个抗压强度的数据(每个数据系 3 个试块的抗压强度平均值),整理如表 5-4 所示。

混凝土试块抗压强度(MPa)　　　　　　　　表 5-4

序号	抗压强度					最大值	最小值
1	39.8	37.7	33.8	31.5	36.1	39.8	31.5
2	37.2	38.0	33.1	39.0	36.0	39.0	33.1
3	35.8	35.2	31.8	37.1	34.0	37.1	31.8
4	39.9	34.3	33.9	40.4	41.2	41.2	33.2
5	39.2	35.4	34.4	38.1	40.3	40.3	34.4
6	42.3	37.5	35.5	39.3	37.8	42.3	35.5
7	35.9	42.4	41.8	36.3	36.2	42.4	35.9
8	46.2	37.6	38.3	39.7	38.0	46.2	37.6
9	36.4	38.3	43.4	38.2	38.0	43.4	36.4
10	44.4	42.0	37.9	38.4	39.5	44.4	37.9

将其数据整理后绘制成直方图,就可以根据正态分布的特点进行分析判断,如图 5-7 所示。

3. 直方图的观察分析

1)通过分布形状观察分析

(1)所谓形状观察分析,是指将绘制好的直方图形状与正态分布图的形状进行比较分析，一看形状是否相似，二看分布区间的宽窄。直方图的分布形状及分布区间宽窄是由质量特性统计数据的平均值和标准偏差所决定的。

（2）正常直方图呈正态分布，其形状特征是中间高、两边低、呈对称，如图 5-8a）所示。正常直方图说明生产过程质量处于正常、稳定状态。数理统计研究证明，当随机抽样方案合理且样本数量足够大时，在生产能力处于正常、稳定状态，质量特性检测数据趋于正态分布。

（3）异常直方图呈偏正态分布，常见的异常直方图有：折齿形、陡坡形、孤岛形、双峰形、峭壁形，如图 5-8b）、c）、d）、e）、f）所示。出现异常的原因可能是生产过程存在影响质量的系统因素，或收集整理数据制作直方图的方法不当所致，要具体分析。

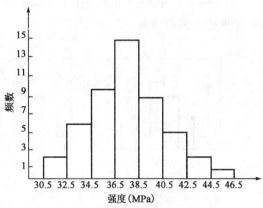

图 5-7　混凝土强度分布直方图

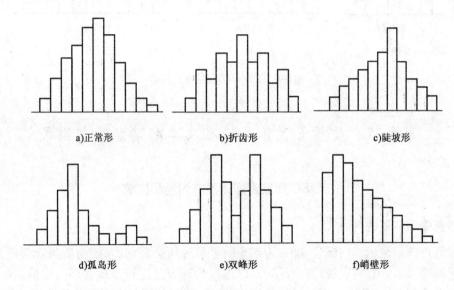

图 5-8　常见的直方图

2）通过分布位置观察分析

所谓分布位置观察分析是指将直方图的分布位置与质量控制标准的上下限范围进行比较分析，如图 5-9 所示。

图 5-9a）中生产过程的质量正常、稳定和受控，还必须在公差标准上、下界限范围内达到质量合格的要求。只有这样的正常、稳定和受控才是经济合理的受控状态。

图 5-9b）中质量特性数据分布偏下限，易出现不合格，在管理上必须提高总体能力。

图 5-9c）中质量特性数据的分布充满上下限，质量能力处于临界状态，易出现不合格，必须分析原因，采取措施。

图 5-9d）中质量特性数据的分布居中，且边界与上下限有较大的距离，说明质量能力偏大，不经济。

图 5-9e)、f)中均已出现超出上下限的数据,说明生产过程存在质量不合格,需要分析原因,采取措施进行纠偏。

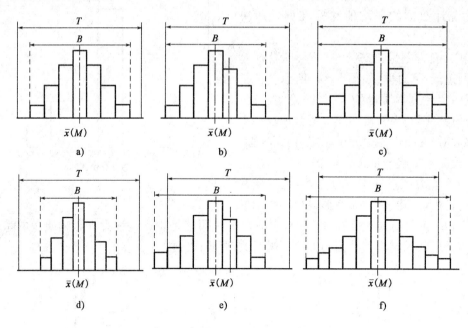

图 5-9 直方图与质量标准上下限

第九节 质量管理体系标准及卓越绩效管理模式

一、ISO 质量管理体系的内涵和构成

1. 质量管理体系的内涵

质量管理体系是组织内部建立的、为实现质量目标所必需的、系统的质量管理模式,是组织的一项战略决策。它将资源与过程结合,以过程管理方法进行系统管理。根据企业特点选用若干体系要素加以组合,一般包括与管理活动、资源提供、产品实现以及测量、分析与改进活动相关的过程组成,可以理解为涵盖了从确定顾客需求、设计研制、生产、检验、销售、交付之前全过程的策划、实施、监控、纠正与改进活动的要求。一般以文件化的方式,成为组织内部质量管理工作的要求。

针对质量管理体系的要求,质量管理体系国际标准化组织的质量管理和质量保证技术委员会制定了 ISO 9000 族系列标准,以适用于不同类型、产品、规模与性质的组织。该类标准由若干相互关联或补充的单个标准组成,其中为大家所熟知的是 ISO 9001《质量管理体系要求》,它提出的要求是对产品要求的补充,经过数次的改版。

2. 质量管理体系的构成

2008 版 ISO 9000 族标准包括:4 个核心标准、1 个支持性标准、若干个技术报告和宣传性小册子,见表 5-5。

表 5-5　2008 版 ISO 9000 族标准的文件结构

核心标准 （4个）	GB/T 19000—2008 idt ISO 9000:2005 质量管理体系　基础和术语 GB/T 19001—2008 idt ISO 9001:2008 质量管理体系　要求 GB/T 19004—2009 idt ISO 9004:2009 质量管理体系业绩改进指南 GB/T 19011—2003 idt ISO 19011:2002 质量和(或)环境管理体系审核指南
支持性标准和文件	ISO 10012 测量控制系统 ISO/TR 10006 质量管理项目管理质量指南 ISO/TR 10007 质量管理技术状态管理指南 ISO/TR 10013 质量管理体系文件指南 ISO/TR 10014 质量经济性管理指南 ISO/TR 10015 质量管理培训指南 ISO/TR 10017 统计技术指南 质量管理原则 选择和使用指南 小型企业的应用

3. 质量管理原则

为了确保质量目标的实现，ISO 质量管理体系明确了以下八项质量管理原则：

原则一：以顾客为关注焦点。组织（从事一定范围生产经营活动的企业）依存于顾客。因此，组织应当理解顾客当前和未来的需求，满足顾客要求并争取超越顾客期望。

原则二：领导作用。领导者负责建立组织统一的宗旨及方向，并应当创造并保持使员工能充分参与实现组织目标的内部环境。

原则三：全员参与的原则。各级人员是组织之本，只有全员的充分参与，才能使他们的才干为组织带来收益。

原则四：过程方法。将活动和相关资源作为过程进行管理，可以更高效地得到期望的结果。

原则五：管理的系统方法。将相互关联的过程作为系统加以识别、理解和管理，有助于组织提高实现目标的有效性和效率。

原则六：持续改进。持续改进整体业绩是组织的一个永恒的目标。

原则七：基于事实的决策方法。有效的决策应建立在数据和信息分析的基础上。

原则八：与供方互利的关系。组织与供方建立相互依存的、互利的关系，可增强双方创造价值的能力。

4. 质量管理体系的认证与监督

1）质量管理体系的认证

质量管理体系由公正的第三方认证机构依据质量管理体系的要求标准，审核企业质量管理体系要求的符合性和实施的有效性，进行独立、客观、科学、公正的评价，得出结论。认证应按申请、审核、审批与注册发证等程序进行。

2）获准认证后的监督管理

企业获准认证的有效期为三年。企业获准认证后，应经常性地进行内部审核，保持质量管理体系的有效性，并每年一次接受认证机构对企业质量管理体系实施的监督管理。获准认证后监督管理工作的主要内容有企业通报、监督检查、认证注销、认证暂停、认证撤销、复评及重新换证等。

二、卓越质量管理模式的理念

《卓越绩效模式准则》(GB/T 19580—2004)可促进各类组织增强战略执行力,改善产品和服务质量,帮助组织进行经营管理的改进和创新,持续提高组织的整体绩效和经营管理能力,以使组织获得长期成功。

《卓越绩效模式准则》具体体现了以下卓越质量管理的先进理念,这些核心价值观反映了国际上最先进的质量经营管理理念和方法,也是许多世界级成功企业的经验总结,它贯穿于卓越绩效模式的各项要求之中,应成为各类组织高层经营管理人员的理念和行为准则。我们应该运用这些基本理念引导组织追求卓越。

1.《卓越绩效评价准则》的结构模式

根据系统原理,按照过程方法,《卓越绩效评价准则》(GB/T 19580—2004)从领导、战略、业主与市场、资源、过程管理、测量、分析与改进以及经营结果等七个方面对评价的要求做出了规定。其结构模式如图5-10所示。

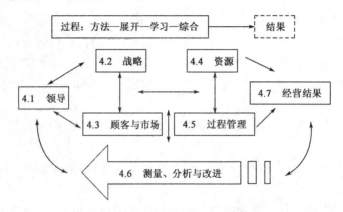

图5-10 《卓越绩效评价准则》的结构模式

2.《卓越绩效评价准则》的评价内容

(1)领导。高层领导按卓越绩效模式的要求确定组织的价值观、发展方向和绩效目标,关注顾客及其他相关方的需求和期望,营造授权、主动参与、创新、快速反应和学习等方面的经营环境,完善组织的治理,评审组织的绩效,履行社会责任。

(2)战略。卓越绩效模式要求企业制定战略目标和战略规划,进行战略部署,并对进展情况进行跟踪,以提高企业的竞争地位、整体绩效,使企业在未来获得更大成功。

(3)顾客与市场。卓越绩效模式要求企业根据战略、竞争优势确定目标顾客群和细分市场,了解关键顾客的需求和期望,与顾客建立战略伙伴关系,满足并超越其期望,以赢得顾客、提高其满意度和忠诚度。

(4)资源。

①人力资源。卓越绩效模式要求企业根据战略规划和目标,始终坚持以人为本的管理创新观念,建立人力资源开发和管理的工作系统、激励机制、员工培训和教育体系,以发挥和调动员工的潜能,并营造充分发挥员工能力的良好环境,充分调动员工的劳动积极性和忠诚度。

②财务资源。根据战略规划和发展方向确定资金需求,制定严格科学的财务管理制度,进行财务预算管理,保证资金供给,提高资金周转率。

③基础设施。根据组织自身和相关方的需求和期望,确定、配备所必需的基础设施,在设施的配备过程中注意可能引起的环境和职业健康安全问题。

④信息。要求企业识别和开发信息源,配备获取、传递、分析和发布数据和信息的设施,建立和运行信息管理系统,建立有效的协商沟通机制,保证员工充分参与质量保证措施的协商与管理,保证内、外部信息得到及时、有效的交流。

(5)过程管理。

①价值创造过程。价值创造过程是指为组织的顾客和组织的经营创造收益的过程,主要分为两类:一类是直接为顾客创造收益,另一类是为组织自身创造收益。卓越绩效模式要求企业识别并确定主要产品、服务及经营的价值创造过程,通过高效地实施该过程,确保获取良好的经营业绩。

②支持过程。支持过程是指支持组织日常运作、生产、服务交付的过程。该过程虽然不能直接增加价值或创造价值,但为价值创造过程的实施起到保证、支持作用。

(6)测量、分析与改进。

①测量与分析。使用科学、有效的方法,测量、分析、整理各部门及所有层次、过程的绩效数据和信息,为过程管理、绩效改进和适应内外部变化等方面的决策提供充分的依据。

②改进。采用适当的方法,充分和灵活地使用测量和分析的结果,改进企业及各部门、各层次的绩效,并促进相关方绩效的提高。

(7)经营结果。卓越绩效模式要求组织的绩效评价应体现结果导向,关注关键的结果,主要包括顾客满意程度、产品和服务、财务和市场、人力资源、组织效率、社会责任等六个方面。这些结果能为组织关键的利益相关方——顾客、员工、股东、供应商、合作伙伴、公众及社会创造价值和平衡其相间的利益。通过为主要的利益相关方创造价值,培育起忠诚的顾客群,实现组织绩效的增长。

3.《卓越绩效评价准则》评分系统

卓越绩效模式的七个要求构成了一套评价准则评分系统。系统中将这七方面又分为三个层次,即基本要求、总体要求和多项要求。准则的总分为1 000分,其中经营绩效占40%~45%。一般来说,要超过600分才算基本建立了卓越绩效模式。

习 题

1. 什么是质量?其含义有哪些方面?
2. 什么是建设工程质量?
3. 试述影响工程质量的影响因素。
4. 什么是质量控制?其含义是什么?
5. 质量控制的基本原理有哪些?
6. 施工质量控制的依据主要有哪些方面?
7. 说明建设工程施工验收的基本规定。

第六章 工程项目施工成本控制

第一节 概 述

一、项目施工成本管理的内容

项目成本管理是在保证满足工程质量、工期等合同要求的前提下,对项目实施过程中所发生的费用,通过计划、组织、控制和协调等活动实现预定的成本目标,并尽可能地降低成本费用的一种科学的管理活动。它主要通过技术(如施工方案的制定比选)、经济(如核算)和管理(如施工组织管理、各项规章制度等)活动达到预定目标,实现赢利的目的。

成本是项目施工过程中各种耗费的总和。成本管理的内容很广泛,贯穿于项目管理活动的全过程,从项目招投标开始直至竣工验收,每个环节都离不开成本管理工作。

二、项目施工成本控制的原则

施工项目成本控制就是在实施过程中对资源的投入、施工过程及成果进行监督、检查和衡量,并采取措施确保项目成本目标的实现。

1. 节约原则

节约就是项目施工用人力、物力和财力的节省,是成本控制的基本原则。节约绝对不是消极的限制与监督,而是要积极创造条件,要着眼于成本的事前预测、优化施工方案及加强过程控制,在实施过程中经常检查是否出偏差以及及时采取纠偏措施,并从提高项目的科学管理水平入手来节约。

2. 全面控制原则

全面控制原则包括两个含义,即全员控制和全过程控制。

1) 项目全员控制

成本控制涉及项目组织中的所有部门、班组和员工的工作,并与每一个员工的切身利益有关,因此应充分调动每个部门、班组和每一个员工控制成本、关心成本的积极性,真正树立起全员控制的观念。

2）项目全过程成本控制

项目成本的发生涉及项目的整个周期、项目成本形成的全过程，从施工准备开始，经施工过程至竣工移交后的保修期结束。因此，成本控制工作要伴随项目施工的每一阶段，如在施工准备阶段拟定最佳的施工方案，按照设计要求和施工规范施工，充分利用现有的资源，减少施工成本支出并确保工程质量，减少工程返工费和工程移交后的保修费用。工程验收移交阶段，要及时办理工程结算，使工程成本自始至终处于有效控制之下。

3. 目标控制原则

目标管理是管理活动的基本技术和方法。它是把计划的方针、任务、目标和措施等加以逐一分解落实。在实施目标管理的过程中，目标的设定应切实可行，越具体越好，要落实到部门、班组甚至个人；目标的责任要全面，既要有工作责任，更要有成本责任；做到责、权、利相结合，对责任部门（人）的业绩进行检查和考评，并同其工资、奖金挂钩，做到奖罚分明。

4. 动态控制原则

成本控制是在不断变化的环境下进行的管理活动，所以必须坚持动态控制的原则。就是在将工、料、机投入到施工的过程中，收集成本发生的实际值，将其与目标值相比较，检查有无偏离，若无偏差，则继续进行，否则要找出具体原因，采取相应措施。

第二节　建筑安装工程费用的组成与计算

一、按费用构成要素划分的建筑安装工程费用项目组成

根据建标[2013]44号：住房和城乡建设部、财政部关于印发《建筑安装工程费用项目组成》的通知的规定，建筑安装工程费按照费用构成要素划分，由人工费、材料（包含工程设备，下同）费、施工机具使用费、企业管理费、利润、规费和税金组成。其中人工费、材料费、施工机具使用费、企业管理费和利润包含在分部分项工程费、措施项目费、其他项目费中，如图6-1所示。

1. 人工费

人工费是指按工资总额构成规定支付给从事建筑安装工程施工的生产工人和附属生产单位工人的各项费用，包括：

1）计时工资或计件工资

计时工资或计件工资是指按计时工资标准和工作时间或对已做工作按计件单价支付给个人的劳动报酬。

2）奖金

奖金是指对超额劳动和增收节支支付给个人的劳动报酬，如节约奖、劳动竞赛奖等。

3）津贴、补贴

津贴、补贴是指为了补偿职工特殊或额外的劳动消耗和因其他特殊原因支付给个人的津贴，以及为了保证职工工资水平不受物价影响支付给个人的物价补贴，如流动施工津贴、特殊

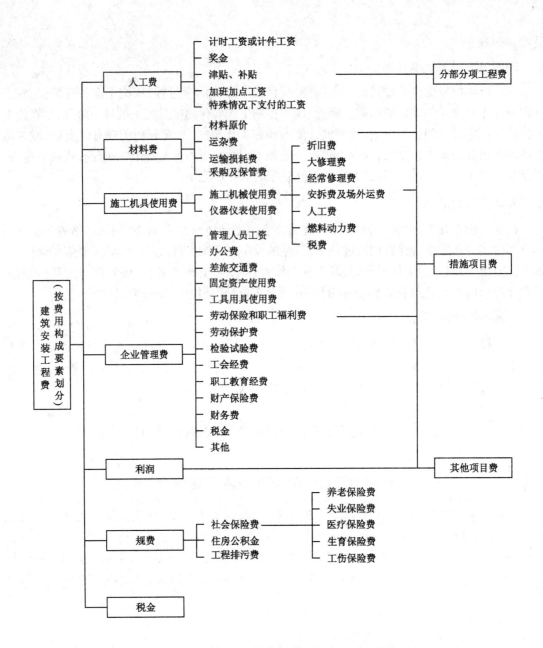

图 6-1 按费用构成要素划分的建筑安装工程费用项目组成

地区施工津贴、高温(寒)作业临时津贴、高空津贴等。

4)加班加点工资

加班加点工资是指按规定支付的在法定节假日工作的加班工资和在法定节假日工作时间外延时工作的加点工资。

5)特殊情况下支付的工资

特殊情况下支付的工资是指根据国家法律、法规和政策规定,因病、工伤、产假、计划生育假、婚丧假、事假、探亲假、定期休假、停工学习、执行国家或社会义务等原因按计时工资标准或计时工资标准的一定比例支付的工资。

2. 材料费

材料费是指施工过程中耗费的原材料、辅助材料、构配件、零件、半成品或成品、工程设备的费用，包括：

1）材料原价

材料原价是指材料、工程设备的出厂价格或商家供应价格。

2）运杂费

运杂费是指材料、工程设备自来源地运至工地仓库或指定堆放地点所发生的全部费用。

3）运输损耗费

运输损耗费是指材料在运输装卸过程中不可避免的损耗。

4）采购及保管费

采购及保管费是指为组织采购、供应和保管材料、工程设备的过程中所需要的各项费用，包括采购费、仓储费、工地保管费、仓储损耗。

工程设备是指构成或计划构成永久工程一部分的机电设备、金属结构设备、仪器装置及其他类似的设备和装置。

3. 施工机具使用费

施工机具使用费是指施工作业所发生的施工机械、仪器仪表使用费或其租赁费，包括：

1）施工机械使用费

以施工机械台班耗用量乘以施工机械台班单价表示。施工机械台班单价应由下列七项费用组成：

（1）折旧费。是指施工机械在规定的使用年限内，陆续收回其原值的费用。

（2）大修理费。是指施工机械按规定的大修理间隔台班进行必要的大修理，以恢复其正常功能所需的费用。

（3）经常修理费。是指施工机械除大修理以外的各级保养和临时故障排除所需的费用，包括为保障机械正常运转所需替换设备与随机配备工具附具的摊销和维护费用，机械运转中日常保养所需润滑与擦拭的材料费用及机械停滞期间的维护和保养费用等。

（4）安拆费及场外运费。安拆费指施工机械（大型机械除外）在现场进行安装与拆卸所需的人工、材料、机械和试运转费用以及机械辅助设施的折旧、搭设、拆除等费用；场外运费指施工机械整体或分体自停放地点运至施工现场或由一施工地点运至另一施工地点的运输、装卸、辅助材料及架线等费用。

（5）人工费。是指机上司机（司炉）和其他操作人员的人工费。

（6）燃料动力费。是指施工机械在运转作业中所消耗的各种燃料及水、电等。

（7）税费。是指施工机械按照国家规定应缴纳的车船使用税、保险费及年检费等。

2）仪器仪表使用费

仪器仪表使用费是指工程施工所需使用的仪器仪表的摊销及维修费用。

4. 企业管理费

企业管理费是指建筑安装企业组织施工生产和经营管理所需的费用，包括：

1）管理人员工资

管理人员工资是指按规定支付给管理人员的计时工资、奖金、津贴补贴、加班加点工资及特殊情况下支付的工资等。

2）办公费

办公费是指企业管理办公用的文具、纸张、账表、印刷、邮电、书报、办公软件、现场监控、会议、水电、烧水和集体取暖降温（包括现场临时宿舍取暖降温）等费用。

3）差旅交通费

差旅交通费是指职工因公出差、调动工作的差旅费、住勤补助费，市内交通费和误餐补助费，职工探亲路费，劳动力招募费，职工退休、退职一次性路费，工伤人员就医路费，工地转移费以及管理部门使用的交通工具的油料、燃料等费用。

4）固定资产使用费

固定资产使用费是指管理和试验部门及附属生产单位使用的属于固定资产的房屋、设备、仪器等的折旧、大修、维修或租赁费。

5）工具、用具使用费

工具、用具使用费是指企业施工生产和管理使用的不属于固定资产的工具、器具、家具、交通工具和检验、试验、测绘、消防用具等的购置、维修和摊销费。

6）劳动保险和职工福利费

劳动保险和职工福利费是指由企业支付的职工退职金、按规定支付给离休干部的经费，集体福利费、夏季防暑降温、冬季取暖补贴、上下班交通补贴等。

7）劳动保护费

劳动保护费是指企业按规定发放的劳动保护用品的支出，如工作服、手套、防暑降温饮料以及在有碍身体健康的环境中施工的保健费用等。

8）检验试验费

检验试验费是指施工企业按照有关标准规定，对建筑以及材料、构件和建筑安装物进行一般鉴定、检查所发生的费用，包括自设试验室进行试验所耗用的材料等费用；不包括新结构、新材料的试验费，对构件做破坏性试验及其他特殊要求检验试验的费用和建设单位委托检测机构进行检测的费用，对此类检测发生的费用，由建设单位在工程建设其他费用中列支。但对施工企业提供的具有合格证明的材料进行检测其结果不合格的，该检测费用由施工企业支付。

9）工会经费

工会经费是指企业按《工会法》规定的全部职工工资总额比例计提的工会经费。

10）职工教育经费

职工教育经费是指按职工工资总额的规定比例计提，企业为职工进行专业技术和职业技能培训，专业技术人员继续教育、职工职业技能鉴定、职业资格认定以及根据需要对职工进行各类文化教育所发生的费用。

11）财产保险费

财产保险费是指施工管理用财产、车辆等的保险费用。

12）财务费

财务费是指企业为施工生产筹集资金或提供预付款担保、履约担保、职工工资支付担保等所发生的各种费用。

13）税金

税金是指企业按规定缴纳的房产税、车船使用税、土地使用税、印花税等。

14）其他

包括技术转让费、技术开发费、投标费、业务招待费、绿化费、广告费、公证费、法律顾问费、审计费、咨询费、保险费等。

5. 利润

利润是指施工单位从事建筑安装工程施工所获得的盈利,由施工企业根据自身需求并结合建筑市场自主确定。以单位(单项)工程测算,利润在税前建筑安装工程费的比重可按不低于5%且不高于7%的费率计算。

6. 规费

规费是指按国家法律、法规规定,由省级政府和省级有关权力部门规定施工单位必须缴纳或计取,应计入建筑安装工程造价的费用。

(1) 社会保险费

1）养老保险费:企业按照规定标准为职工缴纳的基本养老保险。

2）失业保险费:企业按照国家规定标准为职工缴纳的失业保险费。

3）医疗保险费:企业按规照定标准为职工缴纳的基本医疗保险费。

4）工伤保险费:企业按照国务院制定的行业费率为职工缴纳的工伤保险费。

5）生育保险费:企业按国家规定为职工缴纳的生育保险费。

(2) 住房公积金:企业按规定标准为职工缴纳的住房公积金。

(3) 工程排污费:企业按规定缴纳的施工现场工程排污费。

7. 税金

建筑安装工程费中的税金是指按照国家税法规定的用哪个计入建筑安装工程造价内的增值税额,按税前造价乘以增值税税率确定。

(1) 一般计税方法,建筑业增值税税率11%

(2) 简易计税方法,建筑业增值税税率3%

$$增值税 = 税前造价 \times 增值税率$$

税前造价为人工费、材料费、施工机具使用费、企业管理费、利润和规费之和。

二、按费用构成要素划分的建筑安装工程费用项目组成

根据建标[2013]44号:住房和城乡建设部、财政部关于印发《建筑安装工程费用项目组成》的通知的规定,建筑安装工程费按照工程造价形成由分部分项工程费、措施项目费、其他项目费、规费、税金组成;其中分部分项工程费、措施项目费、其他项目费又各包含人工费、材料费、施工机具使用费、企业管理费和利润,如图6-2所示。

1. 分部分项工程费

分部分项工程费是指各专业工程的分部分项工程应予列支的各项费用。

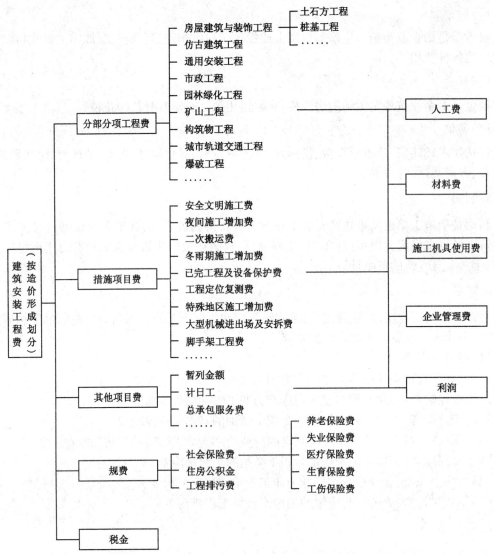

图 6-2 按造价形式划分的建筑安装工程费用项目组成

1) 专业工程

专业工程是指按现行国家计量规范划分的房屋建筑与装饰工程、仿古建筑工程、通用安装工程、市政工程、园林绿化工程、矿山工程、构筑物工程、城市轨道交通工程、爆破工程等各类工程。

2) 分部分项工程

分部分项工程是指按现行国家计量规范对各专业工程划分的项目,如房屋建筑与装饰工程划分的土石方工程、地基处理与桩基工程、砌筑工程、钢筋及钢筋混凝土工程等。

2. 措施项目费

措施项目费是指为完成建设工程施工,发生于该工程施工前和施工过程中的技术、生活、安全、环境保护等方面的费用,包括:

1) 安全文明施工费

(1) 环境保护费。是指施工现场为达到环保部门要求所需要的各项费用。

(2) 文明施工费。是指施工现场文明施工所需要的各项费用。

(3)安全施工费。是指施工现场安全施工所需要的各项费用。

(4)临时设施费。是指施工企业为进行建设工程施工所必须搭设的生活和生产用的临时建筑物、构筑物和其他临时设施费用,包括临时设施的搭设、维修、拆除、清理费或摊销费等。

2)夜间施工增加费

夜间施工增加费是指因夜间施工所发生的夜班补助费、夜间施工降效、夜间施工照明设备摊销及照明用电等费用。

3)二次搬运费

二次搬运费是指因施工场地条件限制而发生的材料、构配件、半成品等一次运输不能到达堆放地点,必须进行二次或多次搬运所发生的费用。

4)冬、雨期施工增加费

冬、雨期施工增加费是指在冬期或雨期施工需增加的临时设施、防滑、排除雨雪,人工及施工机械效率降低等费用。

5)已完工程及设备保护费

已完工程及设备保护费是指竣工验收前,对已完工程及设备采取的必要保护措施所发生的费用。

6)工程定位复测费

工程定位复测费是指工程施工过程中进行全部施工测量放线和复测工作的费用。

7)特殊地区施工增加费

特殊地区施工增加费是指工程在沙漠或其边缘地区、高海拔、高寒、原始森林等特殊地区施工增加的费用。

8)大型机械设备进出场及安拆费

大型机械设备进出场及安拆费是指机械整体或分体自停放场地运至施工现场或由一个施工地点运至另一个施工地点,所发生的机械进出场运输及转移费用及机械在施工现场进行安装、拆卸所需的人工费、材料费、机械费、试运转费和安装所需的辅助设施的费用。

9)脚手架工程费

脚手架工程费是指施工需要的各种脚手架搭、拆、运输费用以及脚手架购置费的摊销(或租赁)费用。

3. 其他项目费

1)暂列金额

暂列金额是指建设单位在工程量清单中暂定并包括在工程合同价款中的一笔款项,用于施工合同签订时尚未确定或者不可预见的所需材料、工程设备、服务的采购,施工中可能发生的工程变更、合同约定调整因素出现时的工程价款调整以及发生的索赔、现场签证确认等的费用。

2)计日工费用

计日工是指在施工过程中,施工企业完成建设单位提出的施工图纸以外的零星项目或工作所需的费用。

3）总承包服务费

总承包服务费是指总承包人为配合、协调建设单位进行的专业工程发包,对建设单位自行采购的材料、工程设备等进行保管以及施工现场管理、竣工资料汇总整理等服务所需的费用。

4. 规费（同前）

5. 税金（同前）

三、建筑安装工程计价程序

建设单位工程招标控制价（施工企业工程投标报价、竣工结算）计价程序见表6-1。

计 价 程 序 表

工程名称：　　　　　　　　　　　　　　　　标段：　　　　表6-1

序号	内　　容	计 算 方 法	金额(元)	序号	内　　容	计 算 方 法	金额(元)
1	分部分项工程费	按计价规定计算		3.1	暂列金额	按计价规定计算	
1.1				3.2	专业工程暂估价	按计价规定计算	
1.2				3.3	计日工	按计价规定计算	
1.3				3.4	总承包服务费	按计价规定计算	
2	措施项目费	按计价规定计算		4	规费	按规定标准计算	
2.1	安全文明施工费	按规定标准计算		5	税金(扣除不列入计税范围的工程设备金额)	(1+2+3+4)×规定税率	
3	其他项目费						
			招标控制价合计 = 1 + 2 + 3 + 4 + 5				

例6-1：某高层综合办公楼建筑面积为9 000 m²，根据计算，建筑工程费造价为2 300 元/m²，安装工程费造价为1 200 元/m²，装饰装修工程造价为1 000 元/m²，其中人工费占分部分项工程总造价的15%；措施费以分部分项工程费为计算基数，其中安全文明施工费率为1.5%，其他措施费率合计1%；其他项目费合计为800 万，规费费率为8%，税率为3.48%，计算招标控制价。

解：(1) 分部分项工程费 = 建筑工程费 + 安装工程费 + 装饰装修工程费
　　　　　　　　　　　 = 9 000 × 2 300 + 9 000 × 1 200 + 9 000 × 1 000 = 4 050（万元）

(2) 措施项目费 = 安全文明施工费 + 其他措施费
　　　　　　 = 4 050 × 1.5% + 4 050 × 1% = 101.25（万元）

(3) 其他项目费 = 800 万元

(4) 规费 = 人工费 × 8% = 4 050 × 15% × 8% = 48.6（万元）

(5) 招标控制价 = [(1) + (2) + (3) + (4)] × (1 + 3.48%) = 5 173.85（万元）

四、工程量清单计价

1. 工程量清单计价规范

工程量清单计价，是一种主要由市场定价的计价模式。为适应我国工程投资体制改革和建设管理体制改革的需要，加快我国建设工程计价模式与国际接轨的步伐，自2003年起开始在全国范围内逐步推广工程量清单计价方法。为深入推行工程量清单计价改革工作，规范建设工程工程量清单计价行为,统一建设工程工程量清单的编制和计价方法,推出了《建设工程工程量清单计价规范》(GB 50500—2013)(以下简称《计价规范》)。《计价规范》规定,使用国有资金投资的建设工程发承包,必须采用工程量清单计价。非国有资金投资的建设工程,宜采用工程量清单计价。不采用工程量清单计价的建设工程,应执行本规范除工程量清单等专门性规定外的其他规定。工程量清单应采用综合单价计价。措施项目中的安全文明施工费必须按国家或省级、行业建设主管部门的规定计算,不得作为竞争性费用。规费和税金必须按国家或省级、行业建设主管部门的规定计算,不得作为竞争性费用。

2. 工程量清单的作用

工程量清单是指建设工程的分部分项工程项目、措施项目、其他项目、规费项目和税金项目的名称和相应数量等的明细清单。工程量清单是工程量清单计价的基础,贯穿于建设工程的招投标阶段和施工阶段,是编制招标控制价、投标报价、计算工程量、支付工程款、调整合同价款、办理竣工结算以及工程索赔等的依据。工程量清单的主要作用如下:

(1)工程量清单为投标人的投标竞争提供了一个平等和共同的基础;
(2)工程量清单是建设工程计价的依据;
(3)工程量清单是工程付款和结算的依据;
(4)工程量清单是调整工程价款、处理工程索赔的依据。

在发生工程变更和工程索赔时,可以选用或者参照工程量清单中的分部分项工程或计价项目及合同单价来确定变更价款和索赔费用。

3. 工程量清单计价的方法

采用工程量清单计价,建筑安装工程造价由分部分项工程费、措施项目费、其他项目费、规费和税金组成。在工程量清单计价中,如按分部分项工程单价组成来分,工程量清单计价主要有三种形式:①工料单价法;②综合单价法;③全费用综合单价法。

$$工料单价 = 人工费 + 材料费 + 施工机具使用费 \tag{6-1}$$

$$综合单价 = 人工费 + 材料费 + 施工机具使用费 + 管理费 + 利润 \tag{6-2}$$

$$全费用综合单价 = 人工费 + 材料费 + 施工机具使用费 + 管理费 + 利润 + 规费 + 税金 \tag{6-3}$$

《计价规范》规定,分部分项工程量清单应采用综合单价计价。利用综合单价法计价,需分项计算清单项目,再汇总得到工程总造价。

$$分部分项工程费 = \sum 分部分项工程量 \times 分部分项工程综合单价 \tag{6-4}$$

$$措施项目费 = \sum 措施项目工程量 \times 措施项目综合单价 + \sum 单项措施费 \tag{6-5}$$

$$其他项目费 = 暂列金额 + 暂估价 + 计日工 + 总承包费 + 其他 \tag{6-6}$$

$$单位工程报价 = 分部分项工程费 + 措施项目费 + 其他项目费 + 规费 + 税金 \tag{6-7}$$

$$单项工程报价 = \sum 单位工程报价 \tag{6-8}$$

$$总造价 = \sum 单项工程报价 \tag{6-9}$$

第三节 成本管理的任务与措施

施工成本是指在项目的施工过程中所发生的全部生产费用的总和,包括所消耗的原材料、辅助材料、构配件等的费用,周转材料的摊销费或租赁费等,施工机械的使用费或租赁费等,支付给生产工人的工资、奖金、工资性质的津贴等,以及进行施工组织与管理所发生的全部费用支出。工程项目施工成本由直接成本和间接成本所组成。

直接成本是指施工过程中耗费的构成工程实体或有助于工程实体形成的各项费用支出,是可以直接计入工程对象的费用,包括人工费、材料费、施工机械使用费和施工措施费等。

间接成本是指为施工准备、组织和管理施工生产的全部费用的支出,是不直接用于也无法直接计入工程对象,但为进行工程施工所必须发生的费用,包括管理人员工资、办公费、差旅交通费等。

一、施工成本管理的任务

施工成本管理就是要在保证工期和质量满足要求的情况下,采取包括组织措施、经济措施、技术措施、合同措施等相关管理措施,把成本控制在计划范围内,并进一步寻求最大限度地节约成本的方法。施工成本管理的任务和环节主要包括:施工成本预测、施工成本计划、施工成本控制、施工成本核算、施工成本分析、施工成本考核。

1. 施工成本预测

成本预测就是根据成本信息和项目的具体情况,运用一定的专门方法,对未来的成本水平及其可能发展的趋势做出科学的估计,在工程施工以前对成本进行的估算。通过项目施工成本预测,可以在满足项目业主和本企业要求的前提下,选择成本低、效益好的最佳成本方案,并能够在项目施工成本形成过程中,针对薄弱环节,加强成本控制,克服盲目性,提高预见性。因此,项目施工成本预测是项目施工成本决策与计划的依据。施工成本预测,通常是对项目施工计划工期内影响其成本变化的各个因素进行分析,比较近期已完工项目或将完工项目的成本(单位成本),预测这些因素对工程成本中有关项目(成本项目)的影响程度,预测出工程的单位成本或总成本。

2. 施工成本计划

施工成本计划是以货币形式编制施工项目在计划期内的生产费用、成本水平、成本降低率以及为降低成本所采取的主要措施和规划的书面方案,它是建立项目施工成本管理责任制、开展成本控制和核算的基础。一般来说,一个项目的施工成本计划应包括从开工到竣工所必需的施工成本,它是该项目降低施工成本的指导文件,是设立目标成本的依据。

3. 施工成本控制

施工成本控制是指在施工过程中,对影响项目施工成本的各种因素加强管理,并采取各种有效措施,将施工中实际发生的各种消耗和支出严格控制在成本计划范围内,随时揭示存在问题并及时反馈,严格审查各项费用是否符合标准,计算实际成本和计划成本之间的差异并进行分析,进而采取多种措施,消除施工中的损失浪费现象。

4. 施工成本核算

施工成本核算包括两个基本环节:一是按照规定的成本开支范围对施工费用进行汇集和分配,计算出施工费用的实际发生额;二是根据成本核算对象,采用适当的方法,计算出项目施工的总成本和单位成本。施工成本管理需要正确及时地核算施工过程中发生的各项费用,计算项目施工的实际成本。项目施工成本核算所提供的各种成本信息,是今后工程的成本预测及本工程的成本计划、成本控制、成本分析和成本考核等各个环节的依据。

施工成本一般以单位工程为成本核算对象,但也可以按照项目的规模、工期、结构类型、施工组织和现场施工等情况,结合成本管理要求,灵活划分成本核算对象。

5. 施工成本分析

施工成本分析是在施工成本核算的基础上,对成本的形成过程和影响成本升降的因素进行分析,以寻求进一步降低成本的途径,包括有利偏差的挖掘和不利偏差的纠正。施工成本分析贯穿于施工成本管理的全过程,它是在成本的形成过程中,利用施工的成本核算资料(成本信息),与目标成本、预算成本以及类似项目的实际施工成本等进行比较,了解成本的变动情况,同时也要分析主要技术经济指标对成本的影响,系统地研究影响成本变动的因素,检查成本计划的合理性,并通过成本分析,深入揭示成本变动的规律,寻找降低项目施工成本的途径,以便有效地进行成本控制。对成本偏差的控制,分析是关键,纠偏是核心。要针对分析得出的偏差发生原因,采取切实措施,加以纠正。

6. 施工成本考核

施工成本考核是指在项目施工完成后,对项目施工成本形成中的各责任者,按项目施工成本目标责任制的有关规定,将实际指导成本与计划成本、定额、预算进行对比和考核,评定项目施工成本计划的完成情况和各责任者的业绩,并以此给予相应的奖励和处罚。通过成本考核,做到赏罚分明,才能够有效地调动每一位员工在各自岗位上努力完成目标成本的积极性,为降低项目施工成本和增加企业的积累,做出贡献。

施工成本管理的每一个环节都是相互联系和相互作用的。成本预测是成本决策的前提,成本计划是成本决策所确定目标的具体化。成本计划实施则是对成本计划的实施进行控制和监督,保证决策的成本目标的实现;而成本核算又是对成本计划是否实现的最后检验,它所提供的成本信息又对下一个项目施工成本预测和决策提供基础资料。成本考核是实现目标成本责任制的保证和实现决策目标的重要手段。

二、施工成本管理的措施

为了取得施工成本管理的理想成效,应当从多方面采取措施实施管理。通常可以将这些措施归纳为四个方面:组织措施、技术措施、经济措施、合同措施。

1. 组织措施

施工成本控制是全员的活动,如实行项目经理责任制,落实施工成本管理的组织机构和人员,明确各级施工成本管理人员的任务和职能分工、权利和责任。施工成本管理不仅是专业成本管理人员的工作,各级项目管理人员都负有成本控制责任。

组织措施的另一方面是编制施工成本控制工作计划,确定合理详细的工作流程,要做好施工采购规划,通过生产要素的优化配置、合理使用、动态管理,有效控制实际成本;加强施工定额管理和施工任务单管理,控制活劳动和物化劳动的消耗;加强施工调度,避免因施工计划不周和盲目调度造成的窝工损失、机械利用率降低、物料积压等而使施工成本增加。成本控制工作只有建立在科学管理的基础上,具备合理的管理体制,完善的规章制度,稳定的作业秩序,完整准确的信息传递,才能取得成效。组织措施是其他各类措施的前提和保障,而且一般不需要增加什么费用,运用得当可以收到良好的效果。

2. 技术措施

不仅对解决施工成本管理过程中的技术问题是不可缺少的,而且对纠正施工成本管理目标偏差也有相当重要的作用。因此,运用技术措施是实施纠偏的关键。

施工过程中降低成本的技术措施,包括进行技术经济分析,确定最佳的施工方案。

(1)结合施工方法,进行材料选用的比选,在满足功能要求的前提条件下,可通过代用、改变配合比、使用添加剂等方法降低材料消耗的费用。

(2)确定最合适的施工机械、设备使用方案;结合项目的施工组织设计及自然地理条件,降低材料的库存成本和运输成本。

先进的施工技术的应用,新材料的运用,新开发机械设备的使用等,在实践中,也要避免仅从技术角度选定方案而忽视对其经济效果的分析论证。

3. 经济措施

是最易为人们所接受和采取的措施,管理人员应编制资金使用计划,确定、分解施工成本管理目标。对施工成本管理目标进行风险分析,并制定防范性对策。对各种支出,应认真做好资金的使用计划,并在施工中严格控制各项开支,及时准确地记录、收集、整理、核算实际发生的成本。对各种变更,及时做好增减账,及时落实业主签证,及时结算工程款。通过偏差分析和未完工工程预测,可发现一些将引起未完施工成本增加的潜在的问题,对这些问题应进行主动控制,及时采取预防措施。由此可见,经济措施的运用绝不仅仅是财务人员的事情。

4. 合同措施

采用合同措施控制施工成本,应贯穿于整个合同周期,包括从合同谈判开始到合同终结的全过程。首先是选用合适的合同结构,对各种合同结构模式进行分析、比较,在合同谈判时,要争取选用适合于本工程规模、性质和特点的合同结构模式。其次,在合同的条款中应仔细考虑一切影响成本和效益的因素,特别是潜在的风险因素。通过对引起成本变动的风险因素的识别和分析,采取必要的风险对策,如通过合理的方式,增加对方承担风险的个体数量,降低损失发生的比例,并最终将这些策略反映在合同的具体条款中。在合同执行期间,合同管理的实施措施既要密切注视对方执行合同的情况,以寻求合同索赔的机会;同时也要密切关注自己履行合同的情况,防止被对方索赔。

第四节 成本计划的编制

一、编制施工成本计划的意义和作用

1. 施工成本计划的意义

成本计划是成本管理和成本会计的一项重要内容,是企业生产经营计划的重要组成部分。项目施工成本计划是在项目经理负责下,在成本预测的基础上进行的。它是以货币形式预先规定项目施工进行中的生产耗费的计划总水平,通过项目施工的成本计划可以确定根据项目总投资(或中标额)应实现的计划成本降低额与降低率,并且按项目成本管理层次、有关成本以及施工进展的逐阶段对成本计划加以分解,并拟定各级成本实施方案。

项目施工成本计划是实现降低施工成本任务的指导性文件。

2. 施工成本计划的作用

(1)对生产耗费进行控制、分析和考核的重要依据;

(2）编制核算单位其他有关生产经营计划的基础；

(3）是国家编制国民经济计划的一项重要依据；

(4）可以动员全体职工深入开展增产节约、降低产品成本的活动。

成本计划是全体职工共同奋斗的目标。为了保证成本计划的实现，企业必须加强成本管理责任制，把成本计划的各项指标进行分解，落实到各部门、班组乃至个人，实行归口管理并做到责、权、利相结合，检查评比和奖励惩罚有根有据，使开展增产节约、降低产品成本、执行和完成各项成本计划指标成为上下一致、左右协调、人人自觉努力完成的共同行动。

二、施工成本计划编制的原则

1. 从实际情况出发

编制施工成本计划必须根据国家的方针政策，从企业的实际情况出发，充分挖掘企业内部潜力，使降低成本指标既积极可靠，又切实可行。项目施工管理部门降低成本的潜力在于正确选择施工方案，合理组织施工；提高劳动生产率；改善材料供应，降低材料消耗，提高机械利用率、节约施工管理费用等。但要注意，不能为降低成本而偷工减料、忽视质量，不顾机械的维护修理而拼机械，片面增加劳动强度，加班加点，或减掉合理的劳保费用，忽视安全工作。

2. 与其他计划结合

编制施工成本计划，必须与项目施工的其他各项计划如施工方案、生产进度、财务计划、材料供应及消耗计划等密切结合，保持平衡。即成本计划一方面要根据项目施工的生产、技术组织措施、劳动工资、材料供应等计划来编制，另一方面又影响着其他各种计划。编制其他各种计划指标时，都应考虑适应降低成本的要求，与成本计划密切配合，而不能单纯考虑每一种计划本身的需要。

3. 采用先进的技术经济定额

编制施工成本计划，必须以各种先进的技术经济定额为依据，并针对工程的具体特点，采取切实可行的技术组织措施作保证。只有这样，才能使编出的成本计划既有科学根据，又有实现的可能，也只有这样，才能使编出的成本计划起到促进和激励的作用。

4. 统一领导、分级管理

编制施工成本计划，应实行统一领导、分级管理的原则，采取走群众路线的工作方法。应在项目经理的领导下，以财务和计划部门为中心，发动全体职工共同进行，总结降低成本的经验，找出降低成本的正确途径，使成本计划的制订和执行具有广泛的群众基础。

5. 弹性原则

编制施工成本计划，应留有充分余地，保持计划的一定弹性。在计划期内，项目经理部的内部或外部的技术经济状况和供产销条件，很可能发生一些在编制计划时未预料的变化，尤其是材料供应，市场价格千变万化，给计划拟定带来很大困难。因而在编制计划时应充分考虑到这些情况，使计划保持一定的应变能力。

三、施工成本计划的类型

对于一个施工项目而言，其成本计划的编制是一个不断深化的过程。在这一过程的不同阶段形成深度和作用不同的成本计划。按其作用可分为三类：

1. 竞争性成本计划

即工程项目投标及签订合同阶段的估算成本计划。这类成本计划是以招标文件中的合同条件、投标者须知、技术规程、设计图纸或工程量清单等为依据,以有关价格条件说明为基础,结合调研和现场考察获得的资料,根据本企业的工料消耗标准、水平、价格资料和费用指标,对本企业完成招标工程所需要支出的全部费用的估算。在投标报价过程中,虽也着力考虑降低成本的途径和措施,但总体上较为粗略。

2. 指导性成本计划

即选派项目经理阶段的预算成本计划,是项目经理的责任成本目标。它是以合同标书为依据,按照企业的预算定额标准制订的设计预算成本计划,且一般情况下只是确定责任总成本指标。

3. 实施性成本计划

即项目施工准备阶段的施工预算成本计划。它以项目实施方案为依据,落实项目经理责任目标为出发点,采用企业的施工定额,通过施工预算的编制而形成的实施性施工成本计划。

以上三类成本计划互相衔接和不断深化,构成了整个工程施工成本的计划过程。其中,竞争性计划成本带有纯属战略的性质,是项目投标阶段商务标书的基础,而有竞争力的商务标书又是以其先进合理的技术标书为支撑的。因此,它奠定了施工成本的基本框架和水平。指导性计划成本和实施性计划成本,都是战略性成本计划的进一步展开和深化,是对战略性成本计划的战术安排。此外,根据项目管理的需要,实施性成本计划又可按施工成本组成、按子项目组成、按工程进度分别编制施工成本计划。

四、施工成本计划的编制依据

编制施工成本计划,需要广泛收集相关资料并进行调整,以作为施工成本计划编制的依据。在此基础上,根据有关设计文件、工程承包合同、施工组织设计、施工成本预算资料等,按照项目施工应投入的生产要素,结合各种因素的变化和拟采取的各种措施,估算项目施工生产费用支出的总水平,进而提出项目施工的成本计划控制指标,确定目标总成本。目标成本确定后,应将总目标分解落实到各个机构、班组、便于进行控制的子项目或工序。最后,通过综合平衡,编制完成施工成本计划。施工成本计划的编制依据包括:

(1)合同报价书;

(2)企业定额、施工预算;

(3)施工组织设计或施工方案;

(4)人工、材料、机械台班的市场价;

(5)企业颁布的材料指导价、企业内部机械台班价格、劳动力内部挂牌价格;

(6)周转设备内部租赁价格、摊销损耗标准;

(7)已签订的工程合同、分包合同(或估计价);

(8)结构件外加工计划和合同;

(9)有关财务成本核算制度和财务历史资料;

(10)施工成本预测资料;

(11)拟采取的降低施工成本的措施;

(12)其他相关资料。

五、施工成本计划的编制方法

(1) 施工成本计划的编制以成本预测为重要基础,关键前提是确定目标成本。计划的制订,需结合施工组织设计的编制过程,通过不断地优化施工技术方案和合理配置生产要素,进行工料机消耗的分析,制订一系列节约成本和挖潜措施,确定施工成本计划。一般情况下,计划施工成本总额应控制在目标成本的范围内,并使成本计划建立在切实可行的基础上。

(2) 施工总成本目标确定之后,还需通过施工成本计划把目标成本层层分解,落实到施工过程的每个环节,有效地进行成本控制。施工成本计划的编制方式有:

①按施工成本组成编制施工成本计划。施工成本可以按成本构成分解为人工费、材料费、施工机械使用费、措施费和间接费等,见图6-3。

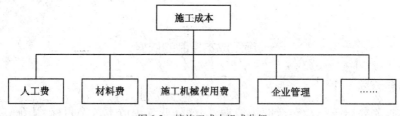

图6-3 按施工成本组成分解

②按子项目组成编制成本计划。大中型工程项目通常是由若干单项工程构成的,而每个单项工程包括了多个单位工程,每个单位工程又是由若干个分部工程所构成。因此,首先要把项目总施工成本分解到单项工程和单位工程中,再进一步分解为分部工程和分项工程(图6-4)。

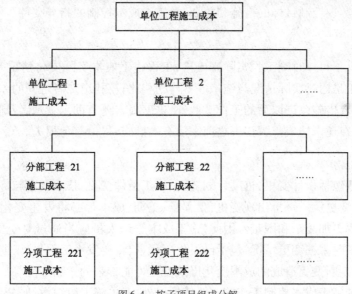

图6-4 按子项目组成分解

③按工程进度编制施工成本计划。按时间进度编制施工成本计划,通常可利用控制项目进度的网络图进一步扩充而得。即在建立网络图时,一方面确定完成各项工作所需花费的时间,另一方面同时确定完成这一工作的合适的施工成本支出计划。在实践中,将工程项目分解为既能方便地表示时间,又能方便地表示施工成本支出计划的工作是不容易的,通常如果项目分解程度对时间控制合适的话,则对施工成本支出计划可能分解过细,以至于不可能对每项工作确定其施工成本支出计划。反之亦然。因此在编制网络计划时,应充分考虑进度控制对项

目划分要求的同时,还要考虑确定施工成本支出计划对项目划分的要求,做到二者兼顾。

以上三种编制施工成本计划的方式并不是相互独立的。在实践中,往往是将这几种方式结合起来使用,从而可以收到扬长避短的效果。例如:将按子项目分解项目总施工成本与按施工成本构成分解项目总施工成本两种方式相结合,横向按施工成本构成分解,纵向按子项目分解;或相反。这种分解方式有助于检查各分部分项工程施工成本构成是否完美,有无重复计算或漏算;同时还有助于检查各项具体的施工成本支出的对象是否明确或落实,并且可以从数字上校核分解的结果有无错误。或者还可将按子项目分解项目总施工成本计划与按时间分解项目总施工计划结合起来,一般纵向按子项目分解,横向按时间分解。

第五节 成本控制与分析

一、施工成本控制的依据

1. 工程承包合同

施工成本控制要以工程承包合同为依据,围绕降低工程成本这个目标,从预算收入和实际成本两方面,努力挖掘增收节支潜力,以求获得最大的经济效益。

2. 施工成本计划

施工成本计划是根据项目施工的具体情况拟定的施工控制方案,既包括预定的具体成本控制目标,又包括实现控制目标的措施和规划,是施工成本控制的指导文件。

3. 进度报告

进度报告提供了每一时刻工程实际完成量、工程施工成本实际支付情况等重要信息。施工成本控制工作正是通过实际情况与施工成本计划相比较,找出二者之间的差距,分析偏差产生的原因,从而采取措施改进以后的工作。此外,进度报告还有助于管理者及时发现工程施工中存在的隐患,并在还未造成重大损失之前采取有效措施,尽量避免损失。

4. 工程变更

工程变更一般包括设计变更、进度计划变更、施工条件变更、技术规范与标准变更、施工次序变更、工程数量变更等。一旦出现变更,工程量、工期、成本都必将发生变化,从而使得施工成本控制工作变得更加复杂和困难。因此,施工成本管理人员应当通过对变更要求中各类数据的计算、分析,随时掌握变更情况,包括已发生工程量、将要发生工程量、工期是否拖延、支付情况等重要信息,判断变更造成的成本变化以及变更可能带来的索赔额度等。

除了上述几种施工成本控制工作的主要依据以外,有关施工组织设计、分包合同文本等也都是施工成本控制的依据。

二、施工成本控制的步骤

在确定了施工成本计划之后,必须定期地进行施工成本计划值与实际值的比较。当实际值偏离计划值时,分析产生偏差的原因,采取适当的纠偏措施,以保证施工成本控制目标的实现。其步骤如下:

1. 比较

将施工成本计划值与实际值逐项进行比较，以发现施工成本是否已超支。

2. 分析

在比较的基础上，对比较的结果进行分析，以确定偏差的严重性及偏差产生的原因。这一步是施工成本控制工作的核心，其主要目的在于找出偏差的原因，从而采取有针对性的措施，减少或避免类似问题的再次发生或减少由此造成的损失。

3. 预测

根据项目实施情况估算整个项目完成时的施工成本。预测的目的在于为决策提供支持。

4. 纠偏

当工程项目的实际施工成本出现了偏差，应当根据工程的具体情况、偏差分析和预测的结果，采取适当的措施，以期达到使施工成本偏差尽可能小的目的。纠偏是施工成本控制中最具实质性的一步，只有通过纠偏，才能最终达到有效控制施工成本的目的。

5. 检查

是对工程的进展进行跟踪和检查，及时了解工程进展情况以及纠偏措施的执行情况和效果，为今后的工作积累经验。

三、施工成本控制的方法

施工成本控制的方法很多，这里着重介绍赢得值法（挣值法）。

挣值分析（Earned Value Analysis, EVA），也称为赢得值、获得值。它是一种项目跟踪、项目状态评估的技术；其核心内容是将工作、工作进度量化为价值，使得管理者可以客观地精确地计算工作完成的百分比。挣值分析用于监督整个项目相对于其基准计划的绩效。挣值分析的结果可以显示出项目完成时成本和时间上潜在的偏差。当一个项目明显偏离于基准计划时，应进行更新的风险识别和分析。

1. 三个基本参数

1) 已完工作预算费用

已完工作预算费用简称 BCWP（Budgeted Cost for Work Performed），是指某一时间已完成的工作（或部分工作）以批准的预算为标准所需资金总额。由于业主正是根据这个金额为承包人完成的工作支付相应的费用，也就是承包人获得（挣得）的金额，故称赢得值或正值。

$$已完工作预算费用（BCWP）= 已完成工作量 \times 实际单价 \qquad (6-10)$$

2) 计划工作预算费用

计划工作预算费用简称 BCWS（Budgeted Cost for Work Schdeuled），即根据进度计划，在某一时刻应当完成的工作（或部分工作）以预算为标准所需的资金总额。

$$计划工作预算费用（BCWS）= 计划工作量 \times 预算单价 \qquad (6-11)$$

3) 已完工作实际费用

已完工作实际费用简称 ACWP（Actual Cost for Work Performed），即到某一时刻为止，已完成的工作（或部分工作）所实际花费的总金额。

$$已完工作实际费用（ACWP）= 已完成工作量 \times 实际单价 \qquad (6-12)$$

2. 赢得值法的四个评价指标

1）费用偏差 CV(Cost Variance)

费用偏差(CV) = 已完工作预算费用(BCWP) – 已完工作实际费用(ACWP)　　(6-13)

费用偏差为负值时,表示项目运行超出预算费用;费用偏差为正值时,表示项目运行节支,实际费用没有超出预算费用。

2）进度偏差 SV(Schedule Variance)

进度偏差(SV) = 已完工作预算费用(BCWP) – 计划工作预算费用(BCWS)　　(6-14)

进度偏差(SV)为负值,表示进度延误,即实际进度落后于计划进度;进度偏差(SV)为正值,表示进度提前,即实际进度快于计划进度。

3）费用效绩指数(CPI)

费用效绩指数(CPI) = 已完工作预算费用(BCWP)/已完工作实际费用(ACWP)　　(6-15)

当费用效绩指数 CPI > 1 时,表示节支,即实际费用高于预算费用;

当费用效绩指数 CPI < 1 时,表示超支,即实际费用低于预算费用。

4）进度效绩指数(SPI)

进度效绩指数(SPI) = 已完工作预算费用(BCWP)/计划工作预算费用(BCWS)　　(6-16)

当进度效绩指数 SPI > 1 时,表示进度提前,即实际进度比计划进度快;

当进度效绩指数 SPI < 1 时,表示进度延误,即实际进度比计划进度拖后。

在实际执行过程中,最理想的状态是已完工作实际费用(ACWP)、计划工作预算费用(BCWS)、已完工作预算费用(BCWP)三条曲线靠得很近、平稳上升,表示项目按预定计划目标进行。如果三条曲线离散度不断增加,则预示可能发生关系到项目成败的重大问题。

例 6-2: 某土方工程,某月计划开挖 $800m^3$,合同单价 300 元/m^3。到月底实际完成土方量为 $900m^3$,实际单价 400 元/m^3。则该工程的费用偏差(CV)、费用效绩指数(CPI)、进度偏差(SV)进度效绩指数(SPI)为多少万元?

解:(1)已完工作预算费用(BCWP) = 900 × 300 = 27(万元)

(2)计划工作预算费用(BCWS) = 800 × 300 = 24(万元)

(3)已完工作实际费用(ACWP) = 900 × 400 = 36(万元)

(4)费用偏差(CV) = (1) – (3) = 27 – 36 = –9(万元)

(结果为负,表示费用超支 9 万元)

(5)进度偏差(SV) = (1) – (2) = 27 – 24 = 3(万元)

(结果为正,表示进度提前 3 万元)

(6)费用效绩指数(CPI) = (1)/(3) = 27/36 = 0.75

(结果小于 1,表示超支)

(7)进度效绩指数(SPI) = (1)/(2) = 27/24 = 1.125

(结果大于 1,表示进度提前)

3. 分析的方法

成本偏差分析可采用不同的方法,常用的有横道图法、表格法和曲线法。

1）横道图法

用横道图法进行施工成本偏差分析,是用不同的横道标志已完工程计划施工成本、拟完工程计划施工成本和已完工程实际施工成本,横道图的长度与其金额成正比例,见图 6-5。

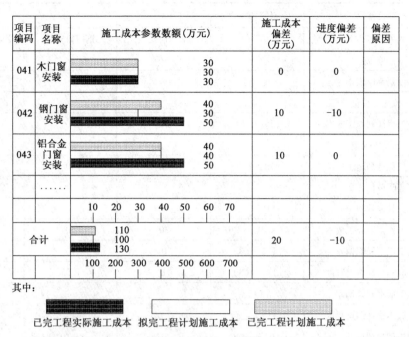

图 6-5 横道图法的施工成本偏差分析

横道图法具有形象、直观、一目了然等优点,它能够准确表达出施工成本的绝对偏差,而且能一眼就看出偏差的严重性。但这种方法反映的信息量少,一般在项目的较高管理层应用。

2)表格法

表格法是进行偏差分析最常用的一种方法。它将项目编号、名称、各施工成本参数以及施工成本参数偏差数综合归纳入一张表格中,而且直接在表格中进行比较(表 6-2)。由于各偏差参数都在表中列出,使得成本管理者能够综合地了解并处理这些数据。用表格法进行偏差分析具有如下优点:

(1)灵活、适用性强,可根据实际需要设计表格,进行增减项。

(2)信息量大,可以反映偏差分析所需的资料,从而有利于施工成本控制人员及时采取针对性措施加强控制。

(3)表格处理可借助于计算机,从而节约大量数据处理所需的人力,并大大提高速度。

3)曲线法

曲线法是用施工成本累计曲线(S 形曲线)来进行施工成本偏差分析的一种方法。

在用曲线法进行施工成本偏差分析时,首先要确定施工成本计划值曲线。但是施工成本计划值曲线是与确定的进度计划联系在一起的,因此也应考虑实际进度的影响,应当引入 3 条施工成本参数曲线,即已完工程实际施工成本曲线 ACWP、已完工程计划施工成本曲线 BCWP 和拟完工程计划施工成本曲线 BCWS(图 6-6)。图中曲线 BCWP 与曲线 ACWP 的竖向距离表示施工成本偏差,曲线 BCWP 与曲线 BCWS 的距离表示进度偏差。用曲线法进行偏差分析同样具有形象、直观的特点,但这种方法很难直接用于定量分析,只能对定量分析起一定的指导作用。

施工成本偏差分析表　　　　　　　表 6-2

(1)	项目编码	计算方法	041	042	043
(2)	项目名称		木门窗安装	钢门窗安装	铝合金门窗安装
(3)	单位				
(4)	计划单位成本				
(5)	拟完工程量				
(6)	拟完工程计划施工成本	(5)×(4)	30	30	40
(7)	已完工程量				
(8)	已完工程计划施工成本	(7)×(4)	30	40	40
(9)	实际单位成本				
(10)	其他款项				
(11)	已完工程实际施工成本	(7)×(9)+(10)	30	50	50
(12)	施工成本局部偏差	(11)−(8)	0	10	10
(13)	施工成本局部偏差程度	(11)÷(8)	1	1.25	1.25
(14)	施工成本累计偏差	∑(12)			
(15)	施工成本累计偏差程度	∑(11)÷∑(8)			0
(16)	进度局部偏差	(6)−(8)	0	−10	0
(17)	进度局部偏差程度	(6)÷(8)	1	0.75	1
(18)	进度累计偏差	∑(16)			
(19)	进度累计偏差程度	∑(6)÷∑(8)			

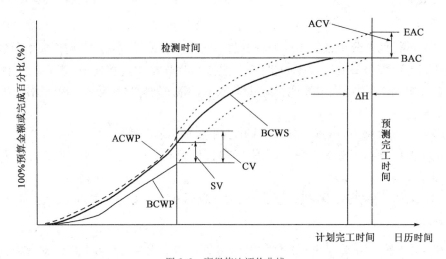

图 6-6　赢得值法评价曲线

四、施工成本分析

施工成本分析的依据

施工成本分析，就是根据会计核算、业务核算和统计核算提供的资料，对成本的形成过程和影响成本升降的因素进行分析，以寻求进一步降低成本的途径；另一方面，通过成本分析，可从账簿、成本计算、报表反映的成本现象看清成本的实质，从而增加项目成本的透明度和可控性,为加强成本控制、实现项目成本目标创造条件。

1)会计核算

会计核算主要是价值核算。会计是对一定单位的经济业务进行计量、记录、分析和检查,做出预测,参与决策,实行监督,旨在实现最优经济效益的一种管理活动。它通过设置账户、复式记账、填制和审核凭证、登记账簿、成本计算、财产清查和编制会计报表等一系列有组织有系统的方法,来记录企业的一切生产经营活动,然后据以提出一些用货币来反映的有关各综合性经济指标的数据。

2)业务核算

业务核算是各业务部门根据工作需要而建立的核算制度,它包括原始记录和计算登记表,如单位工程及分部分项工程进度登记、质量登记、工效、定额计算登记、物资消耗定额记录、测试记录等等。业务核算的范围比会计、统计核算要广。会计和统计核算一般是对已经发生的经济活动进行核算;而业务核算,不但可以对已经发生的,而且还可以对尚未发生或正在发生的经济活动进行核算,看是否可以做,是否有经济效果。

3)统计核算

统计核算是利用会计核算资料和业务核算资料,把企业生产经营活动客观现状的大量数据,按统计方法加以系统整理,表明其规律性。它的计量尺度比会计核算宽,可以用货币计算,也可以用实物或劳动量计量。它通过全面调查和抽样调查等特有的方法,不仅能提供绝对数指标,还能提供相对数和平均数指标,可以计算当前的实际水平,确定变动速度;可以预测发展的趋势。

五、施工成本分析的方法

1. 成本分析的基本方法

施工成本分析的基本方法包括:比较法、因素分析法、差额计算法、比率法等。

1)比较法

比较法又称"指标对比分析法",就是通过技术经济指标的对比,检查目标的完成情况,分析产生差异的原因,进行挖掘内部潜力的方法。这种方法,具有通俗易懂、简单易行、便于掌握的特点,因而得到了广泛的应用。但在应用时必须注意各技术经济指标的可比性。比较法的应用,通常有下列几种形式:

(1)将实际指标与目标指标对比,以此来检查目标完成的情况,分析影响目标完成的积极因素和消极因素,以便及时采取措施,保证成本目标的实现。在进行实际指标与目标指标对比时,还应注意目标成本本身有无问题。如果目标本身存在问题,则应调整目标,重新正确评价实际工作效果。

(2)通过本期实际指标与上期实际指标对比,可以看出各项技术经济指标的变动情况,反映施工管理水平的提高程度。

(3)通过与本行业平均水平、先进水平对比,可以反映本项目的技术管理和经济管理与行业的平均水平和先进水平的差距,进而采取措施赶超先进水平。

2)因素分析法

因素分析法又称连环置换法。这种方法可用来分析各种因素对成本的影响程度。在进行分析时,首先要假定众多因素中的一个因素发生了变化,而其他因素则不变,然后逐个替换,分别比较其计算结果,以确定各个因素的变化对成本的影响程度。因素分析法的计算步骤如下:

(1)确定分析对象,并计算出实际与目标数的差异;

(2)确定该指标是由哪几个因素组成的,并按其相互关系进行排序(排序规律是:先实物量,后价值量;先绝对值,后相对值);

(3)以目标数为基础,将各因素的目标数相乘,作为分析替代的基数;

(4)将各个因素的实际数按照上面的排列顺序进行替换计算,并将替换后的实际数保留下来,有多少因素替换多少次,直到把各因素都替换成实际值为止;

(5)将每次替换计算所得的结果与前一次的计算结果相比较,两者的差异即为该因素对成本的影响程度;

(6)各个因素的影响程度之和,应与分析对象的总差异相等。

例 6-3:商品混凝土目标成本为 443 040 元,实际成本为 473 697 元,比目标成本增加 30 657 元,资料如表 6-3 所示。

商品混凝土目标成本与实际成本对比表 表 6-3

项 目	单 价	目 标	实 际	差 额
用量	m³	600	630	+30
单价	元	710	730	+20
损耗率	%	4	3	−1
成本	元	443 040	473 697	+30 657

分析对象是商品混凝土的成本,实际成本与目标成本的差额为 30 657 元,该指标是由用量、单价、损耗率三个因素组成的,其排序见上表。

解:为了使用方便,企业也可以运用因素分析表来求出各因素变动对实际的影响程度,其具体表现形式见表 6-4。

商品混凝土成本变动因素分析表 表 6-4

顺序	连环替代计算(元)	差异(元)	因素分析
目标数	600 × 710 × 1.04 = 443 040		
第一次替代	630 × 747 369 710 × 1.04 = 465 192	465 192 − 443 040 = 22 152	由于产量增加 30m³,成本增加 22 152 元
第二次替代	630 × 730 × 1.04 = 478 296	478 296 − 465 192 = 13 104	由于单价提高 20 元,成本增加 13 104 元
第三次替代	630 × 730 × 1.03 = 473 697	473 697 − 478 296 = 4 599	由于损耗率下降 1%,成本减少 4 599 元
合计	22 152 + 13 104 − 4 599 = 30 657	30 657	

3)差额计算法

差额计算法是因素分析法的一种简化形式,它利用各个因素的目标值与实际值的差额来计算其对成本的影响程度。

4)比率法

比率法是指用两个以上目标的标准的比例进行分析的方法。它的基本特点是:先计算拟对比分析的数值的相对比率,再观察其相互之间的关系。常用的比率法有以下几种:

(1)相关比率法。由于项目经济活动的各个方面是相互联系、相互依存又相互影响的,因而可以将两个性质不同而又相关的指标加以对比,求出比率,并以此来考虑经营成果的好坏。例如:产值和工资是两个不同的概念,但他们的关系又是投入与产出的关系,在一般情况下,都希望以最少的工资支出完成最大的产值。因此,用产值工资率指标来考核人工费的支出水平,就很能说明问题。

(2)构成比率法。又称比重分析法或结构对比分析法,通过构成比率,可以考虑成本总量的构成情况及各成本项目占成本总量的比重,同时也可看出预算成本、实际成本和降低成本的比例关系,从而为寻求降低成本的途径指明方向。

(3)动态比率法。动态比率法,就是将同类指标不同时期的数值进行分析,求出比率,以分析该项指标的发展方向和发展速度。动态比率的计算,通常采用基期指数和环比指数两种方法。

2. 综合成本的分析方法

所谓综合成本,是指涉及多种生产要素并受多种因素影响的成本费用,如分部分项工程成本、月(季)度成本、年度成本等。由于这些成本都是随着项目施工的进展而逐渐形成的,与生产经营有着密切关系,因此,做好上述成本的分析工作,无疑将促进项目的生产经营管理,提高项目的经济效益。

1)分部分项工程成本分析

分部分项工程成本分析是施工项目成本分析的基础。分部分项工程成本分析的对象为已完成分部分项工程。分析的方法是:进行预算成本、目标成本和实际成本的"三算"对比,分别计算实际偏差和目标偏差,分析偏差产生的原因,为今后的分部分项工程成本寻求节约途径。

分部分项工程成本分析的资料来源是:目标成本来自投标报价成本,预算成本来自施工预算,实际成本来自施工任务单的实际工程量、实耗人工和限额领料单的实耗材料。

2)月(季)度成本分析

月(季)度成本分析,是施工项目定期的、经常性的中间成本分析,对于具有一次性特点的施工项目来说,有特别重要的意义。因为通过月(季)度成本分析,可以及时发现问题,以便按照成本目标指定的方向进行监督和控制,保证项目成本目标的实现。

月(季)度成本分析的依据是当月(季)的成本报表。分析的方法,通常有以下几方面:

(1)通过实际成本与预算成本的对比,分析当月(季)的成本降低水平,预测实现项目成本目标的前景。

(2)通过实际成本与目标成本的对比,分析目标成本的落实情况,以及目标管理中的问题和不足,进而采取措施,加强成本管理,保证实现目标的落实。

(3)通过对各成本项目的成本分析,可以了解成本总量的构成比例和成本管理的薄弱环节。例如:在成本分析中,发现人工费、机械费和间接费等项目大幅度超支,就应该对这些费用的收支配比关系认真研究,并采取对应的增收节支措施,防止今后再超支。如果是属于规定的"政策性"亏损,则应从控制支出着手,把超支额压缩到最低限度。

(4) 通过主要技术经济指标的实际与目标对比,分析产量、工期、质量、"三材"节约率、机械利用率等对成本的影响,通过对技术组织措施执行效果的分析,寻求更加有效的节约途径。

(5) 分析其他有利条件和不利条件对成本的影响。

3) 年度成本分析

企业成本要求一年结算一次,不得将本年成本转入下一年度,而项目成本则以项目的寿命周期为结算期,要求从开工到竣工到保修期结束连续计算,然后结算出成本总量及其盈亏。由于项目的施工周期一般较长,除进行月(季)度成本核算和分析外,还要进行年度成本的核算和分析,这不仅是为了满足企业汇编年度成本报表的需要,同时也是项目成本管理的需要。因为通过年度成本的综合分析,可以总结一年来成本管理的成绩和不足,为今后的成本管理提供经验和教训,从而可对项目成本进行更有效的管理。

年度成本分析的依据是年度成本报表。年度成本分析的内容,除了月(季)度成本分析的6个方面以外,重点是针对下一年度的施工紧张情况规划切实可行的成本管理措施,以保证项目施工成本目标的实现。

4) 竣工成本的综合分析

凡是有几个单位工程而且是单独进行成本核算(即成本核算对象)的施工项目,其竣工成本分析应以各单位工程竣工成本分析资料为基础,再加上项目经理部的经营效益(资金调度、对外分包等所产生的效益)进行综合分析。如果施工项目只有一个成本核算对象(单位工程),就以该成本核算对象的竣工成本资料作为成本分析的依据。

单位工程竣工成本分析,应包括以下三方面内容:

(1) 竣工成本分析;

(2) 主要资源节超对比分析;

(3) 主要技术节约措施及效果分析。

通过以上分析,可以全面了解单位工程的成本构成和降低成本的原因,对今后同类工程的成本管理很有参考价值。

第六节 工 程 结 算

一、合同价款的结算方式

合同价款的结算,是指发包人在工程实施过程中,依据合同中相关付款条款的规定和已完成的工程量,按照规定的程序向承包人支付合同价款的一项经济活动。合同价款的结算主要有以下几种方式:

1) 按月结算

即先预付部分工程款,在施工过程中按月结算工程进度款,竣工后进行清算的办法。单价合同常采用按月结算的方式。

2) 分段结算

即按照工程的形象进度,划分不同阶段进行结算。形象进度一般划分为:基础、±0.000以上的主体结构、装修、室外及收尾等。分段结算可以按月预支工程款。

3）竣工后一次结算

建设项目或单项工程全部建筑安装工程建设期在 12 个月以内,或者工程承包合同价值在 100 万元以下的,可以实行开工前预付一定的预付款或按工程款每月预支,竣工后一次结算的方式。

4）双方约定的其他结算方式

二、预付款的支付与抵扣

1. 预付款的支付

预付款是发包人为帮助承包人解决施工准备阶段的资金周转问题而提前支付的一笔款项,用于承包人为合同工程施工购置材料、机械设备、修建临时设施以及施工队伍进场等。工程是否实行预付款,取决于工程性质、承包工程量的大小及发包人在招标文件中的规定。工程实行预付款的,发包人应按合同约定的时间和比例(或金额)向承包人支付预付款。

（1）预付款的额度。包工包料工程的预付款的支付比例不得低于签约合同价(扣除暂列金额)的 10%,不宜高于签约合同价(扣除暂列金额)的 30%。对重大工程项目,按年度工程计划逐年预付。实行工程量清单计价的工程,实体性消耗和非实体性消耗部分应在合同中分别约定预付款比例(或金额)。

（2）预付款的支付时间。承包人应在签订合同或向发包人提供与预付款等额的预付款保函(如有)后向发包人提交预付款支付申请。发包人应在收到支付申请的 7 天内进行核实后向承包人发出预付款支付证书,并在签发支付证书后的 7 天内向承包人支付预付款。发包人没有按合同约定按时支付预付款的,承包人可催告发包人支付;发包人在预付款期满后的 7 天内仍未支付的,承包人可在付款期满后的第 8 天起暂停施工,发包人应承担由此增加的费用和(或)延误的工期,并向承包人支付合理利润。

2. 预付款的抵扣

发包人拨付给承包人的工程预付款属于预支的性质,随着工程进度的推进,拨付的工程进度款数额不断增加,工程所需主要材料、构件的储备逐步减少,原已支付的预付款应以抵扣的方式从工程进度款中予以陆续扣回。预付款应从每一个支付期应支付给承包人的工程进度款中扣回,直到扣回的金额达到合同约定的预付款金额为止。承包人的预付款保函(如有)的担保金额根据预付款扣回的数额相应递减,但在预付款全部扣回之前一直保持有效。发包人应在预付款扣完后的 14 天内将预付款保函退还给承包人。

安全文明施工费,发包人应在工程开工后的 28 天内预付不低于当年施工进度计划的安全文明施工费总额的 60%,其余部分按照提前安排的原则进行分解,与进度款同期支付。

发包人没有按时支付安全文明施工费的,承包人可催告发包人支付;发包人在付款期满后的 7 天内仍未支付的,若发生安全事故,发包人应承担连带责任。

预付的工程款必须在合同中约定扣回方式,常用的扣回方式有以下几种:

（1）在承包人完成金额累计达到合同总价一定比例(双方合同约定)后,采用等比率或等额扣款的方式分期抵扣。也可针对工程实际情况具体处理。如有些工程工期较短、造价较低,就无需分期扣还;有些工期较长,如跨年度工程,其预付款的占用时间很长,根据需要可以少扣或不扣。

(2)从未完施工工程尚需的主要材料及构件的价值相当于工程预付款数额时起扣,从每次中间结算工程价款中,按材料及构件比重抵扣工程预付款,至竣工之前全部扣清。其基本计算公式如下:

$$T = P - M/N \tag{6-17}$$

式中:T——起扣点,即工程预付款开始扣回的累计已完工程价值;
P——承包工程合同总额;
M——工程预付款数额;
N——主要材料及构件所占比重。

例 6-4: 某工程合同总额 200 万元,工程预付款为 24 万元,主要材料、构件所占比重为 60%,问:起扣点为多少万元?

解: 按起扣点计算公式:$T = P - M/N = 200 - 24/60\% = 160$(万元)
则当工程完成 160 万元时,本项工程预付款开始起扣。

三、进度款的支付

发承包双方应按照合同约定的时间、程序和方法,根据工程计量结果,办理期中价款结算,支付进度款。进度款支付周期应与合同约定的工程计量周期一致。已标价工程量清单中的单价项目,承包人应按工程计量确认的工程量与综合单价计算,如综合单价发生调整的,以发承包双方确认调整的综合单价计算进度款。已标价工程量清单中的总价项目,承包人应按合同中约定的进度款支付分解,分别列入进度款支付申请中的安全文明施工费和本周期应支付的总价项目的金额中。发包人提供的甲供材料金额,应按照发包人签约提供的单价和数量从进度款支付中扣出,列入本周期应扣减的金额中。承包人现场签证和得到发包人确认的索赔金额列入本周期应增加的金额中。进度款的支付比例按照合同约定,按期中结算价款总额计,不低于 60%,不高于 90%。

1. 承包人支付申请的内容

承包人应在每个计量周期到期后的 7 天内向发包人提交已完工程进度款支付申请一式四份,详细说明此周期认为有权得到的款额(包括分包人已完工程的价款)。支付申请的内容包括:
(1)累计已完成的合同价款。
(2)累计已实际支付的合同价款。
(3)本周期合计完成的合同价款:
①本周期已完成单价项目的金额;
②本周期应支付的总价项目的金额;
③本周期已完成的计日工价款;
④本周期应支付的安全文明施工费;
⑤本周期应增加的金额。
(4)本周期合计应扣减的金额:
①本周期应扣回的预付款;
②本周期应扣减的金额。
(5)本周期实际应支付的合同价款。

2. 发包人支付进度款

发包人应在收到承包人进度款支付申请后的 14 天内根据计量结果和合同约定对申请内容予以核实,确认后向承包人出具进度款支付证书。若发承包双方对有的清单项目的计量结果出现争议,发包人应对无争议部分的工程计量结果向承包人出具进度款支付证书。发包人应在签发进度款支付证书后的 14 天内,按照支付证书列明的金额向承包人支付进度款。若发包人逾期未签发进度款支付证书,则视为承包人提交的进度款支付申请已被发包人认可,承包人可向发包人发出催告付款的通知。发包人应在收到通知后的 14 天内,按照承包人支付申请的金额向承包人支付进度款。发包人未按规定支付进度款的,承包人可催告发包人支付,并有权获得延迟支付的利息;发包人在付款期满后的 7 天内仍未支付的,承包人可在付款期满后的第 8 天起暂停施工,发包人应承担由此增加的费用和(或)延误的工期,向承包人支付合理利润,并承担违约责任。发现已签发的任何支付证书有错、漏或重复的数额,发包人有权予以修正,承包人也有权提出修正申请。经发承包双方复核同意修正的,应在本次到期的进度款中支付或扣除。

例 6-5:某项工程发包与承包人签订了工程施工合同,合同中含两个子项工程,估算工程量甲项为 2 300 m^3,乙项为 3 200 m^3,经协商合同价甲项为 180 元/m^3,乙项为 160 元/m^3。承包合同规定:

(1)开工前业主应向承包人支付合同价 20% 的预付款;

(2)业主自第一个月起,从承包人的工程款中,按 5% 的比例扣留滞留金;

(3)当子项工程实际工程量超过估算工程量 10% 时,超过 10% 的部分可进行调价,调整系数为 0.9;

(4)根据市场情况规定价格调整系数平均按 1.2 计算;

(5)监理工程师签发付款最低金额为 25 万元;

(6)预付款在最后两个月扣除,每月扣 50%。

承包人各月实际完成并经监理工程师签证确认的工程量见表 6-5 所示。

承包人各月实际完成并经监理工程师签证确认的工程量(单位:m^3)　　表 6-5

月 份	1月	2月	3月	4月
甲项	500	800	800	600
乙项	700	900	800	600

问题:

(1)预付款是多少?

(2)每月工程量价款是多少?监理工程师应签证的工程款是多少?实际签发的付款凭证金额是多少?

解:(1)预付款金额为(2 300×180+3 200×160)×20% = 18.52(万元)

(2)一月:

工程量价款为 500×180+700×160 = 20.2(万元)

应签证的工程款为 20.2×1.2×(1-5%) = 23.028(万元)

由于合同规定监理工程师签发的最低金额为 25 万元,故本月监理工程师不予签发付款凭证。

二月:

工程量价款为 $800 \times 180 + 900 \times 160 = 28.8$（万元）

应签证的工程款为 $28.8 \times 1.2 \times (1-5\%) = 32.832$（万元）

本月实际签发的付款凭证金额为 $23.028 + 32.832 = 55.86$（万元）

三月：

工程量价款为 $800 \times 180 + 800 \times 160 = 27.2$（万元）

应签证的工程款为 $27.2 \times 1.2 \times (1-5\%) = 31.008$（万元）

该月应支付的净金额为 $31.008 - 18.52 \times 50\% = 21.748$（万元）

由于未达到最低结算金额，故本月监理工程师不予签发付款凭证。

四月：

$2\,300 \times (1 + 10\%) = 2\,530$（m³）

甲项工程累计完成工程量为 $2\,700\,m^3$，较估计工程量 $2\,300\,m^3$ 差额大于 10%。

超过 10% 的工程量为 $2\,700 - 2\,530 = 170$（m³）

其单价应调整为 $180 \times 0.9 = 162$（元/m³）

故甲项工程量价款为 $(600 - 170) \times 180 + 170 \times 162 = 10.494$（万元）

乙项累计完成工程量为 $3\,000\,m^3$，与估计工程量相差未超过 10%，故不予调整。

乙项工程量价款为 $600 \times 160 = 9.6$（万元）

本月完成甲、乙两项工程量价款为 $10.494 + 9.6 = 20.094$（万元）

应签证的工程款为 $20.094 \times 1.2 \times (1 - 5\%) - 18.52 \times 50\% = 13.647$（万元）

本期实际签发的付款凭证金额为 $21.748 + 13.647 = 35.395$（万元）

四、竣 工 结 算

工程完工以后，发承包双方必须在合同约定时间内办理工程竣工结算。工程竣工结算由承包人或授权委托具有相应资质的工程咨询人编制，由发包人或授权委托具有相应资质的工程咨询人核对。竣工结算办理完毕，发包人将竣工结算文件报送工程所在地（或有该工程管辖权的行政管理部门）工程造价管理机构备案，竣工结算文件作为工程竣工验收备案、交付使用的必备文件。

习 题

1. 按费用构成要素划分的建筑安装工程费用项目组成有哪些？
2. 施工成本管理的任务是什么？
3. 施工成本管理有哪些方面的措施？具体是什么？
4. 施工成本计划编制的依据是什么？
5. 施工成本控制的步骤是什么？
6. 挣值法的原理是什么？
7. 施工成本分析的方法有哪些？
8. 工程价款的结算方式有哪些？

第七章 工程项目安全与环境管理

第一节 概 述

工程项目施工安全管理,就是工程项目在施工过程中,组织安全生产的全部管理活动。通过对生产因素具体的状态控制,使生产因素不安全的行为和状态减少或消除,不引发人为事故,尤其是不引发使人受到伤害的事故,使施工项目效益目标的实现得到充分保证。

一、安全管理的范围

安全管理的中心问题是保护生产活动中人的安全与健康,保证生产顺利进行。宏观的安全管理包括相互联系又相互独立的三个方面:劳动保护、安全技术和工业卫生。

(1)劳动保护侧重于以政策、规程、条例、制度等规范操作或管理行为,从而使劳动者的劳动安全与身体健康得到应有的法律保障。

(2)安全技术侧重对"劳动手段和劳动对象"的管理,坚持以工程技术和安全技术规范、技术规定、标准、条例等规范物的状态,减轻或消除对人的威胁,预防伤亡事故。

(3)职业健康安全着重对工业生产中高温、粉尘、振动、噪声、有毒物的管理,通过防护、医疗、保健等措施,防止劳动者的安全与健康受到有害因素的危害。

从生产管理的角度,安全管理应概括为:在进行生产管理的同时,通过采用计划、组织、技术等手段,并适应生产中人、物、环境因素的运动规律,控制事故发生的一切管理活动。针对生产中人、物或环境因素的状态,有侧重地采取控制人的具体不安全行为或物和环境的具体不安全状态的措施,往往会收到较好的效果。这种具体的安全控制措施,是实现安全管理的有力保障。

二、建筑业的安全管理

建筑工程安全生产管理,是指建设行政主管部门、建筑安全监督管理机构、建筑施工企业及相关单位对建筑安全生产过程中的安全工作进行计划、组织、指挥、控制、监督、调节和改进等一系列致力于满足生产安全的管理活动。目的在于保护劳动者在生产过程中的安全与健康,保证国家和人民的财产不受到损失,保证建筑工程生产任务的顺利完成。

建筑工程安全生产管理内容包括以下几个方面：

(1)建设行政主管部门对于建筑工程活动中安全生产的行业管理。

(2)安全生产行政主管部门对建筑工程活动过程中安全生产的综合性监督管理。

(3)从事建筑工程活动的主体(包括建筑施工企业、建筑勘察单位、设计单位和工程监理单位)为保证建筑工程活动的安全生产所进行的自我管理等。

三、安全管理基本原则

施工现场的安全管理，主要是组织实施企业安全管理规划、指导、检查和决策，同时，又是保证生产处于最佳安全状态的根本环节。施工现场安全管理的内容，大体可归纳为安全组织管理、场地与设施管理、行为控制和安全技术管理四个方面，分别对生产中的人、物、环境的行为与状态进行具体的管理与控制。为了有效地将生产因素的状态控制好，实施安全管理过程中，必须坚持六项基本管理原则：

(1)管生产的同时管安全；

(2)明确安全生产管理的目标；

(3)必须贯彻预防为主的方针；

(4)坚持全员、全过程、全方位、全天候的动态安全管理；

(5)安全管理重在控制；

(6)在管理中发展、提高。

四、安全施工的目标

安全施工应达到"五无"目标，即无重伤及以上事故；无重大机械设备和电网事故；无火灾事故；无交通事故；努力实现无事故工程。公司安全生产委员会领导全面的安全工作，主要职责是领导公司开展安全教育，贯彻宣传各类法规，通知和传达上级部门的文件精神，制订各类管理条例，每周对各项目工程进行安全工作检查、评比，处理较大的安全问题。项目部成立安全管理小组，并设专职安全员，主要职责是负责进行对工人的安全技术交底，每天检查工程施工安全工作，每周召开工程安全会议一次；制订具体的安全规程和违章处理措施，并向公司安全领导小组汇报一次。各作业班组设立兼职安全员，主要是带领各班组认真操作，对每个工人耐心指导，发现问题及时处理，并及时向工地安全管理小组汇报工作。

五、施工过程中的检查和控制

在施工过程中，除正常的安全检查外，公司每月检查一次，工程处每半月检查一次，项目部每周检查一次，发现问题落实到人，限期整改，确保消除隐患。

1. 加强宣传教育，严格执行安全规范

按照公司的安全教育制度，加强宣传教育，制订科学合理的施工方案，组织切合实际的作业程序；对进场的工人进行摸底测试，统一进行安全教育，增强质量、安全意识。各专业班组认真学习设计文件，学习和体会施工技术规范和施工安全规范。经过培训交底达到合格的职工才允许上岗操作，为安全工作顺利圆满开展打下坚实的基础。在施工过程中，建立每周一次的安全教育，由项目经理或专职安全员主持。同时在每道施工工序进行前，由专职安全员作书面的安全技术交底，各班组长带领施工人员认真贯彻落实。

2. 严格执行安全防护制度及奖罚制度

对违规人员的处理形式有：批评教育→经济处罚→停职检查→开除。对安全工作模范个人和班组予以表扬和适当的奖励。特殊工种，如机械操作工、电工等一定要持证上岗、按章操作。机械设备定期保养，不准带病运行，并做好工作记录。人机配合作业区应有专人指挥管理。进入施工现场区内的人员一定要戴好安全防护用品。宿舍、工棚范围内配置好消防器具，严禁使用电炉，严禁携带有毒、易燃易炸物品进入宿舍和作业区。在施工过程中，对于施工现场的各种防护工作，如"四口五临边"（"四口"指楼梯口、电梯井口、预留洞口、通道口）；"五临边"指：尚未安装栏杆的阳台周边，无外架防护的层面周边，框架工程楼层周边，上下跑道及斜道的两侧边，卸料平台的侧边）的防护以及各种安全设施的设置，都要按照国家颁发的有关标准规范和市政有关规定严格予以落实。编制专项的安全防护措施，并设立专项安全负责人。施工现场设立安全标语和安全标志牌，使施工进度、质量和安全均达到业主及公司要求。

第二节 施工安全控制的特点、程序和基本要求

一、施工安全控制的基本概念

1. 安全生产

安全生产是指使生产过程处于避免人身伤害、设备损坏及其他不可接受的损坏风险（危险）的状态。

不可接受的损坏风险（危险）通常是指：超出了法律、法规和规章的要求；超出了方针、目标和企业规定的其他要求；超出了人们普遍接受（通常是隐含的）的要求。

因此，安全与否要对照接受程度来判断，是一个相对性的概念。

2. 安全控制

安全控制是通过对生产过程中涉及的计划、组织、监控、调节和改进等一系列致力于满足生产安全所进行的管理活动。

二、施工安全控制的方针与目标

1. 安全控制的方针

"预防为主"是安全生产工作的方针。"预防"是对可能出现的生产安全问题进行事先预计和科学防护，即事先分析危险点、危险源、危险场所，预评危害程序，控制危险出现的征兆、发展过程和演变规律，提出科学的防护措施和管理手段，把危险消灭在转化成事故之前，或者控制和减轻事故发生时的危害程度。

因此，要达到"预防为主"的要求，必须不断健全与完善安全生产方面的法规、标准、规定和制度；不断健全与完善安全生产工作保证体系（包括监督检查体系）；重视和促进安全技术的发展，提高安全技术的水平，为确保生产安全提供可靠的技术保证；确保与安全生产相适应的投入，提高安全防护用品和设施的防护等级；认真查找和解决安全隐患，把事故消灭在孕育之中；长抓不懈，防患于未然。

2. 安全控制的目标

安全控制的目标是减少和消除生产过程中的事故,保证人员健康安全和财产免受损失。主要内容为减少或消除人的不安全行为的目标;减少或消除设备、材料的不安全状态的目标;改善生产环境和保护自然环境的目标;安全管理的目标。

三、施工安全控制的程序

施工安全控制程序如图 7-1 所示。

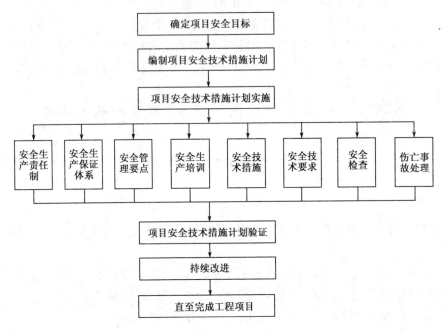

图 7-1 施工安全控制程序

1. 确定项目的安全目标

按"目标管理"方法,将安全目标在以项目经理为首的项目管理系统内进行分解,从而确定每个岗位的安全目标,实现全员安全控制。

2. 编制项目安全技术措施计划

对生产过程中的不安全因素,用技术手段加以消除和控制,并用文件化的方式表示,这是落实"预防为主"方针的具体体现,是进行工程项目安全控制的指导性文件。

3. 安全技术措施计划的落实和实施

包括建立健全安全生产责任制、设置安全生产设施、进行安全教育和培训、沟通和交流信息、进行安全控制,使生产作业的安全状况处于受控状态。

4. 安全技术措施计划的验证

进行安全检查,纠正不符合安全要求的情况,做好检查记录,并根据实际情况补充和修改安全技术措施,直至完成建设工程项目的所有工作。

四、施工安全控制的基本要求

（1）必须取得安全行政主管部门颁发的《安全施工许可证》后方可开工。
（2）总承包单位和每一个分包单位都应持有《施工企业安全资格审查认可证》。
（3）各类人员必须具备相应的执业资格才能上岗。
（4）所有新员工必须经过三级安全教育，即进厂、进车间和进班组的安全教育。
（5）特殊工种作业人员必须持有特种作业操作证，并严格按规定定期进行复查。
（6）对查出的安全隐患要做到"五定"，即定整改责任人、定整改措施、定整改完成时间、定整改完成人、定整改验收人。
（7）必须把好安全生产"六关"，即措施关、交底关、教育关、防护关、检查关、改进关。
（8）施工现场安全设施齐全，并符合国家及地方有关规定。
（9）施工机械（特别是现场安设的起重设备等）必须经安全检查合格后可使用。

第三节　施工安全保证体系

安全保证体系（或称职业安全健康管理体系）是安全管理的纲领。

一、施工安全保证体系的作用

施工安全保证体系对施工企业的安全管理及生产发展具有重要的促进作用。
（1）通过建立安全保证体系可以明显地提高企业的安全生产管理水平及管理效益。
（2）运用安全保证体系的评估、审核和持续改进，发现安全隐患和职业危害，并采取有效预防措施。采用人类工效学等现代科技方法来改革工艺、革新工具和改进劳动组织，不但可以改善劳动条件，减轻工人的负荷与疲劳，提高安全和卫生水平，还可以大幅度地提高效率、降低成本。

二、施工安全保证体系的组成

施工安全保证体系的建立及实施应遵循国际劳工组织（ILO）所颁的"职业安全健康体系（OSHMS）指南"及我国国家经贸委颁的《职业安全卫生管理体系审核标准》的有关规定。体系由以下部分组成：

1. 总要求

施工企业应建立并保持施工安全保证体系。
（1）目的。建立和保持施工安全保证体系，促进施工企业持续改进职业安全健康状况，保障适用的职业安全健康法律、法规和其他要求，确保员工的安全与健康。
（2）实施要求。施工企业应根据自身情况和条件，灵活合理地确定建立安全保证体系的范围。
①可选择整个企业，也可针对其中某些运行单位及活动。范围的界定不应造成对其总体运行所必需的或可能对员工的职业安全健康产生影响的运行或活动被排斥在外的情况。
②体系的复杂程度、文件化的范围及相应的资源将取决于施工企业的规模、活动性质和实际能力。

③建立安全保证体系应把重点放在遵守法律、规范要求,降低风险和保护员工安全健康上,并使之成为全面管理的一部分。

④企业应根据实际情况,通过实施初始评审对现有体系及相关管理制度进行评价。

2. 安全健康方针

(1)目的。规定企业的职业安全健康工作的方向和原则,确定企业的职业安全健康责任及绩效总目标,表明企业实现安全健康管理的承诺,尤其是最高管理者的承诺。安全健康方针应形成文件并由企业最高管理者批准。

(2)主要内容:

①企业公开承诺其有义务遵守现行职业安全健康法律法规并将履行此承诺;

②职业安全健康、危害辨识、风险评价和风险控制是建立和实施体系的核心,需在方针中体现;

③包括对持续改进和事故预防、保护员工安全健康的承诺;

④确保与员工及其代表进行协商,并鼓励他们积极参与安全保证体系各环节的活动。

(3)实施要求:

①形成文件、付诸实施、重在保持;

②传达到全体员工;

③可为相关方所获取;

④定期进行评审,确保其对企业的适宜性。

3. 策划

1)危害辨识、风险评价和风险控制

(1)范围:

①常规和非常规的活动;

②所有进入作业场所人员的活动;

③所有作业场所内的设施。

(2)内容:

①辨识出各项危害的风险程度;

②确定每项危害的风险级别,是否为可承受风险;

③为降低风险,所需制定的目标和采取的措施,以及对该过程进行监测所采取的手段;

④为实施风险控制措施所需人员的能力要求和相应培训要求。

2)识别及获取法律、法规及其他要求

(1)识别及获取法律、法规及其他要求的程序;

(2)法律法规及其他要求中应遵守的有关内容及适用范围;

(3)企业各岗位应遵守的法律、法规及其他要求。

3)目标

(1)内容:风险水平的降低;向安全保证体系引入附加功能;为改善现状所采取的措施;消除或降低特定意外事件的频率;重点放在安全健康措施的持续改进上。

(2)要求:目标应予以量化;应形成文件;向企业所有相关职能部门和各级员工传达。

4）职业安全健康管理方案

（1）内容：为实现安全健康目标而规定的企业相关职能及各层次的职能及权限；实现目标的方法、资源和时间表。

（2）实施要求：形成文件；管理方案的有关内容进行交流；定期对管理方案进行评审。

4. 实施与运行

1）机构和职责

（1）内容：界定各相关层次的作用、职责和权限；界定不同职能和不同层次之间的职责衔接；所有承担管理职责的人员都应实现其对安全健康绩效持续改进的承诺。

（2）实施要求：将职业安全健康职责权限向相关人员传达。

2）培训意识和能力

（1）企业应建立和保持安全健康方针实施程序，使相关职能部门具有以下意识：
①遵循安全健康方针与实施程序以及安全保证体系要求；
②作业及活动中改进个人行为所带来的安全健康效益；
③执行安全健康方针和程序，实现安全保证体系要求，包括应急准备与响应要求方面的作用与职责；
④偏离规定的运行程序的潜在后果。

（2）培训。企业应制订并执行培训计划，以提高最高管理者及全体员工应有的能力及意识。培训内容中应考虑不同层次员工的职责、能力、文化程度以及所承受的风险。企业应定期评审培训计划，必要时予以修订，以保证其适宜性及有效性。

3）协商及交流

（1）员工及其代表有权参与安全保证体系的各项活动，并享有以下权利：
①参与安全健康工作方针和执行程序的制订、实施和评审；
②参与安全健康事务；
③向安全健康员工代表及安全健康管理者代表了解员工及其代表团的参与及协商计划并形成文件通报相关方。

（2）企业应建立安全健康工作制度并保持执行程序，以规范信息交流活动：接收、处理外部职业安全健康信息；交流、处理及反馈员工及其代表所关心的安全健康问题；交流各级职能部门间产生的职业安全信息。

4）文件及资料控制

（1）企业应以书面或电子版形式建立体系文件，文件在满足充分性及有效性的前提下应做到最小化。企业应保持以下信息：对体系核心环节及其相互作用的描述；提供查询相关文件途径。

（2）对所有文件及资料进行定期评审，必要时予以修订。

（3）对体系运行有重要作用的所有岗位都能得到有关资料和文件。

5）运行控制

建立和保持计划安排，在所有作业场所实施必要及有效的控制及防范措施，以实现安全健康方针、目标，遵守法律、法规和其他要求。

(1)企业对已识别的风险(包括危险作业任务、危险物品管理、安全装置和设备维护等)建立文件化的控制程序。

(2)建立安全健康工作制度并保持执行程序,确保在采购货物前明确相关法律、法规要求和自身的安全健康要求;并确保供方符合企业在采购和租赁合同中提出的安全健康方面的要求。

(3)企业应建立安全健康工作制度并保持执行程序,确保各项安全健康要求适用于分包方及其员工。

6)应急预案与响应

企业应建立安全健康工作制度并保持执行程序,确定潜在的事件或紧急情况,对其做出应急响应,预防或减少与之有关的疾病和伤害。

7)应急预案与响应计划应符合以下要求

(1)保证在作业场所发生紧急情况时,能提供必要的信息,通过内部交流和协作以保护全体人员的安全健康。

(2)通知有关当局,与应急响应部门建立联系。

(3)阐明急救和医疗救援、消防和作业场所内全体人员的疏散方案。

(4)企业应制订评价应急案与响应实际效果的计划和程序。

5. 检查与纠正措施

1)绩效测量和监测

企业应建立安全健康工作制度并保持执行程序,对职业安全健康绩效进行监测和测量。监测应满足以下要求:

(1)适用于企业所需的定性和定量测量。

(2)对企业的职业安全健康目标实现程度的监测。

(3)主动测量:监测安全健康管理方案、运行标准和适用的法律、法规及其他要求的符合情况。

(4)被动测量:监测事故、事件和其他不良的安全健康绩效的历史证据。

(5)监测与测量数据的充足记录,便于随后的纠正和预防措施的分析。

2)不符合安全健康要求的事故、事件的纠正及预防

(1)企业应建立安全健康保障制度,明确有关部门的职责和权限:

①有权调查和处理事故、事件;

②采取措施减少由事故、事件产生的影响;

③采取并实施纠正和预防措施;

④确认所采取的纠正和预防措施的有效性。

(2)通过实施前的风险评价,对所有已拟定的纠正和预防措施进行评审。

(3)对纠正和预防措施引起的文件化程序的更改,企业应遵照实施并予以记录。

3)记录和记录管理

企业应建立和保持用来标识、保存和处置安全健康事件的记录以及审核与评审结果。

安全健康记录应字迹清楚、标识明确,并可追溯相关活动。其保存和管理应便于查询,避

免损坏、变质或遗失。应规定并记录其保存期限。

4）审核

企业应建立并定期开发对安全健康管理体系（安全保证体系）进行审核的方案及程序。判定体系是否符合安全健康管理规范要求，是否得到正确实施和保持，是否有效地满足企业的方针和目标。评审以前审核的结果，向管理者通报信息。

对审核方案及审核程序的要求：

审核方案（包括时间表）应立足于企业活动的风险评价结果及以前审核的结果。审核程序应包括审核的范围、频次、方法和对审核人员的能力要求，以及审核结果的内容和要求。

5）管理评审

企业最高领导者依据自己预定的时间间隔对安全健康保证体系进行评审，以确保体系的持续适宜性、充分性和有效性。

（1）管理评审过程应确保收集到必需的信息，供给管理者进行评价。

（2）根据体系审核结果、不断变化的客观环境和对持续改进的承诺，通过管理评审指出方针、目标以及体系其他组成部分可能需要进行的修改。

（3）评审工作应形成文件，并将有关结果向负责安全健康管理体系（安全保证体系）相关组成人员、安全健康委员会、员工及其代表通报，以便他们能采取行动。

第四节　施工安全控制的方法

一、危险源的概念

1. 危险源的定义

危险源是可能导致人身伤害或疾病、财产损失、工作环境破坏或这些情况组合的危险因素和有害因素。危险因素强调突发性和瞬间作用的因素，有害因素强调在一定时期内的慢性损害和累积作用。危险源是安全控制的主要对象，所以有人把安全控制也称为危险控制或安全风险控制。

2. 两类危险源

根据危险源在事故发生发展中的作用，把危险源分为两大类：第一类危险源和第二类危险源。

1）第一类危险源

可能发生意外释放的能量的载体或危险物质称作第一类危险源。能量或危险物质的意外释放是事故发生的物理本质。通常把产生能量的能量源或拥有能量的能量载体作为第一类危险源来处理。

2）第二类危险源

造成约束、限制能量措施失效或破坏的各种不安全因素称作第二类危险源。在生产、生活中，为了利用能量，人们制造了各种机器设备，让能量按照人们的意图在系统中流动、转换和做功，而这些设备设施又可以看成是限制约束能量的工具。正常情况下，生产过程中的能量或危险物质受到约束或限制，不会发生意外释放，即不会发生事故。但是，一旦这些约束或限制能量或危险物质的措施受到破坏或失效（故障），则将发生事故。第二类危险源包括人的不安全行为、物的不安全状态和不良环境条件三个方面。

3. 危险源与事故

事故的发生是两类危险源共同作用的结果，第一类危险源是事故发生的前提，第二类危险源是第一类危险源导致事故的必要条件。在事故的发生和发展过程中，两类危险源相互依存，相辅相成。第一类危险源是事故的主体，决定事故的严重程度，第二类危险源出现的难易，决定事故发生的可能性大小。

二、危险源控制的方法

1. 危险源辨识与风险评价

1）危险源辨识的方法

（1）专家调查法。专家调查法是通过向有经验的专家咨询、调查，辨识、分析和评价危险源的一类方法，其优点是简便、易行，其缺点是受专家的知识、经验和占有资料的限制，可能出现遗漏。常用的有：头脑风暴法（Brainstorming）和德尔菲（Delphi）法。

（2）安全检查表（SCL）法。安全检查表（Safety Check List）实际上就是实施安全检查和诊断项目的明细表。运用已编制好的安全检查表，进行系统的安全检查，辨识工程项目存在的危险源。检查表的内容一般包括分类项目、检查内容及要求、检查以后处理意见等。可以用"是"、"否"作回答或"√"、"×"符号作标记，同时注明检查日期，并由检查人员和被检单位同时签字。

安全检查表法的优点是：简单易懂、容易掌握，可以事先组织专家编制检查项目，使安全检查做到系统化、完整化。缺点是一般只能做出定性评价。

2）风险评价方法

风险评价是评估危险源所带来的风险大小及确定风险是否可容许的全过程。根据评价结果对风险进行分级，按不同级别的风险有针对性地采取风险控制措施。以下介绍两种常用的风险评价方法。

（1）将安全风险的大小用事故发生的可能性（p）与发生事故后果的严重程度（f）的乘积来衡量。

即：
$$R = p \cdot f$$

式中：R——风险大小；

p——事故发生的概率（频率）；

f——事故后果的严重程度。

根据上述的估算结果，可按表 7-1 对风险的大小进行分级。

（2）将可能造成安全风险的大小用事故发生的可能性（L）、人员暴露于危险环境中的频繁程度（E）和事故后果（C）三个自变量的乘积衡量，即：
$$S = L \cdot E \cdot C$$

式中：S——风险大小；

L——事故发生的可能性，按表 7-2 所给的定义取值；

E——人员暴露于危险环境中的频繁程度,按表7-3所给的定义取值;
C——事故后果的严重程度,按表7-4所给的定义取值。

风 险 分 级 表　　　　　　　　　　表7-1

风险级别(大小) \ 后果(f) 可能性(p)	轻度损失（轻微伤害）	中度损失（伤害）	重大损失（严重损失）
很大	Ⅲ	Ⅳ	Ⅴ
中等	Ⅱ	Ⅲ	Ⅳ
极小	Ⅰ	Ⅱ	Ⅲ

注:Ⅰ-可忽略风险;Ⅱ-可容许风险;Ⅲ-中度风险;Ⅳ-重大风险;Ⅴ-不容许风险。

此方法因为引用了 L、E、C 三个自变量,故也称为 LEC 方法。

事故发生的可能性(L)　　　　　　　表7-2

分数值	事故发生的可能性	分数值	事故发生的可能性
10	必然发生的	0.5	很不可能,可以设想
6	相当可能	0.2	极不可能
3	可能、但不经常	0.1	实际不可能
1	可能性极小、安全意外		

露于危险环境的频繁程度(E)　　　　　表7-3

分数值	人员暴露于危险环境的频繁程度	分数值	人员暴露于危险环境的频繁程度
10	连续暴露	2	每月一次暴露
6	每天工作时间内暴露	1	每年几次暴露
3	每周一次暴露	0.5	非常罕见的暴露

发生事故产生的后果(C)　　　　　　表7-4

分数值	事故发生造成的后果	分数值	事故发生造成的后果
100	大灾难,许多人死亡	7	严重,重伤
40	灾难,多人死亡	3	较严重,受伤严重
15	非常严重,一人死亡	1	引人关注,轻伤

根据经验,危险性(S)分值在20分以下为可忽略风险;危险性分值在20~70之间为可容许风险;危险性分值在70~160之间为中度风险;危险性分值在160~320之间为重大风险。当危险性分值大于320的为不容许风险。

2.危险源的控制方法

1)第一类危险源的控制方法

(1)防止事故发生的方法:消除危险源、限制能量或危险物质、隔离。

(2)避免或减少事故损失的方法:隔离、个体防护、设置薄弱环节、使能量或危险物质按人们的意图释放、避难与援救措施。

2)第二类危险源的控制方法

(1)减少故障:增加安全系数、提高可靠性、设置安全监控系统。

(2)故障—安全设计:包括故障—消极方案(即故障发生后,设备、系统处于最低能量状态,直到采取校正措施之前不能运转);故障—积极方案(即故障发生后,在没有采取校正措施之前使系统、设备处于安全的能量状态之下);故障—正常方案(即保证在采取校正行动之前,设备、系统正常发挥功能)。

3)危险源控制的策划原则

(1)尽可能完全消除有不可接受风险的危险源,如用安全品取代危险品。

(2)如果不可能消除有重大风险的危险源,应努力采取降低风险的措施,如使用低压电器等。

(3)在条件允许时,应使工作适合于人,如考虑降低人的精神压力和体能消耗。

(4)应尽可能利用技术进步来改善安全控制措施;应考虑保护每个工作人员的措施。

(5)将技术管理与程序控制结合起来。

(6)应考虑引入诸如机械安全防护装置的维护计划。

(7)在各种措施还不能绝对保证安全的情况下,作为最终手段,还应考虑使用个人防护用品。

(8)应有可行、有效的应急方案。

(9)预防性测定指标是否符合监视控制措施计划的要求。

(10)不同的组织可根据不同的风险量选择适合的控制策略。表7-5 为简单的风险控制策划表。

风险控制策划表　　表7-5

风　险	措　　施
可忽略的	不采取措施且不必保留文件记录
可容许的	不需要另外的控制措施,应考虑投资效果更佳的解决方案或不增加额外成本的改进措施,需要监视来确保控制措施得以维持
中度的	应努力降低风险,但应仔细测定并限定预防成本,并在规定的时间期限内实施降低风险的措施。在中度风险与严重伤害后果相关的场合,必须进一步地评价,以更准确地确定伤害的可能性,以确定是否需要改进控制措施
重大的	直至风险降低后才能开始工作。为降低风险有时必须配给大量的资源。当风险涉及正在进行中的工作时,就必须采取应急措施,否则是不允许的
不容许的	只有当风险已经降低时,才能开始或继续工作。如果无限的资源投入也不能降低风险,就必须禁止工作

三、施工安全技术措施计划

工程施工安全技术措施计划

(1)建设工程施工安全技术措施计划的主要内容包括:工程概况,控制目标,控制程序,组织机构,职责权限,规章制度,资源配置,安全措施,检查评价,奖惩制度等。

(2)编制施工安全技术措施计划时,对于某些特殊情况应考虑:

①对结构复杂、施工难度大、专业性较强的工程项目,除制订项目总体安全保证计划外,还必须制订单位工程或分部分项工程的安全技术措施。

②对高处作业、井下作业等专业性强的作业,电器、压力容器等特殊工种作业,应制定单项安全技术规程,并应对管理人员和操作人员的安全作业资格和身体状况进行合格检查。

(3)制定和完善施工安全操作规程,编制各施工工种特别是危险性较大工种的安全施工操作规程,作为规范和检查考核员工安全生产行为的依据。

(4)施工安全技术措施,包括安全防护设施的设置和安全预防措施,主要有防火、防毒、防爆、防洪、防尘、防雷击、防触电、防坍塌、防物体打击、防机械伤害、防起吊重物滑落、防高空坠落、防交通事故、防寒、防暑、防疫、防环境污染等方面措施。

四、施工安全技术措施计划实施

1. 安全生产责任制

安全生产责任制是指企业对项目经理部各级领导、各个部门、各类人员所规定的在他们各自职责范围内对安全生产应负责任的制度。建立安全生产责任制是施工安全技术措施计划实施的重要保证。

2. 安全教育

(1)广泛开展安全生产的宣传教育,使全体员工真正认识到安全生产的重要性和必要性,懂得安全生产和文明施工的科学知识,牢固树立安全第一的思想,自觉地遵守各项安全生产法律法规和规章制度。

(2)把安全知识、安全技能、设备性能、操作规程、安全法规等作为安全教育的主要内容。

(3)建立经常性的安全教育考核制度,考核成绩要记入员工档案。

(4)电工、电焊工、架子工、司炉工、爆破工、机操工、起重工、机械司机、机动车辆司机等特殊工种工人,除一般安全教育外,还要经过专业安全技能培训,经考试合格持证后方可独立操作。

3. 安全技术交底

安全技术交底的主要内容:本工程施工方案的要求、本工程的施工作业特点和危险点、针对危险点的具体预防措施、应注意的安全事项、相应的安全操作规程和标准、发生事故后应及时采取的避难和急救措施。

安全技术交底必须具体明确,针对性强,不能流于形式和千篇一律。对潜在的危害和存在的问题要有预见性,应优先采用新的安全技术措施。不但要口头讲解,而且应有书面文字资料并履行签字手续,施工负责人、生产班组、现场安全员三方各保留一份签字记录。对多种工种交叉施工还应定期进行书面交底。

4. 安全生产检查

安全检查的内容主要包括:查思想、查管理、查隐患、查整改、查伤亡事故处理等。安全检查的重点是检查"三违"(违章指挥,违章操作,违反劳动纪律)和安全责任制的落实。检查后应编写安全检查报告。对查出的安全隐患,不能立即整改的要制订整改计划,定人、定措施、定经费、定完成日期,在未消除安全隐患前,必须采取可靠的防范措施,如有危及人身安全的紧急险情,应立即停工。应按照"登记—整改—复查—销案"的程序处理安全隐患。

第五节 工程安全事故

一、安全事故的分类

1. 安全事故和伤亡事故

安全事故一般分为生产安全事故、交通安全事故和消防安全事故。

安全事故一般都会造成人身伤害和财产损失。造成人员伤亡的事故称为伤亡事故。

2. 伤亡事故的类别

1) 级别划分

根据生产安全事故造成的人员伤亡或者直接经济损失,事故一般分为以下等级:

(1) 特别重大事故:是指造成30人以上死亡,或者100人以上重伤(包括急性工业中毒,下同),或者1亿元以上直接经济损失的事故;

(2) 重大事故:是指造成10人以上30人以下死亡,或者50人以上100人以下重伤,或者5 000万元以上1亿元以下直接经济损失的事故;

(3) 较大事故:是指造成3人以上10人以下死亡,或者10人以上50人以下重伤,或者1 000万元以上5 000万元以下直接经济损失的事故;

(4) 一般事故:是指造成3人以下死亡,或者10人以下重伤,或者1 000万元以下直接经济损失的事故。

2) 按致害起因类别划分

《企业职工伤亡事故分类标准》(GB 6411—86)按致害起因将伤亡事故分为20种(表7-6)。

伤亡事故类别 表7-6

序次	事故类别	序次	事故类别
1	物体打击	11	冒顶片帮
2	车辆伤害	12	透水
3	机械伤害	13	放炮
4	起重伤害	14	火药爆炸
5	触电	15	瓦斯爆炸
6	淹溺	16	锅炉爆炸
7	灼烫	17	容器爆炸
8	火灾	18	其他爆炸
9	高空坠落	19	中毒和窒息
10	坍塌	20	其他伤害

3) 建筑施工安全事故类别

在建筑施工中发生的安全事故的类别很多,其中常见的事故汇于表7-7中。

常见建筑施工安全事故类型　　　　　表 7-7

序次	类别	常见形式
1	物体打击	空中落物、崩块和滚动物体的砸伤
2		触及固体或运动中的硬物、反弹物的碰伤、撞伤
3		器具、硬物的击伤
4		碎屑、破片的飞溅伤害
5	高处坠落	从脚手架或垂直运输设施坠落
6		从洞口、楼梯口、电梯口、天井口或坑口坠落
7		从楼面、屋顶、高台边缘坠落
8		从施工安装中的工程结构上坠落
9		从机械设备上坠落
10		其他因滑跌、踩空、拖带、碰撞、翘翻、失衡等引起的坠落
11	机械伤害	机械转动部分的绞入、碾压和拖带伤害
12		机械工作部分的钻、刨、削、锯、击、撞、挤、砸、轧等的伤害
13		滑入、误入机械容器和运转部分的伤害
14		机械部件的飞出伤害
15		机械失稳和倾翻事故的伤害
16		其他因机械安全保护设施欠缺、失灵和违章操作所引起的伤害
17	起重伤害	起重机械设备的折臂、断绳、失稳、倾翻事故的伤害
18		吊物失衡、脱钩、倾翻、变形和折断事故的伤害
19		操作失控、违章操作和载人事故的伤害
20		加固、翻身、支撑、临时固定等措施不当事故的伤害
21		其他起重作业中出现的砸、碰、撞、挤、压、拖作用伤害
22	触电	起重机械臂杆或其他导电物体搭碰高压线事故伤害
23		带电电线(缆)断头、破口的触电伤害
24		挖掘作业损坏埋地电缆的触电伤害
25		电动设备漏电伤害
26		雷击伤害
27		拖带电线机具电线绞断、破皮伤害
28		电闸箱、控制箱漏电和误触伤害
29		强力自然因素致断电线伤害
30	坍塌	沟壁、坑壁、边坡、洞室等的土石方坍塌
31		因基础掏空、沉降、滑移或地基不牢等引起的其上墙体和建(构)筑物的坍塌
32		施工中的建(构)筑物坍塌
33		施工临时设施的坍塌
34		堆置物的坍塌
35		脚手架、井架、支撑架的倾倒和坍塌
36		强力自然因素引起的坍塌
37		支撑物不牢引起其上物体的坍塌

续上表

序次	类别	常见形式
38	火灾	电器和电线着火引起的火灾
39		违章用火和乱扔烟头引起的火灾
40		电、气焊作业时引起易燃物燃烧
41		爆炸引起的火灾
42		雷击引起的火灾
43		自然和其他因素引起的火灾
44	爆炸	工程爆破措施不当引起的爆破伤害
45		雷管、火药和其他易燃物爆炸物资保管不当引起的爆炸事故
46		施工中电火花和其他明火引燃易燃物事故
47		瞎炮处理中的伤害事故
48		在生产中的工厂施工中出现的爆炸事故
49		高压作业中的爆炸事故
50		乙炔罐回火爆炸伤害
51	中毒和窒息	一氧化碳中毒、窒息
52		亚硝酸钠中毒
53		沥青中毒
54		空气不流通场所施工中毒窒息
55		炎夏和高温场所作业中暑
56		其他化学品中毒如沼气中毒
57	其他伤害	钉子扎脚和其他扎伤、刺伤
58		拉伤、扭伤、跌伤、碰伤
59		烫伤、灼伤、冻伤、干裂伤害
60		溺水和涉水作业伤害
61		高压(水、气)作业伤害
62		从事身体机能不适宜作业的伤害
63		在恶劣环境下从事不适宜作业的伤害
64		疲劳作业和其他自持力变弱情况下进行作业的伤害
65		其他意外事故伤害

二、安全事故的性质和基本要素

1. 安全事故的性质

安全事故的性质通常分为3类：

(1)非责任事故。非人为过失造成的事故,包括：

①人们不能遇见或不可抗拒的自然条件变化引起的事故；

②在技术改造、发明创造和科学实验活动中,由于科学技术发展水平和客观条件的限制而无法预见的事故。

(2)责任事故。由人为过失造成的事故,即在可以预见、可以采取安全保护措施和可以抗拒的情况下,由于人为的过失而发生的事故。

(3)破坏事故。为达到某种目的蓄谋、故意制造的事故。

对已发生的安全事故,通过对受伤部位、受伤性质、起因物、致害物、伤害方式、不安全状态和不安全行为等7项内容进行分析,确定事故的直接原因、间接原因、性质和责任者(主要责任、重要责任、一般责任、领导责任),依法给予行政的、经济的或刑事的处理。

2. 安全事故的基本要素

不安全状态、不安全行为、起因物、致害物和伤害方式是孕育和形成安全事故的主要因素。在对安全事故的分析中,这5种因素可能同时存在,或者部分存在。因为某些由人为作用引起的安全事故,部分原因也是缘于起因物和致害物;而有时起因物和致害物是同一个。因此安全事故的基本要素有表7-8所列7种(类型编号B、C、D、E分别含有2、3、4、5个基本要素)。存在不安全状态或不安全行为(或二者同时存在)是"起因",伤害方式是"后果",起因物和伤害物则是"事故的载体",把起因和后果连接起来。因此,当没有不安全状态或不安全行为存在时,起因物和致害物就不能起作用,也就不会导致伤害事故的发生;而控制了起因物和致害物使其不能起作用时,即使有不安全状态或不安全行为存在时,也不会导致伤害事故发生。

安全事故基本要素的组成类型 表7-8

类　　别	基本要素的组成
E 型	不安全状态,不安全行为,起因物,致害物,伤害方式
D-1 型	不安全状态,起因物,致害物,伤害方式
D-2 型	不安全行为,起因物,致害物,伤害方式
D-3 型	不安全状态,不安全行为,起因(致害)物,伤害方式
C-1 型	不安全状态,起因(致害)物,伤害方式
C-2 型	不安全行为,起因(致害)物,伤害方式
B 型	不安全状态,(起因、致害)物,伤害方式

三、安全隐患和安全事故征兆

1. 安全隐患

能够引发安全事故的现存问题称为"安全隐患"。国家有关安全主管部门还未对安全隐患的分类做出明确的规定和解释,但一些重要文件提到了"重大安全隐患"。因此,可以把安全隐患大致分为以下三级:重大安全隐患、严重安全隐患和一般安全隐患。其初步解释列于表7-9中(注:以后有规定时,应按规定执行)。

安全隐患的构成方式 表7-9

分　　类	解　　释
重大安全隐患	可能导致重大安全事故发生的隐患,包括在工程建设中可能导致发生二级以上工程建设重大事故的安全隐患
严重安全隐患	可能导致死亡事故发生的隐患,包括在工程建设中可能发生四级至二级工程建设重大事故的安全隐患

续上表

分 类	解 释
一般安全隐患	可能导致发生重伤以下安全事故的安全隐患,包括未列入工程建设重大事故的各类安全事故

安全预防、安全隐患的检查与解决措施和安全事故的处理是安全生产工作的三部曲。其中,安全预防工作应摆在第一位,安全隐患的检查摆在第二位,安全事故的处理则摆在第三位。

2. 安全事故的征兆

在安全事故发生之前所显示出来的可能要出事的迹象,谓之安全事故的征兆。如能及早地发现并及时采取排险措施,则有可能阻止安全事故发生;即使不能阻止时,也可以及时撤出人员和采取保护措施,以减轻事故的伤害和损失。

安全事故的征兆按其出现的顺序大致可分为早期(初现)征兆、中期(发展)征兆和晚期(临发)征兆。

早期征兆——在安全事故起因物开始启动后初现的迹象,如结构杆件的初始变形、土方的初始开裂、滑动等。

中期征兆——早期征兆发展与扩大迹象,如变形迅速发展、裂缝显著扩张、局部土体开始移动、坍塌等。

晚期征兆——在事故发生前,原有状态面临突变的迹象,如即将发生裂断、折断脱离等险情,预示事故即至。

发现各期征兆后的处理方法列入表7-10中。如果难以准确地判断征兆的类别时,则应按后一级的办法进行处置,即大致判断为"早期征兆"者,按"中期征兆"处理;大致判断为"中期征兆"者,按"后期征兆"处理。以免因判断失准,延误发出指令的时间,造成难以挽回的伤害和损失。

安全事故征兆发现后的处理方法 表7-10

征兆类别	发现后的处理方法
早期征兆	(1)设专人并采用可靠检测手段对发现的征兆进行日夜监视,尽快确定其是否在向前发展,发展的速度如何; (2)认真研究征兆的发展情况,确定需要采取的处置措施,并立即安排实施
中期征兆	(1)确定排险措施和保护措施,并立即实施; (2)在确定不能有效制止征兆继续发展时,应安排、撤离危险区域的人员以及设备和物品
晚期征兆	(1)发出紧急警令、信号; (2)停止一切排险工作,迅速撤离人员

四、安全事故应急救援与预案

为贯彻落实国家安全生产的法律法规,促进建筑企业依法加强对建筑工程安全生产的管理,执行安全生产责任制,预防和控制施工现场、生活区、办公区潜在的事故、事件或紧急情况,做好事故、事件应急准备,以便发生紧急情况和突发事故、事件时能及时有效地采取应急控制,最大限度地预防和减少可能造成的疾病、伤害、损失和环境影响。建筑企业应根据自身特点,拟定建筑施工安全事故应急救援预案。

重大事故应急救援预案由现场(企业)应急计划和场外应急计划组成。现场应急计划由企业负责,场外应急计划由政府主管部门负责。现场应急计划和场外应急计划应分开,但应协调一致。

1. 事故应急救援

事故应急救援,是指在发生事故时,采取的消除、减少事故危害和防止事故恶化,最大限度地降低事故损失的措施。事故应急救援预案,又称应急预案、应急计划(方案),是根据预测危险源、危险目标有可能发生事故的类别、危害程度,为使一旦发生事故时应当采取的应急救援行动及时、有效、有序,而事先制定的指导性文件,是事故救援系统的重要组成部分。建立事故应急预案已成为我国构建安全生产的"六个支撑体系"之一。

2. 应急预案的分级

我国事故应急救援体系将事故救援预案分成5个级别:

(1) Ⅰ级(企业级)事故的有害影响局限于某个生产经营单位的厂界内,并且可被现场的操作者遇到并控制在该区域内。这类事故可能需要投入整个单位的力量来控制,但其影响预期不会扩大到社区(公共区)。

(2) Ⅱ级(县、市级)所涉及的事故其影响可扩大到公共区,但可被该县(市、区)的力量,加上所涉及的生产经营单位的力量所控制。

(3) Ⅲ级(市、地级)事故影响范围大,后果严重,或是发生在两个县或县级市管辖区边界上的事故,应急救援需动用地区力量。

(4) Ⅳ级(省级)事故为可能发生的特大火灾、爆炸、毒物泄漏事故,特大矿山事故以及属省级特大事故隐患、重大危险源的设施或场所,应建立省级事故应急预案。它可能是一种规模较大的灾难事故,或是一种需要用事故发生的城市或地区所没有的特殊技术和设备进行处理的特殊事故。这类意外事故需用全省范围内的力量来控制。

(5) Ⅴ级(国家级)事故为后果超过省、直辖市、自治区边界以及列为国家级事故隐患、重大危险源的设施或场所,应制订国家级应急预案。

3. 应急救援预案的编制

事故应急救援预案编写有以下主要内容:

(1) 预案编制的原则、目的及所涉及的法律法规的概述。
(2) 施工现场的基本情况。
(3) 周边环境、社区的基本情况。
(4) 危险源的危险特性、数量及分布图。
(5) 指挥机构的设置和指责。
(6) 可能需要的咨询专家。
(7) 应急救援专业队伍和任务。
(8) 应急物资、装备器材。
(9) 报警、通信和联络方式(包括专家名单和联系方式)。
(10) 事故发生时的处理措施。
(11) 工程抢险抢修。
(12) 现场医疗救护。

(13)人员紧急疏散、隔离。

(14)危险区的隔离、警戒与治安。

(15)外部救援。

(16)事故应急救援终止程度。

(17)应急预案的培训和演练(包括应急救援专业队伍)。

(18)相关附件。

4. 事故救援预案的实施

(1)事故发生时,应迅速辨别事故的类别、危害的程度,适时启动相应的应急救援预案,按照预案进行应急救援。实施时不能轻易变更预案,如有预案未考虑到的情况,应冷静分析、果断处罚。一般应当:立即组织抢救受害人员。抢救受害人员是应急救援的首要任务,在应急救援行动中,快速、有序、有效地实施现场急救与安全转送伤员,是降低伤亡率、减少事故损失的关键。

(2)指导群众防护,组织群众撤离。由于重大事故发生突然、扩散迅速、涉及范围广、危害大,应及时指导和组织群众采取措施进行自身防护,并迅速撤离出危险区或可能受到危害的区域。在撤离过程中,应积极组织群众开展自救和互救工作;迅速控制危险源,并对事故造成的危害进行检验、监测,测定事故的危害区域、危害性质及危害程度。

(3)及时控制造成的危害是应急救援工作的首要任务。只有及时控制住危险源,防止事故的继续扩展,才能及时、有效地进行救援。

(4)做好现场隔离和清理,消除危害后果。针对事故对人体、动植物、土壤、水源、空气造成的现实危害和可能的危害,迅速采取封闭、隔离、清洗等措施。对事故外溢的有毒、有害物质和可能对人和环境继续造成危害的物质,应及时组织人员予以清除,消除危害后果,防止对人的继续危害和对环境的污染。按规定及时向有关部门汇报情况;保存有关记录及实物,为后续事故调查工作做准备;查清事故原因,评估危害程度。事故发生后应及时调查事故的发生原因和事故性质,评估出事故的危害范围和危险程度,查明人员伤亡情况,做好事故调查。开展事故应急救援具体步骤如图7-2所示。

例7-1:天津某工程由A建筑集团公司土建总承包,土方由B基础公司分包,工地现场正在进行深基坑土方开挖。某日下午18时15分,B基础公司项目经理将11名普工交给现场工长;19时左右,工长向11名工人交待了生产任务,11人全部下基坑,在⑦轴至⑧轴间平台上施工(领班未到现场,电工未到现场)。当晚20时左右,⑧轴处土方突然发生滑坡,局部迅速垮塌,当即有2人被土方掩埋,另有2人埋至腰部以上,其他6人迅速逃离至基坑上。现场项目部接到报告后,立即组织抢险营救。20时10分,⑦轴至⑧轴处第二次发生大面积土方滑坡。滑坡土方由⑦轴开始冲至④轴,将另外2人也掩埋,并冲断了基坑内水平钢支撑两道。事故发生后,虽经项目部极力抢救,但被土方掩埋的4人终因窒息时间过长而死亡。

问题:

(1)本工程的安全事故可定为哪个等级?该等级事故的评定标准是什么?

(2)此事故发生后,与A建筑集团公司是否有关系?如果你是A公司项目经理,你会如何处理?

答:(1)本起工程事故按《生产安全事故报告和调查处理条例》中对事故的分类,应为较大事故。

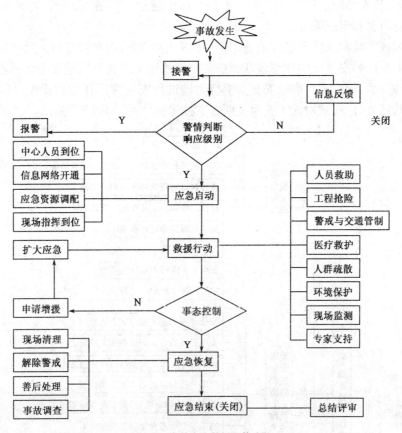

图 7-2　事故应急救援具体步骤

根据《生产安全事故报告和调查处理条例》(493 号),事故造成的人员伤亡或者直接经济损失达到以下条件之一者判定为较大事故：

①死亡 3 人以上,10 人以下；
②重伤 10 人以上,50 人以下；
③直接经济损失 1 000 万元以上,5 000 万元以下。

(2)虽然基坑土方开挖为 B 基础公司承包范围,但 A 公司作为总承包单位,应和 B 公司一起对分包工程的安全生产承担连带责任。

作为 A 公司的项目经理,事故发生后应迅速组织人员保护好事故现场,将危险地段人员撤离,在确保安全的前提下,积极排除险情、抢救伤员,并立即向企业上级主管领导、主管部门、地方安全生产监督管理部门、地方建设行政主管部门等有关部门进行报告。事故调查处理过程中,项目经理要积极配合好事故调查组的调查,认真吸取事故教训,落实好现场各项整改和防范措施,妥善处理善后事宜。

第六节　安全文明施工(使用)技术

一、施工安全与施工文明

创建文明工地、推行文明施工和文明作业,不仅是管理性很强的工作,而且也是技术性很强的工作。同时,它还要求职工具有相应的安全文明生产素质作为其基础。因此,安全文明施工包括了管理、技术和职工素质培养等三方面工作的建设与发展,而安全文明施工(使用)技术是它的重要内含和组织部分。

安全文明施工技术的任务是缔造施工生产的安全文明状态和规范施工生产作业的安全文明行为。施工生产的安全文明状态包括创造安全文明施工场所和采用安全文明施工的工艺和技术两个大的方面,而施工生产的安全文明行为即进行安全文明作业和操作。这三个大的方面的技术及其各个分支,就构成了安全文明施工技术的体系,如图7-3所示。

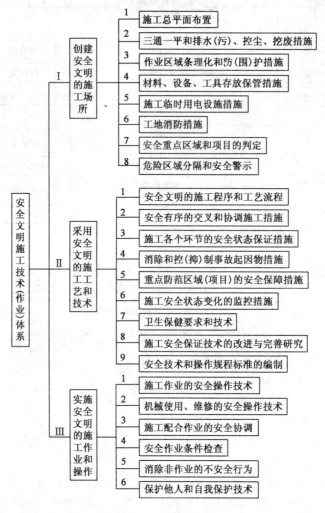

图7-3　安全文明施工技术(作业)体系

图7-3所列均为实施安全施工保障要求的基础性工作项目,鉴于建筑施工安全技术保证体系的5个组成环节之间存在着密切的内在联系,而安全文明施工技术(作业)又是其中的基础性环节,因此,它的项目不可避免地会与其他几个环节的项目有某种程度的交叉。

二、创建安全文明施工场所的基本要求

创建安全文明场所的8个方面[施工总平面布置、三通一平和排水(污)、作业区域条理化和防护、材料设备工具的存放保管、施工动力和照明用电、消防、安全重点区域和重点项目的确定以及危险区域的分隔和安全警示]的基本要求(规定)分别归纳列于表7-11～表7-14中。

施工总平面布置的基本要求 表 7-11

序次	项 目	基 本 要 求
1	区域划分	按功能划分施工作业区、辅助作业区、材料堆放区、施工管理和生活区等
2	区域交叉的保护	对有安全问题存在的区域交叉部分采取保护措施
3	塔吊设置	满足作业覆盖要求和臂杆回转区域内的安全要求
4	外域围护	工地周边设置与外界隔离的围挡； 临街或在人口稠密区，宜砌围墙，脚手架外侧面全封闭围护
5	三通一平和排水(污)	见表 7-12
6	材料堆放场地和库房	见表 7-13
7	工地临时用电设施	见表 7-14
8	标牌、标志设施	企业标志、工程标牌、安全标志齐全
9	消防设施	

三通一平和排水(污)、控尘、控废的基本要求 表 7-12

序次	项 目	基 本 要 求
1	场平	平整施工场地，清除障碍物，无坑洼
2	道路通	车行道、人行道坚实平整，有良好视野，雨季不存水，出入口之间通畅，必要处设置交通标志；轨道(塔吊等)与人行道交叉处采用平接措施；有火车轨道进入施工区域时，在道口设置落杆、标志和信号灯；道路不得任意挖掘截断，确需要挖断时，应在沟面架设安全桥板
3	电通、水通	工地供电线路架通及供电设施应符合规范要求及规程要求
4	排水、排污	具有良好的排水系统，设污水沉淀池，妥善处理污水，未经处理的污水不得直接排入城市下水道和河流
5	控尘、控废	控制工地的粉尘、废气、废水和固体废弃物，清理高处废弃物宜使用密封式筒道或其他防止扬尘的方式，定期清理废弃物，禁止将含有废弃物和有毒物质的垃圾土作回填土使用

作业区域的条理化和防(围)护的基本要求 表 7-13

序次	项 目	基 本 要 求
1	作业区域的条理化	有满足要求的操作场地或作业面，清除影响作业的障碍物，妥善处置有危险性的突出物，材料整齐堆放，有良好的安全通道
2	拆除物品的清理	拆下来的模板、支撑架、脚手架等材料物品以及施工余料、废料、垃圾应及时清运出去，木料上的钉子应及时拔掉或拍倒(以防发生钉子扎脚)
3	有危险作业区域的防(围)护	凡有可能发生块体或物品坠落、弹出、飞溅以及其他伤害物的区域均应设置安全防(围)护措施，以保护现场其他人员的安全

材料、设备、工具存放保管的基本要求 表 7-14

序次	项 目	基 本 要 求
1	材料、物品的码垛堆放	按规定平整场地，设置支垫物；按平面布置图划定的地点分类堆放整齐稳固和不超过规定高度；料堆应离开场地围挡或临时建筑墙体至少 500mm，并将两头进口封堵，严禁紧贴围挡或临时建筑墙体堆料

续上表

序次	项 目	基 本 要 求
2	材料、物品的支架堆放	易滚(滑)和重心较高的材料物品应设置支架堆放。其支架应稳定可靠,必要时应进行设计,严格按设计要求设置
3	爆炸物品的存放	工地一般不得过夜存放爆炸物;临时存放少量炸药、雷管、引火线的小仓库应符合防爆、防雷、防潮和防火的要求,且应通风良好和采用防爆型照明灯;库内存放炸药量不得超过一天的用量,炸药和雷管应分库存放;库房内严禁吸烟和带入火种,库房管理和进库员不得穿钉鞋入库
4	易燃和有毒物品的存放	油漆、稀释剂等易燃品和其他对职工健康有害的物品应分类存放在通风良好、严禁烟火并有消防用品的专用仓库内;沥青应放置在干燥通风、不受阳光直射的场所

三、安全文明施工管理

1. 现场文明施工的基本要求

(1)施工现场必须设置明显的标牌,标明工程项目名称、建设单位、设计单位、施工单位、项目经理和施工现场总代表人的姓名、开竣工日期、施工许可证批准文号等。施工单位负责施工现场标牌的保护工作。

(2)施工现场的管理人员应当佩戴证明其身份的证卡。

(3)应当按照施工总平面布置图设置各项临时设施。现场堆放的大宗材料、成品、半成品和机具设备不得侵占场内道路及安全防护设施。

(4)施工现场的用电线路、用电设施的安装和使用必须符合安装规范和安全操作规程,并按照施工组织设计进行架设,严禁任意拉线接电。施工现场必须设有保证施工安全要求的夜间照明;危险潮湿场所的照明以及手持照明灯具,必须采用符合安全要求的电压。

(5)施工机械应当按照施工总平面布置图规定的位置和线路设置,不得任意侵占场内道路。施工机械进场须经过安全检查,经检查合格的方能使用。施工机械操作人员必须建立机组责任制,并依照有关规定持证上岗;禁止无证人员操作。

(6)应保证施工现场道路畅通,排水系统处于良好的使用状态;保持场容场貌的整洁,随时清理建筑垃圾。在车辆、行人通行的地方施工,应当设置施工标志,并对沟井坑穴进行覆盖。

(7)施工现场的各种安全设施和劳动保护器具,必须定期进行检查和维护,及时消除隐患,保证其安全有效。

(8)施工现场应当设置各类必要的职工生活设施,并符合卫生、通风、照明等要求。职工的膳食、饮水供应等应当符合卫生要求。

(9)应当做好施工现场安全保卫工作,采取必要的防盗措施,在现场周边设立围护设施。

(10)应当严格依照《中华人民共和国消防条例》的规定,在施工现场建立和执行防火管理制度,设置符合消防要求的消防设施,并保持完好的备用状态。在容易发生火灾的地区施工,或者储存、使用易燃易爆器材时,应当采取特殊的消防安全措施。

(11)施工现场发生工程建设重大事故的处理,依照《工程建设重大事故报告和调查程序规定》执行。

2. 防治大气污染

（1）施工现场宜采取硬化措施,其中主要道路、料场、生活办公区域必须进行硬化处理,土方应集中堆放。裸露的场地和集中堆放的土方应采取覆盖、固化或绿化等措施。

（2）使用密目式安全网对在建建筑物、构筑物进行封闭,防止施工过程扬尘;拆除旧有建筑物时,应采用隔离、洒水等措施防止扬尘,并应在规定期限内将废弃物清理完毕;不得在施工现场熔融沥青,严禁在施工现场焚烧含有有毒、有害化学成分的装饰废料、油毡、油漆、垃圾等各类废弃物。

（3）从事土方、渣土和施工垃圾运输,应采用密闭式运输车辆或采取覆盖措施。

（4）施工现场出入口处应采取保证车辆清洁的措施。

（5）施工现场应根据风力和大气湿度的具体情况,进行土方回填、转运作业。

（6）水泥和其他易飞扬的细颗粒建筑材料应密闭存放,沙石等散料应采取覆盖措施。

（7）施工现场混凝土搅拌场所应采取封闭、降尘措施。

（8）建筑物内施工垃圾的清运,应采用专用封闭式容器吊运或传送,严禁凌空抛撒。

（9）施工现场应设置密闭式垃圾站,施工垃圾、生活垃圾应分类存放,并及时清运出场。

（10）城区、旅游景点、疗养区、重点文物保护地及人口密集区的施工现场应使用清洁能源。

（11）施工现场的机械设备、车辆的尾气排放应符合国家环保排放标准要求。

3. 防治水污染

（1）施工现场应设置排水沟及沉淀池,现场废水不得直接排入市政污水管网和河流。

（2）现场存放的油料、化学溶剂等应设有专门的库房,地面应进行防渗漏处理。

（3）食堂应设置隔油池,并应及时清理。

（4）厕所的化粪池应进行抗渗处理。

（5）食堂、盥洗室、淋浴间的下水管线应设置隔离网,并应与市政污水管线连接,保证排水通畅。

4. 防治施工噪声污染

（1）施工现场应按照国家标准《建筑施工场界环境噪声排放标准》（GB 12523—2011）及《建筑施工场界噪声测量方法》（GB 12524—1990）制定降噪措施,并应对施工现场的噪声值进行监测和记录。

（2）施工现场的强噪声设备宜设置在远离居民区的一侧。

（3）控制强噪声作业的时间。凡在人口稠密区进行强噪声作业时,须严格控制作业时间,一般22点到次日6点之间停止强噪声作业。确系特殊情况必须昼夜施工时,尽量采取降低噪声措施,并会同建设单位找当地居委会、村委会或当地居民协调,张贴安民告示,求得群众谅解。

（4）夜间运输材料的车辆进入施工现场,严禁鸣笛,装卸材料应做到轻拿轻放。

（5）对产生噪声和振动的施工机械、机具的使用,应当采取消声、吸声、隔声等有效控制和降低噪声。

5. 防治施工照明污染

（1）根据施工现场情况照明强度要求选用合理的灯具。"越亮越好"并不科学,也是不必要的浪费。

（2）建筑工程尽量多采用高品质、遮光性能好的荧光灯,其工作频率在 20kHz 以上,使荧光灯的闪烁度大幅度下降,改善了视觉环境,有利于人体健康。少采用黑光灯、激光灯、探照灯、空中玫瑰灯等不利光源。

（3）施工现场应采取遮蔽措施,限制电焊眩光、夜间施工照明光、具有强反光性建筑材料的反射光等污染光源外泄,使夜间照明只照射施工区域而不影响周围居民休息。

（4）施工现场大型照明灯应采用俯视角度,不应将直射光线射入空中。利用挡光、遮光板或利用减光方法将投光灯产生的溢散光和干扰光降到最低的限度。

（5）加强个人防护措施,对紫外线和红外线等看不见的辐射源,必须采取必要的防护措施,如电焊工要佩戴防护镜和防护面罩。防护镜有反射型防护镜、吸收型防护镜、反射—吸收型防护镜、光电型防护镜、变色微晶玻璃型防护镜等,可依据防护对象选择相应的防护镜。例如,可佩戴黄绿色镜片的防护眼镜来预防雪盲和防护电焊发出的紫外光；绿色玻璃既可防护UV(气体放电),又可防护可见光和红外线,而蓝色玻璃对 UV 的防护效果较差,所以在紫外线的防护中要考虑到防护镜的颜色对防护效果的影响。

（6）对有红外线和紫外线污染及应用激光的场所制订相应的卫生标准并采取必要的安全防护措施,注意张贴警告标志,禁止无关人员进入禁区内。

6. 防治施工固体废弃物污染

施工车辆运输沙石、土方、渣土和建筑垃圾,采取密封、覆盖措施,避免泄露、遗撒,并在指定地点倾倒,防止固体废物污染环境。

习 题

1. 安全管理的基本原则是什么？
2. 安全生产及安全控制的概念是什么？
3. 施工安全控制的基本要求是什么？
4. 确保施工安全技术措施计划实施的途径有哪些？
5. 建筑施工安全保证体系的作用及组成是什么？
6. 建筑施工事故、事件不符合的纠正及预防措施是什么？
7. 危险源的定义、分类及控制方法是什么？
8. 施工安全生产责任制的定义和安全教育的要求是什么？
9. 安全事故是怎么分类的？
10. 安全事故的性质和基本要素是什么？
11. 安全事故征兆的定义和分类是什么？
12. 创建安全文明施工场所的基本要求是什么？

第八章 工程项目合同管理

第一节 概　述

一、工程合同的概念

我国《合同法》规定，合同是平等主体的自然人、法人、其他组织之间设立、变更、终止民事权利义务关系的协议。

建设工程合同是承包人进行工程建设，发包人支付价款的合同，包括工程勘察、设计、施工合同。从广义上讲，建设工程合同属承揽合同这一大类，建设工程合同中没有规定的，适用承揽合同的有关规定。与其他承揽合同不同的是，建设工程合同的标的是工程项目，要求更加严格，应当采用书面形式。

发包人是指与勘察、设计、施工承包人签订合同协议书的当事人及取得该当事人资格的合法继承人，也称建设单位或项目业主。承包人是指与发包人签订合同协议书的具有勘察、设计、施工相应承包资质的当事人及取得该当事人资格的合法继承人。

建设工程合同是发承包双方相互享有权利和相互负有义务的双务合同。

二、工程合同的特点

建设工程合同除了具备一般合同所具有的特性以外，尚具有以下的特点：

1) 合同标的物的特殊性

工程项目合同标的物是建设项目。建设项目具有固定性的特点，由此决定了生产的流动性；建设项目大多结构复杂，建筑产品形体庞大，消耗资源多，投资大；建筑产品具有单件性，同时受自然条件的影响大，不确定因素多。这决定了建设合同的标的物有别于其他经济合同的标的物。

2) 合同履行周期长

建设工程结构复杂，规模较大，所需材料和设备类型多，建设过程往往会受到场地周围环境、气候条件等影响，所以合同履行期限一般较长。

3）合同内容多

由于建设工程项目经济法律关系的多元性，以及工程项目的单件性所决定的每个工程项目的特殊性和建设项目受到的多方面、多条件的约束限制和影响，都要相应地反映在项目合同中。因此，合同除工作范围、工期质量、价格等一般条款外，还应有特殊条款，内容涉及保险、税收、文物、专利等条款，有的多达几十条。因此，在签订建设工程项目合同时，一定要全面考虑多种关系和因素，仔细斟酌每一条款，否则都可能会影响合同的正常履行。

4）合同涉及面广

主要表现在合同的签订和实施过程中会涉及方方面面的关系，如业主可以委托工程管理公司进行管理，委托监理人进行监理，也可能采购部分材料和设备。承包人则涉及业主、分包人、材料供应商、构配件生产和设备加工厂家，此外合同还涉及银行、保险公司等。尤其是在大型工程项目中，往往会出现几十家承包单位，因而也就产生了更为复杂的关系。这些关系联结的方法便是合同。所以，在合同管理中必须注意建设工程合同涉及面广的特点。

5）合同风险大

由于建设工程合同的上述特点及合同金额较大，市场竞争激烈，受市场波动影响大等因素，加剧了建设工程合同的风险性。

三、工程合同体系

工程建设是一个极为复杂的系统工程，一个工程项目的实施，涉及的建设任务很多，往往需要许多单位参与。参建单位之间通过合同来明确其承担的任务和责任，以及相互之间的权利和义务。一般工程项目都会有几十个合同，大型建设项目可能会有上百个合同。这些合同共同构成了建设工程的合同体系，如图8-1所示。

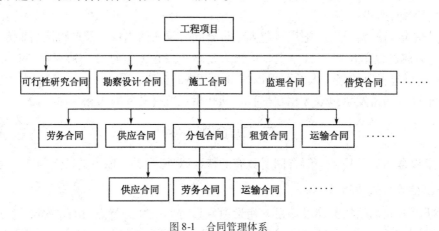

图8-1 合同管理体系

四、工程合同的分类

（一）按照工程建设阶段分类

工程项目的建设过程一般都会经过工程勘察、设计、施工三个阶段，其合同可分为建设工程勘察合同、建设工程设计合同、建设工程施工合同。

1. 工程勘察合同

建设工程勘察合同是指发包人与勘察人就完成建设工程勘察任务,编制工程勘察文件,签订的明确双方权利和义务的协议。

建设工程勘察合同的标的是为工程建设需要而编制的工程勘察文件。工程勘察是工程建设的第一个环节,也是保证建设工程质量的基础环节。工程勘察合同的承包人必须在其依法取得的资质等级许可的范围内承揽业务,并对勘察质量负责;不得转包或者违法分包所承揽的工程。发包人必须向勘察人提供与工程建设有关的原始资料,原始资料必须真实、准确、齐全,并向勘察人支付报酬。

2. 工程设计合同

工程设计合同是指发包人与设计人就完成建设工程设计任务,编制工程设计文件,签订的明确双方权利和义务的协议。

工程设计合同的标的是为工程建设需要而作的工程设计文件。工程设计是工程建设的第二个环节,应当根据工程勘察文件进行建设工程设计。工程设计合同的承包人必须在其依法取得的资质等级许可的范围内承揽业务,并对设计质量负责。不得转包或者违法分包所承揽的工程。发包人必须向设计人提供设计依据资料,并对资料的正确性负责,遵循合理的设计周期,并向设计人支付报酬。

3. 工程施工合同

工程施工合同是指发包人与承包人就完成具体的工程项目建设,签订的明确双方权利和义务的协议。

工程施工合同的标的是将设计图纸变为满足功能、质量、进度、投资等发包人投资预期目的的建筑产品。工程施工合同是建设工程的主要合同之一。工程施工合同的承包人必须在其依法取得的资质等级许可的范围内承揽工程,并对施工质量负责;不得转包或者违法分包工程。发包人应提供必要的施工条件并支付工程款。

(二)按照承发包方式分类

按承发包方式的不同,工程合同可以分为以下几类:

1. 施工总承包合同

施工总承包是指发包人将全部施工任务发包给一个承包人或多个承包人组成的施工联合体或施工合作体,施工总承包人主要依靠自己的力量完成工程施工。发包人只需要进行一次招标,与施工总承包人签订施工总承包合同,只负责对施工总承包人的合同管理。

经发包人同意,施工总承包人可以根据施工需要,将工程施工任务的一部分依法分包给其他符合相应资质的分包人,并订立分包合同。

2. 单位工程施工承包合同

单位工程施工承包是指在一些大型复杂的工业工程项目中,发包人将整个工程项目的建筑工程、设备安装等平行发包给不同的承包人,分别签订工程施工合同、设备安装工程施工合同等承包合同。

3. 工程总承包合同

工程总承包是指工程总承包企业受业主委托,按照合同约定对工程项目的勘察、设计、采购、施工、试运行(竣工验收)等实行全过程或若干阶段的承包。工程总承包的具体方式、工作内容和责任等,由业主与工程总承包企业在合同中约定。工程总承包主要有如下方式:

(1)设计、采购、施工(EPC)/交钥匙总承包。设计、采购、施工总承包是指工程总承包企业按照合同约定,承担工程项目的设计、采购、施工、试运行服务等工作,并对承包工程的质量、安全、工期、造价全面负责。

交钥匙总承包是设计采购施工总承包业务和责任的延伸,最终是向业主提交一个满足使用功能、具备使用条件的工程项目。

(2)设计—施工总承包(D-B)。设计—施工总承包是指工程总承包企业按照合同约定,承担工程项目设计和施工,并对承包工程的质量、安全、工期、造价全面负责。

(3)根据工程项目的不同规模、类型和业主要求,工程总承包还可采用设计—采购总承包(E-P)、采购—施工总承包(P-C)等方式。

工程总承包企业按照合同约定对工程项目的质量、工期、造价等向业主负责。工程总承包企业可依法将所承包工程中的部分工作发包给具有相应资质的分包企业;分包企业按照分包合同的约定对总承包企业负责。

(4)BOT承包合同。BOT(Build-Operate-Transfer)承包方式是指由政府或政府授权的部门通过特许权协议,授权项目发起公司联合其他公司在特许经营期间,为某个项目成立专门的项目公司,负责该项目的融资、设计、建造、运营和维护。在特许经营期间向该项目的使用者收取适当的费用,由此收回项目的投资,并获得合理的酬金。特许期满后,终止特许经营权利,项目公司将项目无偿移交给当地政府。

BOT方式通常有以下三种具体形式:

①BOT,即建设—经营—移交,是典型的BOT方式。

②BOOT(Build-Own-Operate-Transfer),即建设—拥有—经营—移交。在特许期内既拥有经营权,又拥有所有权。

③BOO(Build-Own-Operate),即建设—拥有—经营。该方式特许投资人根据政府的特许权建设并拥有,但最终不将该项目移交给当地政府。

以上三种方式可统称为BOT方式,除此之外,还有一些变化或相关联的方式,如BTO(建设—转让—经营),BOOS(建设—拥有—经营—出售),BT(建设—转让)等。

(三)按计价方式分类

《建筑工程施工发包与承包计价管理办法》(住建部令第16号)中规定,发承包双方在确定合同价款时,可以采用单价方式、总价方式和成本加酬金方式三种计价方式。根据合同计价方式的不同,将建设工程承包合同可分为单价合同、总价合同和成本加酬金合同三种合同价格形式。

1. 单价合同

单价合同是指合同当事人约定以工程量清单及其综合单价进行合同价格计算、调整和确认的建设工程施工合同。单价是相对固定,即在合同约定的条件内固定不变,超过合同约定条件时,依据合同约定对单价进行调整。工程量清单项目及工程量依据承包人实际完成且应予计量的工程量确定。

这类合同在工程结算时,由于允许承包人随着实际完成工程量的变化和在投标时不能合理预见的风险费用而调整工程价款,因此,较为合理地分担了合同履行过程中的风险,对合同双方都比较公平。单价合同是目前国内外工程承包中采用较多的一种合同价格形式。

单价合同又分为固定单价合同和可调单价合同。

1）固定单价合同

固定单价合同是指发承包双方在合同中签订的单价，是固定不变的价格。当发包人没有提出变更的情况下，无论市场价格有无变化，其合同单价都不予以调整。工程结算时，根据承包人实际完成的工程量乘以合同单价来进行计算。这类合同，承包人要承担全部市场价格上涨的费用，其风险比较大。

固定单价合同适用于工期短、工程量变化幅度小、市场价格相对稳定的工程。

2）可调单价合同

可调单价合同是指发承包双方在合同中签订的单价，根据合同约定的调价方法可作调整。可调价格包括可调综合单价和措施费等，双方应在合同中约定调整方式和方法。因此，承包人的风险相对较小。

2. 总价合同

总价合同是指合同当事人约定以施工图、已标价工程量清单或预算书及有关条件进行合同价格计算、调整和确认的建设工程施工合同。在这类合同中，工程内容和要求应事先明确，承包人在投标报价时需考虑一定的风险费用。当承包人实施的工程施工内容和要求，以及有关条件不发生变化时，发包人支付给承包人的工程总价款就不变。当工程施工内容和有关条件发生变化时，发承包双方根据变化情况和合同约定调整工程总价款。

这种合同方式要求合同当事人在专用合同条款中约定总价包含的风险范围和风险费用的计算方法，并约定风险范围以外的合同价格的调整方法。

总价合同又分为固定总价合同和可调总价合同。

1）固定总价合同

是指承包人按照合同约定完成全部承包工程内容后，发包人支付承包人一个事先确定的总价，没有特定情况发生总价不作调整，也称总价包死合同。这种合同在履行过程中，如果发包人没有要求变更原定的工程内容，承包人在完成承包的工程任务后，不论其实际成本如何，发包人均按合同总价支付。

显然，采用固定总价合同，承包人要承担合同履行过程中全部的工程量、价格、法律等变化的风险。因此，承包人在投标报价时，就要充分估计人工、材料、工程设备和机械台班价格上涨，以及工程量变化等价格影响因数，并将其包含在投标报价中。所以，这种合同的投标价格一般较高。显然固定总价合同的风险是偏于承包人，相对发包人有利，故常被发包人所采用。

固定总价合同的适用条件一般为：工程设计施工图纸及技术资料完备，合同履行过程中不会出现较大的变更；工程规模较小、工序相对成熟、合同工期较短、风险小的中小型工程项目；招标时留给承包人投标时间相对充裕；工程任务、内容和范围清楚，施工要求明确。

2）可调总价合同

是指发承包双方在合同签订时确定的合同总价，在约定的风险范围内不作调整，在约定范围以外可以调整。合同总价是一个相对固定的价格。当合同约定的工程施工内容和有关条件不发生变化时，或者变化是在可以合理预见的范围时，发包人付给承包人的工程价款总额就不会发生变化。而对于工程实施中，因发包人的原因发生工程变更、工程量增减，以及承包人无法合理预见的市场价格波动,法律等变化,合同总价可以相应调整。

在工程实践中,无论是单价合同,还是总价合同形式,除非极少数施工相对简单、工期较短、工程规模偏小的项目,工程结算价格一般均与签约合同价格不同。固定价格合同的价格并非永远不可调整,没有绝对的固定价格。2013版计价规范中关于包干"所有风险"的条文是禁止的,而且还是强制性条文。因此,发承包双方签订合同时,对凡是可能引起合同价格变化的因数,在专用合同条款中应尽可能详细约定其价格包含的风险范围和风险费用的计算方法,以及风险范围以外的调整方法,不要使用"全部"、"所有"或类似的语句过于笼统地表述。同时,在合同履行过程中应当重视收集、整理和保存相关的计价资料。

3. 成本加酬金合同

成本加酬金合同是指合同当事人约定以施工工程成本再加合同约定酬金进行合同价款计算、调整和确认的建设工程施工合同。发包人向承包人支付建设工程的实际成本,并按合同约定的计算方法支付承包人一定的酬金。发包人几乎承担了项目的全部风险,承包人不承担价格变化和工程量变化的风险,风险很小,当然其报酬往往也较低。

成本加酬金合同适用于下列项目:时间特别紧迫,需要立即开展工作的项目,如抢险、救灾工程;新型的工程项目,或对项目工程内容及技术经济指标尚未完全确定的工程;工程特别复杂、技术方案不能预先确定,风险很大的项目。

成本加酬金合同,按照酬金的计算方法不同,有成本加固定百分比酬金合同、成本加固定金额合同、成本加奖罚合同、最高限额成本加固定最大酬金合同等几种形式。

(四)与工程建设有关的其他合同

1. 工程监理合同

建设工程监理合同是指发包人与监理人就委托的工程项目监理业务,签订的明确双方权利和义务的协议。监理合同属于委托合同,监理合同的标的是服务。

2. 物资采购合同

物资采购合同是指采购方(发包人或者承包人)与供货方就建筑材料或设备的供应,签订的明确双方权利和义务的协议。合同的标的是货物,是指与工程建设项目有关的重要设备和材料等。

3. 咨询服务合同

咨询服务合同是指委托人与咨询人就咨询服务的内容、咨询服务方式等,签订的明确双方权利和义务的协议。

五、合同管理的基本原则

1)平等原则

合同当事人的法律地位平等,一方不得将自己的意志强加给另一方,即享有平等的民事权利和义务资格。建设工程合同是平等主体间的民事法律活动,发包人和承包人法律地位平等,才能订立意思表示一致的协议。

2)自愿原则

当事人依法享有自愿订立合同的权利,任何单位和个人不得非法干预。自愿原则是合同法的重要基本原则,合同当事人通过协商,自愿决定和调整相互权利义务关系。在合同履行过程中,当事人可以协议补充、协议变更有关内容。双方也可以协议解除合同。在发生争议时,当事人可以自愿选择解决方式。

3)公平原则

当事人应当遵循公平原则确定各方的权利和义务。公平原则是民法的基本原则之一。工程项目合同是双务合同,一方当事人在享受权利时,也要承担相应义务。商品交换等价有偿,取得的利益与付出的代价相适应。显失公平的合同是可变更或可撤销的合同。

4)诚实信用原则

合同当事人行使权利、履行义务应当遵循诚实信用原则。当事人应当诚实,实事求是地向对方介绍自己订立合同的条件、要求和履约能力,充分表达自己的真实意愿,不得隐瞒、欺诈,不得假借订立合同恶意进行磋商或有其他违背诚实信用的行为。工程项目发承包双方要诚实、讲信用、相互协作。

5)遵守法律法规、尊重社会公德原则

建设工程项目合同当事人订立、履行合同,应当遵守法律、行政法规,遵守社会公德,不得扰乱社会经济秩序,损害社会公共利益。

例8-1: 某高层办公楼工程,建筑面积8万余平方米,地下3层,地上26层,钢筋混凝土框架—剪力墙结构。建设单位采用工程量清单方式招标选择了施工总承包单位,并签订了施工总承包合同。合同约定:本工程采用单价合同;报建设单位认可同意,施工总承包单位可将部分工程依法分包和管理。

合同履行过程中,发生了下列事件:

事件1:施工总承包单位按照分包单位选择原则,经建设单位同意批准,选择了裙房主体结构工程的分包单位。双方合同约定分包工程技术资料由分包单位整理、保管,并承担相关费用。分包单位以其签约得到建设单位批准为由,直接向建设单位申请支付分包工程款。

事件2:结构施工到12层时,工期严重滞后。为保证工期,本工程的劳务公司将部分工程分包给了另一家有相应资质的劳务公司施工。

事件3:施工总承包单位将精装修工程分别分包给具有相应资质的两家装饰装修公司,但未报建设单位认可同意。上述分包合同均由施工总承包单位与分包单位签订,且在安全管理协议中约定分包工程安全事故责任全部由分包单位承担。

问题:

(1)工程量清单计价模式下,合同价格形式如何选择?
(2)指出事件1中施工总承包单位和分包单位做法的不妥之处,分别说明正确做法。
(3)指出事件2中的不妥之处,并说明理由。
(4)指出事件3中的不妥之处,分别说明理由。

解:(1)工程项目选择什么样的合同价格形式进行发承包,如合同适用条件中所提到的,取决于建设工程的特点、业主对项目的设想和要求,以及项目的复杂程度、设计的深度、施工的难易程度和进度的紧迫程度等。

《建设工程工程量清单计价规范》(GB 50500—2013)中规定,实行工程量清单计价的工程,应采用单价合同。即合同约定的工程价款中所包含的工程量清单项目综合单价在约定条件内是固定的,不予调整,工程量允许调整。工程量清单项目综合单价在约定条件外,允许调整。其调整方法,发承包双方应在合同中约定。

同时规定对于建设规模较小、技术难度较低、工期较短且施工图设计已审查批准的建设工程可采用总价合同。

实践中常见的单价合同和总价合同是两种主要合同形式,均可以采用工程量清单计价。区别在于工程量清单中所填写的工程量的合同约束力。采用单价合同形式时,工程量清单是合同文件必不可少的组成内容,其中工程量的量可调。而对总价合同形式,总价包干,除工程变更外,工程量一般不予调整,工程量以施工图纸的标示内容为准。

国际上通用的国际咨询工程师联合会制订的 FIDIC 合同条件、英国的 NEC 合同条件以及美国的 AIA 系列合同条件等,主要采用固定单价合同。

(2)事件1不妥之处:

①施工总承包单位将裙房主体结构工程进行了分包。

正确做法:主体结构工程的施工必须由总承包单位自行完成。

②分包工程技术资料由分包单位整理、保管,并承担相关费用。

正确做法:各种技术资料必须由施工总承包单位整理保管、分包单位协助并承担所发生的费用。

③分包单位直接向建设单位申请支付分包工程款。

正确做法:分包单位应向施工总承包单位申请支付分包工程款。

(3)事件2不妥之处:劳务公司将部分工程分包给了另一家有相应资质的劳务公司。

理由:劳务作业承包人必须自行完成所承包的任务。

(4)事件3不妥之处:

①未报建设单位认可同意,施工总承包单位将精装修工程分包给装饰装修公司。

理由:根据《建筑法》的规定,建设工程总承包单位可以将承包工程中的部分工程发包给具有相应资质条件的分包单位。但是,除合同约定的分包外,必须经建设单位认可。

②总包单位与分包单位签订分包合同中约定安全事故责任全部由分包单位承担。

理由:根据《建设工程安全生产管理条例》的规定,总承包单位和分包单位对分包工程的安全生产承担连带责任。

第二节 工 程 合 同

一、建设工程施工合同

国际国内建设工程施工合同通常包括三部分:即协议书、专用合同条款和通用合同条款。在合同协议书中集中约定与工程实施相关的主要内容:工程名称、工程地点、批准文号、资金来源、工程内容、承包范围、合同价格、工期、质量、合同生效条件等。施工合同的要素多、程序复杂且需要解决的事项也多,协议书可以使合同当事人在签订合同时一目了然其核心的权利义务。

在通用合同条款中将合同通常需要管理的要素进行详细规定。如果合同当事人根据各项目不同情况需要进行调整的,则按照相应的具体情况在专用合同条款中进行补充和细化。

2013年住建部、国家工商总局联合印发了《建设工程施工合同(示范文本)》(GF – 2013 – 0201)(以下简称2013版施工合同)。2013版施工合同针对我国建设市场的具体情况,总结了

1999版施工合同示范文本的执行情况,借鉴国内外标准文本和示范文本,对签约合同价、安全文明施工费、担保、暂估价、项目经理、工程保险、工期、合同文件构成、赔偿、缺陷责任期、争议评审等重要内容进行了补充和完善,使合同体系更加完善。

(一)合同的组成

2013版施工合同由合同协议书、通用合同条款和专用合同条款三部分组成。

1. 合同协议书

合同协议书是施工合同的总纲性法律文件,经过双方当事人签字盖章后合同即成立。标准化格式的协议书文字量不大,共计13条,主要包括:工程概况、合同工期、质量标准、签约合同价和合同价格形式、项目经理、合同文件构成、承诺以及合同生效条件等重要内容。合同协议书集中约定了合同当事人基本的合同权利义务。

2. 通用合同条款

通用合同条款是合同当事人根据《中华人民共和国建筑法》、《中华人民共和国合同法》等法律法规的规定,就工程建设的实施及相关事项,对合同当事人的权利义务做出的原则性约定。

通用合同条款共计20条,具体为:一般约定、发包人、承包人、监理人、工程质量、安全文明施工与环境保护、工期和进度、材料与设备、试验与检验、变更、价格调整、合同价格、计量与支付、验收和工程试车、竣工结算、缺陷责任与保修、违约、不可抗力、保险、索赔和争议解决。上述条款安排既考虑了现行法律法规对工程建设的有关要求,也考虑了建设工程施工管理的特殊需要。

3. 专用合同条款

专用合同条款是对通用合同条款原则性约定的细化、完善、补充、修改或另行约定的条款。合同当事人可以根据不同建设工程的特点及具体情况,通过双方的谈判、协商,对相应的专用合同条款进行修改补充。在使用专用合同条款时,应注意以下事项:

(1)专用合同条款的编号应与相应的通用合同条款的编号一致;

(2)合同当事人可以通过对专用合同条款的修改,满足具体建设工程的特殊要求,避免直接修改通用合同条款;

(3)在专用合同条款中有横道线的地方,合同当事人可针对相应的通用合同条款进行细化、完善、补充、修改或另行约定;如无细化、完善、补充、修改或另行约定,则填写"无"或画"/"。

(二)合同文件的构成及解释顺序

在合同订立及履行过程中形成的与合同有关的文件均构成合同文件组成部分,例如:
(1)合同协议书;
(2)中标通知书(如果有);
(3)投标函及其附录(如果有);
(4)专用合同条款及其附件;
(5)通用合同条款;
(6)技术标准和要求;

(7)图纸;

(8)已标价工程量清单或预算书;

(9)其他合同文件。

各项合同文件包括合同当事人就该项合同文件所作出的补充和修改,属于同一类内容的文件,应以最新签署的为准。专用合同条款及其附件须经合同当事人签字或盖章。

上述合同文件应能够互相解释、互相说明。当合同文件中出现不一致时,上面的顺序就是合同的优先解释顺序。

(三)合同协议书的主要内容

1. 工程概况

2013版施工合同适用于房屋建筑工程、土木工程、线路管道和设备安装工程、装修工程等建设工程项目。工程概况包括的内容很多,在签订合同中应认真填写。对于需经有关部门审批立项才能建设的工程,应填写立项批准文号。批准立项的部门是指按照工程立项的有关规定和审批权限有权审批工程立项的部门。工程项目的资金来源是多样的,包括政府财政拨款、银行贷款、单位自筹以及外商投资、国际金融机构贷款等。工程内容填写应与工程承包范围保持一致,群体工程应附《承包人承揽工程项目一览表》。工程承包范围是指承包人承包的工作范围和内容。

2. 合同工期

合同工期是指在合同协议书约定的承包人完成工程所需的期限,包括按照合同约定所做的期限变更。每个工程根据性质的不同,所需要的建设工期也各不相同。建设工期能否合理确定,往往会影响到工程质量的好坏。实践中有的发包人由于种种原因,常常要求缩短工期,承包人为了赶进度,仓促施工,结果导致严重的工程质量问题。因此为了保证工程质量,双方当事人应当在施工合同中确定合理的建设工期。

开工日期包括计划开工日期和实际开工日期。计划开工日期是指合同协议书约定的开工日期;实际开工日期是指监理人发出的符合法律规定的开工通知中载明的开工日期。

竣工日期包括计划竣工日期和实际竣工日期。计划竣工日期是指合同协议书约定的竣工日期;实际竣工日期是指按照合同对竣工日期的约定确定。

3. 质量标准

工程质量条款是明确对承包人的施工要求,确定承包人责任的依据。工程质量必须符合国家有关建设工程质量标准的要求,发包人不得以任何理由要求施工承包人在施工中违反法律法规,以及建设工程质量、安全标准,降低工程质量。

4. 合同价格

签约合同价是指发包人和承包人在合同协议书中确定的总金额,包括安全文明施工费、暂估价及暂列金额等。合同价格是指发包人用于支付承包人按照合同约定完成承包范围内全部工作的金额,包括合同履行过程中按合同约定发生的价格变化。

签约合同价以及合同工期和质量标准是协议书中最为重要的内容,也是合同的实质性条款。按照我国《招标投标法》规定,实行招标投标的工程,招标人和中标人必须按照招标文件和中标人的投标文件订立书面合同,招标人和中标人不得再行订立背离合同实质性内容的其他协议。

5. 合同生效

施工合同自双方当事人加盖公章,并由法定代表人或其委托代理人签字后生效。另外,当事人对合同的效力可以约定附生效条件。附生效条件的合同,自条件成熟时生效。如约定"合同当事人签字盖章,且承包人提交履约担保后生效"等。

合同订立时间指合同双方签字盖章的时间。双方如不约定合同生效条件,则合同订立时间就是合同生效时间。合同订立地点指合同双方签字盖章的地点。

总之,由于合同协议书的文件效力相当重要,合同当事人在填写时应格外注意,避免错项缺项。同时还应在落款处将当事人的地址、邮编、电话、传真、账户等信息填写完整,保证合同履行顺畅高效。

(四)合同通用条款的主要内容

建设工程施工合同签订双方的权利义务,体现在合同通用条款内容中。通用条款内容很多,包括一般约定、双方的义务、监理人、工程质量、安全、工期、进度、材料设备、试验检验、变更、价款调整、计量、支付、验收试车、竣工结算、缺陷责任、保修、不可抗力、保险、索赔、争议解决等。由于篇幅所限,现将主要内容介绍如下:

1. 发包人的义务

(1)发包人应遵守法律,并办理法律规定由其办理的许可、批准或备案,包括但不限于建设用地规划许可证、建设工程规划许可证、建设工程施工许可证、施工所需临时用水、临时用电、中断道路交通、临时占用土地等许可和批准。发包人应协助承包人办理法律规定的有关施工证件和批件。

(2)办理土地征用、拆迁补偿手续,做好平整施工场地等工作,使施工场地具备施工条件。双方需要约定施工场地具备施工条件的要求及发包人应向承包人移交施工现场的时间。

(3)将施工现场所必需的施工用水、电力、通信线路等施工条件准备好。

(4)保证向承包人提供正常施工所需要的进入施工现场的交通条件,满足施工运输的需要,保证施工期间的畅通。双方需要约定移交给承包人的交通通道或设施的时间和应满足的要求。

(5)协调处理施工现场周围地下管线和邻近建筑物、构筑物、古树名木的保护工作,并承担相关费用。

(6)发包人应当在移交施工现场前向承包人提供施工现场及工程施工所必需的毗邻区域内供水、排水、供电、供气、供热、通信、广播电视等地下管线资料,气象和水文观测资料,地质勘查资料,相邻建筑物、构筑物和地下工程等有关基础资料,并对所提供资料的真实性、准确性和完整性负责。

按照法律规定确需在开工后方能提供的基础资料,发包人应尽其努力及时地在相应工程施工前的合理期限内提供。合理期限应以不影响承包人的正常施工为限。

(7)确定水准点与坐标控制点,以书面形式交给承包人,并进行现场交验。

(8)组织承包人和设计单位进行图纸会审和设计交底。

(9)发包人应按合同约定向承包人及时支付合同价款。

(10)发包人应与承包人以及由发包人直接发包的专业工程的承包人签订施工现场统一

管理协议,明确各方的权利义务。

(11)及时组织设计、施工、监理等有关单位进行竣工验收并办理竣工验收备案手续,及时向建设行政主管部门或者其他有关部门移交建设项目档案。

(12)应履行的其他义务。

2. 承包人的一般义务

承包人在履行合同过程中应遵守法律和工程建设标准规范,并履行以下义务:

(1)办理法律规定应由承包人办理的许可和批准,并将办理结果书面报送发包人留存。

(2)按法律规定和合同约定完成工程,并在保修期内承担保修义务。

(3)按法律规定和合同约定采取施工安全和环境保护措施,办理工伤保险,确保工程及人员、材料、设备和设施的安全。

(4)按合同约定的工作内容和施工进度要求,编制施工组织设计和施工措施计划,并对所有施工作业和施工方法的完备性和安全可靠性负责。

(5)在进行合同约定的各项工作时,不得侵害发包人与他人使用公用道路、水源、市政管网等公共设施的权利,避免对邻近的公共设施产生干扰。承包人占用或使用他人的施工场地,影响他人作业或生活的,应承担相应责任。

(6)按照合同环境保护约定,负责施工场地及其周边环境与生态的保护工作。

(7)按合同安全文明施工约定,采取施工安全措施,确保工程及其人员、材料、设备和设施的安全,防止因工程施工造成的人身伤害和财产损失。

(8)将发包人按合同约定支付的各项价款专用于合同工程,且应及时支付其雇用人员工资,并及时向分包人支付合同价款。

(9)按照法律规定和合同约定,编制竣工资料,完成竣工资料立卷及归档,并按专用合同条款约定的竣工资料的套数、内容、时间等要求移交发包人。

(10)在已竣工工程未交付发包人之前,承包人按合同专用条款约定负责已完工程的成品保护工作。

(11)应履行的其他义务。

3. 工程质量

(1)工程质量标准必须符合现行国家有关工程施工质量验收规范和标准的要求。

(2)承包人应向发包人和监理人提交工程质量保证体系及措施文件,建立完善的质量检查制度,并提交相应的工程质量文件。承包人应对施工人员进行质量教育和技术培训,定期考核施工人员的劳动技能,严格执行施工规范和操作规程。

(3)承包人应按照法律规定和发包人的要求,对材料、工程设备以及工程的所有部位及其施工工艺进行全过程的质量检查和检验,并做详细记录,编制工程质量报表,报送监理人审查。此外,承包人还应按照法律规定和发包人的要求,进行施工现场取样试验、工程复核测量和设备性能检测,提供试验样品、提交试验报告和测量成果以及其他工作。

(4)承包人应为监理人的检查和检验提供方便,包括监理人到施工现场,或制造、加工地点,或合同约定的其他地方进行察看和查阅施工原始记录。监理人为此进行的检查和检验,不免除或减轻承包人按照合同约定应当承担的责任。

(5)工程隐蔽部位经承包人自检确认具备覆盖条件的,承包人应在共同检查前48小时书面通知监理人检查,通知中应载明隐蔽检查的内容、时间和地点,并应附有自检记录和必要的检查资料。监理人应按时到场并对隐蔽工程及其施工工艺、材料和工程设备进行检查。隐蔽工程经监理人检查确认质量符合要求，并在验收记录上签字后，承包人才能进行覆盖。

（6）因承包人原因造成工程不合格的，发包人有权随时要求承包人采取补救措施，直至达到合同要求的质量标准，由此增加的费用和（或）延误的工期由承包人承担。因发包人原因造成工程不合格的，由此增加的费用和（或）延误的工期由发包人承担，并支付承包人合理的利润。

（7）合同当事人对工程质量有争议的，由双方协商确定的工程质量检测机构鉴定，由此产生的费用及因此造成的损失，由责任方承担。

4. 安全文明施工与环境保护

合同履行期间，合同当事人均应当遵守国家和工程所在地有关安全生产的要求。合同当事人有特别要求的，应在专用合同条款中明确施工项目安全生产标准化达标目标及相应事项。承包人应采取合理措施保护施工现场环境，承包人应当承担因其原因引起的环境污染侵权损害赔偿责任。

发包人应在开工后28天内预付安全文明施工费总额的50%，其余部分与进度款同期支付。发包人支付安全文明施工费逾期超过7天的，承包人有权向发包人发出要求预付的催告通知，发包人收到通知后7天内仍未支付的，承包人有权暂停施工。

承包人对安全文明施工费应专款专用，承包人应在财务账目中单独列项备查，不得挪作他用，否则发包人有权责令其限期改正；逾期未改正的，可以责令其暂停施工，由此增加的费用和（或）延误的工期由承包人承担。

由于发包人原因在施工场地及其毗邻地带造成的第三者人身伤亡和财产损失，以及工程或工程的任何部分对土地的占用所造成的第三者财产损失，由发包人负责赔偿。由于承包人原因在施工场地内及其毗邻地带造成的发包人、监理人以及第三者人员伤亡和财产损失，由承包人负责赔偿。

5. 工期和进度

（1）承包人应按合同约定提交详细的施工进度计划。施工进度计划经发包人批准后实施。施工进度计划是控制工程进度的依据，发包人和监理人有权按照施工进度计划检查工程进度情况。

（2）合同当事人应按约定完成开工准备工作。经发包人同意后，监理人发出的开工通知应符合法律规定。工期自开工通知中载明的开工日期起算。

因发包人原因造成监理人未能在计划开工日期之日起90天内发出开工通知的，承包人有权提出价格调整要求，或者解除合同，发包人应当承担由此增加的费用和（或）延误的工期，并向承包人支付合理利润。

（3）在合同履行过程中，因下列情况导致工期延误和（或）费用增加的，由发包人承担，且应支付承包人合理的利润：

①发包人未能按合同约定提供图纸或所提供图纸不符合合同约定的；
②发包人未能按合同约定提供施工现场、施工条件、基础资料、许可、批准等开工条件的；
③发包人提供的测量基准点、基准线和水准点及其书面资料存在错误或疏漏的；
④发包人未能在计划开工日期之日起7天内同意下达开工通知的；
⑤发包人未能按合同约定日期支付工程预付款、进度款或竣工结算款的；

⑥监理人未按合同约定发出指示、批准等文件的;专用合同条款中约定的其他情形。

因发包人原因未按计划开工日期开工的,发包人应按实际开工日期顺延竣工日期,确保实际工期不低于合同约定的工期总日历天数。

(4)因发包人原因引起的暂停施工,发包人应承担由此增加的费用和(或)延误的工期,并支付承包人合理的利润。因承包人原因引起的暂停施工,承包人应承担由此增加的费用和(或)延误的工期。

(5)因承包人原因造成工期延误的,可以在专用合同条款中约定逾期竣工违约金的计算方法和逾期竣工违约金的上限。承包人支付逾期竣工违约金后,不免除承包人继续完成工程及修补缺陷的义务。

(6)发包人要求承包人提前竣工的,承包人应向发包人和监理人提交提前竣工建议书。发包人接受该提前竣工建议书的,监理人应与发包人和承包人协商采取加快工程进度的措施,并修订施工进度计划,由此增加的费用由发包人承担。承包人认为提前竣工指示无法执行的,应向监理人和发包人提出书面异议,任何情况下,发包人不得压缩合理工期。

6. 合同价格、计量与支付

(1)发包人和承包人应在合同协议书中选择下列一种合同价格形式:单价合同、总价合同、其他价格形式(成本加酬金合同)。

(2)预付款的支付按照专用合同条款约定执行,但至迟应在开工通知载明的开工日期7天前支付。预付款应当用于材料、工程设备、施工设备的采购及修建临时工程、组织施工队伍进场等。除专用合同条款另有约定外,预付款在进度付款中同比例扣回。在颁发工程接收证书前,提前解除合同的,尚未扣完的预付款应与合同价款一并结算。

(3)工程量计量按照合同约定的工程量计算规则、图纸及变更指示等进行计量。工程量计算规则应以相关的国家标准、行业标准等为依据。除专用合同条款另有约定外,工程量的计量按月进行。

(4)付款周期应与计量周期保持一致。除专用合同条款另有约定外,监理人应在收到承包人进度付款申请单以及相关资料后7天内完成审查并报送发包人,发包人应在收到后7天内完成审批并签发进度款支付证书。发包人逾期未完成审批且未提出异议的,视为已签发进度款支付证书。

发包人应在进度款支付证书或临时进度款支付证书签发后14天内完成支付。发包人逾期支付进度款的,应按照中国人民银行发布的同期同类贷款基准利率支付违约金。

7. 验收和工程试车

(1)分部分项工程经承包人自检合格并具备验收条件的,承包人应提前48小时通知监理人进行验收。分部分项工程未经验收的,不得进入下一道工序施工。

(2)承包人申请竣工验收应当按照以下程序进行:

①承包人向监理人报送竣工验收申请报告,监理人应在收到竣工验收申请报告后14天内完成审查并报送发包人。监理人审查后认为尚不具备验收条件的,应通知承包人在竣工验收前承包人还需完成的工作内容,承包人应在完成监理人通知的全部工作内容后,再次提交竣工验收申请报告。

②监理人审查后认为已具备竣工验收条件的,应将竣工验收申请报告提交发包人,发包人应在收到经监理人审核的竣工验收申请报告后28天内审批完毕并组织监理人、承包人、设计

人等相关单位完成竣工验收。

③竣工验收合格的,发包人应在验收合格后14天内向承包人签发工程接收证书。发包人无正当理由逾期不颁发工程接收证书的,自验收合格后第15天起视为已颁发工程接收证书。

④竣工验收不合格的,监理人应按照验收意见发出指示,要求承包人对不合格工程返工、修复或采取其他补救措施,由此增加的费用和(或)延误的工期由承包人承担。承包人在完成不合格工程的返工、修复或采取其他补救措施后,应重新提交竣工验收申请报告,并按本项约定的程序重新进行验收。

⑤工程未经验收或验收不合格,发包人擅自使用的,应在转移占有工程后7天内向承包人颁发工程接收证书;发包人无正当理由逾期不颁发工程接收证书的,自转移占有后第15天起视为已颁发工程接收证书。

(3)工程经竣工验收合格的,以承包人提交竣工验收申请报告之日为实际竣工日期。工程未经竣工验收,发包人擅自使用的,以转移占有工程之日为实际竣工日期。

(4)工程需要试车的,除专用合同条款另有约定外,试车内容应与承包人承包范围相一致,试车费用由承包人承担。具备单机无负荷试车条件,由承包人组织试车;具备无负荷联动试车条件,由发包人组织试车。

因设计原因导致试车达不到验收要求,发包人应要求设计人修改设计,承包人按修改后的设计重新安装。发包人承担修改设计、拆除及重新安装的全部费用,工期相应顺延。因承包人原因导致试车达不到验收要求,承包人按监理人要求重新安装和试车,并承担重新安装和试车的费用,工期不予顺延。

因工程设备制造原因导致试车达不到验收要求的,由采购该工程设备的合同当事人负责重新购置或修理,承包人负责拆除和重新安装,由此增加的修理、重新购置、拆除及重新安装的费用及延误的工期由采购该工程设备的合同当事人承担。

(5)如需进行投料试车的,发包人应在工程竣工验收后组织投料试车。发包人要求在工程竣工验收前进行或需承包人配合时,应征得承包人同意,并在专用合同条款中约定有关事项。投料试车合格的,费用由发包人承担;因承包人原因造成投料试车不合格的,承包人应按照发包人要求进行整改,由此产生的整改费用由承包人承担;非因承包人原因导致投料试车不合格的,如发包人要求承包人进行整改的,由此产生的费用由发包人承担。

8. 竣工结算

(1)承包人应在工程竣工验收合格后28天内向发包人和监理人提交竣工结算申请单,并提交完整的结算资料。

(2)监理人应在收到竣工结算申请单后14天内完成核查并报送发包人。发包人应在收到监理人提交的经审核的竣工结算申请单后14天内完成审批,并由监理人向承包人签发经发包人签认的竣工付款证书。监理人或发包人对竣工结算申请单有异议的,有权要求承包人进行修正和提供补充资料,承包人应提交修正后的竣工结算申请单。

发包人在收到承包人提交竣工结算申请书后28天内未完成审批且未提出异议的,视为发包人认可承包人提交的竣工结算申请单,并自发包人收到承包人提交的竣工结算申请单后第29天起视为已签发竣工付款证书。

(3)发包人应在签发竣工付款证书后的14天内,完成对承包人的竣工付款。发包人逾期支付的,按照中国人民银行发布的同期同类贷款基准利率支付违约金;逾期支付超过56天的,按照中国人民银行发布的同期同类贷款基准利率的两倍支付违约金。

（4）承包人应在缺陷责任期终止证书颁发后 7 天内，向发包人提交最终结清申请单，并提供相关证明材料。发包人对最终结清申请单内容有异议的，有权要求承包人进行修正和提供补充资料。

发包人应在收到承包人提交的最终结清申请单后 14 天内完成审批并向承包人颁发最终结清证书。发包人逾期未完成审批，又未提出修改意见的，视为发包人同意承包人提交的最终结清申请单，且自发包人收到承包人提交的最终结清申请单后 15 天起视为已颁发最终结清证书。

（5）发包人应在颁发最终结清证书后 7 天内完成支付。发包人逾期支付的，按照中国人民银行发布的同期同类贷款基准利率支付违约金；逾期支付超过 56 天的，按照中国人民银行发布的同期同类贷款基准利率的两倍支付违约金。

9. 缺陷责任与保修

（1）在工程移交发包人后，因承包人原因产生的质量缺陷，承包人应承担质量缺陷责任和保修义务。缺陷责任期届满，承包人仍应按合同约定的工程各部位保修年限承担保修义务。

（2）缺陷责任期自实际竣工日期起计算，合同当事人应在专用合同条款约定缺陷责任期的具体期限，但该期限最长不超过 24 个月。单位工程先于全部工程进行验收，经验收合格并交付使用的，该单位工程缺陷责任期自单位工程验收合格之日起算。因发包人原因导致工程无法按合同约定期限进行竣工验收的，缺陷责任期自承包人提交竣工验收申请报告之日起开始计算；发包人未经竣工验收擅自使用工程的，缺陷责任期自工程转移占有之日起开始计算。

（3）承包人应于缺陷责任期届满后 7 天内向发包人发出缺陷责任期届满通知，发包人应在收到缺陷责任期满通知后 14 天内核实承包人是否履行缺陷修复义务。承包人未能履行缺陷修复义务的，发包人有权扣除相应金额的维修费用。发包人应在收到缺陷责任期届满通知后 14 天内，向承包人颁发缺陷责任期终止证书。

（4）质量保证金的扣留有以下三种方式：
①在支付工程进度款时逐次扣留；
②工程竣工结算时一次性扣留质量保证金；
③双方约定的其他扣留方式。

发包人累计扣留的质量保证金不得超过结算合同价格的 5%。如承包人在发包人签发竣工付款证书后 28 天内提交质量保证金保函，发包人应同时退还扣留的作为质量保证金的工程价款。

（5）工程保修期从工程竣工验收合格之日起算，具体分部分项工程的保修期由合同当事人在专用合同条款中约定，但不得低于法定最低保修年限。在工程保修期内，承包人应当根据有关法律规定以及合同约定承担保修责任。

（6）因承包人原因造成工程的缺陷或损坏，承包人拒绝维修或未能在合理期限内修复缺陷或损坏，且经发包人书面催告后仍未修复的，发包人有权自行修复或委托第三方修复，所需费用由承包人承担。

10. 合同争议解决

合同当事人可以就争议自行和解。自行和解达成协议的经双方签字并盖章后作为合同补充文件，双方均应遵照执行。合同当事人可以就争议请求建设行政主管部门、行业协会或其他第三方进行调解,调解达成协议的,经双方签字并盖章后作为合同补充文件,双方均应遵照执行。

合同当事人可以共同选择一名或三名争议评审员,组成争议评审小组。合同当事人可在任何时间将与合同有关的任何争议共同提请争议评审小组进行评审。争议评审小组应秉持客观、公正原则,充分听取合同当事人的意见,依据相关法律、规范、标准、案例经验及商业惯例等,自收到争议评审申请报告后14天内做出书面决定,并说明理由。争议评审小组做出的书面决定经合同当事人签字确认后,对双方具有约束力,双方应遵照执行。任何一方当事人不接受争议评审小组决定或不履行争议评审小组决定的,双方可选择采用其他争议解决方式。

因合同及合同有关事项产生的争议,合同当事人可以在专用合同条款中约定以下一种方式解决争议:

①向约定的仲裁委员会申请仲裁;
②向有管辖权的人民法院起诉。

二、建设工程勘察设计合同

建设工程勘察是指根据建设工程的要求,查明、分析、评价建设场地的地质地理环境特征和岩土工程条件,编制建设工程勘察文件的活动;建设工程设计是指根据建设工程的要求,对建设工程所需的技术、经济、资源、环境等条件进行综合分析、论证,编制建设工程设计文件的活动。从事建设工程勘察、设计活动,应当坚持先勘察、后设计、再施工的原则。

根据《建设工程勘察设计合同管理办法》,勘察设计合同的发包人应当是法人或者自然人,承包人必须具有法人资格。发包人是建设单位或项目管理部门,承包人是持有建设行政主管部门颁发的工程勘察设计资质证书、工程勘察设计收费资格证书和工商行政管理部门核发的企业法人营业执照的工程勘察设计单位。

为了完善合同内容,明确发承包双方的权利义务,促进勘察设计合同的管理,原建设部、国家工商总局于2000年联合印发了《建设工程勘察合同(示范文本)》和《建设工程设计合同(示范文本)》。勘察设计合同应当执行《中华人民共和国合同法》和工程勘察设计市场管理的有关规定,采用书面形式。对示范文本条款以外的其他事项,当事人需要约定的,也应采用书面形式。对可能发生的问题,要约定解决办法和处理原则。双方协商同意的合同修改文件、补充协议均为合同的组成部分。

(一)建设工程勘察合同

1. 发包人责任

(1)发包人委托任务时,必须以书面形式向勘察人明确勘察任务及技术要求,并应及时向勘察人提供文件资料,并对其准确性、可靠性负责。

(2)在勘察工作范围内,没有资料、图纸的地区(段),发包人应负责查清地下埋藏物,若因未提供上述资料、图纸,或提供的资料图纸不可靠、地下埋藏物不清,致使勘察人在勘察工作过程中发生人身伤害或造成经济损失时,由发包人承担民事责任。

(3)发包人应及时为勘察人提供并解决勘察现场的工作条件和出现的问题(如:落实土地征用、青苗树木赔偿、拆除地上地下障碍物、处理施工扰民及影响施工正常进行的有关问题、平整施工现场、修好通行道路、接通电源水源、挖好排水沟渠以及水上作业用船等),并承担其费用。

(4)若勘察现场需要看守,特别是在有毒、有害等危险现场作业时,发包人应派人负责安全保卫工作,按国家有关规定,对从事危险作业的现场人员进行保健防护,并承担费用。

(5)工程勘察前,若发包人负责提供材料的,应根据勘察人提出的工程用料计划,按时提供各种材料及其产品合格证明,并承担费用和运到现场,派人与勘察人的人员一起验收。

(6)勘察过程中的任何变更,经办理正式变更手续后,发包人应按实际发生的工作量支付勘察费。

(7)为勘察人的工作人员提供必要的生产、生活条件,并承担费用;如不能提供时,应一次性付给勘察人临时设施费。

(8)由于发包人原因造成勘察人停、窝工,除工期顺延外,发包人应支付停、窝工费;发包人若要求在合同规定时间内提前完工(或提交勘察成果资料)时,发包人应按每提前一天向勘察人支付计算的加班费。

(9)发包人应保护勘察人的投标书、勘察方案、报告书、文件、资料图纸、数据、特殊工艺(方法)、专利技术和合理化建议,未经勘察人同意,发包人不得复制、不得泄露、不得擅自修改、传送或向第三人转让或用于本合同外的项目。

(10)合同有关条款规定和补充协议中发包人应负的其他责任。

2. 勘察人责任

(1)勘察人应按国家技术规范、标准、规程和发包人的任务委托书技术要求进行工程勘察,按合同规定的时间提交质量合格的勘察成果资料,并对其质量负责。

(2)由于勘察人提供的勘察成果资料质量不合格,勘察人应负责无偿给予补充完善,使其达到质量合格。若勘察人无力补充完善,需另委托其他单位时,勘察人应承担全部勘察费用。或因勘察质量造成重大经济损失或工程事故时,勘察人除应负法律责任和免收直接受损失部分的勘察费外,并根据损失程度向发包人支付赔偿金。赔偿金由发包人、勘察人商定。

(3)在工程勘察前,提出勘察纲要或勘察组织设计,派人与发包人的人员一起验收发包人提供的材料。

(4)勘察过程中,根据工程的岩土工程条件(或工作现场地形地貌、地质和水文地质条件)及技术规范要求,向发包人提出增减工作量或修改勘察工作的意见,并办理正式变更手续。

(5)在现场工作的勘察人的人员,应遵守发包人的安全保卫及其他有关的规章制度,承担其有关资料保密义务。

(6)合同有关条款规定和补充协议中勘察人应负的其他责任。

3. 勘察合同工期

勘察工作有效期限以发包人下达的开工通知书或合同规定的时间为准。如遇设计变更、工作量变化、不可抗力影响、非勘察人原因造成的停窝工等特殊情况时,工期相应顺延。

4. 勘察费用的支付

(1)收费标准。可采取下列方式中的一种计取勘察费用:

①按国家规定的现行收费标准计取费用,国家规定的收费标准中没有规定的收费项目,由发包人、勘察人商议确定;

②预算包干;

③中标价加签证;

④实际完成工作量结算等。

(2)支付方式。合同生效后3天内,发包人应向勘察人支付预算勘察费的20%作为定金,合同履行后,定金抵作勘察费。勘察规模大、工期长的大型勘察工程,发包人还应按实际完成工程进度,向勘察人支付合同约定预算勘察费的某一百分比的工程进度款;勘察工作外业结束后,发包人向勘察人支付合同约定勘察费的某一百分比;提交勘察成果资料后10天内,发包人应一次付清全部工程费用。

5. 违约责任

(1)由于发包人未给勘察人提供必要的工作生活条件而造成停、窝工或来回进出场地,发包人除应付给勘察人停、窝工费(金额按预算的平均工日产值计算),工期按实际工日顺延外,还应付给勘察人来回进出场费和调遣费。

(2)由于勘察人原因造成勘察成果资料质量不合格,不满足技术要求时,其返工勘察费用由勘察人承担。

(3)合同履行期间,由于工程停建而终止合同或发包人要求解除合同时,勘察人未进行勘察工作的,不退还发包人已付定金;已进行勘察工作的,完成的工作量在50%以内时,发包人应向勘察人支付预算额50%的勘察费;完成的工作量超过50%时,则应向勘察人支付预算额100%的勘察费。

(4)发包人未按合同规定时间(日期)支付勘察费,每超过一日,应偿付未支付勘察费的千分之一逾期违约金。由于勘察人原因未按合同规定时间(日期)提交勘察成果资料,每超过一日,应减收勘察费千分之一。合同签订后,发包人不履行合同时,无权要求返还定金;勘察人不履行合同时,双倍返还定金。

6. 合同争议解决

合同发生争议,发包人、勘察人应及时协商解决,也可由当地建设行政主管部门调解。协商或调解不成时,发包人、勘察人可以根据仲裁协议向仲裁机构申请仲裁。未在本合同中约定仲裁机构,事后又未达成书面仲裁协议的,可向人民法院起诉。

(二)建设工程设计合同

1. 发包人责任

(1)发包人应在合同约定的时间内向设计人提供设计依据资料及相关文件,并对其完整性、正确性及时限负责。发包人不得要求设计人违反国家有关标准进行设计。

发包人提交上述资料及文件超过规定期限15天以内,设计人按合同规定交付设计文件时间相应顺延。超过规定期限15天以上时,设计人员有权重新确定提交设计文件的时间。进行专业工程设计时,设计文件中选用的国家标准图、部标准图及地方标准图由发包人负责解决。

(2)发包人变更委托设计项目、规模、条件或因提交的资料错误,或所提交资料作较大修改,以致造成设计人设计需返工时,双方除需另行协商签订补充协议(或另订合同)、重新明确有关条款外,发包人应按设计人所耗工作量向设计人增付设计费。在未签合同前,发包人同意的,设计人为发包人所做的各项设计工作,应按收费标准相应支付设计费。

(3)发包人不得严重背离合理设计周期。要求设计人比合同时间提前交付设计资料及文件时,如果设计人能够做到,发包人应根据设计人提前投入的工作量,向设计人支付赶工费。

(4)发包人应为设计人派驻现场的工作人员提供必要的工作生活及交通等方便条件。发包人需要设计人员配合材料和设备加工订货时,所需费用由发包人承担。承担合同项目外国专家来设计人办公室工作的接待费。

(5)发包人应保护设计人的投标书、设计方案、文件、资料图纸、数据、计算软件和专利技术。未经设计人同意,发包人对设计人交付的设计资料及文件不得擅自修改、复制或向第三人转让或用于合同外的项目。如发生以上情况,发包人应负法律责任,设计人有权向发包人提出索赔。

(6)发包人委托设计配合引进项目的设计任务,从询价、对外谈判、国内外技术考察直至建成投产的各个阶段,应吸收承担有关设计任务的设计人参加。出国费用,除制装费外,其他费用由发包人支付。

2. 设计人责任

(1)设计人应按国家技术规范、标准、规程及发包人提出的设计要求进行工程设计,按合同规定的进度要求,提交质量合格的设计资料,并对其负责。

(2)设计人交付设计资料及文件后,按规定参加有关的设计审查,并根据审查结论负责对不超出原定范围的内容作必要调整补充。设计人按合同规定时限交付设计资料及文件,本年内项目开始施工,负责向发包人及施工单位进行设计交底、处理有关设计问题和参加竣工验收。在一年内项目尚未开始施工,设计人仍负责上述工作,但应按所需工作量向发包人适当收取咨询服务费,收费额由双方商定。

(3)设计人应保护发包人的知识产权,不得向第三人泄露、转让发包人提交的产品图纸等技术经济资料。如发生以上情况并给发包人造成经济损失,发包人有权向设计人索赔。

(4)工程设计资料及文件中,建筑材料、建筑构配件和设备,应当注明其规格、型号、性能等技术指标。设计人不得指定生产厂、供应商。

(5)设计人为合同项目的服务一般至施工安装结束为止。

3. 合同文件组成及解释顺序

合同文件的优先次序也是构成本合同的文件,可视为是能互相说明的,如果合同文件存在歧义或不一致,则根据如下优先次序来判断:

(1)合同书;

(2)中标函(文件);

(3)发包人要求及委托书;

(4)投标书。

4. 费用及支付方式

1)设计费

合同的设计费收费依据和计算方法按国家和地方有关规定执行,国家和地方没有规定的,由双方商定。如果上述费用为估算设计费,则双方在初步设计审批后,按批准的初步设计概算核算设计费。工程建设期间如遇概算调整,则设计费也应作相应调整。

2)支付方式

(1)合同签订后3日内,发包人支付设计费总额的20%,作为定金。合同结算时,定金抵作设计费。发包人必须按合同规定支付定金,收到定金作为设计人设计开工的标志。未收到定金,设计人有权推迟设计工作的开工时间,且交付文件的时间顺延。

（2）提交各阶段设计文件的同时支付各阶段设计费。

（3）在提交最后一部分施工图的同时,发包人结清设计费,不留尾款。

5.违约责任

（1）在合同履行期间,发包人要求终止或解除合同,设计人未开始设计工作的,不退还发包人已付的定金。已开始设计工作的,发包人应根据设计人已进行的实际工作量,不足一半时,按该阶段设计费的一半支付;超过一半时,按阶段设计费的全部支付。

（2）发包人应按合同规定的金额和时间向设计人支付设计费,每逾期支付一天,应承担支付金额千分之二的逾期违约金。逾期超过30天以上时,设计人有权暂停履行下阶段工作,并书面通知发包人。发包人的上级或设计审批部门对设计文件不审批或本合同项目停缓建,发包人均应按合同规定支付设计费。

（3）设计人对设计资料及文件出现的遗漏或错误负责修改或补充。由于设计人员错误造成工程质量事故损失,设计人除负责采取补救措施外,应免收直接受损失部分的设计费。损失严重的,根据损失的程度和设计人责任大小向发包人支付赔偿金,赔偿金由双方商定。

（4）由于设计人自身原因,延误了按合同规定的设计资料及设计文件的交付时间,每延误一天,应减收该项目应收设计费的千分之二。

（5）合同生效后,设计人要求终止或解除合同,设计人应双倍返还定金。

6.合同生效和终止

本合同经双方签章,并在发包人向设计人支付订金后生效。

本合同生效后,按规定到项目所在省级建设行政主管部门规定的审查部门备案。双方认为必要时,到项目所在地工商行政管理部门申请鉴证。

双方履行完合同规定的义务后,本合同即行终止。

三、建设工程监理合同

建设工程实行监理的,发包人应当与监理人采用书面形式订立委托监理合同。为了规范建设工程监理活动,维护监理合同当事人的合法权益,2012年住建部、国家工商总局联合印发了《建设工程监理合同(示范文本)》(GF—2012—0202)(以下简称2012版监理合同)。

（一）合同的组成

2012版监理合同对2000版委托监理合同的合同文件名称、合同组成和内容进行了修订和调整,由协议书、通用条件、专用条件、附录A和附录B五部分组成。

1.协议书

协议书是建设工程监理合同的纲领性文件,集中反映了合同双方当事人及其约定的合同的主要内容,包括当事人名称、标的物、监理合同文件的组成、酬金、合同履行期限、双方基本承诺、合同订立时间、地点、及合同双方当事人签字盖章等。

2.通用条件

通用条件对建设工程监理合同双方当事人的义务和责任作了一般性规定,适用于各类建设工程监理,具有较强的通用性,既是建设工程监理合同的重要组成部分,也是合同双方当事人协商确定专用条件的基础性文件。

3.专用条件

专用条件是合同双方当事人根据自身及工程需求,在通用条件的基础上协商一致形成的合同条款。合同双方当事人在协商确定专用条件时,不得改变投标文件中的实质性内容。

4.附录 A 和附录 B

附录 A 和附录 B 是建设工程监理合同的重要组成部分。如果监理人受建设单位委托,仅实施建设工程监理,则合同双方当事人不需要填写附录 A,即不需要明确相关服务的范围和内容。合同双方当事人需要通过填写附录 B 明确委托人派遣的人员和提供的房屋、资料、设备等供监理人无偿使用。这是监理人履行建设工程监理合同的必要条件。

(二)合同文件的组成及解释顺序

在合同订立及履行过程中签订的合同文件或补充协议均构成合同文件的组成部分。

组成合同的文件彼此应能相互解释、互为说明。除专用条件另有约定外,合同文件的解释顺序如下:

(1)协议书;

(2)中标通知书(适用于招标工程)或委托书(适用于非招标工程);

(3)专用条件及附录 A、附录 B;

(4)通用条件;

(5)投标文件(适用于招标工程)或监理与相关服务建议书(适用于非招标工程)。

双方签订的补充协议与其他文件发生矛盾或歧义时,属于同一类内容的文件,应以最新签署的为准。

(三)监理人的义务

1.监理工作内容

除专用条件另有约定外,监理工作内容包括:

(1)收到工程设计文件后编制监理规划,并在第一次工地会议 7 天前报委托人。根据有关规定和监理工作需要,编制监理实施细则。

(2)熟悉工程设计文件,并参加由委托人主持的图纸会审和设计交底会议。

(3)参加由委托人主持的第一次工地会议;主持监理例会并根据工程需要主持或参加专题会议。

(4)审查施工承包人提交的施工组织设计,重点审查其中的质量安全技术措施、专项施工方案与工程建设强制性标准的符合性。

(5)检查施工承包人工程质量、安全生产管理制度及组织机构和人员资格。

(6)检查施工承包人专职安全生产管理人员的配备情况。

(7)审查施工承包人提交的施工进度计划,核查承包人对施工进度计划的调整。

(8)检查施工承包人的试验室。

(9)审核施工分包人资质条件。

(10)查验施工承包人的施工测量放线成果。

(11)审查工程开工条件,对条件具备的签发开工令。

(12)审查施工承包人报送的工程材料、构配件、设备质量证明文件的有效性和符合性,并按规定对用于工程的材料采取平行检验或见证取样方式进行抽检。

（13）审核施工承包人提交的工程款支付申请，签发或出具工程款支付证书，并报委托人审核、批准。

（14）在巡视、旁站和检验过程中，发现工程质量、施工安全存在事故隐患的，要求施工承包人整改并报委托人。

（15）经委托人同意，签发工程暂停令和复工令。

（16）审查施工承包人提交的采用新材料、新工艺、新技术、新设备的论证材料及相关验收标准。

（17）验收隐蔽工程、分部分项工程。

（18）审查施工承包人提交的工程变更申请，协调处理施工进度调整、费用索赔、合同争议等事项。

（19）审查施工承包人提交的竣工验收申请，编写工程质量评估报告。

（20）参加工程竣工验收，签署竣工验收意见。

（21）审查施工承包人提交的竣工结算申请并报委托人。

（22）编制、整理工程监理归档文件并报委托人。

2. 监理依据

（1）适用的法律、行政法规及部门规章。

（2）与工程有关的标准。

（3）工程设计及有关文件。

（4）监理合同及委托人与第三方签订的与实施工程有关的其他合同。

双方根据工程的行业和地域特点，在专用条件中具体约定监理依据。

3. 项目监理机构和人员

（1）监理人应组建满足工作需要的项目监理机构，配备必要的检测设备。项目监理机构的主要人员应具有相应的资格条件。

（2）合同履行过程中，总监理工程师及重要岗位监理人员应保持相对稳定，以保证监理工作正常进行。

（3）监理人可根据工程进展和工作需要调整项目监理机构人员。监理人更换总监理工程师时，应提前7天向委托人书面报告，经委托人同意后方可更换；监理人更换项目监理机构其他监理人员，应以相当资格与能力的人员替换，并通知委托人。

（4）监理人应及时更换有下列情形之一的监理人员：严重过失行为的；有违法行为不能履行职责的；涉嫌犯罪的；不能胜任岗位职责的；严重违反职业道德的；专用条件约定的其他情形。

（5）委托人可要求监理人更换不能胜任本职工作的项目监理机构人员。

4. 履行职责

监理人应遵循职业道德准则和行为规范，严格按照法律法规、工程建设有关标准及合同履行职责。

（1）在监理与相关服务范围内，委托人和承包人提出的意见和要求，监理人应及时提出处置意见。当委托人与承包人之间发生合同争议时，监理人应协助委托人、承包人协商解决。

(2)当委托人与承包人之间的合同争议提交仲裁机构仲裁或人民法院审理时,监理人应提供必要的证明资料。

(3)监理人应在专用条件约定的授权范围内,处理委托人与承包人所签订合同的变更事宜。如果变更超过授权范围,应以书面形式报委托人批准。

在紧急情况下,为了保护财产和人身安全,监理人所发出的指令未能事先报委托人批准时,应在发出指令后的 24 小时内以书面形式报委托人。

(4)除专用条件另有约定外,监理人发现承包人的人员不能胜任本职工作的,有权要求承包人予以调换。

5. 提交报告

监理人应按专用条件约定的种类、时间和份数向委托人提交监理与相关服务的报告。

6. 文件资料

在合同履行期内,监理人应在现场保留工作所用的图纸、报告及记录监理工作的相关文件。工程竣工后,应当按照档案管理规定将监理有关文件归档。

7. 使用委托人的财产

监理人无偿使用附录 B 中由委托人派遣的人员和提供的房屋、资料、设备。除专用条件另有约定外,委托人提供的房屋、设备属于委托人的财产,监理人应妥善使用和保管,在合同终止时将这些房屋、设备的清单提交委托人,并按专用条件约定的时间和方式移交。

(四)委托人的义务

1. 告知

委托人应在委托人与承包人签订的合同中明确监理人、总监理工程师和授予项目监理机构的权限。如有变更,应及时通知承包人。

2. 提供资料

委托人应按照附录 B 约定,无偿向监理人提供工程有关的资料。在合同履行过程中,委托人应及时向监理人提供最新的与工程有关的资料。

3. 提供工作条件

委托人应为监理人完成监理与相关服务提供必要的条件。

4. 委托人代表

委托人应授权一名熟悉工程情况的代表,负责与监理人联系。

5. 委托人意见或要求

在合同约定的监理与相关服务工作范围内,委托人对承包人的任何意见或要求应通知监理人,由监理人向承包人发出相应指令。

6. 答复

委托人应在专用条件约定的时间内,对监理人以书面形式提交并要求做出决定的事宜,给予书面答复。逾期未答复的,视为委托人认可。

7. 支付

委托人应按本合同约定,向监理人支付酬金。

(五)违约责任

1. 监理人的违约责任

监理人未履行合同义务的,应承担相应的责任。

(1)因监理人违反合同约定给委托人造成损失的,监理人应当赔偿委托人损失。监理人承担部分赔偿责任的,其承担赔偿金额由双方协商确定。

监理人赔偿金额可按下列方法确定:

赔偿金 = 直接经济损失 × 正常工作酬金 ÷ 工程概算投资额(或建筑安装工程费)

(2)监理人向委托人的索赔不成立时,监理人应赔偿委托人由此发生的费用。

2. 委托人的违约责任

委托人未履行合同义务的,应承担相应的责任。

(1)委托人违反合同约定造成监理人损失的,委托人应予以赔偿。

(2)委托人向监理人的索赔不成立时,应赔偿监理人由此引起的费用。

(3)委托人未能按期支付酬金超过28天,应支付逾期付款利息。

委托人逾期付款利息可按下列方法确定:

逾期付款利息 = 当期应付款总额 × 银行同期贷款利率 × 拖延支付天数

3. 除外责任

因非监理人的原因,且监理人无过错,发生工程质量事故、安全事故、工期延误等造成的损失,监理人不承担赔偿责任。因不可抗力导致监理合同全部或部分不能履行时,双方各自承担其因此而造成的损失、损害。

(六)支付

1. 支付货币

除专用条件另有约定外,酬金均以人民币支付。涉及外币支付的,所采用的货币种类、比例和汇率在专用条件中约定。

2. 支付申请

监理人应在合同约定的每次应付款时间的7天前,向委托人提交支付申请书。支付申请书应当说明当期应付款总额,并列出当期应支付的款项及其金额。

3. 支付酬金

支付的酬金包括正常工作酬金、附加工作酬金、合理化建议奖励金额及费用。

4. 有争议部分的付款

委托人对监理人提交的支付申请书有异议时,应当在收到监理人提交的支付申请书后7天内,以书面形式向监理人发出异议通知。无异议部分的款项应按期支付,有异议部分的款项按争议解决约定办理。

(七)合同生效、变更、暂停、解除与终止

1. 生效

除法律另有规定或者专用条件另有约定外,委托人和监理人的法定代表人或其授权代理人在协议书上签字并盖单位章后合同生效。

2. 变更

(1)任何一方提出变更请求时,双方经协商一致后可进行变更。

(2)除不可抗力外,因非监理人原因导致监理人履行合同期限延长、内容增加时,监理人应当将此情况与可能产生的影响及时通知委托人。增加的监理工作时间、工作内容应视为附加工作。

附加工作酬金可按下列方法确定:

附加工作酬金 = 本合同期限延长时间(天)× 正常工作酬金 ÷ 协议书约定的监理与相关服务期限(天)

(3)合同生效后,如果实际情况发生变化使得监理人不能完成全部或部分工作时,监理人应立即通知委托人。除不可抗力外,其善后工作以及恢复服务的准备工作应为附加工作。监理人用于恢复服务的准备时间不应超过 28 天。

附加工作酬金可按下列方法确定:

附加工作酬金 = 善后工作及恢复服务的准备工作时间(天)× 正常工作酬金 ÷ 协议书约定的监理与相关服务期限(天)

(4)合同签订后,遇有与工程相关的法律法规、标准颁布或修订的,双方应遵照执行。由此引起监理与相关服务的范围、时间、酬金变化的,双方应通过协商进行相应调整。

(5)因非监理人原因造成工程概算投资额或建筑安装工程费增加时,正常工作酬金应作相应调整。

正常工作酬金增加额可按下列方法确定:

正常工作酬金增加额 = 工程投资额或建筑安装工程费增加额 × 正常工作酬金 ÷ 工程概算投资额(或建筑安装工程费)

(6)因工程规模、监理范围的变化导致监理人的正常工作量减少时,正常工作酬金应作相应调整。可按减少工作量的比例从协议书约定的正常工作酬金中扣减相同比例的酬金。

3. 暂停与解除

除双方协商一致可以解除合同外,当一方无正当理由未履行合同约定的义务时,另一方可以根据合同约定暂停履行合同直至解除合同。

4. 终止

以下条件全部满足时,监理合同即告终止:

(1)监理人完成合同约定的全部工作;

(2)委托人与监理人结清并支付全部酬金。

(八)合同争议解决

双方应本着诚信原则协商解决彼此间的争议。如果双方不能在 14 天内或双方商定的其他时间内解决合同争议,可以将其提交给专用条件约定的或事后达成协议的调解人进行调解。

双方均有权不经调解直接向专用条件约定的仲裁机构申请仲裁或向有管辖权的人民法院提起诉讼。

<h3 style="text-align:center">四、建设工程物资采购合同</h3>

物资采购合同是工程项目合同体系中的重要组成部分,与施工合同居于同等重要的地位。货物采购合同依据工程承包合同的相关内容订立,符合施工合同对物资的质量要求和工程进度计划的安排,并与其他工程建设事项互相衔接。

建设工程物资采购合同分建筑材料采购合同和设备采购合同。其合同当事人为采购人和供货人。采购人也叫买受人,是指在合同中约定,具有购买货物要求和支付货物价款能力的当事人以及取得该当事人资格的合法继承人。采购人为建设单位(业主)、项目总承包单位或施工单位,具体由工程承包合同约定。供货人也叫出卖人,是指合同中约定,被采购人接受的具有出卖货物能力的当事人以及取得该当事人资格的合法继承人,一般为物资供应商或建筑材料和设备的生产厂家。

工程建设项目的物资包括建筑材料(含构配件)和设备等。材料和设备的供应一般需要经过订货、生产加工或制造、包装、运输、验收、储存、使用或安装等复杂环节。供货人对其生产或供应的物资质量负责,采购人则根据合同要求进行验收,并按照合同约定支付货物价款。物资采购合同一般都是由合同当事人按照《合同法》及相关法律法规的规定,由双方协商一致签订。这里仅就物资采购合同的主要内容作一介绍。

(一)标的

采购的物资即标的,应在合同中具体明确。采购清单中应详细写明物资的名称、品种、型号、规格、等级、花色、规模、单位、数量等。

合同标的应按照行业主管部门颁布的产品规定填写,明确所采用的计量方法和计量单位,以避免双方在理解上出现歧义。凡国家、行业或地方规定有计量标准的产品,合同中应按照统一标准执行。国家、行业或地方没有规定的,可由当事人协商一致,不能用含混不清的计量单位。货物数量必须在合同中注明,尤其分批分期供货的,还应明确每次进货的时间、地点和数量。

设备采购合同中还应明确设备名称、套数、随主机的辅机、附件、易损耗备用品、配件和安装修理工具等,应于合同中列出详细清单。

(二)质量要求和技术标准

质量和技术条款是物资采购合同中重要条款。合同中应注明货物质量标准名称,质量指标、技术标准、技术性能指标、功能要求、试验检验方法、外观形状等。成套供应的货物,对附件也要有质量要求。

质量要求和技术标准应该符合国家或者行业现行有关标准要求。没有国家标准和行业标准的,则按地方标准或企业标准执行。当采购人有特殊要求的,由双方在合同中约定,但需符合设计要求。

(三)包装要求

除合同另有约定外,供货人提供的货物,应采用国家标准或行业标准的要求,对货物进行包装保护措施,确保货物安全无损运抵施工现场。包装标准是指产品包装的类型、规格、重量以及标记等。包装标识包括产品名称、生产厂家、厂址、质量检验合格证明、目的地等应该符合要求。

包装物一般应由供货人负责,采购人不再另行支付包装费。如果包装不善导致货物锈蚀、损坏或损失,责任由供货人承担。如果采购人对包装有特殊要求,双方应在合同中具体约定。

(四)交货

交货条款包括交付方式、运输方式、到货地点、交货期限等。

合同中应约定交付方式是一次性交货,还是分期分批交货;是施工现场交货,还是采购人到约定地点自提。对于分期分批交货,应注明各个批次的交货时间。如果是由供货人负责将货物送达现场并进行卸货,有关运输和保险费用由供货人承担。供货人应在交货期限前将货物运抵现场,货物运抵现场的日期为交货日期。如果采购人自提货的,以供货人按合同规定通知的提货日期为准。

合同中还应明确运输方式、到货地点、交货期限。合同双方根据运输特点、运距、货物情况等确定运输方式,可以选择铁路、公路、水路、航空、海上运输等。交货期限一般由采购人根据工程建设进度安排,在签订合同时提出要求,双方协商后确定。实际交货日期早于或晚于合同约定的,视为提前或逾期交货,供货人应承担相应责任。

(五)检验和验收

在交货前,供货人应对货物的质量、规格、性能、数量等进行检验,并出具合格证明文件。货物运达后,采购人按照采购合同约定的验收依据和验收方式进行货物验收。

验收依据一般包括采购合同;供货方提供的发货单、产品合格证、检验单及其他有关凭证;合同约定的质量标准和技术指标;图纸、样品和其他技术证明文件。验收方式有驻厂验收、提运验收、接运验收和入库验收等方式。入库验收是一般建筑材料广泛采用的验收方法,由仓库管理人员负责数量和外观检验。

成套设备安装后一般应进行试车调试,双方应该共同参加启动试车的检验工作。试验合格后,双方在验收文件上签字,正式移交采购人进行生产运行。若检验不合格,属于设备质量原因,由供货人负责修理、更换并承担全部费用;如果是施工安装质量问题,则由施工安装承包人负责。

(六)价格和结算

价格条款是合同中的重要条款,合同中应明确货物的价格总额、付款方式、预付款比例、付款次数、付款时间、付款金额,结算办法、时间,以及质量保证金、结清等。

(1)货物的价格:实行招标采购的,按中标人的中标价格确定;不实行招标采购的,属于国家定价的应按国家定价确定;属于国家指导价的应按国家指导价确定;不属于国家定价和国家指导价的,可由双方协商确定价格。

设备采购合同通常还要明确合同价格所包括的设备名称、套数,以及是否包括附件、配件、工具和损耗品的费用,是否包括调试、培训、保修服务的费用等。合同价内应该包括设备的税费、运杂费、保险费等与合同有关的其他费用。

(2)结算方式:可以是现金支付和转账方式。现金支付适用于货物数量少且金额小的合同;转账支付适用于同城市或同地区内的结算,也适用于异地之间的结算。目前在我国货物价款采用转账方式的比较普遍。

(七) 设备安装现场服务

设备安装工作如果是采购人负责,则合同中可以约定供货人提供必要的技术指导和现场服务等内容,如要求供货人派必要的技术人员到施工现场向安装施工人员进行技术交底、培训,指导安装和调试,处理设备质量问题,参加试车和验收试验等。

(八) 违约责任

1. 供货人违约责任

供货人不能按期供货的,应承担违约赔偿责任。双方应协商确定违约金的比例,并在合同条款中约定;供货人提前交货,多交货物部分,以及不符合合同规定的货物,采购人在代为保管期内实际支出的保管、保养费由供货人承担;供货人交付的货物品种、规格、型号、质量不符合合同约定的,如果采购人同意利用,应当按质论价。如果采购人不同意使用,由供货人负责包换或包修。采购人按供货人通知到达指定地点接收货物,而供货人不能交付时,供货人应承担采购人实际开支的费用,并承担逾期交货的违约责任。供货人不能全部或部分交货,应按合同约定的违约金比例来计算违约金。如果违约金不足以偿付采购人的实际损失,采购人还可以另外提出补偿要求。

2. 采购人违约责任

采购人中途退货或无故不接受货物,应向供货人赔偿违约金,并要承担由此给供货人造成的损失;采购人自提货而不能按期提货,应承担逾期提货给供货人造成的代为保管费、保养费等;采购人逾期付款,应该按照合同约定支付逾期付款的利息;在合同约定的验收期限内未进行验收,或验收后在规定的时间内未提出异议的,视为默认。

(九) 合同争议解决

物资采购合同发生争议,双方应协商解决;也可由当地建设行政主管部门调解。调解不成时,可以根据仲裁协议向仲裁机构申请仲裁或向有管辖权的人民法院起诉。

第三节 工程索赔

工程索赔是指在工程合同履行过程中,合同当事人一方因非己方的原因而遭受损失,按合同约定或法律法规规定应由对方承担责任,从而向对方提出补偿的要求。在国际工程承包中,工程索赔是经常大量发生且普遍存在的管理业务。许多国际工程项目通过成功的索赔使工程利润达到了 10%~20%,有的工程索赔额甚至超过了工程合同额。"中标靠低价,盈利靠索赔",便是许多国际承包商的经验总结。

在实际工作中索赔是双向的,既包括承包人向发包人的索赔,也包括发包人向承包人的索赔。但在工程实践中,发包人索赔数量较少,而且处理方便,可以通过冲账、扣工程款、扣保证金等方式实现对承包人的索赔。通常情况下,索赔是指承包人在合同实施中,对非自己过错的责任事件造成的工程延期、费用增加,而依据合同约定要求发包人给予补偿的一种行为。按照索赔的目的将索赔分为工期索赔和费用索赔。

工程施工中,引起承包人向发包人索赔的原因一般会有:施工条件变化引起的;工程变更引起的;因发包人原因致使工期延期引起的;发包人(监理人)要求加速施工,更换材料设备引起的;发包人(监理人)要求工程暂停或终止合同引起的;物价上涨引起的;法律、法规和国家有关政策变化,以及货币及汇率变化引起的;工程造价管理部门公布的价格调整引起的;发包人拖延支付承包人工程款引起的;不利物质条件和不可抗力引起的;由发包人分包的工程干扰(延误、配合不好等)引起的;其他第三方原因(邮路延误、港口压港等)引起的;发承包双方约定的其他因素引起的等。

一、索赔成立的条件

承包人的索赔要求成立,必须同时具备以下三个条件:
(1)与合同相对照,事件已造成了承包人施工成本的额外支出或总工期延误。
(2)造成费用增加或工期延误的原因,不属于承包人应承担的责任。
(3)承包人按合同约定的程序和时限内提交了索赔意向通知和索赔报告。

二、工程索赔的证据

当合同一方向另一方提出索赔时,要有正当的索赔理由,且有索赔事件发生时的有效证据。工程施工过程中,常见的索赔证据有:工程招标文件、合同文件;施工组织设计;工程图纸、设计交底记录、图纸会审记录、设计变更通知单和工程洽商记录,以及技术规范和标准;来往函件、指令或通知;现场签证、施工现场记录以及检查、试验、技术鉴定和验收记录;会议纪要、备忘录;工程预付款、进度款支付的数额及日期;发包人应该提供的设计文件及资料、甲供材料设备的进场时间记录;工程现场气候情况记录;工程材料设备和专业分包工程的招投标文件、合同书,以及材料采购、订货、进场方面的凭据;工程照片及录像;法律、法规和国家有关政策变化文件,工程造价管理机构发布的价格调整文件;货币及汇率变化表、财务凭证等。

实践证明,承包人索赔成功与否的关键是有力的索赔证据。没有证据或证据不足,索赔要求就不能成立。索赔的证据一定要具备真实性、全面性、关联性、及时性以及法律有效性。关联性是证据应能互相说明、相互关联,不能互相矛盾。所以,承包人在施工过程中要注意及时收集整理有关的工程索赔证据,这是索赔工作的关键。

三、工程索赔的处理程序

索赔事件发生后,承包人应持证明索赔事件发生的有效证据,依据正当的索赔理由,按合同约定的时间内向发包人提出索赔。发包人应在合同约定的时间内对承包人提出的索赔进行答复和确认。

1. 索赔程序

根据合同约定,承包人认为有权得到追加付款和(或)延长工期的,应按以下程序向发包人提出索赔:
(1)承包人应在知道或应当知道索赔事件发生后28天内,向监理人递交索赔意向通知书,并说明发生索赔事件的事由;承包人未在前述28天内发出索赔意向通知书的,丧失要求追加付款和(或)延长工期的权利。
(2)承包人应在发出索赔意向通知书后28天内,向监理人正式递交索赔报告。索赔报告应详细说明索赔理由以及要求追加的付款金额和(或)延长的工期,并附必要的记录和证明材料。

(3)索赔事件具有持续影响的,承包人应按合理时间间隔继续递交延续索赔通知,说明持续影响的实际情况和记录,列出累计的追加付款金额和(或)工期延长天数。

(4)在索赔事件影响结束后28天内,承包人应向监理人递交最终索赔报告,说明最终要求索赔的追加付款金额和(或)延长的工期,并附必要的记录和证明材料。

2. 对承包人索赔的处理

(1)监理人应在收到索赔报告后14天内完成审查并报送发包人。监理人对索赔报告存在异议的,有权要求承包人提交全部原始记录副本。

(2)发包人应在监理人收到索赔报告或有关索赔的进一步证明材料后的28天内,由监理人向承包人出具经发包人签认的索赔处理结果。发包人逾期答复的,则视为认可承包人的索赔要求。

(3)承包人接受索赔处理结果的,索赔款项在当期进度款中进行支付。

根据合同约定,发包人认为由于承包人的原因造成发包人的损失,也可按承包人索赔的程序进行索赔。

四、费用索赔的计算

1. 索赔费用的组成

索赔费用的主要组成部分,同工程价款的计价内容相似。

(1)人工费。包括变更和增加工作内容的人工费、业主或监理工程师原因的停工或工效降低增加的人工费、人工费上涨等。其中,变更工作内容的人工费应按前面讲的工程变更人工费计算;增加工作内容的人工费应按照计日工费计算;停工损失费和工作效率降低的损失费按照窝工费计算。窝工费的标准在合同中约定;若合同中未约定,由造价人员测算,合同双方协商确定。人工费上涨一般按合同约定或工程造价管理机构的有关规定计算。

(2)材料费。包括变更和增加工作内容的材料费、清单工程量增减超过合同约定幅度、由于非承包人原因工程延期时材料价格上涨、由于客观原因材料价格大幅度上涨等。变更和增加工作内容的材料费应按前面讲的工程变更材料费计算;工程量增减的材料费按照合同约定调整;材料价格上涨一般按合同约定或工程造价管理机构的有关规定计算。

(3)施工机具使用费。包括变更和增加工作内容的机械使用费和仪器仪表使用费、业主或监理工程师原因的机械停工窝工费和工作效率降低的损失费、施工机械价格上涨等。其中,变更和增加工作内容的机械费应按照机械台班费计算;窝工引起的机械闲置费补偿要视机械来源确定:如果是承包人自有机械,按台班折旧费标准补偿,如果是承包人从外部租赁的机械,按台班租赁费标准补偿,但不应包括运转操作费用。施工机械价格上涨一般按合同约定或工程造价管理机构的有关规定计算。

(4)管理费。包括承包人完成额外工作、索赔事项工作以及合同工期延长期间发生的管理费,根据索赔事件的不同,区别对待。额外工作的管理费按合同约定费用标准计算;对窝工损失索赔时,因其他工作仍然进行,可能不予计算。合同工期延长期间所增加的管理费,目前没有统一的计算方法。

在国际工程施工索赔中,对总部管理费的计算有以下几种:

①按投标书中的比例计算;

②按公司总部统一规定的管理费比率计算;

③按工期延期的天数乘以该工程每日管理费计算。

(5)利润。索赔费用中是否包含利润损失,是经常会引起争议的一个比较复杂的问题。根据《标准施工招标文件》中通用合同条款的内容,在不同的索赔事件中,可以索赔的利润是不同的。一般因发包人自身的原因:工程范围变更、提供的文件有缺陷或技术性错误、未按时提供现场、提供的材料和工程设备不符合合同要求、未完工工程的合同解除、合同变更等引起的索赔,承包人可以计算利润。其他情况下,承包人一般很难索赔利润。

索赔费用利润率的计取通常是与原报价中的利润水平保持一致。

(6)措施项目费。因非承包人原因的工程变更、招标工程量清单缺项、招标清单工程量偏差等引起措施项目发生变化,非承包人原因的工程变更和新增分部分项工程项目清单引起措施项目发生变化的,按照工程变更调整措施项目费;招标工程量偏差超过合同约定调整幅度且引起相关措施项目相应发生变化时,按系数或单一总价方式计价的,工程量增加的措施项目费调增,工程量减少的措施项目费调减。

施工过程中,若国家或省级、行业建设主管部门对措施项目清单中的安全文明施工费进行调整的,应按规定调整。

(7)规费和税金。按国家或省级、行业建设主管部门的规定计算。工作内容的变更或增加,承包人可以计取相应增加的规费和税金外,其他情况一般不能索赔。暂估价价差,主要人工、材料和机械的价差只计取税金。

(8)保函手续费。工程延期时,保函手续费会增加,反之,保函手续费会折减,计入合同价中的保函手续费也相应调整。

(9)利息。发包人未按合同约定付款的,应向承包人支付延迟付款的利息。

根据我国《最高人民法院关于审理建设工程施工合同纠纷案件适用法律问题的解释》(法释[2004]14号)第十七条的规定:当事人对欠付工程价款利息计付标准有约定的,按照约定处理;没有约定的,按照中国人民银行发布的同期同类贷款利率计息。

2013版施工合同规定:除专用合同条款另有约定外,发包人应在签发竣工付款证书后的14天内,完成对承包人的竣工付款。发包人逾期支付的,按照中国人民银行发布的同期同类贷款基准利率支付违约金;逾期支付超过56天的,按照中国人民银行发布的同期同类贷款基准利率的两倍支付违约金。

2. 费用索赔的计算方法

每一项索赔费用的具体计算,根据索赔事件的不同,会有很大区别。其基本的计算方法有:

1)实际费用法

该法是工程费用索赔计算时最常用的一种方法。这种方法的计算原则是,按承包人索赔费用的项目不同,分别列项计算其索赔额,然后汇总,计算出承包人向发包人要求的费用补偿额。每一项工程索赔的费用,仅限于在该项工程施工中所发生的额外人材机费用,在额外人材机费用的基础上再加上相应的管理费、利润、规费和税金,即是承包人应得的索赔金额。

实际费用法所依据的是实际发生的成本记录或单据,所以,在施工中承包人系统而准确地积累记录资料是非常重要的。

2)总费用法

即总成本法。就是当发生多次索赔事件以后,重新计算该工程的实际总费用,减去投标报

价时的估算总费用,即为索赔金额。其公式为:

$$索赔金额 = 实际总费用 - 投标报价估算总费用$$

该法只有在难以精确地计算索赔事件导致的各项费用增加额时才采用。因为实际发生的总费用中可能包括了承包人的原因,如施工组织不善而增加的费用,同时投标报价估算的总费用往往因为承包人想中标而过低。

3) 修正总费用法

该法是对总费用法的改进,即在总费用计算的原则上,去掉一些不合理的因素,进行修正和调整,使其更合理。修正的内容有:

(1) 计算索赔额的时段仅限于受影响的时间,而不是整个施工期。

(2) 只计算受影响的某项工作的损失,而不是计算该时段内的所有工作的损失。

(3) 与该工作无关的费用不列入总费用中。

(4) 对投标报价费用按受影响时段内该项工作的实际单价进行核算,乘以实际完成该项工作的工程量,得出调整后的报价费用。其计算公式为:

$$索赔金额 = 某项工作调整后的实际总费用 - 该项工作调整后的报价费用$$

修正总费用法与总费用法相比,有了实质性的改进,它的准确程度已接近于实际费用法。

例 8-2: 某办公楼工程,业主和承包商按照《建设工程施工合同(示范文本)》签订了工程施工合同。合同中约定的部分价款条款如下:人工费单价为 90 元/工日;税金为 3.48%;人工市场价格的变化幅度大于 10% 时,按照当地造价管理机构发布的造价信息价格进行调整,其价差只计取税金;如因业主原因造成工程停工,承包商的人员窝工补偿费为 60 元/工日,机械闲置台班补偿费为 600 元/台班,其他费用不予补偿。其他未尽事宜,按照国家有关工程计价文件规定执行。

在施工过程中,发生了如下事件。

事件 1:工程主体施工时,由于业主确定设计变更图纸延期 1 天,导致工程部分暂停,造成人员窝工 20 个工日,机械闲置 1 个台班;由于该地区供电线路检修,全场供电中断 1 天,造成人员窝工 100 个工日,机械闲置 1 个台班;由于商品混凝土供应问题,一个施工段的顶板浇筑延误半天,造成人员窝工 15 个工日,机械闲置 0.5 个台班。

事件 2:工程施工期间,当地造价管理部门规定,由于近期市场人工工资涨幅较大,其上涨幅度超出正常风险预测范围。本着实事求是的原则,从当月起,在施工程的人工费单价按照造价信息价格进行调整。当地工程造价信息上发布的人工费单价为 100~120 元/工日。经造价工程师审核,影响调整的人工为 10 000 工日。

事件 3:工程装修施工时,当地造价管理部门发布,为了落实绿色施工要求,对原有的安全文明施工措施费的费率标准做出调整。对未完的工程量相应的安全文明施工措施费费率乘以 1.05 系数,承包商据此计算出本工程的安全文明施工措施费应增加 2 万元。但业主认为按照合同约定,工程没有发生变更,此项增加的措施费应由承包商自己承担。

问题:

(1) 事件 1 中,承包商按照索赔程序,向业主(监理)提出了索赔报告。试分析这三项索赔是否成立?承包商可以获得的索赔费用是多少?

(2) 计算事件 2 中承包商可以增加的工程费用是多少?

(3) 事件 3 中,业主的说法是否正确,为什么?

解:(1) 图纸延期和现场供电中断索赔成立,混凝土供应问题索赔不成立。因为设计变更,图纸延期,属于业主应承担的责任。对施工来说,现场供电中断是业主应承担的风险。商品混凝土供应问题,是因为承包商自身组织协调不当。所以,承包商可以获得的索赔费用:

图纸延期索赔额 = 20 工日 × 60 元/工日 + 1 台班 × 600 元/台班 = 1 800 元
供电中断索赔额 = 100 工日 × 60 元/工日 + 1 台班 × 600 元/台班 = 6 600 元
总索赔费用 = 1 800 + 6 600 = 8 400 元

(2)按照当地造价管理部门发布的造价信息价格中,人工价格一般按照工程类别不同,分别会给出一个调整幅度的上限和下限。这时的人工费单价调整方法,当合同中没有约定时,一般取造价信息价格中人工费单价的下限,按其差值全部计算价差,故本工程人工费单价可调整为 100 元/工日。

人工费价差调整额 = 10 000 工日 × (100 - 90) 元/工日 = 100 000 元
增加的工程费用 = 100 000 × (1 + 3.48%) = 103 480 元

(3)业主的说法不正确。根据《建设工程工程量清单计价规范》(GB 50500—2013)的规定,措施项目中的安全文明施工费必须按照国家或省级、行业建设主管部门的规定计算,不得作为竞争性费用。在施工过程中,国家或省级、行业建设主管部门对安全文明施工措施费进行调整的,措施项目费中的安全文明施工费应作相应调整。

所以,业主应支付施工单位按规定调整安全文明施工措施费所增加的费用。

五、工期索赔的计算

因承包人自身原因导致的工程延误,承包人不可以索赔工期。非承包人原因引起的工程延误,承包人则可以索赔工期。工期索赔的计算方法主要有比例计算法和网络分析法。

1. 比例计算法

采用比例计算法时,可以按工程量的比例或造价的比例进行计算,公式如下:

工期索赔值 = 合同工期 × 新增工程量(新增工程造价)/合同工程量(合同价)

2. 网络分析法

网络分析法是通过分析索赔事件发生前后网络计划的计算工期的差来计算工期索赔值。

实际工程中影响工程延误的事件往往很多,在网络分析中,工程延误可分为关键线路上工作的延误和非关键线路上工作的延误。由于关键线路上工作的延误会造成工程总工期的延长,所以非承包人原因引起的关键线路上工作的延误,承包人都可以索赔延长工期。

对于非承包人原因引起的非关键线路上工作的延误,承包人是否可以索赔延长工期,分两种情况:

(1)如果延误时间少于该工作的总时差,则该工作的延误就不会引起工程总工期的延长,承包人不可以索赔工期。

(2)如果延误时间超过该工作的总时差,该工作就会由非关键工作转化成关键工作,从而就会引起工程总工期的延长,承包人则可以索赔工期。

采用网络分析法时,将索赔事件影响工作的开始时间和持续时间代入网络图中,重新计算得到新工期,将新工期与原工期相减的差值就是索赔事件对工程总工期的影响,即承包人可以提出的工期索赔值。

具体计算方法和步骤详见本书第四章"建设工程项目进度控制",这里不再赘述。

六、工程索赔报告的编制

一般地讲,索赔意向通知书仅需载明索赔事件的大致情况,有可能造成的后果及承包人索赔的意思表示,无须准确的数据和详实的证明资料。而索赔报告除了详细说明索赔事件的发生过程和实际所造成的影响外,还应详细列明承包人索赔的具体项目及依据,给承包人造成的损失总额、构成明细、计算过程以及相应的证明资料。

索赔报告的具体内容,因索赔事件性质和特点的不同会有所差别,但基本内容应包括以下几个方面:

1. 索赔申请

根据施工合同条款约定,由于什么原因,承包人要求的费用索赔金额和(或)工期延长时间。工程索赔通常采取一事一索赔的单项索赔方式,即在每一件索赔事件发生后,递交索赔意向,编制索赔报告,要求单项解决支付,不与其他索赔事件综合在一起。这样可避免多项索赔的相互影响制约,所以解决起来比较容易。

2. 索赔事件

简明扼要介绍索赔事件发生的日期、过程和对工程的影响程度;目前工程进展情况,承包人为此采取的措施,承包人为此消耗的资源等。

3. 索赔依据

依据的合同具体条款以及相关文件规定。说明自己具有的索赔权利,索赔的时限性、合理性和合法性。

4. 计算部分

该部分是具体的计算方法和过程,是索赔报告的核心内容。承包人应根据索赔事件的依据,采用详实的资料数据和合适的计算方法,计算自己应得的经济补偿数额和(或)工期延长的时间。计算索赔费用时,要注意采用合理的计价方法,详细的计算过程,切忌笼统的估计。

5. 证据部分

包括该索赔事件所涉及的一切可能的证明材料及其说明。证据是索赔成立与否的关键。一般要求证据必须是书面文件,必须是双方签署的有关记录、协议、纪要等。

七、费用索赔的审核

工程费用索赔是工程结算审核的一个重点内容。首先注意索赔费用项目的合理性,然后选用的计算方法和费率分摊方法是否合理,计算结果是否准确,费率是否正确,有无重复取费等。

1. 索赔取费的合理性

不同原因引起的索赔,承包人可索赔的具体费用内容是不完全一样的,要按照各项费用的特点、条件进行分析论证,挑出不合理的取费项目或费率。

索赔费用的主要组成,国内同国际上通行的规定不完全一致。我国按《建筑安装工程费用项目组成》(建标[2013]44号)的规定,建筑安装工程费用项目按费用构成要素组成划分为人工费、材料费、施工机具使用费、企业管理费、利润、规费和税金。而国际工程建筑安装工费用基本组成一般包括工程总成本、暂列金额和盈余。

2. 索赔计算的正确性

（1）在索赔报告中，承包人常以自己的全部实际损失作为索赔额。审核时，必须扣除两个因素的影响：一是合同规定承包人应承担的风险；二是由于承包人报价失误或管理失误等造成的损失。索赔额的计算基础是合同报价，或在此基础上按合同规定进行调整。在实际中，承包人常以自己实际的工程量、生产效率、工资水平等作为索赔额的计算基础，从而过高地计算索赔额。

（2）停工损失中，不应以计日工的日工资计算，通常采用人员窝工费计算；闲置的机械费补偿，不能按台班费计算，应按机械折旧费或租赁费计算，不应包括机械运转操作费用。正确区分停工损失与因监理工程师临时改变工作内容或作业方法造成的工效降低损失的区别。凡可以改做其他工作的，不应按停工损失计算，但可以适当补偿降效损失。

（3）索赔额中包含利润损失，是经常会引起争议的问题。一般因发包人自身的原因引起的索赔，承包人才可以计算利润。

（4）按照国际工程惯例，索赔准备费用、索赔额在索赔处理期间的利息和仲裁费等费用不计入索赔额中。

（5）关于共同延误的处理原则。在实际施工中，工期拖延很少是只由一方，往往是两三种原因同时发生（或相互影响）而造成的，称为"共同延误"。在这种情况下，要具体分析哪一种情况延误是有效的，应依据以下原则：

①首先判断造成延期的哪一种原因是先发生的，即确定"初始延误"者，他应对工程延期负责。在初始延误发生作用期间，其他并发的延误者不承担责任。

②如果初始延误者是发包人原因，则在发包人原因造成的延误期内，承包人既可得到工期延长，又可得到费用补偿。

③如果初始延误者是客观原因，则在客观因素发生影响的延误期内，承包人可以得到工期延长，但很难得到费用补偿。

④如果初始延误者是承包人原因，则在承包人原因造成的延误期内，承包人既不能得到工期延长，又不能得到费用补偿。

索赔方都是从维护自身利益的角度和观点出发提出索赔要求。索赔报告中往往夸大损失，或推卸责任，或转移风险，或仅引用对自己有利的合同条款等。因此，审核时，对索赔方提出的索赔报告必须全面系统地研究、分析、评价，找出问题。一般审核中发现的问题有：承包人的索赔要求超过合同规定的时限；索赔事项不属于发包人（监理人）的责任，而是与承包人有关的其他第三方的责任；双方责任大小划分不清，必须重新计算；事实依据不足；合同依据不足；承包人没有采取适当措施避免或减少损失；合同中的开脱责任条款已经免除了发包人的补偿责任；索赔证据不足或不成立，承包人必须提供进一步的证据；损失计算夸大等。

例8-3：某城市改造工程项目，在施工过程中，发生了以下几项事件：

事件1：在土方开挖中，发现了较有价值的出土文物，导致施工中断，施工单位部分施工人员窝工、机械闲置；同时施工单位为保护文物付出了一定的措施费用。在土方继续开挖中，又遇到了工程地质勘查报告中没有的旧建筑物基础，施工单位进行了破除处理。

事件2：在地基处理中，施工单位为了使地基夯填质量得到保证，将施工图纸的夯击处理范围适当扩大。其处理方法也得到了现场监理工程师的认可。

事件3：在基础施工过程中，遇到了季节性大雨后又转为罕见的特大暴风雨，造成施工现场临时道路和现场办公用房等设施以及已施工的部分基础被冲毁，施工设备损坏，工程材料被冲走。暴风雨过后，施工单位花费了很多工时进行工程清理和修复作业。

事件4：工程主体施工中，业主要求施工单位对某一构件做破坏性试验，以验证设计参数的正确性。该试验需修建两间临时试验用房，施工单位提出业主应支付该项试验费用和试验用房修建费用。业主认为，该试验费属建筑安装工程检验试验费，试验用房修建费属建筑安装工程措施费中的临时设施费，该两项费用已包含在施工合同价中。

事件5：业主提供的建筑材料经施工单位清点入库后，在专业监理工程师的见证下进行了检验，检验结果合格。其后，施工单位提出，业主应支付其所供材料的保管费和检验费。由于建筑材料需要进行二次搬运，业主还应支付该批材料的二次搬运费。

问题：

（1）事件1中施工单位索赔能否成立，应如何计算其费用索赔？

（2）事件2中施工单位将扩大范围的工程量向造价工程师提出了计量付款申请，是否合理？

（3）事件3中施工单位按照索赔程序，向业主（监理）提交了索赔报告。试问应如何处理？

（4）事件4中试验检验费用和试验用房修建费应分别由谁承担？

（5）事件5中施工单位的要求是否合理？

解：1）施工单位索赔成立

（1）在土方开挖中，发现了较有价值的出土文物，导致施工中断，是业主应承担的风险。

①造成施工人员窝工，其费用补偿按降效处理，即可以考虑施工单位应该合理安排窝工人员去做其他工作，只补偿工效差。一般用工日单价乘以一个测算的降效系数（有的取60%）计算这一部分损失，而且只计算成本费用，不包括利润。

②造成的施工机械闲置，其费用补偿要视机械来源确定：如果是施工单位自有机械，一般按台班折旧费标准补偿；如果是施工单位租赁的机械，一般按台班租赁费标准补偿，不包括运转所需费用。

③施工单位为保护文物而支出的措施费用，业主应按实际发生额支付。

（2）土方开挖中遇到了工程地质勘查报告中没有的旧建筑物基础，这种情况在地基与基础工程施工中经常会碰到。是由于地质勘查报告的资料数据不详的原因，很难避免。从施工角度来说，是业主应该承担的风险，所以应给予施工单位相应的费用补偿。

在工程施工中，类似这种隐蔽工程：地下障碍物的清除处理、新增项目回填土、局部拆除改造、楼地面修整等的工程费用。结算时，发包人（监理人）与承包人之间经常会对工程量计算中的厚度、体积、尺寸大小，以及施工条件难易程度等有争议。对于这些主要依靠施工现场准确记录计量的、不可追溯的工程项目，施工时发包人（监理人）与承包人要及时计量，并办理签证手续。不要在结算时，依靠施工人员"回忆"当时情况来结算。

2）不合理

该部分的工程量超出了施工图纸的范围，一般地讲，也就超出了工程合同约定的工程范围。监理工程师认可的只是施工单位为保证施工质量而采取的技术措施。在没有设计变更情况下，技术措施费已包含在施工合同价中。故该项费用应由施工单位自己承担。

3）分拆问题

（1）对于前期的季节性大雨，这是一个有经验的承包商能够合理预见的因素，是施工单位应承担的风险。故由此造成的损失不能给予补偿。

（2）对于后期罕见的特大暴风雨，是一个有经验的承包商不能够合理预见的，应按不可抗力事件处理。根据不可抗力事件的处理原则（详见本章第四节），被冲毁现场临时道路、业主的现场办公室等设施，以及已施工的部分基础，被冲走的工程材料，工程清理和修复作业等经济损失应由业主承担。施工设备损坏、人员窝工、机械设备闲置，以及被冲毁的施工现场办公用房等经济损失由施工单位承担。

4）两项费用均应由业主承担

依据《建筑安装工程费用项目组成》的有关规定，建筑安装工程费中的检验试验费是施工单位进行一般鉴定、检查所发生的费用，不包括新构件、新材料的试验费。对构件做破坏性试验及其他特殊要求检验试验的费用和建设单位委托检测机构进行检测的费用，由建设单位在工程建设其他费用中列支。

同样，建筑安装工程费中的临时设施费也不包括该试验用房的修建费用。

5）施工单位要求业主支付材料保管费和检验费合理

依据2013版施工合同的有关规定，发包人供应的材料和工程设备，承包人清点后由承包人妥善保管，保管费由发包人承担。发包人供应的材料和工程设备使用前，由承包人负责检验，检验费用由发包人承担。

但已标价工程量清单或预算书，在总包服务费中已经列支甲供材料保管费，在企业管理费中已经包含该项检验费的除外。

要求业主支付二次搬运费不合理。其二次搬运费已包含在施工单位的措施项目费报价中。

第四节　合同价款的调整

由于影响建设工程产品价格的因数繁多，而且随着时间的变化，这些价格因素也会发生变化，最终将会导致工程产品价格的变化。工程建设过程中，发承包双方在签订建设工程施工合同时，都会从维护自身经济利益的角度，在合同中对合同价款调整做出约定。在合同履行过程中，当合同约定的调整因素发生时，发承包双方应当按照合同约定对合同价款进行调整。

一、调整因素

《建筑工程施工发包与承包计价管理办法》（住建部令第16号）规定，发承包双方应当在合同中约定，发生下列情形时合同价款的调整方法：

（1）法律、法规、规章或者国家有关政策变化影响合同价款的；

（2）工程造价管理机构发布价格调整信息的；

（3）经批准变更设计的；

（4）发包人更改经审定批准的施工组织设计造成费用增加的；

(5)双方约定的其他因素。

二、调整程序

合同价款调整报告应由受益方在合同约定时间内向合同的另一方提出,经对方确认后调整合同价款。受益方未在合同约定时间内提出工程价款调整报告的,视为不涉及合同价款的调整。当合同没有约定或约定不明时,可按下列程序办理:

(1)调整因素情况发生后14天内,由受益方向对方递交包括调整原因、调整金额的调整合同价款报告及相关资料。受益方在14天内未递交调整合同价款报告的,视为不调整合同价款。

(2)收到合同价款调整报告及相关资料的一方,应在收到之日起14天内予以确认或提出修改意见,如在14天内未作确认也未提出修改意见,视为已经认可该项调整。

(3)收到修改意见的一方,也应在收到之日起14天内予以核实或确认。如在14天内未作确认也未提出不同意见的,视为已经认可该修改意见。

发承包双方如不能就合同价款调整达成一致,应按照合同约定的争议解决方式处理。

经发承包双方确认调整的合同价款,作为追加(减)合同价款与工程进度款同期支付。

三、合同价款调整

在合同履行过程中,涉及合同价款调整的具体事项往往很多,总结起来主要有以下几方面:

1. 国家有关法律、法规、规章和政策变化引起的价款调整

招标工程以投标截止日前28天,非招标工程以合同签订前28天为基准日,其后因国家的法律、法规、规章和政策发生变化引起工程造价增减变化的,发承包双方应按照省级或行业建设主管部门或其授权的工程造价管理机构据此发布的规定调整合同价款。

工程建设过程中,发承包双方都是国家法律、法规、规章和政策的执行者。因此,在发承包双方履行合同的过程中,当国家的法律、法规、规章和政策发生变化,国家或省级、行业建设主管部门或其授权的工程造价管理机构据此发布工程造价调整文件,工程价款应当进行调整。

比如,措施项目中的安全文明施工费,以及计价中的规费和税金必须按照国家或省级、行业建设主管部门的规定计算,不得作为竞争性费用。在合同履行过程中,国家或省级、行业建设主管部门发布对其进行调整的,应作相应调整。计算基础和费率按照工程所在地省级人民政府或行业建设主管部门或其授权的工程造价管理部门的规定执行。

对政府定价或政府指导价管理的原材料如水、电、燃油等价格应按照相关文件规定进行合同价款调整,不应在合同中违规约定。

需要注意的是,由于承包人原因导致工期延误的,按不利于承包人的原则调整合同价款,即在合同原定竣工时间之后,合同价款调增的不予调整,合同价款调减的予以调减。

2. 市场价格波动引起的价款调整

合同履行期间,因人工、材料和工程设备、机械台班价格波动影响合同价款,超过合同当事人约定的范围时,应根据合同约定的价格调整方法对合同价款进行调整。具体调整方法详见本节"四、物价变化合同价款调整方法"。

需要说明的是,发生合同工期延误的,应按照下列规定调整合同履行期的价格:

(1)因非承包人原因导致工期延期的,计划进度日期后续工程的价格,应采用计划进度日期与实际进度日期两者的较高者。

(2)因承包人原因导致工期延误的,计划进度日期后续工程的价格,应采用计划进度日期与实际进度日期两者的较低者。

3. 工程变更引起的价款调整

合同履行期间,工程变更引起已标价工程量清单或预算书中工程项目或其工程数量发生变化的,按合同约定确定变更工程项目的单价。出现设计图纸(含设计变更)与招标工程量清单项目特征描述不符的,且该变化引起工程造价变化的,按实际施工的项目特征确定相应工程量清单项目的单价,以此调整合同价款。

由于招标工程量清单缺项,新增分部分项工程清单项目;实际应予计量的工程量与招标工程量清单偏差超过合同约定幅度;发包人通知实施的零星工作,已标价工程量清单没有该类计日工单价等事项发生,涉及合同价款调整的,参照本节"五、工程变更"进行处理。

招标工程量清单中给定的材料、工程设备和专业工程暂估价,经发承包双方招标或确认的供应商、分包人的价格取代暂估价,调整合同价款。

施工过程中发生现场签证事项时,在现场签证工作完成后 7 天内,承包人应按照签证内容计算价款,报送发包人和监理人审核批准,调整合同价款。

4. 工程索赔引起的价款调整

合同履行过程中,当索赔事件发生时,合同当事人应按照双方确定的索赔费用额调整合同价款,详见本章第三节"工程索赔"。这里重点介绍不可抗力事件的合同价款调整。

不可抗力是指合同当事人在签订合同时不可预见,在合同履行过程中不可避免且不能克服的自然灾害和社会性突发事件,如地震、海啸、瘟疫、骚乱、戒严、暴动、战争和合同中约定的其他情形。不可抗力发生后,发包人和承包人应收集证明不可抗力发生及不可抗力造成损失的证据,并及时认真统计所造成的损失。

不可抗力事件导致的人员伤亡、财产损失及其费用增加和(或)工期延误等,合同当事人应按下列原则分别承担并调整合同价款:合同工程本身的损害、因工程损坏造成的第三方人员伤亡和财产损失,以及已运至施工现场的材料和工程设备的损坏,由发包人承担;发包人和承包人承担各自人员伤亡和财产的损失;承包人的施工机械设备损坏及停工损失,由承包人承担;因不可抗力影响承包人履行合同约定的义务,已经引起或将引起工期延误的,应当顺延工期;发包人要求赶工的,由此增加的赶工费用由发包人承担;承包人在停工期间按照发包人要求照管、清理和修复工程的费用由发包人承担。

不可抗力发生后,合同当事人均应采取措施尽量避免和减少损失的扩大,任何一方当事人没有采取有效措施导致损失扩大的,应对扩大的损失承担责任。因合同一方迟延履行合同义务,在迟延履行期间遭遇不可抗力的,不免除其违约责任。

因不可抗力导致合同无法履行连续超过 84 天或累计超过 140 天的,发包人和承包人均有权解除合同。合同解除后,由双方当事人协商确定发包人应支付的款项。除合同另有约定外,合同解除后,发包人应在双方确定上述款项后 28 天内完成上述款项的支付。发承包双方不能就解除合同后的结算达成一致的,按照合同约定的争议解决方式处理。

四、物价变化合同价款调整方法

1. 采用价格指数进行价格调整

在物价波动的情况下,用价格指数调整合同价款的方法,在国际上和国内一些专业工程中广泛应用。

1) 价格调整公式

因人工、材料和工程设备、施工机械台班等价格波动影响合同价格时,根据合同中约定的数据,按下式计算价格差额并调整合同价款:

$$\Delta P = P_0 \left[A + \left(B_1 \times \frac{F_{t1}}{F_{01}} + B_2 \times \frac{F_{t2}}{F_{02}} + B_3 \times \frac{F_{t3}}{F_{03}} + \cdots + B_n \times \frac{F_{tn}}{F_{0n}} \right) - 1 \right]$$

式中: ΔP——需调整的价格差额;

P_0——约定的付款证书中承包人应得到的已完成工程量的金额,此项金额应不包括价格调整、不计质量保证金的扣留和支付、预付款的支付和扣回,约定的变更及其他金额已按现行价格计价的,也不计在内;

A——定值权重(即不调部分的权重);

B_1、B_2、B_3、$\cdots$、B_n——各可调因子的变值权重(即可调部分的权重),为各可调因子在签约合同价中所占的比例;

F_{t1}、F_{t2}、F_{t3}、$\cdots$、F_{tn}——各可调因子的现行价格指数,指约定的付款证书相关周期最后一天的前42天的各可调因子的价格指数;

F_{01}、F_{02}、F_{03}、$\cdots$、F_{0n}——各可调因子的基本价格指数,指基准日期的各可调因子的价格指数。

以上价格调整公式中的各可调因子、定值和变值权重,以及基本价格指数及其来源在投标函附录价格指数和权重表中约定,非招标订立的合同,由合同当事人在合同中约定。价格指数应首先采用工程造价管理机构发布的价格指数。无前述价格指数时,可采用工程造价管理机构发布的价格代替。

一般工程所在地的工程造价管理部门会定期发布价格指数,以便于发承包双方办理工程结算。

2) 暂时确定调整差额

在计算调整差额时无现行价格指数的,合同当事人同意可暂用前次价格指数计算。实际价格指数有调整的,合同当事人进行相应调整。

3) 权重的调整

因变更导致合同约定的权重不合理时,由发承包双方协商后进行调整。

4) 因承包人原因工期延误后的价格调整

因承包人原因未按期竣工的,对合同约定的竣工日期后继续施工的工程,在使用价格调整公式时,应采用计划竣工日期与实际竣工日期的两个价格指数中较低的一个作为现行价格指数。

例8-4:某土石方工程,合同总价为1 000万元,合同价款采用价格调整公式进行动态结算。人工费、材料费和机械费占工程价款的80%,人工、材料和机械费中各项费用比例分别为人工费20%、柴油40%、机械费40%。投标报价基准日期为2011年3月,2011年10月完成的工程价款占合同总价的 25%。工程所在地有关部门发布的 2011 年相关月份的价格指数如表 8-1。

2011 年价格指数 表 8-1

名称、规格	时间(月份)			备 注
	3	…	9	
人工	122.8		135.3	
燃油	109.8		115.5	
机械台班	100		100	
…				

问题：试按价格调整公式，计算 2011 年 10 月应调整的合同价款差额。

解：不调部分的费用占工程价款的比例为 20%，则可调部分的各项费用占工程价款的比例：

$$人工费 \ 80\% \times 20\% = 16\%$$
$$柴油 \ 80\% \times 40\% = 32\%$$
$$机械费 \ 80\% \times 40\% = 32\%$$

$$\Delta P = P_0 [A + (B_1 \times F_{t1}/F_{01} + B_2 \times F_{t2}/F_{02} + B_3 \times F_{t3}/F_{03} + \cdots + B_n \times F_{tn}/F_{0n}) - 1]$$
$$= 1\,000 \times 25\% \times [0.20 + (0.16 \times 135.3/122.8 + 0.32 \times 115.5/109.8 + 0.32 \times 100/100) - 1]$$
$$= 8.225(万元)$$

本月应增加的合同价款为 8.225 万元。

2. 采用造价信息进行价格调整

在物价波动的情况下，用造价信息调整合同价款的方法，是目前国内建筑安装工程使用较多的。

合同履行期间，因人工、材料、工程设备和机械台班价格波动影响合同价格时，人工、机械使用费按照国家或省、自治区、直辖市建设行政管理部门、行业建设管理部门或其授权的工程造价管理机构发布的人工成本信息、机械台班单价或机械使用费系数进行调整；需要进行价格调整的材料，其单价和采购数量应由发包人复核，发包人确认需调整的材料单价及数量，作为调整合同价款差额的依据。

（1）人工单价发生变化且符合省级或行业建设主管部门发布的人工费调整规定，合同当事人应按省级或行业建设主管部门或其授权的工程造价管理机构发布的人工成本文件调整合同价格，但承包人对人工费或人工单价的报价高于发布价格的除外。

（2）材料、工程设备价格变化的价款调整按照发包人提供的基准价格，按以下风险范围规定调整合同价款：

①承包人在已标价工程量清单或预算书中载明材料单价低于基准价格的：除合同另有约定外，合同履行期间材料单价涨幅以基准价格为基础超过 5% 时，或材料单价跌幅以在已标价工程量清单或预算书中载明材料单价为基础超过 5% 时，其超过部分据实调整。

②承包人在已标价工程量清单或预算书中载明材料单价高于基准价格的：除合同另有约定外，合同履行期间材料单价跌幅以基准价格为基础超过 5% 时，材料单价涨幅以在已标价工

程量清单或预算书中载明材料单价为基础超过5%时,其超过部分据实调整。

③承包人在已标价工程量清单或预算书中载明材料单价等于基准价格的:除合同另有约定外,合同履行期间材料单价涨跌幅以基准价格为基础超过±5%时,其超过部分据实调整。

④承包人应在采购材料前将采购数量和新的材料单价报发包人核对,确认用于工程时,发包人应确认采购材料的数量和单价。发包人在收到承包人报送的确认资料后5天内不予答复的视为认可,作为调整合同价格的依据。未经发包人事先核对,承包人自行采购材料的,发包人有权不予调整合同价格。发包人同意的,可以调整合同价格。

前述基准价格是指由发包人在招标文件或合同中约定的材料、工程设备的价格,该价格原则上应当按照省级或行业建设主管部门或其授权的工程造价管理机构发布的信息价格编制。

(3)施工机械台班单价或施工机械使用费发生变化超过省级或行业建设主管部门或其授权的工程造价管理机构规定的范围时,按其规定调整合同价格。

3. 其他价格调整方式

除了按照价格指数和造价信息价格两种方式调整合同价款外,合同当事人也可以在合同中约定其他价格调整方式。

有些工程施工合同中约定工程使用的部分主要材料的价格,在结算时按照市场价格进行调整,即按承包人实际购买的材料价格结算。这种合同条件下,承包人使用的主要工程材料价格是按实结算,因而承包人对降低价格不感兴趣。另外,这些材料的现场确认价格有时比实际价格高很多。为了避免这些问题,合同中应约定发包人和监理人有权参与材料询价,并要求承包人选择满足工程要求的价廉的材料,或由发包人(监理人)和承包人共同以招标的方式选择供应商。一般工程所在地的工程造价管理部门发布的造价信息价格,是结算的最高限价。

发包人在招标文件中列出需要调整价差的主要材料及其暂估价,工程结算时,若是招标采购的,应按中标价调整;若为非招标采购,按施工期发承包双方确认的价格调整。其价格与招标文件中材料暂估价价格的差额及其相应税金等计入结算价。若发承包双方未能就共同确认价格达成一致,可以参考当时当地工程造价管理部门发布的造价信息价格,造价信息价格中有上、下限的,以下限为准。

例8-5:某教学楼装修改造工程,合同中有关价款调整部分条款的约定如下:采用造价信息进行价格调整;主要材料的价格风险幅度为5%;材料价差仅计取税金,税金为3.48%;材料数量按施工图和2012年预算定额的消耗量计算;材料基准单价为投标报价期间当地工程造价管理部门发布的造价信息价格。主要材料投标价格见表8-2。

承包人提供主要材料和工程设备一览表 表8-2

工程名称:某教学楼装修改造工程　　　　标段:
第1页　共1页

序号	名称、规格、型号	单位	数量	风险系数(%)	基准单价(元)	投标单价(元)	发承包人确认单价(元)	备注
1	地砖(600×600)	m²	2 000	≤5	78	65	73.1	
2	乳胶漆	kg	1 700	≤5	7.1	7.1	7.1	
3	铝合金窗(平开)	m²	500	≤5	450	440	567.5	
4	木门	m²	180	≤5	200	250	387.5	

施工过程中,经甲方确认的材料施工单价为:地砖 90 元/m²,乳胶漆 7.3 元/kg,铝合金窗 600 元/m²,木门 400 元/m²。

问题:试计算应调整的合同价款差额。

解:(1)地砖:投标单价低于基准价,按基准价计算,$(90-78)/78 = 15.38\% > 5\%$,应予调整。

$$65 + (90 - 78 \times 1.05) = 73.1 \text{ 元/m}^2$$

(2)乳胶漆:投标单价等于基准价,按基准价计算,$(7.3-7.1)/7.1 = 2.82\% < 5\%$,未超过约定的风险系数,不予调整。

(3)铝合金窗:投标单价低于基准价,按基准价计算,$(600-450)/450 = 33.33\% > 5\%$,应予调整。

$$440 + (600 - 450 \times 1.05) = 567.5 \text{ 元/m}^2$$

(4)木门:投标单价高于基准价,按投标价计算,$(400-250)/250 = 60\% > 5\%$,应予调整。

$$250 + (400 - 250 \times 1.05) = 387.5 \text{ 元/m}^2$$

(5)主要材料价差:$(73.1 - 65) \times 2\,000 + (567.5 - 440) \times 500 + (387.5 - 250) \times 180 = 104\,700$ 元

(6)应调整的合同价款差额为:$104\,700 \times (1 + 3.48\%) = 108\,343.56$ 元

即应增加的合同价款为 108 343.56 元。

五、工 程 变 更

工程项目建设投资巨大,建设周期长,建设条件千差万别,涉及的经济关系和法律关系比较复杂,受自然条件和客观条件因素的影响大。所以,几乎所有工程项目在实施过程中,实际情况与招标投标时的情况都会有所变化。正是由于工项目建设过程中工程情况的变化,引起了工程变更。

1. 工程变更

合同工程实施过程中,由发包人提出或由承包人提出经发包人批准的合同工程任何一项工作的增、减、取消或施工工艺、顺序、时间的改变;设计图纸的修改;施工条件的改变;招标工程量清单的错、漏从而引起合同条件的改变或工程量的增减变化。

发包人和监理人均可以提出变更。变更指示均通过监理人发出,监理人发出变更指示前应征得发包人同意。承包人收到经发包人签认的变更指示后,方可实施变更。未经许可,承包人不得擅自对工程的任何部分进行变更。

涉及设计变更的,应由设计人提供变更后的图纸和说明。如变更超过原设计标准或批准的建设规模时,发包人应及时办理规划、设计变更等审批手续。

承包人按照监理人发出的变更指示及有关要求,进行下列需要的变更:增加或减少合同中任何工作,或追加额外的工作;取消合同中任何工作,但转由他人实施的工作除外;改变合同中任何工作的质量标准或其他特性;改变工程的基线、高程、位置和尺寸;改变工程的时间安排或实施顺序。

发包人提出变更的,应通过监理人向承包人发出变更指示。变更指示应说明计划变更的工程范围和变更的内容。

监理人提出变更建议的,需要向发包人以书面形式提出变更计划,说明计划变更工程范围

和变更的内容、理由，以及实施该变更对合同价格和工期的影响。发包人同意变更的，由监理人向承包人发出变更指示。发包人不同意变更的，监理人无权擅自发出变更指示。

承包人提出合理化建议的，应向监理人提交合理化建议说明，说明建议的内容和理由，以及实施该建议对合同价格和工期的影响。监理人应在收到承包人提交的合理化建议后7天内审查完毕并报送发包人，发现其中存在技术上的缺陷，应通知承包人修改。发包人应在收到监理人报送的合理化建议后7天内审批完毕。合理化建议经发包人批准的，监理人应及时发出变更指示。合理化建议降低了合同价格或者提高了工程经济效益的，发包人可对承包人给予奖励。

2. 工程变更估价

1）变更估价程序

承包人应在收到变更指示后14天内，向监理人提交变更估价申请。监理人应在收到承包人提交的变更估价申请后7天内审查完毕并报送发包人，监理人对变更估价申请有异议，通知承包人修改后重新提交。发包人应在承包人提交变更估价申请后14天内审批完毕。发包人逾期未完成审批或未提出异议的，视为认可承包人提交的变更估价申请。

因变更引起的价格调整应计入最近一期的进度款中支付。

2）变更估价原则

工程变更引起已标价工程量清单（预算书）项目或其工程数量发生变化，除合同另有约定外，变更工程项目的单价按照下列规定确定，亦称变更估价三原则。

（1）已标价工程量清单或预算书有相同项目的，按照相同项目单价认定。

（2）已标价工程量清单或预算书中无相同项目，但有类似项目的，参照类似项目的单价认定。

（3）变更导致实际完成的变更工程量与已标价工程量清单或预算书中列明的该项目工程量的变化幅度超过15%的；或已标价工程量清单或预算书中无相同项目及类似项目单价的，按照合理的成本与利润构成的原则，由合同当事人协商确定。

3）变更估价的确定

（1）变更估价中的相同项目是指项目采用的材料、施工工艺和方法相同，也不因此改变关键线路上工作的作业时间。类似项目是指项目采用的材料、施工工艺和方法基本相同，也不改变关键线路上工作的作业时间。可仅就其变更后的差异部分参考类似项目的单价，由发承包双方确认新的项目单价。

比如某工程，原设计的现浇混凝土柱的强度等级为C35。施工过程中，业主要求设计将建筑物层数增加一层。在通过报批手续后，设计将框架柱的混凝土强度等级变更为C40。此时，造价人员仅可用C40混凝土价格替换C35混凝土价格，其余不变，组成新的项目单价。

（2）已标价工程量清单或预算书中无相同项目及类似项目单价的，承包人可根据变更工程资料、计量规则和计价办法、工程造价管理机构发布的信息价格和承包人报价浮动率提出变更工程项目的单价，并报发包人确认后调整。

承包人报价浮动率可按下列公式计算：

招标工程　　　承包人报价浮动率 $L = (1 - 中标价/招标控制价) \times 100\%$

非招标工程　　承包人报价浮动率 $L = (1 - 报价/施工图预算) \times 100\%$

(3)工程变更和工程量偏差导致实际完成的变更工程量与已标价工程量清单或预算书中列明的该项目工程量增加超过15%以上时,增加部分工程量的单价应予调低;当工程量减少15%以上时,减少后剩余部分工程量的单价应予调高。计算公式如下:

① 当 $Q_1 > 1.15Q_0$ 时　　　　$S = 1.15Q_0 \times P_0 + (Q_1 - 1.15Q_0) \times P_1$

② 当 $Q_1 < 0.85Q_0$ 时　　　　$S = Q_1 \times P_1$

式中:S——调整后的某一分部分项工程费结算价;

Q_1——最终完成的工程量;

Q_0——招标工程量清单中列出的工程量;

P_1——按照最终完成工程量重新调整后的单价;

P_0——承包人在工程量清单中填报的单价。

(4)已标价工程量清单或预算书中无相同项目及类似项目单价的,且工程造价管理机构发布的信息价格缺失的,由承包人根据变更工程资料、计量规则、计价办法和通过市场调查等取得有合法依据的市场价格提出变更工程项目的单价,并报发包人确认后调整。

(5)措施项目费调整。工程变更引起施工方案改变并使措施项目发生变化时,承包人提出调整措施项目费的,应事先将拟实施的方案提交发包人确认,并应详细说明与原方案措施项目相比的变化情况,拟实施的方案经发承包双方确认后执行,并应按照下列规定调整措施项目费:安全文明施工费应按照实际发生变化的措施项目按国家或省级、行业建设主管部门的规定计算;采用单价计算的措施项目费,应按照实际发生变化的措施项目按上述变更估价原则确定单价;按总价(或系数)计算的措施项目费,应按照实际发生变化的措施项目调整,但应考虑承包人报价浮动因素,即调整金额按照实际调整金额乘以承包人报价浮动率 L 计算。如果承包人未事先将拟实施的方案提交发包人确认,则应视为工程变更不引起措施项目费调整或承包人放弃调整措施项目费的权利。

工程量偏差导致实际完成的工程量与已标价工程量清单或预算书中列明的该项目工程量增减超过15%,且引起相关措施项目发生变化时,按总价(或系数)计算的措施项目费,工程量增加的措施项目费调增,工程量减少的措施项目费调减。

(6)费用和利润补偿。当发包人提出的工程变更因非承包人原因删减了合同中的某项原定工作或工程,致使承包人发生的费用或(和)得到的收益不能被包括在其他已支付或应支付的项目中,也未被包含在任何替代的工作或工程中时,承包人有权提出并应得到合理的费用及利润补偿。

3. 暂估价

暂估价是指发包人在工程量清单或预算书中提供的用于支付必然发生但暂时不能确定价格的材料、工程设备的单价,专业工程以及服务工作的金额。

对于依法必须招标的暂估价项目,以中标价取代暂估价调整合同价款。中标价与工程量清单或预算书中所列的暂估价的金额差以及相应的税金等计入结算价。

对于不属于依法必须招标的暂估价项目,由承包人提供,经发包人(监理人)确认的供应商、分包人的价格取代暂估价,调整合同价款。发承包双方确认的价格与工程量清单(预算书)中所列的暂估价的金额差以及相应的税金等计入结算价。

在工程实践中,暂估价项目的确定也是发承包双方经常出现争议的地方。发承包双方应在施工合同中约定暂估价项目确定的方式和程序,以及双方在暂估价项目确定中的工作分工、权利和义务等具体事项,避免实施中产生纠纷,影响工程施工的顺利进行。

4. 暂列金额与计日工

暂列金额是指发包人在工程量清单或预算书中暂定并包括在合同价格中的一笔款项,用于工程合同签订时尚未确定或者不可预见的所需材料、工程设备、服务的采购,施工中可能发生的工程变更、合同约定调整因素出现时的合同价格调整,以及发生的索赔、现场签证等的费用。暂列金额虽然列入合同价格,但并不属于承包人所有,相当于业主的备用金。暂列金额应按照发包人的要求使用,发包人的要求应通过监理人发出。只有按照合同约定发生后,对合同价格进行相应调整,实际发生额才归承包人所有。

计日工是指合同履行过程中,承包人完成发包人提出的零星工作或需要采用计日工计价的变更工作时,按合同中约定的单价计价的一种方式。需要采用计日工方式的,经发包人同意后,由监理人通知承包人以计日工计价方式实施相应的工作,其价款按列入已标价工程量清单或预算书中的计日工计价项目及其单价进行计算;已标价工程量清单或预算书中无相应的计日工单价的,按照合理的成本与利润构成的原则,由合同当事人协商确定计日工的单价。计日工由承包人汇总后,列入最近一期进度付款申请,由监理人审查并经发包人批准后列入进度付款。

5. 工程变更的管理

业内有一句话,施工单位"中标靠低价,赢利靠变更"。一般的工程项目,大多数施工企业都能干。施工招标时,业主考虑更多的是要"物美价廉"。业主通过招标控制价、经济标评分办法、合同条款约定、风险转移等手段来降低工程造价。施工单位面对"僧多粥少"、竞争激烈的建设工程市场,要想中标,除了具备基本的实力、能力、资信,以及良好的沟通和服务外,更重要的一点就是投标报价不能报高,否则就中不了标。那么,施工单位承揽到项目后,要想赚到钱,除自身的成本控制外,就要依靠施工过程中的工程变更、现场签证,以及工程索赔。

所以,工程变更管理对施工单位能否在项目上取得好的经济效益相当重要。施工过程中,施工单位要做好工程变更与合同价款的调整工作,首先,当施工中发生变更情况时,应按照合同约定或相关规定,及时办理工程变更手续,之后尽快落实变更。其次,要做好工程变更价款的计价与确定工作,尤其新增项目的单价、甲方选用材料价格的确认,以及暂估价价格的认价工作。市场价格和造价信息价格一般都有一定"弹性",材质、规格、型号、厂家、地点、以及数量等不同,价格就不同。承发包双方尽可能要确认一个合适的价格,并及时办理有相关方(甲方、监理、施工等)签字、甚至盖章的签认手续。必要时,新增项目还应签订补充协议书。有些时候现场生产技术人员要配合造价人员使其了解变更工程的实施情况,以便全面完整地计价。同时要在合同约定或相关规定的时限内提出工程变更价款的申请报告。最后,施工单位还应做好工程变更及其价款调整确认文件资料的日常管理工作,及时收集整理包括图纸会审记录、设计变更通知单和工程洽商记录等设计变更文件资料,及时收集整理包括材料设备和专业工程的招投标文件、合同书、认价单、补充协议书、现场签证、变更工程价款结算书、以及相关计价文件等工程变更价款计价资料。

例8-6:某办公楼装修改造工程,业主采用工程量清单方式招标并与某承包商签订了工程施工合同。该合同中部分工程价款条款约定如下:

(1)本工程招标控制价为1 000万元,签约合同价为950万元。

(2)当实际施工应予计量的工程量增减幅度超过招标工程量清单15%时,调整综合单价,调整系数为0.9(1.1)。已标价工程量清单中分项工程B、C、D的工程量及综合单价如表8-3。

工程量及综合单价 表8-3

分 项 工 程	B	C	D
综合单价(元/m²)	60	70	80
清单工程量(m²)	2 000	3 000	4 000

(3)工程变更项目若已标价工程量清单中无相同和类似项目的,其综合单价参考工程所在地计价定额的资源消耗量、费用标准,以及施工期发布的信息价格等进行计算调整。

(4)合同未尽事宜,按照《建设工程工程量清单计价规范》(GB 50500—2013)的有关规定执行。

工程施工过程中,发生了以下事件:

①业主领导来工地视察工程后,提出局部房间布局调整的要求。由于此变更,导致分项工程B、C、D工程量发生变化。后经监理工程师计量确认,承包商实际完成工程量如表8-4。

实际完成工程量 表8-4

分 项 工 程	B	C	D
实际工程量(m²)	2 400	3 100	3 300

②应业主要求,设计单位发出了一份设计变更通知单。其中新增加了一项分项工程E,已标价工程量清单中无相同和类似项目,经造价工程师查工程所在地预算定额,完成分项工程E需要人工费10元/m²,材料费87元/m²,机械费3元/m²,企业管理费率为8%,利润为7%。

③业主为了确保内墙涂料墙面将来不开裂,要求承包商选用质量更好的基层壁基布,并对工程使用的壁基布材料双方确认价格为16元/m²。由于承包商在原合同的内墙涂料项目报价中遗漏了基层壁基布的材料费,结算时承包商就按壁基布材料的确认价格16元/m²计取了材料价差。

问题:

(1)计算分项工程B、C、D的分项工程费结算价。

(2)工程变更项目中若出现已标价工程量清单中无相同和类似项目的,其综合单价如何确定?

(3)计算清单新增分项工程E的综合单价。

(4)在事件③中,承包商按壁基布的全价16元/m²计取材料价差是否合理?

解:

(1)分项工程B、C、D的分项工程费结算价计算:

①分项工程B:(实际工程量−清单工程量)/清单工程量 = (2 400 − 2 000)/2 000 = 20%
即实际工程量增加幅度超过招标工程量清单的15%,故应按合同约定调整综合单价。

$$结算价\ S = 1.15Q_0 \times P_0 + (Q_1 - 1.15Q_0) \times P_1$$
$$= 1.15 \times 2\ 000 \times 60 + (2\ 400 - 1.15 \times 2\ 000) \times 60 \times 0.9$$
$$= 143\ 400\ 元$$

②分项工程C:实际工程量增加100m²,没有超过招标工程量清单的15%,故综合单价不予调整。

$$结算价 = 3\ 100 \times 70 = 217\ 000\ 元$$

③分项工程 D:(3 300 - 4 000)/4 000 = -17.5%

即实际工程量减少幅度超过招标工程量清单的15%,故应按合同约定调整综合单价。

$$结算价 S = Q_1 \times P_1 = 3\,300 \times 80 \times 1.1 = 290\,400 元$$

(2)已标价工程量清单中无相同项目及类似项目单价的,承包人可根据变更工程资料、计量规则和计价办法、工程造价管理机构发布的信息价格和承包人报价浮动率提出变更工程项目的单价,并报发包人确认后调整。

已标价工程量清单中无相同项目及类似项目单价的,且工程造价管理机构发布的信息价格缺失的,由承包人根据变更工程资料、计量规则、计价办法和通过市场调查等取得有合法依据的市场价格提出变更工程项目的单价,并报发包人确认后调整。

(3)工程所在地工程造价管理机构发布有此项目的价格信息。

承包商报价浮动率 L = (1 - 中标价/招标控制价) × 100% = (1 - 950/1 000) × 100% = 5%

分项工程 E 的综合单价 = (人工费 + 材料费 + 机械费) × (1 + 管理费率) × (1 + 利润率) × (1 - 报价浮动率) = (10 + 87 + 3) × (1 + 8%) × (1 + 7%) × (1 - 5%) = 109.78 元/m²

(4)不合理。实行工程量清单计价,投标人对招标人提供的工程量清单与计价表中所列的项目均应填写单价和合价,否则,将被视为此项费用已包含在其他项目的单价和合价中。

所以,承包商在内墙涂料原合同报价中遗漏了基层壁基布的材料费,应认为该项费用已包含在了其内墙涂料或其他项目的单价和合价中。故结算时基层壁基布材料,承包商不应按确认价格 16 元/m² 来计算价差。这种情况,一般按施工期确认价格与投标报价期对应的造价信息价格,以及考虑合同约定的风险幅度,计算其超过部分的价差。

第五节 国际工程合同条件

国际工程合同是指国际工程的参与主体之间为了实现工程项目建设中的特定目的,签订的明确彼此权利义务关系的协议。项目业主可以是政府部门、社会团体、股份公司、私人公司以及个人。许多业主都聘请专业的项目管理公司进行项目管理。承包商是指承担工程项目施工、设备采购、安装调试的公司。有些总承包商还可以提供投资决策咨询、设计、采购、施工等项目建设全过程服务。在国际工程中,工程项目管理均以合同要求和规定为依据,只有订立一个完善的合同才能保证项目的顺利实施。合同管理是整个项目管理的核心。合同双方对合同条款、合同内容等非常重视,配备有专门的合同管理人员,从事合同管理工作。

国际工程承包合同通常都采用国际通用的合同范本,比如:国际咨询工程师联合会(FIDIC)编制的 FIDIC 系列合同条件;英国土木工程师学会(ICE)编制的 NEC 合同体系;美国建筑师学会(AIA)制定的 AIA 系列合同条件。这些合同条件经过多年的不断修订和完善,合同条件系列化。合同内容全面,合同条款详尽具体,有可操作性,在国际工程中,被相关国家广泛采用。

一、FIDIC 合同条件

国际咨询工程师联合会(缩写为 FIDIC),是国际工程咨询业的权威性行业组织,我国于 1996 年正式加入 FIDIC 组织。

FIDIC 先后编制出版了一系列合同管理文件,包括合同、协议标准范本等。1999 年以前,

FIDIC 编制出版的合同条件包括《土木工程施工合同条件》(称为"红皮书")、《电气与机械工程合同条件》(称为"黄皮书")、《业主/咨询工程师标准服务协议书》(称为"白皮书")、《设计/建造与交钥匙工程合同条件》(称为"橘皮书")和《土木工程施工分包合同条件》等。

为了适应不断发展的国际工程业,FIDIC 对其合同条件进行了修改和调整,以令其更能反映国际工程实践,更具有代表性和普遍意义,更加严谨、完善,更具权威性和可操作性。在总结多年来的国际工程实践经验,以及听取各方意见和建议后,1999 年 FIDIC 又重新编写出版了 4 本新的合同标准格式:《施工合同条件》、《生产设备与设计—施工合同条件》、《设计采购施工(EPC)/交钥匙工程合同条件》和《简明合同格式》。这些合同条件不仅被 FIDIC 成员国广泛承认和实施,也被世界银行、亚洲开发银行、非洲开发银行等国际金融组织要求在其贷款建设的工程项目中采用。

1.《施工合同条件》

推荐用于由雇主或其代表工程师设计的建筑或工程项目。这种合同的通常情况是,由承包商按照雇主提供的设计进行工程施工。但该工程可以包含由承包商设计的土木、机械、电气、和(或)构筑物的某些部分。

2.《生产设备和设计—施工合同条件》

推荐用于电气和(或)机械设备供货和建筑或工程的设计和施工。这种合同的通常情况是,由承包商按照雇主要求,设计和提供生产设备和(或)其他工程;可以包含土木、机械、电气、和(或)构筑物的任何组合。

3.《设计采购施工(EPC)/交钥匙工程合同条件》

可适用于以交钥匙方式提供加工或动力设备、工厂或类似设施或基础设施工程或其他类型开发项目。这种方式:

(1)项目的最终价格和要求的工期具有更大程度的确定性;

(2)由承包商承担项目的设计和实施的全部责任,雇主介入很少。

交钥匙工程的通常情况是,由承包商进行全部设计、采购和施工(EPC),提供一个配套完善的设施,雇主转动钥匙即可运行。

4.《简明合同格式》

推荐用于资本金额较小的建筑或工程项目。根据工程的类型和具体情况,这种格式也可用于较大资本金额的合同,特别是适用于简单或重复性的工程或工期较短的工程。这种合同的通常情况是,由承包商按照雇主或其代表(如果有)提供的设计进行工程施工,但这种格式也可适用于包括或全部是由承包商设计的土木、机械、电气、和(或)构筑物的合同。

FIDIC 合同条件分为通用条件和专用条件两部分,共同组成管理合同各方权利和义务的合同条件。通用条件将合同通常需要管理的要素进行了原则性规定。对于每个具体工程项目的合同,还需要考虑项目所在国的法律法规,结合项目特点和雇主要求,编制其专用条件,对通用条件进行修改和补充。

FIDIC 还编制出版了相应的合同条件应用指南,对合同条款进行详细的解释和说明。

二、NEC 合同条件

英国土木工程师学会(ICE)是根据英国法律具有注册资格的教育、学术研究与资质评定的组织,也是世界公认的学术中心、资质评定组织及专业代表机构。ICE 在土木工程建设合同方面具有很高的权威性,编制的 ICE 合同条件在土木工程界有着广泛的应用。

随着社会和经济的迅速发展,建筑业的活动也变得日趋复杂。ICE 合同条件已不能满足合同当事人多样化的需要,在工程管理上也不够完善,同时原有的标准合同文本在解决工程纠纷上存在着缺陷。为此,ICE 开始编制新的工程合同范本,于 1993 年正式出版了称为《新工程合同》(NEC)第一版,1995 年出版了第二版。

1. NEC 合同条件的内容及结构

(1) NEC 系列合同包括:

①工程施工合同。用于业主和总承包商之间的主合同,也用于总包管理的一揽子工程合同。

②工程施工分包合同。用于总承包商和分包商之间的合同。

③职业服务合同。用于业主与项目经理、监理人、设计人、律师等之间的合同。

④仲裁人合同。用于指定裁决者解决任何 NEC 合同项下争议的合同。

(2) 工程施工合同包括:

①核心条款。包括总则、承包商的职责、工期、付款等共 9 个部分,是所有合同的共有条款。

②主要选项。针对 6 种不同的工程款支付方式设置,任一特定的合同应选择且只能选择 1 个主要选项。

③次要选项。15 项次要选项条款,业主可根据工程特点,选择适合自己项目的条款。

④成本组成表。对成本组成内容进行全面的定义,从而避免因计价、计量方式不同而导致的不确定性。成本组成内容不随合同变换而变化。

⑤附录。用来完善合同。

(3) NEC 的计价方式包括:

①含分项工程表的报价合同。分项工程的总价固定,承包商承担价格风险和数量风险。

②含工程量清单的报价合同。分项工程的单价固定,承包商承担价格风险,业主承担数量风险。

③含分项工程表的项目合同。按分项工程的总价确定项目总价,价格风险和数量风险由双方分担。

④含工程量清单的项目合同。按分项工程的单价确定项目总价,业主承担数量风险,价格风险由双方分担。

⑤成本加酬金合同。

⑥工程管理合同。

2. NEC 的主要特点

(1) 灵活性。可用于土木、电气、机械和房屋建筑在内的传统类型的工程施工,也可用于承包商负有一部分设计职责、全部设计职责及没有设计职责的工程。NEC 提供目前所有的正常使用的合同类型,其灵活性具体表现在以下 6 个方面:

①有多种计价方式可以选择,满足合同双方当事人的需要;

②次要选项与主要选项任意组合,可以对通货膨胀、保留金等进行价格调整;

③承包商的涉及范围为 10% ~ 100%;

④可能的分包程度从 0～100%；

⑤可使用的合同数据表，形成具体合同的特定数据；

⑥合同条件中省略了特殊领域的特别条款和技术性条款，而将这些条款放入工程信息。

(2)简洁性。NEC 虽然是一份法律文件，但语言的使用通俗易懂，仅在保险部分使用了少量的法律用语。其结构安排清晰、简洁，具体表现在以下 4 个方面：

①使用简单的语言和简短的句子，避免使用法律术语；

②合同使用现在时描述人的行为；

③程序流程图和条款编码系统，有助于理解条款；

④条款数量少且相互独立。

(3)完善管理。NEC 是基于这样一种认识：参与各方相互合作的管理能在工程实施过程中减少风险。该特点是通过以下 6 个方面实现的：

①允许业主确定最佳的计价方式；

②项目经理、监理工程师的工作简单、明确；

③明确分类风险；

④补偿事件根据对实际成本和工期的预测结果来确定对补偿事项的评估方法，业主可自行选择解决途径；

⑤设有早期警告程序；

⑥鼓励合同当事人在合作管理中发挥自己应有的作用。

三、AIA 合同条件

美国建筑师学会(AIA)制定并发布的合同条件主要用于私营的房屋建筑工程，针对不同的工程项目模式及不同的合同类型出版了多种形式的合同条件，在美国建筑业及国际工程中应用甚广。AIA 为各种工程项目管理模式专门制定了各种协议书格式，AIA 文件包括 A、B、C、D、F、G 六个系列。其中：A 系列用于业主与承包商的标准合同文本，不仅包括合同文件，还包括超承包商的资质报表、各类担保的标准格式等；B 系列用于业主与建筑师之间的标准合同文本，其中包括专门用于建筑设计、装修工程等特定情况的标准合同文件；C 系列用于建筑师与专业咨询人员之间的标准合同文本；D 系列建筑师行业内部使用的文件；F 系列财务管理报表；G 系列建筑师行业及项目管理中使用的文件。

习 题

1. 建设工程合同的特点有哪些？
2. 建设工程合同按照工程建设阶段分哪几种？
3. 根据合同计价方式的不同，建设工程承包合同可采用哪几种合同价格形式？
4. 什么是单价合同，什么是总价合同，什么是成本加酬金合同，及其各自的适用条件？
5. 在工程量清单计价模式下，工程项目合同价格形式如何选择？
6. 简述建设工程合同管理的基本原则。
7. 我国 2013 版施工合同由哪 3 部分组成？

8. 试述我国2013版施工合同文件的构成及其解释顺序。
9. 我国2012版监理合同由哪5部分组成？
10. 承包人索赔要求成立必须同时要具备哪3个条件？
11. 试述工程索赔的处理程序。
12. 在合同履行过程中，涉及合同价款调整的具体事项往往很多，总结起来主要有哪几个方面？
13. 简述不可抗力后果的承担原则。
14. 工程变更估价三原则是什么？
15. 简述国际通用的合同条件。

第九章 工程项目生产要素管理

第一节 概述

施工项目的生产要素是指生产力作用于施工项目的有关要素,包括投入施工项目的劳动力、材料、机械设备、技术和资金等。加强施工项目管理,就必须对施工项目的生产要素认真研究、合理配置,并在生产过程中强化管理。

一、生产要素管理

生产要素也称为资源,它是工程实施必不可少的前提条件,降低资源消耗是节约工程成本的主要途径。保证资源的供应,是工期计划得以实行的必要条件。

施工项目生产要素管理的任务,就是按照项目的实施计划,编制资源的使用和供应计划,将项目实施所需用的资源按正确的时间、正确的数量、正确的种类规格供应到正确的地点,并降低资源成本消耗。施工项目生产要素管理的目的在于,实现生产要素的优化配置和动态管理,从而降低工程成本,实现工期控制要求,保证工程质量,提高经济效益。

二、施工项目生产要素管理的内容

(1)人力资源管理;
(2)材料管理;
(3)机械设备管理;
(4)技术管理;
(5)资金管理。

三、施工项目生产要素管理的过程

(1)编制计划。按照业主需要和合同工期要求,编制生产要素的优化配置计划,确定各种生产要素的投入数量、投入时间,以满足项目施工进度的需要。

(2)确保供应。应根据工程施工进度的需要,按编制的生产要素计划,做好各种资源的供应工作,以保证合同工期的实现。

(3)过程控制。应根据每种资源的特性,采取科学的措施,进行动态配置和组合,协调投入,合理使用,以尽可能少的资源满足工程项目的使用,达到降低成本,节约资源的目的。

(4)分析和改进。定期对资源的投入、使用情况进行核算分析,以求得更好的经济效益和社会信誉。

第二节 人力资源管理

人力资源是指在一定时间和空间条件下,劳动力数量和质量的总和。为了实现项目既定目标,采用计划、组织、指挥、监督、激励、协调、控制等有效措施和手段,充分开发和利用人力资源所进行的一系列活动,称为人力资源管理。

一、人力资源管理的基本概念

在施工项目中,劳动力包括管理层及操作层人员。人力资源管理的核心是按照施工项目的特点和目标要求,合理地组织、高效率地使用和管理劳动力,培养和提高劳动者的素质,激发其积极性与创造性,提高劳动生产率,全面完成工程合同,获取更大效益。

1. 人力资源管理的目的

人力资源管理的目的是调动所有项目参与人的积极性,在参加项目建设的组织内部和外部建立有效的工作机制,以实现项目目标。

2. 人力资源管理的任务

1)编制项目组织和人力资源规划

项目组织和人力资源规划是识别、确定和分派项目角色、职责和报告关系的过程。根据项目对人力资源的需求,建立项目组织结构,组建和优化项目管理班子,并将确定的项目角色、组织结构、职责和报告关系形成文档。在项目生命期内制订的组织和人力资源计划既要有适当的稳定性和连续性,又要随项目的进展作必要的修改,以适应变化了的情况。

2)项目管理班子人员的获取

项目管理班子的人员可通过外部招聘方式获得,也可以对参加项目建设的组织内的成员进行重新分配。选择合适的获取人员的政策、方法和技术,以便在适当的时候获得项目所需的高素质的并且能互相合作的人员。对特殊需要的人员宜通过招标、签订服务合同等方式来获取,用以承担项目的一部分或大部分工作。

3)项目管理班子成员的管理

严格管理项目管理班子的成员,以提高工作效率。明确每个项目管理班子的成员的职责、权限和个人业绩考核标准,以确保项目管理班子成员对工作的正确理解,并作为进行评估的基础。按照规定的标准衡量个人业绩,提倡员工采取主动行动弥补业绩中的不足,鼓励员工在事业上取得更大成绩。

4)搞好团队建设

要建立适当的团队机制,以提高班子中每个成员和项目管理的工作效率。分析影响项目管理班子的成员和团队业绩与士气的因素,并采取措施调动积极因素,减少消极影响。

要建立项目管理班子的成员之间进行沟通和解决冲突的渠道,创造良好的人际关系和工作氛围。在矩阵式组织结构中,项目管理班子的成员要接受项目经理和职能部门经理的双重领导。在这种情况下,应在组织层次、职责、权限、利益等方面处理好项目经理和职能部门经理之间的关系,使项目团队能够有效地开展工作。要及时识别和分析人力资源偏离计划的情况,并采取相应措施,充实和健全项目团队。

二、建设高效的项目管理团队

建设高效团队是人力资源管理的重要内容。高效团队的主要特点是:具有明确的目标和共同的价值观,明晰的分工和精诚的协作,融洽的关系和畅达的沟通,高昂的士气和高效的生产力,很强的凝聚力。

项目管理团队建设的核心目标就是将项目成员有效地组织起来,创造出一种开放、自信、团结、协作的气氛,使项目成员有统一感,强烈希望为实现项目目标做出贡献。团队建设要注意做好以下几点:

(1)配备好团队成员。考虑成员的工作经验、教育背景、年龄、性别、性格和事业心等。

(2)加强团队成员的培训。不但进行岗前培训,也要进行岗上培训。通过培训,提高团队成员的综合素质、工作技能、技术水平、管理水平和道德品质等。根据项目管理的特点,培训以采用短期性的、片断式的、针对性强的、见效快的方式为好。

(3)搞好对团队成员的激励。激励是调动团队成员工作积极性和创造性的重要手段。

(4)进行有效的冲突管理。解决冲突有以下方法:协商、妥协、缓和、强制、退出等,应以前两者为主。

(5)加强团队文化建设。团队文化是指团队的管理理念、经营目的、管理制度、价值观念、行为规范、道德风尚、社会责任、队伍形象等。团队文化的核心是:远景、使命和价值观。

(6)提高凝聚力。凝聚力是指团队对每个成员的吸引力和向心力。有凝聚力的团队的特征是:沟通快,成员有归属感;有良好的实现自我价值和发展的条件。

(7)提高团队士气。团队士气是成员为实现目标的精神状态和工作作风。士气高昂的团队凝聚力高,没有离心倾向,具有解决内部矛盾和适应环境变化的能力,彼此理解,具有认同感和归属感,掌握目标、支持领导、维护团队。

(8)做好以下具体工作:

①促进团队成员相互了解、相互信任、相互依赖。

②定期召开团队会议,举行团队活动,以增强凝聚力。

③通过各种方法提高团队的士气,提高战斗力。

④培养团队成员的团队意识,以实现团队目标为己任。在实现目标的同时,接受锻炼,积累经验,提高能力,提升个人价值。

⑤培养团队成员的对内合作精神和对外沟通能力,并与激励相结合。

⑥培养团队成员的道德品质和工作技能,使其得到提高与发展。

三、劳动组织管理

1. 劳动力的来源

施工项目劳动力的来源有两种形式:一是企业内部劳务队伍,即劳务分公司;二是外部劳务市场的劳务分包企业。

凡需进行劳务分包的项目,按照有关规定均应进行劳务招投标。由项目部按照工程需用劳动力计划,提出招标要求。企业主管部门组织招标,同时审核投标人资格。要认真考核其实际技术水平及管理水平,对特殊工种(电工、焊工、架子工等)还要审查其上岗证。有资质的劳务分包公司参与投标,中标后双方签订劳务分包合同。要认真考核其实际技术水平及管理水平,对特殊工种(电工、焊工、架子工等)还要审查其上岗证。

特殊项目(远离企业本部的项目经理部或事业部式项目经理部)的劳动力,可在企业法定代表人授权下,由项目经理部自行招募,与劳务分包公司签订劳务分包合同。任务完成后,解除劳务合同,劳动力退归劳务市场。项目经理享有和行使劳动用工自主权,自主决定用工的时间、条件、方式和数量,自主决定用工形式。

2. 劳动力的组织形式

项目施工中的劳动力组织,是指劳务市场向施工项目供应劳动力的组织方式及施工班组中工人的结合方式。其组织形式有以下几种:

(1)专业班组。即按施工工艺,由同一工种(专业)的工人组成的班组。专业班组只完成其专业范围内的施工过程。这种组织形式有利于提高专业施工水平,提高熟练程度和劳动效率,但是给协作配合增加了难度。

(2)混合班组。它是由相互联系的多工种工人组成,可以在一个集体中进行混合作业,工作中可以打破每个工人的工种界限。这种班组对协作有利,但却不利于专业技能及熟练水平的提高。

(3)大包队。它实际上是扩大了的混合班组,适用于一个单位工程或分部工程的作业承包。该队内还可以划分专业班组。其优点是可以进行综合承包,独立施工能力强,有利于协作配合,简化了管理工作。

3. 劳动定员

劳动定员是指根据施工项目的规模和技术特点,为保证施工的顺利进行,在一定时期内(或施工阶段内)项目必须配备的各类人员的数量和比例。劳动定员是建立各种经济责任制的前提,也是组织均衡生产、合理用人、实施动态管理的依据。劳动定员的方法有以下几种:

(1)按劳动定额定员。适用于有劳动定额的工作,计算公式为

$$某工种的定员人数 = \frac{某工种计划工程量}{该工种工人产量定额 \times 计划出勤工日利用率}$$

(2)按施工机械设备定员。适用于如车辆及施工机械的司机、装卸工人、机床工人等的定员。计算公式为

$$某机械设备定员人数 = \frac{必需的机械设备台数 \times 每台设备工作班次}{工人看管定额 \times 计划出勤工日利用率}$$

(3)按比例定员。按某类人员占工人总数或与其他类人员之间的合理的比例关系确定人数,如普通工人可按与技术工人比例定员。

(4)按岗位定员。按工作岗位数确定必要的定员人数,如维修工、门卫、消防人员等。

(5)按组织机构职责分工定员。适用于工程技术人员、管理人员的定员。

4. 劳动力的优化配置

对于非劳务分包的工程项目,应由企业劳动管理部门对项目施工进行劳动力优化配置。

劳动力优化配置的目的是保证项目施工计划的实现,使人力资源得到充分利用,降低工程成本。进行项目施工的劳动力配置的依据是施工进度计划和劳动力需要量计划。企业劳动管理部门在对项目施工进行劳动力配置时,需注意以下几点:

(1)应在劳动力需要量计划的基础上再具体化,防止漏配。必要时根据实际情况对劳动力计划进行调整。

(2)如果现有劳动力不能满足要求,项目经理部应向企业申请加配,或在企业经理授权范围内进行招募,也可以把任务转包出去。当现有或新招收人员的专业技术或其他素质上不能满足要求时,应提前进行培训。培训任务主要由企业劳务部门承担,项目经理部只能进行辅助培训,即临时性的操作训练或试验性操作练兵,进行劳动纪律、工艺纪律及安全作业教育等。

(3)配置劳动力时应让工人有超额完成任务的可能,以获得奖励,进而激发劳动热情。

(4)尽量使作业层正在使用的劳动力和劳动组织保持稳定,防止频繁调动。当其不适应任务要求时,应敢于打乱原建制进行优化组合。

(5)为保证作业需要,工种组合、技术工人与壮工的比例必须适当、配套。

(6)尽量使劳动力均衡配置,以便于管理,使劳动资源强度适当,达到节约的目的。

(7)综合考虑资源配置与进度和成本的关系,实现优化配置。例如,当投入劳动力及大型工具少时,成本较低,但进度缓慢;当投入量过大时则相反。一般情况下应集中较多劳动力及物资资源,加快进度,最终由于缩短工期反而有利于降低成本。

5. 劳务分包合同

劳务分包合同一般分为两种形式:一种是按施工预算或投标价承包;另一种是按施工预算中的清工承包。劳务分包合同的内容包括:工程名称,劳务分包工作内容及范围,提供劳务人员的数量,合同工期,合同价款及确定原则,合同价款的结算和支付,安全施工、重大伤亡及其他安全事故处理,工程质量、验收与保修,工期延误,文明施工,材料机具供应,文物保护,发包人、承包人的权利和义务,违约责任等。

6. 劳动力的动态管理

劳动力的动态管理是指根据生产任务和施工条件的变化,对劳动力进行跟踪平衡与协调,以解决劳务失衡、劳务与生产要求脱节的动态过程。其目的是实现劳动力动态的优化组合。

劳动力的动态管理是项目经理部的一项重要职责,其内容包括:

(1)对施工现场的劳动力进行跟踪平衡、进行劳动力补充与削减,向企业劳动管理部门提出申请计划。

(2)按计划在项目中分配劳务人员,并向作业班组下达施工任务书。

(3)解决施工要求与劳动力数量、工种、技术能力、相互配合中存在的矛盾,尤其要解决农忙时的劳动力不足问题。

(4)进行工作考核,并按合同支付劳务报酬,兑现奖惩。

劳动力动态管理的原则是:以进度计划与劳务合同为依据;以动态平衡和日常调度为手段;以达到劳动力优化组合和充分调动作业人员的积极性为目的。

项目经理部应注意做好人力资源的教育培训和思想管理工作,加强对劳务人员作业质量和效率的检查。对劳务队伍管理的主要工作环节包括,进行入场教育、过程管理、经济结算、队伍评价。凡进场劳务人员都应进行入场教育、技术交底,并组织安全考试。在施工过程中,应加强对劳务分包队伍的管理,按照企业有关规定进行施工,严格执行合同条款,不符合质量标准和技术规范要求的应及时纠正,对严重违约的按合同规定处理。工程结束后,由项目经理部对分包劳务队伍进行经济结算及评价,并将评价结果报企业劳动管理部门。

第三节 材料管理

一、材料管理概述

材料管理是指项目经理部为顺利完成工程项目施工任务,合理使用和节约材料、努力降低材料成本所进行的材料计划、订货采购、运输、库存保管、供应、加工、使用、回收等一系列的组织和管理工作。

1. 材料的分类

工程项目使用的材料数量大、品种多,不同材料对工程成本和质量的影响差别较大。企业将所需物资进行分类管理,不仅能充分发挥各级物资人员的作用,且能减少中间环节。目前,大部分企业在对物资进行分类管理中,运用了"ABC 法"(质量管理中的排列图法)原理,即根据物资对工程质量和成本的影响程度,将其分成 A、B、C 三类进行管理。

对工程质量影响很大的,关系用户生命和使用效果的,占工程成本较大的物资一般列为 A 类,如钢材、水泥、木材、装饰材料、机电材料、工程机械设备等;对工程质量有一定影响,在工程成本中所占比例相对低于 A 类,为工程实体消耗的可列为 B 类,如防水材料、保温材料、地方材料、安全防护用具、租赁设备、化工五金、大型工具等;辅助材料中占工程成本较小的为 C 类,如零星油漆、小五金、杂品、小型工具、劳保用品等。

2. 材料采购供应形式

材料的采购权主要集中在法人层次上,即一般由企业建立统一的材料机构,对外面向社会建材市场,对内建立企业内部材料市场,对各施工项目所需要的主要材料、大宗材料实行统一计划、统一采购、统一供应、统一调度和统一核算,在企业范围内进行动态配置和平衡协调,因而施工项目所需材料主要来自企业内部建材市场。施工项目材料采购供应的几种形式如下:

(1)主要材料、大宗材料(A 类材料),以签订买卖合同的方式,由公司材料机构供应;

(2)工程所需的周转材料、大型工具等向企业材料机构租赁;

(3)小型及随手工具采取支付费用方式,由施工班组在企业内部材料市场上自行采购;

(4)经企业法人代表授权,由项目经理部负责采购 B 类、C 类材料及特殊材料;项目经理部应编制采购计划,报企业材料主管部门批准后,按计划采购;

(5)远离企业本部的项目经理部可在法定代表人的授权下就地采购。

3. 材料管理的任务

(1)项目经理部应及时向企业材料机构提交各种材料计划,并签订相应的材料供需合同,实施材料的计划管理。

(2)加强现场材料的验收、储存保管;建立材料领发、退料登记制度;监督材料的使用,实施材料定额消耗管理。

(3)大力探索节约材料、研究代用材料、降低材料成本的新技术、新途径和先进科学方法,如采用 ABC 分类法、库存技术方法、价值分析等。

(4)建立施工项目材料管理岗位责任制。施工项目经理是材料管理的全面领导责任者;施工项目经理部主管材料的人员是施工现场材料管理直接责任者;班组料具员在主管材料员的指导下,协助班组长组织和监督本班组合理领、用、退料。

二、材料的计划与供应管理

施工项目材料计划是对施工项目所需材料的预测、部署和安排,是指导与组织施工项目材料的订货、采购、加工、储备和供应的依据,是降低成本、加速资金周转、节约资金的一个重要因素,对项目实施具有十分重要的作用。

1. 材料计划的分类

材料计划按其内容和作用可分为四类,即材料需用计划、供应计划、采购计划和节约计划。

需用计划是根据工程项目设计文件及施工项目管理实施规划中的施工方案和进度计划编制的,反映完成施工项目所需的各种材料的品种、规格、数量和时间要求,是编制其他各项材料计划的基础。

供应计划是根据需用计划和可供应货源编制的,主要反映施工项目所需材料的来源,如需向国家申请调拨,还是需向市场购买等。

采购计划是根据供应计划编制的,反映从外部采购、订货的数量,是进行采购、订货的依据。

节约计划是根据材料的耗用量和技术措施编制的,反映施工项目材料消耗水平和节约量,是控制供应、指导消耗和考核管理的依据。

2. 材料计划的编制依据

材料需用计划一般包括整个项目的需用计划和各计划期的需用计划。准确确定材料需用量是编制材料计划的关键。编制的主要依据是设计文件、施工方案和进度计划及有关的材料消耗定额。

1)材料需用量的确定

确定材料需用量有以下几种方法:

(1)定额计算法。此种方法计算的材料需要量比较准确,适用于确定有消耗定额的各种材料。首先计算施工项目各分部、分项的工程量并套用相应的材料消耗定额,求得各分部、分项的材料需用量,再经过汇总即可求得整个施工项目各种材料的总需用量。分部、分项材料需用量计算公式如下:

$$某种材料需用量 = 某分部或分项工程量 \times 该项材料消耗定额$$

(2)比例计算法。多用来确定无消耗定额,但有历史消耗数据,以相应比例关系为基础来确定材料需用量。其计算公式如下:

$$材料需用量 = 对比期材料实际消耗量 \times \frac{计划期工程量}{对比期实际完成工程量} \times 调整系数$$

式中调整系数一般可根据计划期与对比期施工技术与组织条件的对比分析、降低材料消耗的要求和采取节约措施后的效果等来确定。

(3)类比计算法。多用于计算新产品对某些材料的需用量。它是以参考类似产品的材料消耗定额,来确定该产品或该工艺材料需用量的一种方法。其计算公式如下:

$$材料的需用量 = 工程量 \times 类似产品的材料消耗定额 \times 调整系数$$

式中调整系数一般可根据该种产品与类似产品在质量、结构、工艺等方面的对比分析来确定。

(4) 经验估计法。是由计划人员根据以往经验来估算材料需用量的一种方法。该法科学性差,仅用于不能或不值得用其他方法计算的情况。

2) 计划期材料需用量计划的编制

材料需用量计划可按计划期的长短,分为年度、季度和月度计划。计划期材料需用量计划主要用于组织材料采购、订货和供应。编制的主要依据是施工项目的材料计划、计划期的施工进度计划及有关材料消耗定额。确定计划期材料需用量有以下两种方法:

(1) 定额计算法。根据施工进度计划中各分部、分项工程在计划期的工程量和相应的材料消耗定额,求得各分部、分项的材料需用量,然后再汇总,求得计划期各种材料的总需用量。

(2) 卡段法。根据计划期施工进度的相应部位,从施工项目材料计划中摘出与施工进度相应部分的材料需用量,然后汇总,求得计划期各种材料的总需用量。

3) 材料供应计划的编制

施工项目的材料供应计划,又称平衡分配计划,为组织货源、订购、储备、供应提供依据,为投标提供资源条件。供应计划的编制,是在确定计划期需用量的基础上,预计各种材料的期初储存量、期末储备量,经过综合平衡后,提出供应量。

$$期内供应量 = 期内需用量 - 期初储存量 + 期末储备量$$

其中,期末储备量主要由供应方式和现场条件决定,一般可按下式计算:

$$某项材料储备量 = 某项材料的日需用量 \times (该项材料的供应间隔天数 + 运输天数 + 入库检验天数 + 生产前准备天数)$$

供应计划的编制,应从数量、品种、时间等方面平衡,以达到配套供应、均衡施工的目的。平衡的具体内容包括:材料总需要量和材料资源总量的平衡,材料品种需要和配套供应平衡,各用料的单项工程之间平衡,公司供应与项目经理部供应的协调平衡,材料需要量和资金的平衡。材料供应计划在执行过程中,如遇到设计修改、生产或施工工艺变更时,应作相应的调整和修订。但必须有书面依据,要制订相应的措施,并及时通告有关部门,要妥善处理并积极解决材料的余缺,以避免和减少损失。

3. 材料供应

材料供应计划编制后,更重要的是组织其实施。实施中的关键问题是实行配套供应,即对所需的材料品种、数量、规格、时间及地点,组织配套供应,不能缺项,不能颠倒。其次,要实行承包责任制,明确供求双方的责任与义务、奖惩规定,签订供应合同,以确保施工项目顺利进行。

在材料供应过程中,应定期或不定期进行检查。检查的主要内容是:供应计划落实的情况,材料采购情况,订货合同执行情况,主要材料的消耗情况,主要材料储备及周转情况等,以便及时发现问题并处理解决。

三、施工现场的材料管理

该管理工作的主要内容包括材料进场验收、储存保管、材料领发、使用监督、材料回收,以及对周转材料的现场管理等。

1. 主要任务

(1) 项目经理部应明确现场材料管理的责任部门,并落实责任人,明确岗位职责。

(2) 施工现场的材料人员必须经过专业培训,持证上岗,按管理内容和区域进行管理。

(3) 应根据生产进度组织材料按时进场,做好质量和数量验收,对材料进行妥善保管,合理使用,采取措施降低消耗、提高经济效益。

(4) 应根据施工预算、生产进度及现场条件,按工程计划期及时提出工程材料需用计划。

2. 材料进场验收

在材料进场前,应根据现场平面布置图,认真做好材料堆放的准备和临时仓库的搭设,力求做到有利于材料的进出和存放,方便施工,避免和减少场内二次搬运。

在材料进场时,应根据进料计划、送料凭证、质量保证书或材质证明(包括厂名、品种、出厂日期、出厂编号、试验报告等)和产品合格证,进行数量验收和质量确认,做好验收记录,办理验收手续。材料的验收工作,要按质量验收规范和计量检测规定进行,严格执行验品种、验型号、验质量、验数量、验证件制度。

要求复检的材料要有取样送检证明报告;新材料未经试验鉴定,不得用于工程中;现场配制的材料应经试配,使用前需通过认证。材料的计量设备必须经具有校验资格的机构定期检验,确保计量所需要的精确度。不合格的检验设备不允许使用。

对不符合计划要求或质量不合格的材料,应更换、退货或让步接收(降级使用),严禁使用不合格的材料。在材料质量、数量验收无误后,应及时办理验收手续。

3. 材料储存与保管

进库的材料须经验收后入库,按型号、品种分区堆放,并编号、标识,建立台账。材料仓库或现场堆放的材料必须有必要的防火、防雨、防潮、防盗、防风、防变质、防损坏等措施。易燃易爆、有毒等危险品材料,应设专库存放,专人负责保管,并有严格的安全措施。有保质期的材料应做好标识,定期检查,防止过期。现场材料要按平面布置图定位放置,有保管措施,符合堆放保管制度。对材料要做到日清、月结、定期盘点、账物相符。

4. 材料发放及领用

材料发放及领用是现场材料管理的中心环节,必须严格执行领发手续,明确领发责任。

凡有定额的工程用料,要严格限额领发料制度,坚持节约预扣,余料退库。要建立领发料台账,记录领发状况和节超状况,收发料具要及时入账上卡,手续齐全。施工设施用料,以设施用料计划进行总控制,实行限额发料。超限额用料时,须事先办理手续,填限额领料单,注明超耗原因,经批准后,方可领发材料。

5. 材料使用的监督

材料使用过程中,应根据现场条件尽量组织原材料集中加工,扩大成品供应比重。如将混凝土、钢筋、木材、石灰、玻璃、油漆、砂、石等集中加工处理。要坚持按分部工程或按建筑层数等分阶段进行材料使用分析和核算,以便及时发现问题,防止材料超用。

现场材料管理责任者应对现场材料使用进行分工监督、检查,主要内容包括:是否认真执行领发料手续,记录好材料使用台账;是否按施工场地平面图堆料,按要求的防护措施保护材料;是否按规定进行用料交底和工序交接;是否严格执行材料配合比,合理用料;是否做到工完场清,要求"谁做谁清,随做随清,操作环境清,工完场地清"。每次检查都要做到情况有记录,原因有分析,明确责任,及时处理。

6. 材料回收

要做好回收和利用废旧材料工作,实行交旧(废)领新、包装回收、修旧利废。要求施工班组必须回收余料,及时办理退料手续,并在领料单中登记扣除。余料要造表上报,按供应部门的安排办理调拨和退料。对于设施用料、包装物及容器等,在使用周期结束后要立即组织回收。要建立回收台账,记录节约或超领情况,并处理好相应的经济关系。

7. 周转材料的管理

(1)周转材料管理的范围。包括模板(大模板、滑模、组合钢模、异型模、竹模板等);脚手架(钢管、碗扣、脚手板、钢支柱、吊篮等);其他周转材料(卡具、附件等)。

(2)周转材料的加工、购置和租赁。项目经理部应按工程量、施工方案编制周转材料的需用计划,提交企业相关部门或租赁单位,由企业相关部门或租赁单位进行加工、购置,并及时提供租赁,与项目部签订租赁合同。

(3)周转材料的进场保管与使用。周转材料进场后,应按规格、品种、数量登记入账。按规格分别码放整齐,垛间留有通道,并做好标识。露天堆放的应按规定限制高度,并有防水等防护措施。码放应注意以下几点:

①大模板应集中存放,做好防倾斜等安全措施,设置区域围护并标识。

②组合钢模板、竹木模板应分规格码放,便于清点和发放,一般码十字交叉垛,高度控制在1.8m以下。

③钢脚手架管、钢支柱等,应分规格顺向码放,周围用围栏固定,避免滚动。

④周转材料、零配件应集中存放,装箱、装袋,注意看护,减少散失。

(4)建立保管使用维修制度。如对连续使用的周转材料,每次用完应及时清理、除污并涂刷保护剂,分类码放,以备再用。如不再使用的,应及时回收、整理和退还,并办理退租手续。需报废时,应按规定进行报废处理。

四、材料的库存管理

1. 库存材料的 ABC 分类法

ABC 库存分类管理法是根据库存材料占用资金大小和品种数量之间的关系,把材料分为 A、B、C 三类,从而找出库存管理的侧重点,并区别管理方法。其具体程序可以分为以下几步:

(1)把各种库存物资全年平均耗用量分别乘以它的单价,计算出各种物资耗用总量以及总金额。

(2)按照各品种物资耗费的金额的大小顺序重新排列,并分别计算出各种物资所占领用总数量和总金额的比重,即百分比。

(3)把耗费材料按金额适当分段,计算各段中各项物资领用数占总领用数的百分比,分段累计耗费金额占总金额的百分比,并根据一定标准将它们划分为 A、B、C 三类。分类的标准如表 9-1 所示。

库存材料 A、B、C 分类表 表 9-1

材 料 分 类	品种数占全部品种数(%)	资金额占资金总额(%)
A 类	5～10	70～80
B 类	20～30	15～20
C 类	50～70	5～10

A 类材料占用资金比重大,是重点管理的材料,要按品种计算经济库存量和安全库存量,并对库存量随时进行严格盘点,以便采取相应措施。对 B 类材料,可按大类控制其库存;对 C 类材料,可采用简化的方法管理,如定期检查库存,集中订货运输等。

2. 库存管理方法

1) 定量订购法

该法是指当材料库存量内最高库存(经济库存量 + 安全库存量)消耗到最低库存(安全库存量)之前的某一预定的库存量水平(即订购点)时,就按一定批量(即经济订购批量又称经济库存量)订购补充、控制库存的一种方法,如图 9-1 所示。

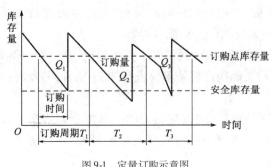

图 9-1 定量订购示意图

订购点的计算公式如下:

$$订购点 = 平均日需要量 \times 最大订购时间 + 安全库存量$$

式中订购时间是指从开始订购到验收入库为止的时间,包括订货、运输、验收时间。有的材料还包括加工准备时间。安全库存量是为了防止缺货的风险而建立的库存,通常按下式确定:

$$安全库存量 = 平均日需要量 \times 平均误期天数$$

平均误期天数可根据计划期至到货期的历史统计资料加权计算后,再结合到货误期的可能性确定。要综合考虑仓库保管费用和缺货损失费用来确定安全库存量。安全库存量大时,缺货概率小,缺货损失费用小,但仓库保管费用增加。如能估计缺货损失费用值,可计算缺货损失费期望值 = 缺货概率 × 缺货损失费用。当缺货损失费用期望值与仓库保管费用之和最小时,为最优安全库存量。

经济订购批量(即经济库存量)是指某种材料订购费用和仓库保管费用之和为最低时的订购批量,设 C = 某材料单价,R = 某材料全年用量,P = 每次定购费用,I = 单位材料年度保管费率(按平均库存值百分率),库存值 = 每次定购批量 × 材料单价,则

$$年度总费用\ T_c = \frac{R}{Q} \times P + \frac{CQ}{2}I \qquad \frac{dT_c}{dQ} = \frac{-RP}{Q^2} + \frac{CI}{2}$$

$\frac{dT_c}{dQ} = 0$ 时,T_c 为最小值,此时,订货批量 = 经济订货批量 = Q^*

$$\frac{-RP}{Q^2} + \frac{CI}{2} = 0, Q^* = \sqrt{\frac{2RP}{CI}}$$

即:

$$经济订购批量 = \sqrt{\frac{2 \times 年需要量 \times 每次订购费用}{材料单价 \times 仓库保管费率}}$$

式中订购费用是指每次订购材料运抵仓库之前的一切费用,主要包括采购人员工资、差旅

费、采购手续费、检验费等。仓库保管费率是指仓库保管费用占平均库存费的百分率。仓库保管费包括材料在库或在场所需的一切费用,主要指该批材料占用流动资金的利息、占用仓库的费用(折旧、修理费等)、仓库管理费、燃料动力费、采暖通风照明费、库存期间的损耗以及防护费和保险费等。

例 9-1:某材料的年订货总量为 21 600t,该材料的单价为 80 元/t,每次采购费用为 60 元,仓库年保管费率为 4%,则该材料的经济订购批量是多少?

解:经济订购批量 $= \sqrt{\dfrac{2 \times 年需要量 \times 每次订购费用}{材料单价 \times 仓库保管费率}} = \sqrt{\dfrac{2 \times 21\ 600 \times 60}{80 \times 0.04}} = 900\text{t}$

定量订购法由于定购时间不受限制,所以当材料需要量波动较大时,适应性强,可根据库存情况考虑需要量变化趋势,随时组织订货,补充库存,因此安全库存量可少设一些。但采用此法必须外部货源充足;需对库存量不断盘点;当库存量达到订购点时需组织订货,不但增加材料管理工作量,还可能增加订货及运输费用。此方法适用于:单价高需严格控制的材料;不常用或因缺货造成经济损失较大的材料;需要量波动大或需要量难以估计的材料。

2)定期订购法

该法是事先确定好订购周期,如每季、每月或每旬订购一次,到达订货日期就组织订货。这种方法订购周期相等,但每次订购数量不等,见图 9-2。

订购周期的确定,一般先用材料的年需要量除以经济库存量求得订购次数,然后以 365 天除以订购次数可得。每次订购数量是根据在下次到货前所需材料的数量减去订货时的实际库存量而定。其计算公式如下:

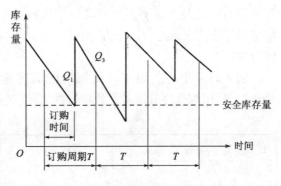

图 9-2 定期订购示意图

订购数量 = (订购天数 + 供应间隔天数) × 平均日需要量 + 安全库存量 − 实际库存量

式中供应间隔天数是指相邻两次到货之间的间隔天数。

采用定期订购法由于在订货期间对各种材料统一组织订货,所以不要求不断盘点各种材料;还可以简化订货组织工作,降低订货费用。另外这种订货方式可事先与供货方协商供应时间,可有计划地安排产需衔接,有利于双方实行均衡生产。

第四节 机械设备管理

一、机械设备管理概述

1. 机械设备管理的概念

施工项目机械设备管理是指项目经理部针对所承担的施工项目,运用科学方法优化选择和配备施工机械设备,并在生产过程中合理使用、进行维修保养等各项管理工作。

2. 机械设备的供应渠道

机械设备的供应渠道有四种:一是从本企业专业机械租赁公司租用施工机械设备;二是从

市场上租用机械设备；三是分包工程施工队伍自带的施工机械设备；四是企业为施工项目购置机械设备。

二、施工机械设备的选择

1. 选择的依据和原则

为项目施工服务的机械设备主要是在市场上选择租赁。选择的依据是：项目的施工条件、工程特点、工程量多少及工期要求等。选择的原则主要是：要适用于项目施工的要求，使用安全可靠，技术先进，经济合理。

2. 选择的方法

1) 综合评分法

当有多种机械设备的技术性能可满足施工要求时，应综合考虑其各种特性，通过分级打分的方法比较其优劣。如果某一项机械特性由于组成因素较多，优劣倾向性不明显时，可用定量计算法求出综合评分，再加以比较。评分方法很多，可以用简单评分法，也可以用加权评分法。

例 9-2： 有甲、乙、丙三台机械均能满足施工需要，但各机械特性等级不同，其得分见表9-2。运用综合评分法考虑各项特性之后，选择总分最高的乙机械用于施工。

综 合 评 分 法 表　　　　　　　　　表9-2

序号	特性	等级	标准分	甲机	乙机	丙机
1	工作效率	A	10	10	10	8
		B	8			
		C	6			
2	工作质量	A	10	8	8	8
		B	8			
		C	6			
3	使用费和维修费	A	10	8	10	6
		B	8			
		C	6			
4	能源耗费量	A	8	4	4	6
		B	6			
		C	4			
5	占用人员	A	8	6	4	4
		B	6			
		C	4			
6	安全性	A	8	8	6	6
		B	6			
		C	4			

续上表

序号	特性	等级	标准分	甲机	乙机	丙机
7	稳定性	A	8	6	6	8
		B	6			
		C	4			
8	服务项目多少	A	8	6	4	8
		B	6			
		C	4			
9	完好性	A	8	6	8	6
		B	6			
		C	4			
10	维修难易	A	8	4	6	6
		B	6			
		C	4			
11	安、拆、用难易和灵活性	A	6	4	6	2
		B	4			
		C	2			
12	对气候适应性	A	6	4	4	2
		B	4			
		C	2			
13	对环境影响	A	2	4	4	4
		B	4			
		C	6			
总计分数				78	80	74

2) 经济分析法

(1) 单位工程量成本比较法。机械设备使用时,必然要消耗一定的费用,这些费用分为可变费用和固定费用两大类。可变费用是随着机械的工作时间而变化的费用,如小修费、燃料动力费、人工费、直接材料费等;固定费用是按一定施工期限分摊的费用,如折旧费、大修费、机械管理费、投资应付利息、分摊的固定资产投资等。机械设备的"单位工程量成本"计算公式如下:

$$单位工程量成本\ C = \frac{使用时间固定费用\ G + 单位时间操作费\ P \times 使用时间\ T}{单位时间产量\ S \times 使用时间\ T}$$

例9-3:有两种混凝土泵均可满足施工需要,有关经济资料见表9-3,当每月需输送5 040 m³混凝土时,问选哪一种好?

两种混凝土泵的有关经济资料　　表9-3

机种	月固定费用(元)	每小时操作费(元/h)	每小时产量(m³/h)
A	7 000	30.8	45
B	8 400	28	50

解：①A 机需工作的使用时间：$T_A = 5\,040/45 = 112(h)$；

单位工程量成本：$C_A = \dfrac{G_A + P_A \times T_A}{S_A \times T_A} = \dfrac{7\,000 + 30.8 \times 112}{45 \times 112} = 2.07$（元/m³）

②B 机需工作的使用时间：$T_B = 5\,040/50 = 101(h)$；

单位工程量成本：$C_B = \dfrac{G_B + P_B \times T_B}{S_B \times T_B} = \dfrac{8\,400 + 28.00 \times 101}{50 \times 101} = 2.22$（元/m³）

显然，A 机的单位工程量成本低于 B 机，故应当选用 A 机。

（2）界限使用时间比较法。单位工程量成本受使用时间的制约。如果能将两种机械单位工程量成本相等的使用时间计算出来，则决策工作会更简便、更可靠。这个时间就称为"界限使用时间"。

如有 A、B 两台可供选择的机械设备，它们的固定费用分别为 G_A 和 G_B，其单位时间产量分别为 S_A 和 S_B，其每小时操作费分别为 P_A 和 P_B，界限使用时间为 T_0，则两机的单位工程量成本相等时可用下式表示：

$$\dfrac{G_A + P_A T_0}{S_A T_0} = \dfrac{G_B + P_B T_0}{S_B T_0}$$

解此式，得"界限使用时间"计算公式：

$$T_0 = \dfrac{G_B S_A - G_A S_B}{P_A S_B - P_B S_A}$$

在 $T_0 > 0$ 的情况下，具有可比性。当使用时间高于这个时间或低于这个时间时，单位工程量成本的变化会使选用机械的决策得到相反的结果。界限使用时间 T_0 可用图 9-3 表示。

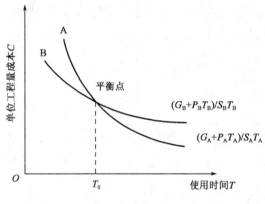

图 9-3 界限使用时间比较法

由于工程作业量往往是一定值，若机械的作业效率 $S_A \neq S_B$ 时，则这两台机械的使用时间不同，即 $T_A \neq T_B$。在都能满足项目施工进度要求的前提下，应选择单位工程量成本较低的机械。即当 $G_B S_A - G_A S_B > 0$，$P_A S_B - P_B S_A > 0$ 时，若预计使用机械时间 $T < T_0$ 时选择 A 机械为优，$T > T_0$ 时选择 B 机械为优；当 $G_B S_A - G_A S_B < 0$，$P_A S_B - P_B S_A < 0$ 时，若预计使用机械时间 $T < T_0$ 时选择 B 机械为优，$T > T_0$ 时选择 A 机械为优。

例 9-4：求出例 9-3 的"界限使用时间"，当每月使用混凝土输送泵的时间预计为 100h 时，应选择何种？

解：界限使用时间 T_0 的计算如下：

$$T_0 = \dfrac{G_B S_A - G_A S_B}{P_A S_B - P_B S_A} = \dfrac{8\,400 \times 45 - 7\,000 \times 50}{30.8 \times 50 - 28 \times 45} = \dfrac{28\,000}{280} = 100(h)$$

当使用时间低于 100h，选用 A 机；使用时间高于 100h，选用 B 机。

（3）折算费用法（等值成本法）。当一个施工项目工期较长，某一机械需长期使用，项目经理部决定购置机械时，常需考虑机械的原值、年使用费、残值和复利利息，采用折算费用法进行计算，在预计机械的使用期间，按年或月摊入成本的折算费用，选择较低者购买。计算公式是：

$$\text{年折算费用} = \text{按每年等值分摊的机械投资} + \text{年度机械使用费}$$

在考虑复利和残值的情况下：

年折算费用 =（原值 – 残值）× 资金回收系数 + 残值 × 利息 + 年度机械使用费

其中，$$资金回收系数 = \frac{i(1+i)^n}{(1+i)^n - 1}$$

式中：i——复利率；

n——计利期。

例 9-5：某企业要进行一项大型工程的建设，在编制项目实施规划时，发现本企业现有的机械均不能满足需要，故需要做出是购买设备还是向机械出租站租赁的决策。经调查测算，得到相关资料见表 9-4。

自购与租赁设备费用资料　　　　　　　　　表 9-4

方案	一次投资(元)	年使用费(元)	使用年限(年)	残值(元)	年复利率(%)	年租金(元)
自购	200 000	40 000	10	20 000	10	—
租赁	—	20 000				40 000

解：(1) 自购机械的年折算费用计算如下：

$$自购机械年折算费用 = (200\,000 - 20\,000) \times \frac{0.10(1+0.10)^{10}}{(1+0.10)^{10} - 1} + 20\,000 \times 0.10 + 40\,000$$

$$= 71\,295(元)$$

(2) 租赁机械的年支出费

年租金及使用费用 = 20 000 + 40 000 = 60 000(元)

由此可见，自购机械的年折算费用比租赁机械的年支出费要高出 11 295 元（即 71 295 元 – 60 000 元），故不宜自购，可做出租赁机械的决策。

三、机械设备的合理使用

机械设备必须合理地使用，才能发挥其正常的生产效率，降低使用费用及防止出现事故。为此应做好以下几项工作：

(1) 人机固定。实行机械使用、保养责任制，并将机械设备的使用效益与个人经济利益联系起来。

(2) 实行操作证制度。专机的操作人员必须经过培训和统一考试，确认合格，发给上岗证，这是保证机械设备得到合理及安全使用的必要条件。

(3) 遵守合理使用规定。坚持搞好机械的例行和强制保养；对新机械设备和经过大修或改造的机械设备在投产使用初期，必须经过运行磨合，使零配件摩擦表面逐渐达到良好配合，以防止机件早期磨损，延长机械使用寿命和修理周期。

(4) 实行单机或机组核算。根据考核的成绩实行奖罚，这也是一项提高机械设备管理水平的重要措施。

(5) 建立设备档案制度，以便监督设备情况，便于使用与维修。

(6) 合理组织机械设备施工。必须加强维修管理，提高机械设备完好率和单机效率，并合理地组织机械调配，搞好施工的计划工作。

(7) 培养机务队伍。采取办训练班、进行岗位练兵等形式，有计划、有步骤地做好机务人员的培养和提高工作。

(8) 搞好机械设备的综合利用。机械设备的综合利用是指现场的施工机械尽量做到一机多用,使其效率充分发挥。例如垂直运输机械,可兼作回转范围内的水平运输、装卸车等。因此要按小时安排好机械的工作,大力提高其利用率。

(9)努力组织好机械设备的流水施工。当施工进度主要取决于机械设备而不是人力的时候,施工段的划分必须以机械设备的服务能力作为决定因素,使机械设备能连续作业。必要时"歇人不歇马",使机械三班作业。当一个施工项目有多个单项工程时,应使机械在单项工程之间流水作业,以减少进出场时间和装拆费用。

(10)机械设备安全作业。项目经理部在机械作业前应向操作人员进行安全操作交底,使操作人员对施工要求、场地环境、气候等安全生产要素有清楚的了解。项目经理部要按机械设备的安全操作要求安排工作和进行指挥,不得要求操作人员违章作业,也不得强令机械设备带病操作,更不得指挥和允许操作人员野蛮施工。

(11)为机械设备的施工创造良好的条件。如现场环境、施工平面图的布置应满足机械作业要求,道路畅通无障碍,夜间施工安排好照明等。

四、机械设备的保养与维修

1. 机械设备的保养

机械设备保养的目的是为了使机械设备保持良好的技术状态,提高运转的可靠性和安全性,减少零件的磨损,延长使用寿命,降低消耗,提高机械施工的经济效益。

1)例行保养

例行保养属于正常使用管理工作,它不占用机械设备的运转时间,由操作人员在机械运行间隙进行。保养的工作内容是:进行清洁、润滑、紧固容易松动的螺丝,检查零部件的完整情况,防止机械腐蚀及修换个别易损件等。

2)强制保养

是隔一定周期,需要占用机械设备运转时间而停工进行的保养。强制保养是按照一定周期和内容分级进行的。机械设备运转到了规定的时限,不管其技术状态好坏,任务轻重,都必须按照规定作业范围与要求进行检查和维护保养,不得借故拖延。这种制度进一步贯彻了以"预防为主"的精神,有利于设备处于良好的技术状态。

2. 机械设备的维修

机械设备的维修是指对机械设备的自然损耗进行修复,排除机械运行故障,对损坏的零部件进行更换、修复。对机械设备的预检和修理,可以保证机械的使用效率,延长寿命。机械设备修理可分为大修、中修和零星小修。

1)大修

对机械设备进行全面的解体检查修理,保证各零部件质量和配合,尽可能使机械设备恢复原有精度、性能、效率,达到良好的技术状态,从而延长机械设备的使用寿命。大修内容包括:设备全部解体、拆除和清洗设备的全部零部件,修理、更换所有磨损及有缺陷的零部件,清洗、修理全部管路系统,更换全部润滑材料等。

2)中修

更换与修复设备的主要零部件和数量较多的其他磨损件,并校正机械设备的基准,恢复机械设备的精度、性能和效率,保证其能使用到下一次修理。中修是部分解体的修理,它也具有恢复性修理性质,其修理范围介于大修和小修之间。由于小修的时间短,机械的某些缺陷与隐患得不到处理,而大修的间隔期又太长,使机械设备的某些缺陷与隐患延误处理时机,所以在两次大修之间应安排若干次中修。

3) 零星小修

一般是临时安排的修理,其目的是消除操作人员无力排除的突然故障、个别零件损坏或一般事故性损坏等问题,常与保养相结合,不列入修理计划之中。而大修、中修需要列入修理计划,并按计划预检修制度执行。

第五节 技 术 管 理

一、技术管理概述

1. 技术管理概念

施工项目技术管理是项目经理部在项目施工过程中,对各项技术活动过程和技术工作的各种要素进行科学管理的总称。

2. 技术管理的内容

施工项目技术管理的内容包括:

(1) 技术管理的基础工作。包括制定技术管理制度,实行技术责任制,执行技术标准与技术规程,开展科学试验,交流技术情报,进行技术教育与培训,技术档案管理等。

(2) 施工技术准备工作。包括图纸会审,编制施工组织设计,进行技术交底等。

(3) 施工过程中的技术工作。包括施工工艺管理,技术试验,技术核定,技术检查,标准化管理等。

(4) 技术开发工作。包括开展新技术、新结构、新材料、新工艺、新设备的研究与开发,技术改造与革新,制定新的技术措施等。

(5) 技术经济分析与评价。

二、技术管理的基础工作

1. 建立技术管理工作体系

项目经理部应在企业总工程师和技术管理部门的指导、参与下,建立以项目技术负责人为首的技术业务统一领导和分级管理的技术管理工作体系,并配备相应的职能人员。一般应根据项目规模设项目技术负责人(项目总工程师或主任工程师或工程师或技术员),其下设技术部门、工长和班组长。然后按技术职责和业务范围建立各级技术人员的责任制,明确技术管理岗位与职责,建立各项技术管理制度。

2. 建立健全技术管理制度

项目经理部的技术管理必须执行国家技术政策和企业的技术管理制度。同时应根据需要自行制定针对项目特点的技术管理制度,并报企业总工程师批准。施工项目的主要技术管理制度有:技术责任制度、图纸会审制度、施工组织设计管理制度、技术交底制度、材料设备检验制度、工程质量检查验收制度、技术组织措施计划制度、工程施工技术资料管理制度以及工程测量、计量管理办法、环境保护管理办法、工程质量奖罚办法、技术革新和合理化建议管理办法等。

建立健全施工项目技术管理制度时,要互相配套协调、形成系统,既互不矛盾,也不留漏洞,还要有针对性和可操作性。要求项目经理部所属各单位、各部门和人员,在施工活动中,必须遵照执行。

3. 技术责任制

项目经理部的各级技术人员都应根据项目技术管理责任制度完成业务工作,履行职责。其中项目技术负责人的主要职责是:

(1)全面负责技术工作和技术管理工作;

(2)贯彻执行国家的技术政策,技术标准,技术规程,验收规范和技术管理制度等;

(3)组织编制技术措施纲要及技术工作总结;

(4)领导开展技术革新活动,审定重大的技术革新、技术改造和合理化建议;

(5)组织编制和实施科技发展规划、技术革新计划和技术措施计划;

(6)参加重点和大型工程三结合设计方案的讨论,组织编制和审批施工组织设计和重大施工方案,组织技术交底和参加竣工验收;

(7)主持技术会议,审定签发技术规定、技术文件,处理重大施工技术问题;

(8)领导技术培训工作,审批技术培训计划;

(9)参加引进项目的考察和谈判。

三、技术管理的主要工作

1. 设计文件的学习和图纸会审(详见第五章)

2. 技术交底

技术交底是在正式施工以前对参与施工的有关管理人员、技术人员和工人讲解工程对象的设计情况、建筑和结构特点、技术要求、施工工艺及注意问题等,以便他们详细地了解工程,心中有数,掌握关键环节,避免发生指导错误及操作错误。

1)技术交底的要求

(1)整个工程和分部分项工程,在施工前均须作技术交底。特殊和隐蔽工程,更应该认真作技术交底。

(2)交底时,不但要领会设计意图,还要贯彻本企业技术措施计划及纲要的要求。

(3)应着重强调易发生质量事故与工伤事故的工程部位,防止各种事故的发生。

(4)必须满足施工规范、规程、工艺标准、检验评定标准和建设单位的合理要求。

(5)必须以书面形式进行,经过检查与审核,并有签发人、审核人、接受人的签字。

(6)所有的技术交底资料,都是施工中的技术资料,要列入工程技术档案。

2)施工单位技术负责人向下级技术负责人交底

内容包括:工程概况一般性交底;工程特点及设计意图;施工方案;施工准备要求;施工注意事项等。

3)施工项目技术负责人对工长、班组长进行技术交底

应按分部分项工程进行交底,内容包括:设计图纸具体要求,施工方案实施的具体技术措施及施工方法,土建与其他专业交叉作业的协作关系及注意事项,各工种之间协作与工序交接质量检查,规范、规程、工艺标准,施工质量标准及检验方法,隐蔽工程记录,验收时间及标准,成品保护办法与制度,施工安全技术措施等。

4)工长向班组长、工人交底

主要利用下达施工任务书时进行分项工程操作交底,包括操作要领、材料使用、质量标准、工序交接安全措施、成品保护等,必要时要用图表、样板、示范操作等方法进行。

3. 隐蔽工程检查与验收(详见第五章)

4. 施工的预检(详见第五章)

5. 技术措施计划

技术措施是为了克服生产中的薄弱环节,挖掘生产潜力,保证完成生产任务,获得良好的经济效果,在提高技术水平方面采取的各种手段和办法。它是对已有的先进经验或措施加以综合运用。要做好技术措施工作,必须编制、执行技术措施计划。

1)技术措施计划的主要内容

(1)加快施工进度方面的技术措施。

(2)保证和提高工程质量的技术措施。

(3)节约劳动力、原材料、动力、燃料和利用"三废"等方面的技术措施。

(4)推广新技术、新工艺、新结构、新材料的技术措施。

(5)提高机械化水平、改进机械设备的管理以提高完好率和利用率的措施。

(6)改进施工工艺和操作技术以提高劳动生产率的措施。

(7)保护环境及保证安全施工的措施。

2)施工技术措施计划的编制要求

(1)同生产计划一样,按年、季、月分级编制,并以生产计划要求的进度与指标为依据。

(2)应依据施工管理实施细则和施工方案,并结合施工实际。

(3)公司编制年度技术措施纲要,分公司编制年度和季度技术措施计划,项目经理部编制月技术措施计划。

(4)项目经理部编制技术措施计划时,既要贯彻上级的技术措施计划,又要充分发动施工员、班组长及工人提出合理化建议,使计划有群众基础,集中群众的智慧。

(5)编制技术措施计划应计算其经济效果。

3)技术措施计划的贯彻执行

(1)在下达施工计划的同时,将技术措施计划下达到栋号长、工长及有关班组。

(2)对技术措施计划的执行情况应认真检查,发现问题及时处理,督促执行。如果无法执行,应查明原因,进行分析。

(3)每月底项目技术负责人应汇总当月的技术措施计划执行情况,总结、公布成果,填写报表上报。

第六节 资金管理

一、资金管理概述

1. 资金管理的概念

施工项目资金管理是指施工项目经理部根据工程施工过程中资金运行的规律,进行的资金收支预测、编制资金计划、筹集投入资金(项目经理部收入)、资金使用(支出)、资金核算与分析等一系列资金管理工作。

2. 资金管理的要点

(1) 项目资金管理应保证收入、节约支出、防范风险和提高经济效益。

(2) 企业财务部门统一管理资金。为保证项目资金使用的独立性,承包人应在财务部门设立项目专用账号,所有资金的收支均按财会制度由财务部门统一对外运作。资金进入财务部门后,按承包人的资金使用制度分流到各项目,项目经理部负责责任范围内资金的直接使用管理。

(3) 项目资金计划的编制及审批。项目经理部应根据施工合同、承包造价、施工进度计划、施工项目成本计划、物资供应计划等编制年、季、月度资金收支计划,上报企业主管部门审批后实施。

(4) 项目资金的计收。项目经理部按企业授权配合企业财务部门及时进行资金计收。资金计收应符合下列要求:

①新开工项目按工程合同收取预付款或开办费。

②根据月度统计报表编制《工程进度款估算单》,在规定日期内报监理工程师审批、结算。如发包人不能按期支付工程进度款且超过合同支付的最后限期,项目经理部应向发包人出具付款违约通知书,并按银行的同期贷款利率计息。

③根据工程变更记录和发包人违约的证明材料,及时计算索赔金额,列入工程进度款结算单。

④发包人委托代购的工程设备或材料,必须签订代购合同,收取设备订货预付款或代购款。

⑤工程材料价差按照规定计算,发包人应及时确认,并与进度款一起收取。

⑥工期奖、质量奖、措施奖、不可预见费及索赔款,应根据施工合同规定与工程进度款同时收取。

⑦工程尾款应根据发包人认可的工程结算金额及时收回。

(5) 项目资金的控制使用。项目经理部应按企业下达的用款计划控制资金使用,以收定支,节约开支;应按会计制度规定设立财务台账,记录资金支出情况,加强财务核算,及时盘点盈亏。

(6) 项目资金使用情况的总结分析。项目经理部应坚持做好项目的资金分析,进行计划收支与实际收支对比,找出差异,分析原因,改进资金管理。项目竣工后,结合成本核算与分析,进行资金收支情况和经济效益总结分析,上报企业财务主管部门备案。企业应根据项目的资金管理效果对项目经理部进行奖惩。

二、资金收支预测

1. 资金收入预测

项目资金是按项目合同价款收取的。在施工项目实施过程中,应从收取工程预付款开始,每月按进度收取工程进度款,到最终竣工结算。所以应依据项目施工进度计划及施工合同按时间测算收入数额,做出项目收入预测表,绘出项目资金按月收入图及项目资金按月累加收入图。资金收入测算工作应注意以下几个问题:

(1)由于资金测算是一项综合性工作,因此要在项目经理主持下,由职能人员参加,共同分工负责完成。

(2)严格按合同规定的结算办法,测算每月实际应收的工程进度款数额。实际上工程进度款往往不能及时到位,测算时要充分考虑收款滞后的时间因素,并力争缩短滞后时间。

2. 资金支出预测

项目资金支出即项目施工过程中的资金使用。项目经理部应依据项目的成本计划、项目管理实施规划、材料物资储备计划等,测算出随着工程的实施,每月预计的人工费、材料费、施工机械使用费、物资储运费、临时设施费、其他直接费和施工管理费等各项支出,形成对整个项目按时间、进度计划的资金使用计划和项目费用每月支出图及支出累加图。

项目资金支出预测应从实际出发,尽量具体而详细,同时还需重视资金的时间价值,以使测算的结果能满足资金管理的需要。

3. 资金收支预测程序及对比

(1)施工项目资金收支预测程序见图9-4。

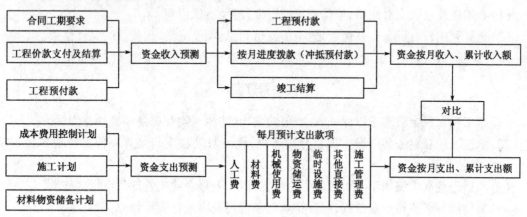

图9-4 施工项目资金收支预测程序

(2)项目资金收支预测对比。将前述的施工项目资金收入预测累计结果和支出预测累计结果绘制在一个坐标图上,即构成资金收支预测对比图,如图9-5所示。曲线 A 是施工合同计划收入曲线,曲线 B 是预计资金支出曲线,曲线 C 是预计资金收入曲线。B、C 曲线之间的距离是相应时间收入与支出的资金数额之差,亦即应筹措资金的数量。其中 a、b 间的距离是本施工项目应筹措资金的最大值;c、d 间的距离是项目保留金;c、e 间的距离是项目毛利润。

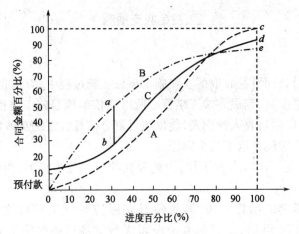

图 9-5 施工项目收支预测对比图

三、项目资金的筹措

1. 施工过程所需资金的来源

项目施工过程所需要的资金来源,一般是在承包合同条件中规定了的,由发包方(业主)提供工程备料款和分期结算工程款。为了保证生产过程的正常进行,施工企业也可垫支部分自有资金,但在占用时间和数量方面必须严加控制,以免影响整个企业生产经营活动的正常进行。资金的来源渠道包括:预收工程备料款;已完施工价款结算;银行贷款;企业自有资金;其他项目资金的调剂占用。

2. 资金筹措的原则

(1)必须在经过收支对比后,按差额筹措资金,避免造成浪费。

(2)充分利用自有资金。其优点是:不需支付利息,调度灵活,比贷款的保证性强。

(3)利用银行贷款时,尽量利用低息贷款。用自有资金时也应考虑其时间价值。

四、资金管理要点

(1)施工项目资金管理应以保证收入、节约支出、防范风险和提高经济效益为目的。

(2)承包人应在财务部门设立项目专用账号,统一对外收支与结算。项目经理部负责项目资金的使用管理。

(3)项目经理部应编制年、季、月度资金收支计划,上报企业主管部门审批实施。

(4)项目经理部应按企业授权,配合企业财务部门及时进行资金计收。

(5)应按公司下达的用款计划控制资金使用,以收定支,节约开支。应按会计制度规定设立财务台账,记录资金支出情况,加强财务核算,及时盘点盈亏。

(6)项目经理部定期召开业主、分包、供应、加工各单位代表碰头会,协调工程进度、配合关系、资金及甲方供料等事宜。

(7)坚持做好项目的资金分析,进行计划收支与实际收支对比,找出差异,分析原因,改进资金管理。项目竣工后,结合成本核算与分析进行资金收支情况和经济效益总分析,上报企业财务主管部门备案。企业应根据项目的资金管理效果对项目经理部进行奖惩。

习 题

1. 试述项目人力资源管理的目的与主要任务。
2. 高效团队的特点有哪些？项目管理团队建设中应做好哪些工作？
3. 项目经理部对劳动力进行动态管理的原则有哪些？对劳务队伍管理的主要工作环节包括哪些？
4. 施工项目材料采购供应的形式主要有哪几种？
5. 施工项目材料计划分为哪几种？各自编制的依据是什么？
6. 编制施工项目材料需用量计划时，材料需用量的确定方法有哪几种？
7. 施工项目现场材料管理工作的主要内容有哪些？
8. 库存管理方法有哪几种？各自特点如何？
9. 施工项目机械设备选择的方法有哪些？其中经济分析法又包括哪几种？
10. 某装饰装修工程施工所需部分材料数量及单价如表9-5。

项目材料采购计划(节选) 表9-5

序号	材料名称	计量单位	消耗数量	单价(元)
1	水泥	t	52	310
2	白水泥	t	8.5	420
3	砂子	m³	150	40
4	实木装饰门扇	m²	136	125
5	铝合金窗	m²	260	130
6	细木工板	m²	275	46
7	木地板	张	350	320
8	石膏板	张	240	40
9	乳白胶	kg	300	6
10	墙砖	m²	1 200	48
11	地砖	m²	1 000	70
12	地面石材	m²	460	275
13	洁具	件	52	960

求：(1) 按照ABC分类法分析出主要材料、次要材料和一般材料。

(2) 简要叙述各类材料的采购要点。

11. 有两种挖土机均可满足施工需要，有关经济资料见表9-6。

求：(1) 当每月需完成25 000m³挖土量时，选哪一种较经济？

(2) 若每月需完成15 000m³挖土量时，选哪一种较经济？

(3) 求出界限使用时间。

两种挖土机的有关经济资料　　　　　表9-6

机　种	月固定费用(元)	每小时操作费(元/h)	每小时产量(m^3/h)
A	10 000	45.00	50
B	6 000	50.00	45

12. 某一大型工程建设项目,在编制项目实施规划时,发现本企业现有的机械均不能满足需要。经调查测算,得到购买设备和租赁设备的相关资料,见表9-7。试用折算费用法做出决策。

自购与租赁设备费用资料　　　　　表9-7

方案	一次投资(元)	年使用费(元)	使用年限	残值	年复利率(%)	年租金(元)
自购	600 000	50 000	9	80 000	10	—
租赁	—	30 000	—	—	—	100 000

13. 为保证机械设备的合理使用,应做好哪些工作?

14. 施工项目资金管理包括哪些内容?资金管理的要点有哪些?

第十章 工程项目风险管理

第一节 概　述

一、工程项目风险的基本概念

(一) 风险的定义与特征

1. 定义

风险是指未来发生不利事件的概率或可能性。有人把风险定义为"损失的不确定性",即不确定因素造成了投资项目决策的实际结果偏离预期的度。不确定性是指对某些因素缺乏足够认识而无法做出正确估计,或者没有全面考虑所有因素发生的可能性而造成的预期价值与实际价值之间的差异。还有一部分人认为"风险与不确定性既有区别,又有联系,是某一特定行为的所有可能性结果和每一种结果发生的可能性"。从理论上讲,风险是指由于某种不确定的原因所引起的总体实际价值与预期价值之间的差异。风险不仅只是损失发生可能性的一种情况,往往还包括盈利的可能,与期望值的偏离就是风险。现在比较一致的看法是:不确定性是风险的起因;风险是不确定性的结果。它们是一个系统造成失败的可能性和由这种失败而导致的损失或后果。

2. 特征

风险具有客观性、普遍性、可变性和多样性的特征。

(1) 客观性。风险是不以人的意志为转移并超越人们主观意识而客观存在,而且在项目的全寿命周期内,风险是无处不在、无时不有的。

(2) 普遍性。风险存在于投资项目的全过程,而且风险因素之间内在关系错综复杂、与外界交叉影响又使风险显示出多层次性,不能从根本上完全消除,只能降低风险发生的概率和减少风险造成的损失。

(3) 可变性。风险是不断变化的。在整个施工过程中,各种风险的质和量都在发生变化,并且一旦风险发生,如不采取必要的挽救措施,将可能导致更严重的风险损失。

(4)多样性。风险因素数量多且种类繁杂,致使工程项目在全寿命周期内面临的风险多种多样。不同的主体对同样风险的承受能力是不同的,人们的承受能力受收益的大小、投入的大小、活动主体的地位以及拥有的资源影响。

(二)工程项目风险的定义、特征及分类

1.定义

工程项目风险是指由于项目所处的环境和条件本身的不确定性,和项目业主、客户、项目组织或项目的某个当事者主观上不能准确预见或控制的因素影响,使项目的最终结果与当事者的期望产生背离,并存在给当事者带来损失的可能性。

工程项目的建设有很多共同的活动和步骤,但所具有的多样性注定了任何项目都不可能完全一致;工程项目最大的不确定性往往存在于项目建设的早期;风险产生的损失是十分巨大的;项目风险和环境是息息相关的,相互影响的;不同主体所采取的风险防范措施是不相同的。

工程项目投资风险,通常可用风险损失的范围或幅度以及发生偏差的概率两个参数来描述。其数学模型为:

$$R = f(p,c)$$

式中:R——建设项目投资风险;

p——风险损失概率;

c——风险损失的范围或幅度。

工程项目风险的主要构成要素包括项目风险因素、项目风险事件和项目风险损失三个方面。

(1)项目风险因素。是指能够引起或增加工程项目风险事件发生的机会和影响损失严重程度的因素,是事件发生的潜在条件。风险因素包括有形风险因素和无形风险因素。

(2)项目风险事件。是指直接导致工程项目损失发生的非故意的、非预期的、非计划的偶然事件,它使得风险的可能变成了现实并导致损失的后果。

(3)项目风险损失。是指由于工程项目风险事件的发生而导致投资商投入资本的减少,或者预期收益与实际收益之间出现负偏差值。风险损失包括直接损失和间接损失。

2.特征

1)多样性

一个工程项目可以有如政治风险、经济风险、法律风险、自然风险、合同风险、合作者风险等多种类型的风险并存。它们之间还有着复杂的内在联系,可以互为影响、互为消长。

2)相对性

风险对于不同工程项目的活动主体可产生不同的影响。人们对于风险事故有一定的承受能力,但是这种能力因人和时间而异,而且收益的大小、投入的大小以及项目活动主体地位的高低、拥有资源的多寡,都与人们对工程项目风险承受能力的大小密切相关。

3)可变性

风险的可变性是指风险性质的变化、风险后果的变化、出现新的风险。风险后果包括后果发生的频率、收益或损失大小。随着科学技术的发展和生产力的提高,人们认识和抵御风险事

故的能力也逐渐增强,能够在一定程度上降低风险事故发生的频率并减少损失和损害。如在工程项目风险管理中加强领导班子建设,增强责任感,提高管理技能,就可能使一些风险变成非风险。此外,由于信息传播技术和预测理论、方法、手段的不断完善和发展,某些工程项目风险可以较早、较正确地得到预测,因而大大减少了工程项目风险的不确定性。但是,随着工程项目或其他活动的展开,一些新的风险随之出现。特别是活动主体为回避某些风险而采取一些行动时,其他风险就有可能出现。如某些工程项目为了早日完成,采取边设计边施工或者在设计中免除校核手续的办法,虽然加快了工程进度,但却增加了设计变更、降低施工质量和提高造价的风险。

4)长期性

风险在工程项目整个生命周期中都存在着,而不仅仅发生在实施阶段。比如,在目标设计中可能有方案的失误,调查不够全面充分,市场分析错误;技术设计中存在专业不协调,地质不确定,图纸和规范错误;施工中物价上涨,实施方案不完备,资金缺乏,气候条件变化;运行中市场变化,产品不受欢迎,运行达不到设计能力,操作失误等。

5)整体性

风险的影响常常不是局部的或某一段时间、某一个方面的,而是全局性的。例如,反常的气候条件造成工程的停滞,将影响整个后期计划,影响后期所有参加者的工作。它不仅会造成工期的延长,而且会造成费用的增加和对工程质量的危害。即使局部的风险也会随着项目发展而逐渐扩大。例如一个活动受到风险干扰,可能影响与它相关的许多活动,所以在项目中风险影响随时间推移有扩大的趋势。

6)规律性

工程项目的环境变化和项目的实施有一定的规律性,所以风险的发生和影响也有一定的规律性,是可以进行预测的。重要的是人们要有风险意识,重视风险,对风险进行全面的控制。

3. 风险分类

按风险事件的性质,建筑工程项目风险分为技术风险和非技术风险。技术风险可分为设计风险、施工风险和其他风险;非技术风险可分为自然与环境风险、政治法律风险、经济风险、组织协调风险、合同风险、人员风险和材料设备风险等。

风险事件按照发生的时间性又分为特殊风险事件和一般风险事件。特殊风险事件存在于项目的某个阶段或工序中,一般风险事件存在于多个工序或整个项目周期中。从项目管理目标来分,项目风险又分为投资风险、进度风险、质量风险和安全风险。表10-1为建设项目不同阶段所对应的风险因素。

二、工程项目风险管理的概念与作用

1. 风险管理的概念

工程项目风险管理属于一种高层次的综合性管理工作,它是分析和处理由不确定性产生的各种问题的一整套方法,内容包括风险识别、风险估计、风险评价和风险应对等。风险管理是近20年发展起来的综合性边缘学科,风险分析的大部分内容是关于技术风险、设备质量风险和工程可靠性问题,而关于风险评价的量度及定量分析的技术方法几乎是空白。因此,风险管理仍是一门不完善和不成熟的学科。

建设项目不同阶段的风险因素 表 10-1

项目阶段	分阶段	典型风险问题
项目前期	设想/可行性； 必要条件说明； 技术说明	政治风险； 环境风险； 规章制度风险
项目进行中	初步设计； 详细设计； 采购； 施工； 交付	合同风险； 采购； 设计； 施工方法； 规章制度风险； 安全； 妨害公众安宁； 环境
项目完成后	经营； 维护； 退出使用和废弃	产品市场风险； 经营风险； 污染风险

工程项目风险分析是建设项目风险管理的关键。建设项目风险分析就是在项目实施前，对实施方案中存在的风险的性质、大小、后果进行分析，寻求减少风险的途径，对方案做出全面评价。建设项目风险分析的内涵包括：

（1）建设项目风险分析的对象是识别出项目单个风险，而非项目整体风险；

（2）建设项目风险分析的作用是为项目风险评价做准备。

2. 风险管理的作用

工程项目管理的任务是利用组织措施、经济措施、技术措施和合同措施，在项目四大目标——投资、进度、质量和安全出现偏差时进行控制，也就是目标控制。而项目的进展是一个充满不确定因素的过程，风险管理的作用在于积极主动地控制项目目标出现偏差，即保障目标控制的实现。风险管理正成为工程项目管理日益重要的一个组成部分。目标控制和风险管理是项目管理的核心内容。建筑工程项目的立项、分析和实施的全过程都存在不能预先确定的内部和外部的干扰因素，这种干扰因素称为工程风险。风险是随机的，比如：建筑工程项目风险产生的随机性，风险活动开展和持续时间的随机性，在风险活动持续时间内风险损失的随机性，若不加以控制，风险的影响将会扩大，甚至引起整个工程的中断或报废。我国的许多工程项目，特别在国际工程承包领域，风险造成的损失是触目惊心的。风险常常是项目失败的主要原因之一，因此，在现代工程项目管理中，风险的控制已成为研究的热点之一。

建设项目风险分析能及时深入方案内部，抓住关键问题。当方案中异常运动比较突出时，及时进行风险分析，寻找风险原因，预测风险后果，往往能有效地在多种方案中选优汰劣，对方案决策提供依据，避免失误，减少损失，提高经济效益。所以风险分析对大型工程项目的决策和管理都有十分重要的意义，在国民经济中占有相当重要的地位。

建设项目风险分析是进行风险管理的基础，是风险管理的主要内容，只有采取正确、科学的风险分析方法，做好风险的分析工作，才可能做到对项目有较好的风险管理，达到减少风险损失、获得较高安全保障的目的。

工程项目不但要耗费大量资金、物资和人力等宝贵资源,且具有一次性和固定性的特点,一旦建成,难于更改。因此,相对于一般经济活动而言,工程项目的风险尤其值得关注。尽管如此,只要能在决策前正确地认识到相关的风险,并在实施过程中加以控制,大部分风险又是可以降低和防范的。正是基于降低和防范工程项目风险的目的,在投资项目前期工作中有必要加强风险分析。在项目决策分析与评价阶段应进行风险分析,投资决策时应充分考虑风险分析的结果,项目实施和经营中应注意风险防范和控制。一方面可以避免因在决策中忽视风险的存在而蒙受损失,另一方面还可为项目全过程风险管理打下基础。风险分析的另一重要功能还在于它有助于通过信息反馈改善决策分析工作,并提醒项目各方增强风险意识,所以在投资决策中充分重视风险分析的结果,在降低投资项目风险方面能起到事半功倍的效果。

三、工程项目风险程度等级分类

风险程度包括风险损失的大小和发生的可能性两个方面。可以综合考虑这两个方面的大小对项目风险程度进行分类。不同的偏好会导致不同的分类,而风险等级是我们对风险发生的可能性与造成的损失的综合判断。为了评估风险的大小,一般都要对风险程度进行分级。然而,需要注意的是:风险发生的可能性(即风险发生的概率)与风险所造成的损失是风险的两个相互独立的属性。我们在用相互独立的两个变量共同描述一个事物时,通常用矩阵的方式进行表述。表10-2 给出了建设项目风险程度等级,表10-3 给出了不同的风险等级程度所对应的风险可接受性。

建设项目风险程度等级分类(矩阵形式两个变量与风险等级对应不明晰)　　　　表10-2

风险状况	重要性	灾难的	关键的	严重的	次重要的	可忽略的
可能性		4	3	2	1	0
经常	4	16	12	8	4	0
很可能	3	12	9	6	3	0
偶然的	2	8	6	4	2	0
极小	1	4	3	2	1	0
不可能	0	0	0	0	0	0

建设项目风险程度可接受性　　　　表10-3

风险状况	灾难的	关键的	严重的	次重要的	可忽略的
经常	不可接受	不可接受	不可接受	不希望有的	不希望有的
很可能	不可接受	不可接受	不希望有的	不希望有的	可接受
偶然的	不可接受	不希望有的	不希望有的	可接受	可接受
极小	不希望有的	不希望有的	可接受	可接受	可忽略的
不可能	不希望有的	可接受	可接受	可忽略的	可忽略的

备注:不可接受的,无法忍受的,必须消除或转移的;
　　　不希望有的,必须采取合理的行动,详细的调查和判断,进行必要的监测;
　　　可接受的,假如风险可以管理的话,可以接受;
　　　可忽略的,不需要进一步考虑。

四、工程项目风险分析的程序

在实践中,工程项目风险分析的过程包括风险管理规划、风险识别、风险估计、风险评价、风险应对和风险监控。

1. 风险管理规划

风险管理规划是规划和设计如何进行项目风险管理的过程。该过程包括定义项目组织及成员风险管理的行动方案及方式,选择合适的风险管理方法,确定风险判断的依据等。

2. 风险的识别

要管理风险必须首先识别风险,即对风险的严重程度及可能造成的损失认真估计。

然而,风险并不显露于外表,多数情况下,风险隐蔽于各个工程建设环节,难以发现。风险甚至存在于种种假象之中,具有迷惑性。风险事件具有多发性特征,通过研究其发生的频率和概率,可以摸索出一定的规律,从而可以辨识其存在,衡量其大小。辨识风险是一项复杂而细致的工作,应按照一定的程序、步骤,采用先进的方法逐阶段、逐层次分析各种现象,并实事求是地做出估计。风险的识别过程包括对所有可能的风险事件来源和结果进行实事求是地调查。

3. 风险估计

风险估计就是估计风险的性质、估算风险事件发生的概率及其后果造成的损失大小,以减少项目的计量不确定性。风险估计有主观和客观的两种。客观的风险估计以历史数据和资料为依据;主观的风险估计无历史数据和资料可参照,依靠的是人的经验和判断。

4. 风险评价

风险评价就是对各风险事件的后果进行评价。在风险评价过程中,管理人员要详细研究决策者决策的各种可能后果,并将决策者做出的决策同自己单独预测的后果相比较,判断这些预测能否被决策者所接受。各种风险的可接受或危害程度互不相同,因此就产生了哪些风险应该首先或者是否需要采取措施的问题。风险评价方法有定量和定性的两种。进行风险评价时,还要提出防止、减少、转移或消除风险损失的初步办法,并将其列入风险管理阶段要进一步考虑的各种方法之中。在实践中,风险识别、风险估计和风险评价绝非互不相关,常常互相重叠,需要反复交替进行。

5. 风险应对

风险应对就是对项目风险提出处置意见和方法。风险应对可以从风险发生的概率和风险后果造成的损失大小以及如何改变风险后果的性质三个方面提出策略。

6. 风险监控

风险监控是在决策付诸实施之后进行的。其目的是查明决策的结果是否与预期的相同。风险监控时要找出细化和改进风险管理计划的机会,并加强与决策者的沟通,把信息反馈给有关决策者。

风险监控十分重要。如果发现已做出的决策是错的,则必须尽早承认,以便采取纠正行动,但也应认识到频繁地改变计划会浪费许多宝贵的资源,大大增加项目的风险,因此慎重地正确的决策是十分重要的。

第二节 风险影响因素的识别

一、工程项目风险识别原则

(一) 工程项目风险识别

1. 工程项目风险识别定义

风险识别是建筑工程项目风险管理程序的第一步,它是工程项目风险管理的基础。工程项目风险识别是指找出可能对项目造成影响的风险和已经存在的风险,分析风险产生的原因及对工程项目的影响,并将找出的风险分类归档的过程。风险识别方法的恰当与否、识别结果的准确与否,都直接影响到以后的风险分析、评价和应对等过程,甚至使风险应对措施起不到减免损失的目的。

风险包括内在风险及外在风险。内在风险指项目管理人员能加以控制和影响的风险,如人事任免和成本估计等;外在风险指超出项目管理人员控制力和影响力之外的风险,如某些市场风险或自然风险等。

2. 工程项目风险识别内涵

(1) 感知风险是风险识别的基本内容。通过调查了解,识别风险的存在,初步掌握风险产生的原因、条件及影响。

(2) 风险识别不仅要识别所面临的风险,更重要的是识别各种潜在的风险。

(3) 由于风险是动态变化的,因此风险识别工作是一项系统性、连续性的工作,不能一劳永逸。

(4) 风险识别是风险管理程序中最基本和最重要的一步,其工作结果好坏,将直接影响到整个风险管理工作的最终效果。

(二) 工程项目风险识别的依据

工程项目风险识别的主要依据包括:工程项目规划、历史资料、制约因素和假设条件,风险管理规划,风险种类。

1. 工程项目规划

工程项目规划中的项目目标、任务、范围、进度计划、费用计划、采购计划和对项目的期望值等都是工程项目风险识别的依据。

2. 历史资料

工程项目风险识别的重要依据之一就是历史资料。类似项目的历史资料中有对项目风险因素的分析,有各种风险事件发生过程的记录,还有有关项目风险所带来的机遇和威胁的分析,以及实际发生的风险事件所造成的损失等方面的信息,这对于识别本项目的风险非常有用。

3. 制约因素和假设条件

项目建议书、可行性研究报告等都是在若干假设、前提条件下估计或预测出来的。这些前提和假设在项目实施期间可能成立,也可能不成立,故项目的前提和假设之中隐藏着风险。项目环境必然受到法律、法规和规章等项目主体无法控制的因素的制约,这也隐藏着风险。因此,项目计划和规划的前提、假设和限制因素,应当作为风险识别的依据。

4. 风险管理规划

从风险管理规划中可以得到以下信息:风险识别的范围,信息获取的渠道和方式,工程项目成员在工程项目风险识别中的分工和责任分配,重点调查的工程项目相关方,工程项目组在风险识别过程中可以应用的方法及其规范,风险管理过程中应该何时由谁进行哪些风险重新识别,风险识别结果的给出形式、信息通报和处理程序,都可以为风险识别提供依据。

5. 风险种类

考虑工程项目所在行业及其领域的特征,可以为风险识别提供依据。

(三) 工程项目风险识别过程

风险识别过程是,在风险识别主管的领导下,由风险分析员和风险管理员根据信息中心收集的数据和信息,分析不确定性,确定风险事件并归类,编制风险识别报告,将识别的结果发送至信息中心,使各部门了解工程的风险因素。同时,如果各部门认为还有未识别出的风险因素,可将其发送至信息中心,供风险管理人员考虑,使遗漏的风险因素很快被认知。具体步骤如下:

1. 收集信息资料

工程项目的风险不是单独存在的,它和工程项目的信息总有着千丝万缕的联系,通过分析工程项目的信息资料,可以识别出工程项目中存在的一些风险。因此,工程项目的信息资料是工程项目风险识别的基础,工程项目风险识别应注重工程项目信息资料的收集。

一般来说,工程项目风险识别应注意下列几方面信息资料的收集:

(1) 工程项目环境方面的信息资料。工程项目环境包括自然环境和社会环境。自然环境的气象、水文、地质和社会环境的政治、经济、文化等方面的变化,对工程项目有着重要的影响,会给工程项目目标的实现带来机会或威胁。

(2) 类似工程项目的相关信息资料。这些信息资料对工程项目风险识别具有重要的借鉴意义。通过分析这些工程项目风险事件的信息,就可能发现当前工程项目中存在的风险。这些历史资料可以从类似项目的各种原始记录、商业性项目信息资料和项目团队成员的经验中获得。

(3) 工程的设计、施工文件。工程的设计文件规定了工程的结构、尺寸以及采用的建筑材料、质量标准等;工程的施工文件确定了工程的施工方案、质量控制要求和工程的验收标准等,这些内容的改变均可能产生风险。

(4) 工程项目的前提、假设和制约因素。工程项目总是受着各种制约因素的限制(如法律),这些制约因素会影响工程项目目标的实现,使工程项目常面临进度滞后、费用超支的威胁。

2. 分析资料找出风险

在收集信息资料后,就要着手分析这些资料,找出工程项目中存在的风险。常用的风险识别方法包括德尔菲法、头脑风暴法、核对表法、SWOT 技术、检查表、敏感性分析技术,图解技术

(因果分析图法、故障树分析法、幕景分析法、流程图法、工程分解结构法)等。

3. 确认风险并归类

对上一步找出的风险进行分析确认,看有无重复和遗漏。确认无误后,对这些风险进行分类归档,以方便进行风险管理。

4. 编制工程项目风险识别清单

工程项目风险识别清单(表10-4)包括已发生的风险事件、潜在的风险事件和风险征兆。已发生的风险事件的描述应包括对以下四项内容:

(1)风险编码;
(2)名称;
(3)风险源;
(4)可能的结果范围。

工程项目风险清单(格式)　　　　表10-4

工程项目名称		
概述: 负责人: 日期:		
风险事件名称	风险事件描述	风险事件应对计划和措施

潜在的风险事件是指没有迹象表明将来一定会发生的风险,是人们的主观判断。对潜在风险的描述应包括对以下四个要素:

(1)编码;
(2)名称;
(3)风险事件发生的可能性;
(4)可能的结果。

风险征兆有时也被称为触发引擎,是一种实际风险事件的间接显示,是项目风险发展变化的现象或标志。比如:丧失士气可能是计划被搁置的警告信号;而运作早期即产生成本超支可能又是评估粗糙的表现。对风险征兆的描述应包括:

(1)编码;
(2)事项描述;
(3)原因;
(4)可能的后果;
(5)对策。

(四)工程项目风险识别的原则

任何一个建设工程项目,可能遇到各种不同性质的风险,因此,采用唯一的识别方法是不可取的,必须把几种方法结合起来,相互补充。

风险识别的方法必须考虑其相应的成本,讲究经济上的合理。对于影响项目系统目标比较明显的风险,需要花较大的精力、用多种方法进行识别,以做到最大限度地掌握情况。但对于影响小的风险因素,如果花费较大的费用进行识别就失去了经济意义。对于特定活动和事件,采用某种特定的识别方法比其他方法更有效。例如,对于混凝土的浇筑质量问题,采用因果分析法就比较适当。

项目的风险管理人员应尽量向有关业务部门的专业人士征求意见,以求得对项目风险的全面了解。

风险因素随着项目的进展会不断发生变化,一次大规模的风险识别工作完成后,经过一段时间又会产生新的风险,因此,必须制订一个连续的风险识别计划。

资料的不断积累是开展风险管理的重要基础,而在风险识别时产生的记录则是主要的风险资料之一,因此,在识别风险的同时要做好准确记录。这就要求识别工作开始前准备好拟需要的记录表格,完成识别工作后,将所获取的相关资料整理保存。

二、工程项目风险识别的主要方法

1. 德尔菲法

用德尔菲法进行项目风险预测和识别的过程是由项目风险小组选定与该项目有关的领域和专家,并与这些适当数量的专家建立直接的函询联系,通过函询收集专家意见(表10-5);然后加以综合整理,再匿名反馈给各位专家,再次征询意见。这样反复经过四至五轮,逐步使专家的意见趋向一致,作为最后预测和识别的根据。在运用此法时,要求在选定的专家之间相互匿名,对各自的反应进行统计处理并带有反馈地征询几轮意见,经过数轮征询后,专家们的意见相对收敛,趋向一致。

风 险 问 卷　　　　　　　　　　　表10-5

风 险 问 卷	编号:
项目名称: 工程项目名称:	日期:
风险描述: 　　对所列风险的简短描述	审核:
对项目目标的影响评估: 　　风险对预算、程序、质量、安全、环境等的影响	
活动范围的描述: 　　风险的活动范围的描述	
对风险进行详细的描述: 　　对风险的来源、风险出现的方式和风险的主要后果的描述	
对风险归属权的分析: 　　谁受损失? 　　谁应付款? 　　谁能管理风险?	

2. 头脑风暴法

所谓头脑风暴法,就是以专家的创造性思维来获取未来信息的一种直观预测和识别方法。

此法是由美国人奥斯本于1939年首创的,从20世纪50年代起就得到了广泛应用。头脑风暴法一般是在一个专家小组内进行的以"宏观智能结构"为基础,通过专家会议,发挥专家的创造性思维来获取未来信息。这就要求主持专家会议的人在会议开始时的发言应能激起专家们的思维"灵感",促使专家们感到急需回答会议提出的问题,通过专家之间的信息交流和相互启发,从而诱发专家们产生"思维共振",以达到互相补充并产生组合效应,获取更多的未来信息,使预测和识别的结果更准确。我国20世纪70年代末开始引入头脑风暴法,很快就受到有关方面的重视和采用,按照头脑风暴法来组织专家预测和识别会议。这种方法速度比较快,提出的风险因素比较全面,能够相互补充。但要求会议主持人员准备充分,能够充分调动与会人员的经验和知识。另外,该方法召集专家比较困难,而且会议上容易被权威人士的意见所左右。由各专家单独对项目风险状况作出判断,专家可以不受外界影响,没有心理压力,但考虑问题可能具有片面性,而且这种方法可能引起时间的拖延。

3. 核查表法

人们在自身先前的工程项目管理中,或者是其他人在类似工程项目的实践中,对工程项目中可能出现的风险因素,或者成功的经验和失败的教训经常会有一些归纳、总结。这些归纳、总结的资料恰好是识别工程项目风险的宝贵资料,可把这些资料列成表,然后将当前工程项目的建设环境、建设特性、建设管理现状等作比较,分析可能出现的风险。表10-6是工程项目风险核查表。

工程项目风险核查表   表10-6

风险因素	识别标准	风险核查结果
项目环境 (1) 项目组织结构 (2) 组织变更的可能 (3) 项目对环境的影响 (4) 政府的干涉程度 (5) 政策的透明程度 ……	 稳定/胜任 较小 较低 较少 透明	 大　中　小
项目管理 (1) 业主同类项目经验 (2) 项目经理的能力 (3) 项目管理技术 (4) 切实地进行了可行性研究 (5) 承包商富有经验、诚实可靠 ……	 有经验 经验丰富 可靠 详细 有经验	
项目性质 (1) 工程的范围 (2) 复杂程度 (3) 使用的技术 (4) 计划工期 (5) 潜在的变更 ……	 通常情况 相对简单 成熟可靠 可合理顺延 较确定	

续上表

风险因素	识别标准	风险核查结果
项目人员 (1) 基本素质 (2) 参与程度 (3) 项目监督人员 (4) 管理人员的经验	达到要求 积极参与 达到要求 经验丰富	
费用估算 (1) 合同计价标准 (2) 项目估算 (3) 合同条件 ……	固定价格 有详细估算 标准条件	

4. 情景分析法

情景分析法是由美国 SIIELL 公司的科研人员 Pierr Wark 于 1972 年提出的。它是根据发展趋势的多样性,通过对系统内外相关问题的系统分析,设计出多种可能的未来前景,然后用类似于撰写电影剧本的手法,对系统发展态势做出自始至终的情景和画面的描述。当一个项目持续的时间较长时,往往要考虑各种技术、经济和社会因素的影响,对这种项目进行风险预测和识别,就可用情景分析法来预测和识别其关键风险因素及其影响程度。情景分析法对以下情况非常适用:提醒决策者注意某种措施或政策可能引起的风险或危机性的后果;建议需要进行监视的风险范围;研究某些关键性因素对未来过程的影响;提醒人们注意某种技术的发展会给人们带来哪些风险。

情景分析法是一种适用于对可变因素较多的项目进行风险预测和识别的系统技术。它在假定关键影响因素有可能发生的基础上,构造出多重情景,提出多种未来的可能结果,以便采取适当措施防患于未然。情景分析法从 20 世纪 70 年代中期以来在国外得到了广泛应用,产生了一些具体的方法,如目标展开法、空隙填补法、未来分析法等。一些大型跨国公司在对一些大项目进行风险预测和识别时都陆续采用情景分析法。因其操作过程比较复杂,目前此法在我国的具体应用还不多见。

5. 流程图

流程图是又一种项目风险识别时常用的工具。流程图可以帮助项目识别人员分析和了解项目风险所处的具体项目环节、项目各个环节之间存在的风险以及项目风险的起因和影响。通过对项目流程的分析,可以发现和识别项目风险可能发生在项目的哪个环节或哪个地方,以及项目流程中各个环节对风险影响的大小。

6. 故障树分析

故障树分析(FTA)法是 1961 年美国贝尔实验室对导弹发射系统进行安全分析时,由沃森(Watson)和默恩斯(Mearns)提出来的。该方法是通过对可能影响系统或产品的硬件、软件、环境、人为因素进行分析,从而确定系统或产品故障原因的各种可能的组合方式和(或)发生概率。建立故障树的步骤为:首先,选定预事件,即某一影响最大的系统故障;然后,将造成系统故障的原因逐级分解为中间事件;最后直至底事件,即不能或不需要分解的基本事件,构成一张树状的逻辑图即故障树。该方法利用图解的形式,将大的故障分解为各种小的故障,然后对各种引起故障的原因进行分析,因此可用于工程项目风险的识别。图10-1是电机的故障树分析图。

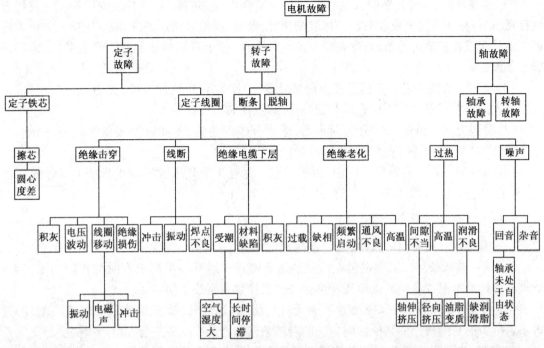

图10-1 电机故障树分析图

另外,在项目风险识别过程中也可应用决策树分析法、工作结构分解法、现场观测法、潜在损失一览表法等,还可利用筛选、监测和诊断技术等。通过以上方法,辨识出各种风险事件,并构成一个初始风险事件清单。

三、工程项目常见风险影响因素的分析

建筑工程项目常见风险因素主要有:

(1)经济方面的风险;

(2)合同签订和履行方面的风险;

(3)技术与环境方面的风险。

1. 经济方面的风险

(1)招标文件。这是招标的主要依据,设计图纸、工程质量要求、合同条款以及工程量清单等都存在潜在的经营风险。

(2)要素市场价格。要素市场包括劳动力市场、材料市场、设备市场等,这些市场价格的变化,特别是价格的上涨,直接影响着工程承包价格。

(3)金融市场因素。金融市场因素包括存贷款利率变动、货币贬值等,都影响到施工企业的经济效益。

(4)资金、材料、设备供应。主要表现为工程发包人供应的资金、材料或设备质量不合格或供应不及时等。

(5)国家政策调整。国家对工资、税种和税率等方面实行宏观调控都会给施工企业带来

一定的经济风险。

2. 合同签订和履行方面的风险

（1）存在缺陷、显失公平的合同。合同条款不全面、不完善，文字不细致、不严密，致使合同存在漏洞；存在不完善或没有转移风险的担保、索赔、保险等相应条款；缺少因第三方影响造成工期延误或经济损失的条款；存在单方面的约束性、过于苛刻的权利等不平衡条款，即所谓霸王条款。

（2）发包人资信因素。工程发包人经济状况恶化，导致履约能力差，无力支付工程款；工程发包人信誉差，不诚信，不按合同约定结算，有意拖欠工程款等。

（3）分包方面。由于选择分包商不当，遇到分包商违约，不能按质按量按期完成分包工程，从而影响整个工程的进度或发生经济损失。

（4）履约方面。合同履行过程中，由于发包人派驻工地代表或监理工程师的工作效率低下，不能及时解决遇到的问题，甚至发出错误指令等。

3. 技术与环境方面的风险

一般是指不可控方面的风险，主要包括：

（1）地质地基条件。工程发包人提供的地质资料和地基技术要求有时与实际出入很大，处理异常地质情况或遇到其他障碍物都会增加工作量和延长工期。

（2）水文气象条件。主要表现为异常天气的出现，如台风、暴风雨、雪、洪水、泥石流、坍方等不可抗力的自然现象和其他影响施工的自然条件都会造成工期拖延和财产损失。

（3）施工准备。由于业主提供的施工现场存在周边环境等自然与人为的障碍或"三通一平"等准备工作不足，导致施工企业不能做好施工前的准备工作，给正常施工带来困难。

（4）设计变更或图纸供应不及时。设计变更或设计图纸供应不及时，会延误施工进度，造成施工企业经济损失。

（5）技术规范。尤其是技术规范以外的特殊工艺，由于发包人没有明确采用的标准、规范，在施工过程中又未能较好地进行协调和统一，影响以后工程的验收和结算。

（6）施工技术协调。工程施工过程出现与自身技术专业能力不相适应的工程技术问题，各专业间存在不能及时协调的困难；工程发包人管理施工水平差，对承包人提出需要发包人解决的技术问题，未能及时答复等。

（7）地方安全风险。如施工现场或办公场地恐怖活动的突然出现，某一地区发生战争以及当地治安环境的恶化等都会给施工企业带来经济风险。

还包括一些可控方面的风险，主要包括：

（1）设计技术风险。工程设计是工程建设实施的龙头，没有一个完善的设计，无从谈及招标及合同。设计变更是造成工程索赔的重要原因，因此在工程招标之前应尽量完善设计工作。只有避免在设计方案不确定时招标，才能避免由此带来的风险。设计方案是否确定，应作为是否开展招标工作的先决条件。

（2）施工技术风险。在设计方案确定的情况下，应研究施工方案，因为任何施工方案都不能保证没有变更和索赔。每一个施工方案，无论它是传统的还是新创的，都有自身独特的优点和局限。业主必须对施工方案中存在的风险进行考虑和评估。当采用新的施工方法和技术时，工程变更与索赔的风险会大大增加，所以必须根据工程项目的具体情况，确定适合的施工方案。

业主和建筑施工企业在工程施工中分别承担的风险量百分比,平均为 33.5% 和 36.9%,共同承担的风险量为 29.6%。在共同承担的风险量中,业主往往利用作为雇主的有利条件,将风险损失尽量转嫁到建筑施工企业头上。在实际建造中,建筑施工企业承担的风险比率往往达到 60% 以上。所以,建筑施工企业要想达到顺利实施工程和赢利的目的,对工程项目风险的正确分析、控制与管理就显得极为重要。表 10-7 给出了建设项目的风险因素和风险承担主体。

建设项目的风险因素和风险承担主体　　　　　　　　　　　表 10-7

风险类型	风 险 因 素	风险主要承担主体
政治风险	政府政策,民众意见,意识形态的变化,宗教,法规,战争,恐怖活动,暴乱	发展商,承包商,供应商,设计人,监理人
环境风险	环境污染,许可权,民众意见,国内/社团的政策,环境法规或社会习惯	发展商,承包商,监理人
计划风险	许可要求,政策和惯例,土地使用,社会经济影响,民众意见	发展商
市场风险	需求,竞争,经营陈旧化,顾客满意程度	发展商,承包商,设计人,监理人
经济风险	财政政策,税制,物价上涨,利率,汇率	发展商,承包商
人为风险	错误,无能力,疏忽,疲劳,交流能力,文化,缺乏安全,故意破坏,盗窃,欺骗,腐败	发展商,承包商,设计人,监理人
技术风险	设计充分,操作效率,安全性	发展商,承包商
项目风险	采购策略,规范标准,组织能力,施工经验,计划和质量控制,施工程序,劳力和资源,交流和文化	发展商,承包商
融资风险	破产,利润,保险,风险分担	发展商,承包商,供应商
自然风险	不可预见的地质条件,气候,地震,火灾或爆炸,考古发现	发展商,承包商
安全风险	规章,危险物质,冲突,倒塌,洪水,火灾或爆炸	发展商,承包商

四、工程项目风险归纳

在风险识别基础上,完成相关的综合风险分析后,应将项目的主要风险进行归纳和综述,说明其起因、程度和可能造成的后果,以全面、清晰地展现项目主要风险的全貌。表 10-8 为风险源、事件及影响表。

风险源、事件及影响表　　　　　　　　　　　表 10-8

可能的风险来源		风 险 事 件	可能造成的影响
认知环境	设计存在错误	楼板垮塌,工人受伤	工人死亡或严重伤害;造成停工、工期延误;工人的赔偿;造成返工、成本上升;保险费增加;被政府罚款
认知环境	脚手架设计有问题		
操作环境	安全措施不到位		
操作环境	工人盲目施工		
操作环境	缺乏足够的监督		
经济环境	通货膨胀超出预计	建材大幅度涨价,发生火灾、洪灾	项目超投资;项目逾期完工
经济环境	政策改变、税收提高		

续上表

可能的风险来源		风险事件	可能造成的影响
操作环境	设计存在错误	中途停工； 发生质量缺陷； 工程量增加	质量达不到标准； 火灾或洪水造成损害； 无法按时使用致使收入减少
	逾期交付关键材料		
	承包商破产		
	缺乏协调、管理不善		
	缺乏足够的监督		
物质环境	极端恶劣的气候		
	无法见的不利地质条件		

第三节 风险评价方法

风险因素的识别应与风险评估相结合,才能得知风险程度。建设项目涉及的风险因素有些是可以量化的,可以通过定量分析的方法对它们进行估计和分析;也存在着许多不可量化的风险因素,它们有可能给项目带来更大的风险。有必要对不可量化的风险因素进行定性描述,因此风险评估应采取定性描述与定量分析相结合的方法,从而对项目面临的风险做出全面的估计。

一、单个风险因素的简单估算方法

单个风险因素风险程度估计,可以找出影响项目的关键风险因素。一般可选用相对简单易行的方法,根据需要和可能采用概率分析的方法求得其概率分布,并计算期望值、方差或标准差。

1. 简单估计法

(1) 专家评估法。专家评估法是以发函、开会或其他形式向专家进行调查,对项目风险因素及其风险程度进行评定,将多位专家的经验集中起来形成分析结论的一种方法。由于它比一般的经验识别法更具客观性,因此应用更为广泛。采用专家评估法时,所聘请的专家应熟悉该行业和所评估的风险因素,并能做到客观公正。为减少主观性,专家个数一般应有20位左右,至少不低于10位。具体操作可采取以下方式:

请每位专家凭借经验独立对各类风险因素的风险程度打钩,最后将各位专家的意见归集起来。专家评定表的格式如表10-9所示。表中风险种类应因行业和项目特点而异,其层次可视情况细分,重在说明情况。说明中应对程度判定的理由进行描述,并尽可能明确最悲观值(或最悲观情况)及其发生的可能性。

(2) 风险因素取值评定法。它是一种专家定量评定方法,是就风险因素的最乐观估计值、最悲观估计值和最可能值向专家进行调查,计算出期望值,再将期望值的平均值与可行性研究中所采用的数值(以下简称可研采用值)相比较,求得两者的偏差值和偏差程度,据以判别风险程度。偏差值和偏差程度越大,风险程度越高。具体方法如表10-10所示。

2. 概率分析法

根据需要,可以借助现代计算技术,运用概率论和数理统计原理进行概率分析,进一步求得风险因素取值的概率分布,并计算期望值、方差或标准差和离散系数,表明该风险因素的风险程度。

建设项目风险因素和风险程度估计表　　　　表10-9

序号	风险因素		风险程度				说明
			灾难性	严重	较大	一般	
1	市场方面	市场需求量					
		竞争能力					
		价格					
2	技术方面	先进性					
		可靠性					
		适用性					
		可得性					
		匹配性					
3	资源方面	资源储量					
		品位					
		开采成本					
		大宗原材料、燃料供应可靠性					
		大宗原材料、燃料价格					
4	工程方面	工程地质					
		水文地质					
5	投资方面	汇率					
		利率					
		工程量					
		价格					
		工期					
6	融资方面	汇率					
		利率					
		资金可靠性					
		资金充足性					
7	配套条件	水、电、气配套条件					
		交通运输配套条件					
		其他配套条件					
8	外部环境	经济环境					
		自然环境					
		社会环境					
		政策					
9	其他						

建设项目风险因素取值评定表　　　　　　　　　　表10-10

专　家　号	最乐观估计值 (A)	最可能值 (B)	最悲观估计值 (C)	期望值(D) $[(A)+4(B)+(C)]\div 6$
1				
2				
……				
n				
期望值平均值				
偏差值	期望值平均值 − 可行性研究中所采用的数值			
偏差程度	偏差值/可行性研究中所采用的数值			

二、多个风险因素的风险评价方法

对于重大投资项目或估计风险很大的项目，往往存在多个风险因素，哪些风险因素将会是风险分析与评价过程中的决策因素呢？一般应采用概率分析的方法，求出评价指标的概率分布，计算期望值、方差或标准差和偏离系数，也可求得净现值大于或等于零的累计概率或其他项目效益的指标，表明项目由可行转为不可行的累计概率。在具体操作中，对于离散型风险变量，可采用概率分析的理论计算法，运用决策树的形式进行；对于连续型风险变量，可采用模拟计算法，常用的是蒙特卡罗模拟法。

1. 决策树法

决策树法是进行风险决策的有效方法。决策树法不仅可以用来解决单阶段的决策问题，而且可以用来解决多阶段的决策问题。把有关决策的相关因素分解开来，逐项计算其概率和期望值，并进行方案的比较和选择。它具有层次清晰、不遗漏、不易错的优点。

决策树是以方块或圆圈为结点，用直线连接结点而形成的一种树状结构，如图10-2所示。方块结点代表决策点，如决策点Ⅰ、Ⅱ，由决策点引出若干条直线，每条直线代表一个方案，称为方案分枝。圆圈结点代表状态点，如状态点1、2、3、4，状态点引出若干条直线，表示不同的自然状态发生的概率，称为概率分枝。在概率分枝的末端列出各方案在不同状态下的损益值。

例10-1：某地区为满足市场需求，拟规划建厂，提出三个方案：方案一，新建大厂，投资300万元，初步估计，销路好时，每年可收益100万元，销路不好时，亏损20万元，服务期限10年。方案二，新建小厂，投资140万元，销路好时每年可收益40万元，销路不好时仍可收益30万元。方案三，先建小厂，3年后销路好时再扩建，增加投资200万元，服务期限7年，每年估计可获收益95万元。市场销售形势预测，销路好的概率为0.7，销路不好的概率为0.3。根据上述情况应用决策树选择最优方案。

解：根据题意可画出决策树，如图10-2所示。

分别计算各状态点的损益值：

点1：$100\times10\times0.7+(-20)\times10\times0.3-300=340$（万元）

点2：$(465+40\times3)\times0.7+30\times10\times0.3-140=359.5$（万元）

点3：$95\times7-200=465$（万元）

点4：$40\times7=280$（万元）

按照最大损益原则，方案三的收益期望值最大，为最佳方案。

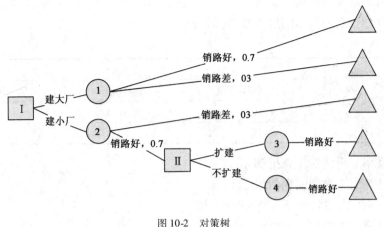

图 10-2 对策树

2. 蒙特卡罗模拟

蒙特卡罗模拟是一种通过统计试验求出近似解的数值方法,适用于多个独立的不确定风险因素,且这些因素以连续分布取值。其主要原理和步骤为:

(1)通过敏感性分析,确定风险随机变量;
(2)确定风险随机变量的概率分布;
(3)通过随机数表或计算机求出随机数,根据风险随机变量的概率分布模拟输入变量;
(4)选取经济评价指标,如净现值、内部收益率等;
(5)根据基础数据,计算评价指标值;
(6)整理模拟结果所得评价指标的期望值、方差、标准差和它的概率分布及累积概率,绘制累计概率图,计算项目可行或不可行的概率。

3. 概率分析法

事先客观地或主观地(有一定的科学依据)给出各种因素发生某种变动的可能性大小(概率),并以概率为中介进行不确定性分析,即概率分析。具体而言,是指通过分析各种不确定因素在一定范围内随机变动的概率分布及其对项目的影响,从而对风险情况做出比较准确的判断,为项目管理者提供更准确的依据。

概率分析的步骤如下:

(1)任选一个不确定性因素为随机变量,将这个不确定性因素的各种可能结果列出,并分别计算各种可能结果的效益;
(2)分别计算随机变量各种可能结果出现的概率;概率的计算一般要在过去的统计资料上进行,也可根据项目管理人员的经验得到主观概率;
(3)根据以上资料,计算在不确定性因素下随机变量的效益期望值;
(4)计算随机变量的方差和标准差;
(5)综合随机变量的期望值、方差和标准差,确定项目在一定时间内或在一定经费范围内(或其他情况)完工的可能性。

例 10-2:某工程公司承接了一项桥梁修复工程,该桥梁由于突发大水被冲垮,影响旅游及其他交通需要,项目合同中要求:如果在 18 日之内完成桥梁修复任务,将获得工程款额 10%的奖励;但如果施工时间超过 32 天,将从工程款中扣掉 10%。公司项目部对该项目进行了分析,认为气候因素是项目的风险因素。结合当地时令情况和项目的工作量,做出的判断如下表 10-11 所示,试对该公司被扣款的风险进行分析。

表 10-11

时间估计\状态	概率估计		
	天气晴好 $P = 0.1$	偶有雨天 $P = 0.3$	有连雨天 $P = 0.6$
完工时间估计(天)	15	25	35

解: 根据概率分析法的步骤推演。

第一步:计算完工时间的期望值

$E(T) = 15 \times 0.1 + 25 \times 0.3 + 35 \times 0.6 = 30$

第二步:计算完工时间的方差

$D(T) = (30-15)^2 \times 0.1 + (30-25)^2 \times 0.3 + (30-35)^2 \times 0.6 = 45$

第三步:计算完工时间的标准差

$\sigma = (45)^{\frac{1}{2}} = 6.71$

计算结果表明,在该项目完工时间为 30 天的可能性最大,其偏差程度为 ±6.71。若工程的完工时间呈正态分布,那么根据上述计算可知,工程完工时间小于 30 天的概率为 0.5。那么在 18 日之内完工的概率为:

$P(X < 18) = \phi[(18 - E(T))/\sigma] = \phi(-1.79) = 1 - \phi(1.79) \approx 0.04$

完工时间超过 32 天的概率为:

$P(X > 32) = \phi[(32 - E(T))/\sigma] = \phi(0.30) \approx 0.62$

完工时间在 18~32 天的概率为:

$1 - 0.04 - 0.62 = 0.34$

综上所述,公司获得工程款额 10% 奖励的可能性为 0.04;工程款被扣掉 10% 的概率为 0.62。

4. 敏感性分析法

敏感性分析方法只考虑影响工程项目成本的几个重要因素如利率、投资额、运行成本等的变化,而不是采用工作分解结构把总成本按工作性质细分为各子项目成本,从子项目成本角度考虑风险因素的影响,再综合成整个项目风险;敏感性分析是一种简单的量化分析方法,主要是针对工程项目方案所面临众多的影响因素,每次只变化一个或数个影响参数的数值,其他参数不变,以此来检测此参数对整个目标的影响(敏感)程度。如工程项目由于客观条件的影响(如政治形势、通货膨胀、市场竞争等)使项目的投资、成本、价格等主要变量因素发生变化,导致项目的主要经济效果指标(如净现值、内部收益率等)发生变动。当变量的变动对评价指标的影响不大时,这种方案称为不敏感方案;反之,若变量的变化幅度甚小,而评价指标的反映很敏感,甚至否定了原方案,则认为该项目对变量的不确定性是很敏感的,具有较大的潜在风险。

用敏感性分析方法分析工程风险一般在项目决策阶段的可行性研究中使用。使用这种方法能向决策者简要地提供影响项目成本变化的因素及其影响程度,使决策者在做最终决策时考虑这些因素的影响,并优先考虑某种最敏感因素对成本的影响。因此敏感性分析方法一般被认为是个有用的决策工具。

5. 模糊综合评价

现代工程项目中潜在的各种风险因素很多,一部分难以用数字来准确地加以定量描述,但都可以根据历史经验和专家的专业知识,用生动的语言描述它们的性质及其可能影响的结果。在实际应用中,采用模糊综合评价的风险分析是模糊数学常用的一种应用方式。其中,评价就是按照指定的评价对象的优劣进行评比、判断。综合是指评价条件包含多个因素,综合评价就是对受到多个因素影响的评价对象做出全面的评价。采用模糊综合评价法进行风险评价的基本思路是:综合考虑所有风险因素的影响程度,并设置权重区别各因素的重要性,通过构建数学模型,推算出风险的各种可能性程度,其中可能性程度值高者为风险水平的最终确定值,构成评价因素集。其步骤为:

(1)选定评价因素,构成评价因素集。
(2)根据评价的目标要求,划分等级,建立备择集。
(3)对各风险要素进行独立评价,建立判断矩阵。
(4)根据各风险要素影响程度,确定其相应的权重。
(5)运用模糊数学法运算方法,确定综合评价结果。
(6)根据计算结果分析,确定项目风险水平。

第四节 风险管理对策

一、风 险 预 警

(一)工程建设项目风险预警

预警是风险管理的一种手段。风险包括了建设参与方均不可避免的一切风险,包括工期、费用、质量等各个方面。例如,工程进度不确定性是属于工期方面的风险。工程进度预警是识别、评价进度风险的严重程度并对其进行解决的手段,故工程进度预警是风险管理中的一种手段。工程进度预警理论与风险管理理论有很大的相似之处,工程进度预警理论体系主要包括警情的动态监测、警源分析、警兆辨识、警度预报等,而风险的管理理论同样有这样一种顺序:发现问题—分析问题—解决问题,即风险的识别、风险的来源、风险的影响、风险的后果、风险的分析、风险的解决等。

(二)风险预警分析技术和工具

风险预警分析技术和工具包括用于风险分析的定性分析方法以及定量分析方法。这些方法与本章第二节的风险识别方法有区别亦有联系。例如,头脑风暴法和Delphi法,这两种在风险识别阶段用到的方法在风险定性分析阶段同样可用。常用的风险定性分析方法包括故障树分析法、外推法、主观评分法、头脑风暴法和Delphi法等。最常用的风险量化方法主要包括:专家打分法、蒙特卡罗模拟、PERT和敏感性分析,其他技术方法如CIM、模糊数学、多目标决策、效用理论等。

通过风险定性分析,除了得到定性排序的风险清单外,还能得到对工程项目风险的总体评价。总体评价本身不具有实际的指导意义,但作为历史信息应记录在案。

风险的量化可与风险的定性分析同时进行,也可以把风险的量化视为定性分析的后续阶段,但一般风险定性分析不会位于定量分析之后。风险的量化,是指在风险识别的基础上,把损失概率、损失程度以及其他因素综合起来考虑,分析风险对工程项目造成的可能影响,从而寻求风险对策的过程。由于每一个风险都有各自的特征、各自的影响范围和影响程度,通过风险量化就能将它们综合为少数几个概括的目标形式。风险量化可能涉及的内容包括风险发生的时间、环境、可能的损失、发生的可能性大小和可控性。

本节主要对三种常用的风险定性分析方法进行简介。

1. 故障树分析法

故障树是指在项目风险定性分析过程中,通过对可能造成项目失败的各种因素(包括硬件、软件、环境、人为因素等)进行分析,画出逻辑框图,从而确定可能导致项目失败的原因的各种可能组合方式的一种树状结构图。故障树分析可与概率技术结合使用得到更具说服力的结论。

2. 外推法

外推法可分为前推、后推和旁推三种类型。其中前推是根据历史的经验和数据推断出未来事件发生的概率及其后果。后推就是把未知的想象中的事件及后果与某一已知事件及其后果联系起来,也就是把未来风险事件归结到有数据可查的造成这一风险事件的一些初始事件上,从而对风险做出评估和分析。旁推法就是利用类似项目的数据进行外推,用某一项目的历史纪录对新的类似项目可能遇到的风险进行评估和分析。

3. 主观评分法

一种由工程项目管理人员对项目运行过程中每一阶段的每一风险因素,给予一个主观评分,然后分析项目是否可行的方法。

(三)风险预警的应对和监控

风险预警的应对和监控过程包括三个方面:风险应对规划;风险控制;风险监控。

(1)风险应对规划就是根据风险分析阶段的预测结果,制订一个风险应对计划,以增强实现风险管理目标的可能性。风险应对规划还包括向相关人员分配任务,令其实施风险应对计划。风险预警管理中的风险应对计划应包含已知风险、风险的说明、风险应对责任者及其职责;未知风险及其说明,定性及定量分析的结果,风险应对策略,风险应对实施后预期的次要风险和残余风险,风险应对的预算和所需时间以及应急计划等。

(2)风险控制是一种主动的、积极的对付风险的策略。风险控制的基本职能在于采取积极的措施控制风险损失。严格地说,风险的回避与风险的转移同样是控制风险损失的重要手段,但这类方法在回避和转移了风险损失的同时,也失去了相应的投资收益,所以风险的回避与转移还属于消极的风险防范之列。积极的风险控制手段主要有计划控制、审计控制和投资组合控制三类。

(3)风险监控过程是参照风险管理计划和风险应对计划,结合在工作过程和范围变更过程中可以识别出的新的风险及其分析以及与风险相关的项目进行沟通,采用风险监控的工具和技术来拟定权变措施,采取纠正措施和请求变更,更新风险应对计划和风险数据库等。

权变措施是为了应对那些出现的、先前又未曾识别或接受的风险而采取的未经计划的应对行为。权变措施必须适当地记录归档,并且融入项目计划和风险应对计划。

二、风险控制的内容和方法

(一)建设项目风险控制的内容

风险控制工作不是简单地在风险发生后实施风险应对策略,以及在实施风险应对策略后进行新的风险分析,而是一个全面和连续的动态过程。具体控制内容如下:

(1)按照风险管理计划和风险应对计划,针对风险实施应对策略;

(2)监视关键风险,对关键风险定期进行检查和评价,确定风险状态;

(3)分析风险应对策略是否达到预期效果,是否需要选择新的风险应对策略;

(4)关键风险的更新;

(5)工程项目整体目标的实现可能性及应对策略分析;

(6)对工程项目计划的假设是否依然成立,计划阶段的政策或程序是否执行的顺利;

(7)在风险的严重程度超出预期水平或者出现新的关键风险时,制订新的应对措施。

(二)建设项目风险控制的方法

1. 控制图

控制图是过程的结果随时间变化的图形表示。它是一种项目质量控制技术,用于确定过程是否在控制之中。控制图在一个二维坐标中,有基本的三条线,上面的直线为控制上限,下面的直线为控制下限,中心线为平均值或者期望值。把被控制对象反映出的质量状态的特征值用图中的某一相应点来表示,并连接成线,表示质量波动折线。控制图法根据质量数据对应的点是否在控制界限内和质量数据的排列位置来分析质量风险,上下限反映了风险可接受程度。

2. 审核检查法

审核检查法是风险控制的传统方法,审核对象是项目的招投标文件、项目合同文件、项目基准计划、结算单、项目会议纪要等。审核的目的是发现错误、疏漏、不准确、前后矛盾之处。审核工作要贯穿工程项目实施全过程,通过定期或不定期审核会议的形式来实施。审核会议要有明确的目标,提的问题要具体,项目干系人都要参加,但审核参加人不要审核自己负责的那部分工作。审核会议发现的问题要落实到人,确定应对方案,并书面记录。出现新的关键风险时,风险管理人员应该更新关键风险。

3. 费用偏差分析法

费用偏差分析法是一种测量预算实施情况的方法,也叫挣值分析法。该方法将已经完成的项目工作与计划的工作项目相比较,确定项目在费用支出和进度上是否符合原定计划的要求。

另外其他项目控制方法和技术如核对表法、关键线路法等也可以使用。

三、工程建设项目风险控制的对策

(一)建设项目风险应对

在投资项目周期的不同阶段,风险管理具有不同的内容。决策分析与评价阶段的风险对策研究是整个项目风险管理过程中"风险应对"步骤的重要组成部分。

在投资项目决策前的分析与评价中,不仅要了解项目可能面临的风险,且要提出针对性的风险对策,避免风险的发生或将风险损失减低到最低程度,才能有助于提高投资的安全性,促使项目获得成功。同时,可行性研究阶段的风险对策研究可为投资项目实施过程的风险监督与管理提供依据。另外,风险对策研究的结果应及时反馈到决策分析与评价的各个部门,并据此修改部分数据或调整方案,进行项目方案的再设计。

(二) 风险对策研究的要点

(1) 风险对策研究应贯穿于决策分析与评价的全过程

决策分析与评价是一项复杂的系统工程,而风险因素又可能存在于技术、市场、工程、经济等各个方面。在正确识别出投资项目各方面的风险因素之后,应从方案设计上就采取规避防范风险的措施。因此风险对策研究应贯穿于决策分析与评价的全过程。

(2) 风险对策应具针对性

投资项目可能涉及各种各样的风险因素,且各个投资项目又不尽相同。风险对策研究应有很强的针对性,应结合行业特点,针对特定项目主要的或关键的风险因素提出必要的措施,将其影响降低到最低程度。

(3) 风险对策应有可行性

决策分析与评价阶段所进行的风险对策研究应立足于现实客观的基础之上,提出的风险对策应是切实可行的。所谓可行,不仅指技术上可行,且从财力、人力和物力方面也是可行的。

(4) 风险对策应具经济性

规避防范风险是要付出代价的,如果提出的风险对策所花费的费用远大于可能造成的风险损失,该对策将毫无意义。在风险对策研究中,应将规避防范风险措施所付出的代价与该风险可能造成的损失进行权衡,旨在寻求以最少的费用获取最大的风险收益。

(5) 风险对策研究是项目有关各方的共同任务

风险对策研究不仅有助于避免决策失误,而且是项目后期风险管理的基础,因此它应是项目投资有关各方的共同任务。项目发起人和投资者应积极参与和协助进行风险对策研究,并真正重视风险对策研究的结果。

(三) 常用的风险对策

面对风险,人们的选择主要有三种:一是不畏风险,敢于冒风险行事,因为高风险常意味着高回报;二是干脆回避风险,绝不干有风险的事,因此也就丧失了获取高回报的机会;三是客观地面对风险,设法采取措施,以降低、规避、分散或防范风险。即使是作出第一种选择,也要尽可能采取降低、规避、分散或防范风险的措施。这项工作应从经济活动实施前就开始进行,才能得到事半功倍的效果。就投资项目而言,决策分析与评价进行的风险对策研究就可以起到这样的作用。

投资项目决策分析与评价阶段应考虑的风险对策主要有以下几种。

1. 风险回避

风险回避是彻底规避风险的一种做法,即断绝风险的来源。对投资项目决策分析与评价而言,就意味着提出推迟或否决项目的建议。在决策分析与评价过程中,通过信息反馈彻底改变原方案的做法也属风险回避方式。例如,风险分析显示产品市场方面存在严重风险,若采取回避风险的对策,就会做出缓建(待市场变化后再予以考虑)或放弃项目的决策。这样固然避免了可能遭受损失的风险,同时也放弃了投资获利的可能,因此风险回避对策的采用一般都是很慎重的。只有在对风险的存在与发生,以及对风险损失的严重性有把握的情况下才有积极意义,所以,风险回避一般适用于以下两种情况:一是某种风险可能造成相当大的损失,且发生的频率较高;二是应用其他的风险对策防范风险代价昂贵,得不偿失。

2. 风险控制

风险控制是针对可控性风险采取的防止风险发生、减少风险损失的对策,也是绝大部分项目应用的主要风险对策。决策分析与评价过程中,风险对策应十分重视风险控制措施的研究,应就识别出的关键风险因素逐一提出技术上可行、经济上合理的预防措施,以尽可能低的风险成本来降低风险发生的可能性并将风险损失控制在最低程度,还要将提出的风险控制措施运用于方案的再设计;在决策分析与评价完成之时,风险对策研究可针对决策、设计和实施阶段提出不同的风险控制措施,以防患于未然。

风险控制措施必须针对项目具体情况提出,既可以是项目内部采取的技术措施、工程措施和管理措施等,也可以采取向外分散的方式来减少项目承担的风险。例如,银行为了减少自己的风险,只贷给投资项目所需资金的一部分,让其他银行和投资者共担风险。项目发起人在资本筹集中采用多方出资的方式也是风险分散的一种方法。

3. 风险转移

风险转移是试图将项目业主可能面临的风险转移给他人承担,以避免风险损失的一种方法。转移风险有两种方式:一是将风险源转移出去;二是只把部分或全部风险损失转移出去。就投资项目而言,第一种方式是风险回避的一种特殊形式,例如将已做完前期工作的项目转给他人投资,或将其中风险大的部分转给他人承包建设或经营。第二种方式又可细分为保险转移方式和非保险转移方式两种。保险转移是采取向保险公司投保的方式将项目风险损失转嫁给保险公司承担,例如对某些人力难以控制的灾害性风险就可以采取保险转移方式。非保险转移方式是项目前期工作涉及较多的风险对策,如采用新技术可能面临较大的风险,可以提出在技术合同谈判中注意加上保证性条款,如达不到设计能力或设计消耗指标时的赔偿条款等,以将风险损失全部或部分转移给技术转让方,在设备采购和施工合同中也可以采用转嫁部分风险的条款。

4. 风险自留

风险自留是指将风险损失留给项目业主自己承担。这适用于两种情况:一种情况是已知有风险,但由于可能获利而需要冒险时,必须保留和承担这种风险。例如,资源开发项目和其他风险投资项目。另一种情况是已知有风险,但若采取某种风险措施,其费用支出会大于自担风险的损失时,常常主动自担风险。通常适用于风险损失小,发生频率高的风险。

上述风险对策不是互斥的,实践中常常组合使用。例如,在采取措施降低风险的同时,并不排斥其他的风险对策(如向保险公司投保)。决策分析与评价中,应结合项目的实际情况,研究并选用相应的风险对策。

5. 风险缓解

风险缓解,又称风险减轻,是设法将某一负面风险事件的概率或其后果降低到一种可以承受的程度。风险缓解要达到什么目的,将风险减轻到什么程度,这与风险管理计划中列明的风险基准或风险承受度有关,所以在制定风险缓解策略之前,要确定风险缓解后的可接受水平,如风险发生概率控制在多大的范围,风险损失控制在什么范围。

风险缓解采用的形式可能是选择一种减轻风险的新方案,如采取更简单的施工程序,多做一些试验再确定施工方案,加强队伍建设等。风险缓解还包括更变环境条件,例如增加项目资源的投入,延长工期等,以降低风险程度。

6. 风险利用

风险利用就是充分利用能够给项目带来积极影响的风险,目的是为了提升实现项目目标的机会。从风险的分类看,风险可以分为纯粹风险和投机风险,而投机风险就是我们要利用的可能带来收益的风险。风险利用的可能性来源于工程项目风险结果具有双重性。工程项目风险具有动态性,工程项目风险减少了竞争对手,风险可以成为索赔的合法动因。原则上说,投机风险都是可以利用的,具体步骤如下:分析风险利用的可能性和利用价值,分析风险利用的代价,评估承载风险的能力,制定风险利用相应的策略。

风险利用应注意:风险利用的决策要当机立断,要量力而行,灵活处理,同时要制订多种应对方案。

习　题

1. 工程建设项目风险的定义是什么?
2. 工程建设项目风险识别的主要方法有哪些?
3. 什么是建设项目风险应对?
4. 请列举常用的风险对策。

第十一章 工程项目信息管理

第一节 概 述

一、工程项目信息管理的目的和重要性

信息是指用口头、书面或电子的方式传输（传达、传递）的知识、新闻或情报，其表达形式包括声音、文字、数字和图像等等。在工程建设项目实施中，信息是重要资源之一。信息管理是指信息传输的合理组织与控制。建设工程项目的信息管理是通过对各个系统、各项工作和各种数据的管理，使项目的信息能方便和有效地获取、存储、存档、处理和交流。

建设工程项目信息管理的目的，旨在通过有效的项目信息传输的组织和控制，为实现项目建设目标服务。据国际有关文献资料介绍，建设工程项目实施过程中存在的诸多问题，其中三分之二与信息交流（信息沟通）有关。由于建设工程实施过程中涉及不同的参与方、不同的专业、不同过程，会造成信息壁垒，由此阻碍了工程项目管理的顺利实施。建设工程项目10%~33%的费用增加与信息交流存在的问题有关；在大型建设工程项目中，由于信息交流问题导致工程变更和实施错误而增加的费用，约占工程总成本的3%~5%。可见信息管理的重要。

二、工程项目信息管理的任务

业主方和项目建设各参与方都有各自的信息管理任务，主要包括：建立信息管理部门、编制信息管理手册、建立信息处理平台、制定工作流程及相关管理制度、开展日常管理工作等。

1. 编制信息管理手册

为充分利用和发挥信息资源的价值，提高信息管理的效率，以及实现有序和科学的信息管理，建设项目各参与方都应编制信息管理手册，以规范信息管理工作。信息管理手册应描述和定义信息管理做什么、由谁做、何时做和其工作成果是什么等。它的主要内容如下：

（1）信息管理的任务（信息管理任务目录）；

（2）信息管理的任务分工表和管理职能分工表；

(3) 信息的分类；

(4) 信息的编码体系和编码；

(5) 信息输入输出模型；

(6) 各项信息管理工作的工作流程图；

(7) 信息流程图；

(8) 信息处理的工作平台及其使用规定；

(9) 各种报表和报告的格式，以及报告周期；

(10) 项目进展的月度报告、季度报告、年度报告和工程总报告的内容及其编制；

(11) 工程档案管理制度；

(12) 信息管理的保密制度等。

2. 设立信息管理部门

项目管理班子中，各个工作部门的管理工作都与信息处理有关，宜设立专门的信息管理部门（或称为信息中心），以确保信息管理工作的顺利进行。对于大型建设工程项目也可委托专门的咨询公司从事项目信息动态跟踪和分析，以信息流指导物质流，从宏观上对项目的实施进行控制。信息管理部门的主要工作任务是：

(1) 负责编制信息管理手册，在项目实施过程中进行信息管理手册的必要修改和补充，并检查和督促其执行；

(2) 负责协调和组织项目管理班子中各个工作部门的信息处理工作；

(3) 负责信息处理工作平台的建立和运行维护；

(4) 与其他工作部门协同组织收集信息、处理信息和形成各种反映项目进展和目标控制的报表和报告；

(5) 负责工程档案管理等。

3. 制定信息管理的工作流程

制定各项信息管理任务的工作流程；是信息管理工作顺畅有效的重要保证。主要工作流程如：信息管理手册编制和修订的工作流程；为形成各类报表和报告而收集、录入、审核、加工、传输和发布信息的工作流程；工程档案管理的工作流程等。

4. 选择或确定信息处理平台

由于建设工程项目有大量数据需要处理，所以应重视利用先进的信息技术手段进行信息管理，以提高信息资源的价值，充分发挥信息对项目目标的控制作用。其核心手段是基于网络的信息处理平台。

三、信息管理的原则

对于业主、监理方和承包商来说，其信息种类、管理的细节等有所区别，但管理的原则基本一致。一般应遵循以下原则，以提高信息的真实度和决策的可靠度。

(1) 及时、准确和全面的原则。提供信息及时、准确和全面，以支持决策的科学性；应规格化、规范化地编码信息，以简化信息的表达和综合工作。

(2) 定量和定性相结合的原则。用定量的方法分析数据和定性的方法归纳知识，以便于实施控制、优化方案和预测将来等使用。

(3)适用性原则。适应不同管理层的不同要求。高层领导制定战略性决策,需要战略级信息;中层领导是在已定战略下的策略性决策,需要策略级信息;基层管理人员是处理执行中的问题,需要执行级信息。自上向下而言,信息应逐级细化,自下向上而言,信息应逐级浓缩。

(4)高效、低耗的原则。尽可能高效、低耗地处理信息,以提高信息的利用率和效益。

第二节 施工项目信息的分类与内容

施工项目信息管理是指项目经理部以项目管理为目标,以施工项目信息为管理对象所进行的有计划地收集、处理、储存、传递、应用各类各专业信息等一系列工作的总和。

建设工程寿命期所产生的信息量非常大,根据估算,仅一个普通单体建筑所产生的相关文档数量就达到了10的4次方数量级。相应的施工项目的信息量也非常大。

施工项目的信息,包括项目经理部在项目管理过程中的各种数据、表格、图纸、文字、音像资料等。在项目实施过程中应积累的基本信息主要有:

(1)公共信息。包括法规和部门规章制度,市场信息,自然条件信息。

(2)单位工程信息。包括工程概况信息,施工记录信息,施工技术资料信息,工程协调信息,过程进度计划及资源计划信息,成本信息,商务信息,质量检查信息,安全文明施工及行政管理信息,交工验收信息。

由于一个项目可能会包含若干个单位工程,因此,项目信息是项目中若干单位工程信息的集合。其中公共信息是可用于各个项目的信息,项目信息是属于某一项目的个体信息。项目信息有不同的分类方法,如表11-1所示。

不同分类方法的项目信息种类 表11-1

分类方法	信息类型	主要内容
按信息来源分	内部信息	来自施工项目的信息:如工程概况,工程合同和协议,施工项目的成本、质量、进度目标及控制措施,施工方案,进度计划,完成的各项技术经济指标,项目经理部组织,管理制度等
	外部信息	来自外部环境的信息:如监理通知,设计变更,国家有关政策及法规,国内外市场的有关价格信息,竞争对手信息,类似工程有关信息等
按管理目标分	成本控制信息	投资估算指标和定额,项目施工成本规划,工程概预算,建筑材料价格,机械设备台班费,人工费,运输费,其他费用信息
	质量控制信息	国家有关质量标准,项目施工质量规划,质量控制措施,质量抽样检查结果,其他质量信息
	进度控制信息	施工定额,施工项目进度规划,分部(分项)工程作业计划,进度控制措施,进度记录,其他进度信息
	安全控制信息	国家有关安全法规,项目安全责任,项目安全计划,项目安全措施,项目安全检查结果,项目安全其他信息
按管理层分	决策层信息	工程概况,项目投资总额,项目总工期,项目分包单位概况,其他决策层信息
	管理层信息	项目年度进度计划,项目年度财务计划,项目年度材料计划,项目施工总体方案,项目三大目标控制,其他管理层信息
	实施层信息	分部(分项)工程作业计划、施工方案、成本控制措施、进度控制措施、质量控制措施、质量检测数据、材料消耗计划、材料实际消耗量、其他实施层信息

续上表

分类方法	信息类型	主要内容
按生产要素分	劳动管理信息	劳动力需用量计划,劳动力流动,调配等
	材料管理信息	材料供应计划,材料库存,储备与消耗,材料定额,材料领发及回收台账等
	机械设备管理信息	机械设备需求计划,机械设备合理使用情况,保养与维修记录等
	技术管理信息	各项技术管理组织体系,制度和技术交底,技术复核,已完工程的检查验收记录等
	资金管理信息	资金收入与支出金额及其对比分析,资金来源渠道和筹措方式等
按管理工作流程分	计划信息	各项计划指标,工程施工预测指标等
	执行信息	项目施工过程中下达的各项计划、指示、命令等
	检查信息	工程的实际进度、成本、质量的实施状况等
	反馈信息	各项调整措施、意见、改进的办法和方案等
按信息稳定程度分	固定信息	在较长时期内,相对稳定,变化不大,可以查询得到的信息,如施工定额、材料消耗定额、施工质量验收统一标准、施工质量验收规范、生产作业计划标准、施工现场管理制度、政府部门颁布的技术标准、不变价格等
	流动信息	是指随施工生产和管理活动不断变化的信息,如施工项目的质量、成本、进度的统计信息,计划完成情况,原材料消耗量,库存量,人工工日数,机械台班数等
按信息性质分	生产信息	有关施工生产的信息,如施工进度计划,材料消耗等
	技术信息	技术部门提供的信息,如技术规范,施工方案,技术交底等
	经济信息	如施工项目成本计划,成本统计报表,资金耗用等
	资源信息	如资金来源,劳动力供应,材料供应等
按信息层次分	战略信息	提供给上级领导的重大决策性信息
	策略信息	提供给中层领导部门的管理信息
	业务信息	基层部门例行性工作产生或需用的日常信息

第三节 信息编码与处理

一、项目信息编码

将项目分解体系中的每一个工作单元赋予相应代码的过程,称为项目信息编码。代码是由一系列符号(如文字)和数字组成,它既可以代表事物的名称、属性和状态,又非常精练,因而可大大节省存储空间和处理时间,方便信息的检索和加工整理。信息编码工作是信息处理的一项重要的基础工作,采用编码的方法,可使得项目的信息管理更加适合于计算机的应用。

1. 项目信息编码的内容与要求

项目信息编码的内容包括:项目的结构编码;项目管理组织结构编码;项目的政府主管部门和各参与单位编码(组织编码);项目实施的工作项编码(项目实施的工作过程的编码);项目的投资项编码(业主方)或成本项编码(施工方);项目的进度项(进度计划的工作项)编码;项目进展报告和各类报表编码;合同编码;函件编码;工程档案编码等。

以上这些编码是按信息不同用途而编制的,但实际上编码并不是仅针对某一项管理工作。如在投资控制(成本控制)、进度控制、质量控制、合同管理、编制项目进展报告等,都要使用项

目的结构编码,因此就需要进行编码的组合。编码要求如下:

(1)项目的结构编码应依据项目结构图,对项目结构的每一层的每一个组成部分均应进行编码。

(2)项目管理组织结构编码应依据项目管理的组织结构图,对每一个工作部门进行编码。

(3)项目的政府主管部门和各参与单位的编码应包括:政府主管部门、业主方的上级单位或部门、金融机构、工程咨询单位、设计单位、施工单位、物资供应单位、物业管理单位等。

(4)项目实施的工作项编码应覆盖项目实施的工作任务目录的全部内容,如:设计准备阶段的工作项、设计阶段的工作项、招投标工作项、施工和设备安装工作项、项目动用前的准备工作项等。

(5)项目的投资项编码并不是概预算定额确定的分部分项工程的编码,它应综合考虑概算、预算、标底、合同价和工程款的支付等因素,建立统一的编码,以服务于项目投资目标的动态控制。

(6)项目成本项编码应综合考虑预算、投标价估算、合同价、施工成本分析和工程款的支付等因素,建立统一的编码,以服务于项目成本目标的动态控制。

(7)项目的进度项编码应综合考虑不同层次、不同深度和不同用途的进度计划工作项的需要,建立统一的编码,服务于项目进度目标的动态控制。

(8)项目进展报告和各类报表编码应包括项目管理形成的各种报告和报表的编码。

(9)合同编码应参考项目的合同结构和合同的分类,应反映合同的类型、相应的项目结构和合同签订的时间等特征。

(10)函件编码应反映发函者、收函者、函件内容所涉及的分类和时间等,以便函件的查询和整理。

(11)工程档案的编码应根据有关工程档案的规定、项目的特点和项目实施单位的需求而建立。

2. 编码的方法

借鉴霍尔的"三维结构体系",可以将信息按照时间维、逻辑维和知识维进行展开和编码。具体到建设工程管理,以上三维可以定义为:时间维、主体维和实体维。所谓建设工程信息管理的时间维,主要体现为工程建设全寿命周期的各个时间阶段,例如:策划决策、设计、施工和竣工等阶段。每个时间阶段又可细分为若干小的时间阶段,对其进行工作系统编码。

所谓实体维,是从专业角度上对工程实体划分为若干阶段,例如:基础工程、主体工程、装饰工程等阶段,对其进行工作系统编码。表 11-2 所示为某邮电大楼按照实体维划分的资料编码规划。

建设工程项目的主体维,是项目涉及的各方主体。由于合同是联系各方主体的纽带,也是项目全方位管理的依托,因此主体维的管理和信息编码主要是基于合同进行的。

二、项目信息处理

信息处理主要包括信息的收集、加工、存储、检索和输出等工作。

在当今时代,信息处理已逐步走向电子化和数字化。建设工程项目的信息处理,也将逐渐由传统方式向基于网络的信息处理平台方向发展,以提高信息资源的价值,充分发挥信息对项目目标控制的作用。

某邮电大楼 WBS 编码表　　表 11-2

序号	编号	工作任务		序号	编号	工作任务	
1	110	施工准备		12	161	安装工程	给排水工程
2	121	基础工程	土方开挖	13	162		采暖通风工程
3	122		地基处理	14	163		强电工程
4	123		基础结构	15	164		智能化系统
5	131	地上主体结构	群房结构	16	165		消防工程
6	132		主楼结构	17	166		电梯安装
7	133		砌体工程	18	171	室外工程	道路
8	140		屋面工程	19	172		停车场
9	151	装修工程	楼地面工程	20	173		绿化
10	152		门窗工程	21	180	竣工验收	
11	153		装饰工程	22	190	项目管理	

1. 信息处理平台

基于网络的信息处理平台,由包括数据处理设备(计算机、打印机、扫描仪、绘图仪等)、数据通信网络(含形成网络的硬件设备和相应的软件)、软件系统(包括操作系统和服务于信息处理的应用软件)等一系列硬件和软件构成。

2. 数据通信网络

数据通信网络主要有如下三种类型:

(1)局域网(LAN)——由与各网点连接的网线构成网络,各网点对应于装备有实际网络接口的用户工作站;

(2)城域网(MAN)——在大城市范围内两个或多个网络的互联;

(3)广域网(WAN)——在数据通信中,用来连接分散在广阔地域内的大量终端和计算机的一种多态网络。

互联网是目前最大的全球性网络,它连接了覆盖100多个国家的各种网络,如商业性的网络(.com 或 co)、大学网络(.ac 或.edu)、研究网络(.org 或.net)和军事网络(.mil)等,并通过网络连接数以千万台的计算机,以实现连接互联网的计算机之间的数据通信。

3. 工程项目数据通信方式

工程项目的业主方和项目各参与方往往分散在不同的地点,因此其信息处理应考虑充分利用远程数据通信的方式,如:

(1)通过电子邮件收集信息和发布信息。

(2)召开网络会议。

(3)基于互联网的远程教育与培训等。

(4)通过基于互联网的项目专用网站(PSWS—Project Specifie Web Site),实现业主方内部、业主方和项目各参与方,以及项目各参与方之间的信息交流、协同工作和文档管理。

(5)通过基于互联网的项目信息门户(PIP—Project Information Portal)为众多项目服务的公用信息平台,实现信息交流、协同工作和文档管理。

人们往往把在 Internet 上获得某一类信息资源所必须经过的网站称为门户,如雅虎、搜狐、新浪等。信息门户是基于 Internet 技术平台,表现为一个具有框架集(Framework Set)的网站主页,它能通过一个集成化的桌面环境使企业和个人通过单一的入口访问大量的异构信息。

PSWS 是基于 PIP 的一种方式,是为某一个项目的信息处理专门建立的网站。但是 PIP 也可以服务于多个项目,即成为为众多项目服务的公用信息平台。PIP 在国际学术界有明确的内涵,即在对项目实施全过程中,项目各参与方产生的信息和知识进行集中式管理的基础上,为项目的各参与方在互联网平台上提供一个获取个性化项目信息的单一入口,从而为项目的各参与方提供一个高效的信息交流和协同工作的环境。

第四节 项目管理信息系统

一、项目管理信息系统概述

建设项目管理信息系统,是主要用于项目目标控制的管理系统。它是由信息源、获取、处理、传递、存储、接受者以及反馈等环节组成,如图 11-1 所示。

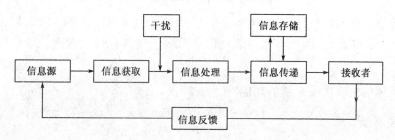

图 11-1 项目管理信息系统的组成

项目管理信息系统的应用,主要是用计算机作手段,进行项目管理有关数据的收集、记录、存储、过滤,并把数据处理的结果提供给项目管理成员。它是项目进展的跟踪和控制系统,也是信息流的跟踪系统。

建立项目管理信息系统可以实现项目信息的全面及有效管理,为项目目标控制、合同管理等服务。它有如下的意义和作用:

(1)为各层次、各部门的项目管理人员提供收集、传递、处理、存储和开发各类数据和信息服务。

(2)为高层次的项目管理人员提供决策所需的信息、手段、模型和决策支持。

(3)为中层的项目管理人员提供必要的办公自动化手段,以摆脱烦琐的简单性事务作业。

(4)为项目计划编制人员提供人、财、物、设备等诸要素的综合性数据,是合理编制和修改计划、实现有效调控的科学手段。

二、项目管理信息系统的主要功能

1. 项目管理信息系统的主要功能模块

工程项目管理是以投资(成本)、进度、质量三大控制为目标,以合同管理为核心的动态系统,因而,项目管理信息系统至少应具有处理三大目标控制及合同管理任务的功能。

此外,每个工程项目都要使用大量的工程图纸并有大量的公文信函来往,因此,一个完善的信息管理系统,应包含文档管理子系统,以具备处理图纸和公函的能力。为节省存储空间,节约处理时间、方便排序、运算和查找，有效地管理项目的大量信息，项目管理信息系统还必须具有信息编码管理的功能。

综上所述，工程项目管理信息系统的主要功能模块结构示意图如图 11-2 所示。

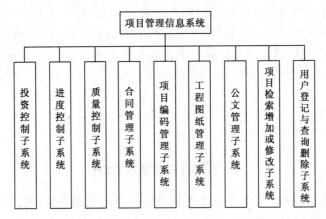

图 11-2 项目管理信息系统主要功能模块结构示意图

对于承包商而言，其项目管理的内容还应包括对人力、材料、设备、技术、财务等资源的管理以及进行施工组织设计，因而其项目管理信息系统还应具有资源管理模块和施工组织设计模块。

2. 项目管理信息系统子系统的功能

1）投资控制子系统

其主要功能应包括：

（1）项目的估算、概算、预算、标底、合同价、投资使用计划和实际投资的数据计算和分析；

（2）进行项目的估算、概算、预算、标底、合同价、投资使用计划和实际投资的动态比较（如概算和预算的比较、概算和标底的比较、概算和合同价的比较、预算和合同价的比较等），并形成各种比较报表；

（3）计划资金投入和实际资金投入的比较分析；

（4）根据工程的进展进行投资预测等。

2）成本控制子系统

其主要功能应包括：

（1）投标估算的数据计算和分析；

（2）计划施工成本；

（3）计算实际成本；

（4）计划成本与实际成本的比较分析；

（5）根据工程的进展进行施工成本预测等。

3）进度控制子系统

其主要功能应包括：

（1）计算工程网络计划的时间参数，并确定关键工作和关键路线；

（2）绘制网络图和计划横道图；

（3）编制资源需求量计划；

(4) 进度计划执行情况的比较分析;
(5) 根据工程的进展进行工程进度预测。

4) 质量控制子系统

质量控制子系统的基本功能见图 11-3。

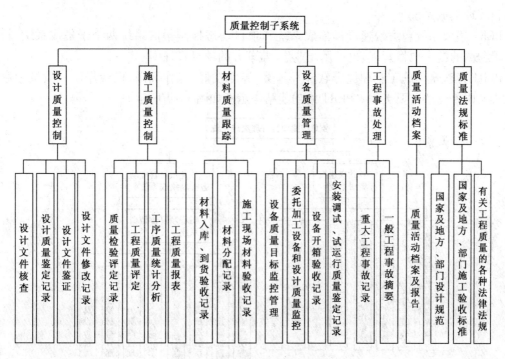

图 11-3 质量控制子系统的基本功能

5) 合同管理子系统

其主要功能应包括:

(1) 合同基本数据查询;
(2) 合同执行情况的查询和统计分析;
(3) 标准合同文本查询和合同辅助起草等。

三、计算机和现代信息技术在工程项目管理中的应用

计算机和现代信息技术的广泛应用,是工程管理现代化的主要标志之一。在国内外的许多承包企业、工程管理和咨询公司,计算机和互联网已经广泛应用于工程实施和管理的各个阶段(如可行性研究阶段、计划阶段和实施控制阶段)和各个方面(如进度控制、资源控制、成本(投资)控制、质量控制等)。近年来,我国的项目管理软件还结合我国的法律、规范、规程、制度等,增加了适合我国工程管理的质量控制、合同管理、投标书的制作等功能模块。

大多数的工程项目管理软件,都是以网络计划生成与处理模块为核心的集成系统,这是因为资源的安排与优化、质量控制、投资(成本)控制、合同管理等是以工程的进度安排为主要依据,并随着工程的进展而实施的。目前在市场上广泛使用的多种工程项目管理软件以及未来待开发的软件,简单介绍如下:

1. 梦龙智能化项目管理软件 PERT

项目管理软件 PERT 是由北京梦龙科技开发公司制作，是目前国内最先进的项目管理软件之一。该软件基于网络计划技术原理，并且通过建立数据交换标准体系，利用 Internet、Intranet 及其他通信手段，实现了各功能模块、多项目之间的数据共享，统一合理调度，因此，该软件为项目管理集成系统。

PERT 集成系统包含快速投标集成系统和项目动态控制集成系统两个子集成系统，较适用于承包商的施工项目管理，也可用于业主、监理方的项目管理。

PERT 曾获全国施工管理优秀软件一等奖，界面友好、操作简单，已应用于一大批国家重点工程及国外一些重要工程。PERT 的功能结构示意如图 11-4 所示。

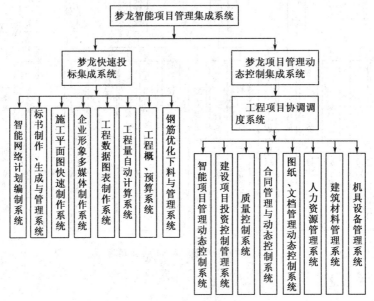

图 11-4 梦龙项目管理集成系统示意图

2. PKPM 工程项目管理系统

PKPM 工程项目管理系统是由中国建筑科学研究院与中国建筑业协会工程项目管理委员会共同开发的一体化施工项目管理软件。它以工程数据库为核心，以施工管理为目标，针对施工企业的特点而开发的。其中包括：

(1)标书制作及管理软件。可提供标书全套文档编辑、管理、打印功能，根据投标所需内容，可从模板素材库、施工资料库、常用图库中，选取相关内容，任意组合，自动生成规范的标书及标书附件或施工组织设计。还可导入其他模块生成各种资源图表和施工网络计划图以及施工平面图。

(2)施工平面图设计及绘制软件。提供了临时施工的水、电、办公、生活、仓储等计算功能，生成图文并茂的计算书供施工组织设计使用，还包括从已有建筑生成建筑轮廓，建筑物布置，绘制内部运输道路和围墙，绘制临时设施(水电)工程管线，仓库与材料堆场、加工厂与作业棚，起重机与轨道，标注各种图例符号等。该软件还可提供自主版权的通用图形平台，并可利用平台完成各种复杂的施工平面图。

(3)项目管理软件。项目管理软件是施工项目管理的核心模块，它具有很高的集成性，行业上可以和设计系统集成,施工企业内部可以同施工预算、进度、成本等模块数据共享。该软件以《建设工程施工项目管理规范》为依据进行开发,软件自动读取预算数据,生成工序、确定资源、完成项目的进度、成本计划的编制,生成各类资源需求量计划、成本降低计划、施工作业计划以及质量安全责任目标,通过网络计划技术、多种优化、流水作业方案、进度报表、前锋线等手段实施进度的动态跟踪与控制,通过质量测评、预控及通病防治实施质量控制。

(4)建筑工程概预算计算机辅助管理系统。建筑工程概预算计算机辅助管理系统软件可以充分利用 PKPM 软件系统的建筑和结构设计数据,如直接利用全楼模型统计工程量,读取建筑模型中各层墙体、门窗、阳台、楼梯、挑檐、散水楼道、台阶等数据;根据建筑模型、构件的布置和相应的扣减规则,自动统计出相关的工程量:完成土石方、平整场地、地面、屋面、门窗、装修、脚手架等的工程量;读取施工图设计结果,如通过读取每个构件的钢筋文件,归纳合并后完成钢筋统计;可自动套取定额生成预算书报表。还具有对定额子目调整、换算、组合的功能,资源分类和价格修改功能,开放的取费表生成功能,报表打印功能等。

3. 项目管理软件 Microsoft Project

该项目管理软件可用于项目计划、实施、监督和调整等方面的工作,在输入项目的基本信息之后,进行项目的任务规划,给任务分配资源和成本,完成并公布计划、管理和跟踪项目等。其优点是:

(1)易学易用,功能强大。使用通用的 Office 界面和联机帮助系统,便于用户掌握和使用。

(2)提供了强大的计划安排和跟踪的工具,如任务可以被中断、允许为任务设置工作日历、资源可采用多种分配形式、资源的成本费率可变等,便于更真实地模拟实际项目。

(3)支持 Internet 和企业内部 Internet 的新技术,有助于保证项目上全面及时的信息传递。

(4)提供 VBA 扩展、资源工具、软件开发工具等,便于进行二次开发,以满足特定的项目管理的需要。

4. 大连同州电脑公司的工程项目管理软件

大连同州电脑有限责任公司开发的面向项目管理领域的系列应用软件,已逐步形成了以工程项目计划管理系统为核心的"工程项目管理集成系统"。该集成系统包括以下系列软件:

(1)工程项目计划管理系统;
(2)工程项目计划预处理系统;
(3)工程项目合同管理及动态控制系统;
(4)公路工程项目计量支付系统;
(5)施工平面图制作与管理系统;
(6)工程项目投标标书制作与投标管理系统;
(7)工程项目投资控制系统;
(8)工程项目施工组织设计系统。

5. 建筑信息模型 BIM 在工程项目管理中的应用

建筑信息模型(Building Information Modeling,简称 BIM)是以三维数字技术为基础,集成了建筑设计、建造、运营维修全过程各种相关信息的工程数据模型,并能对这些信息详尽表达。BIM 是一种应用于设计、建造、管理的数字化方法。BIM 技术的发展和应用前景广阔,正在推动着建筑工程设计、建造、运营维修管理等多方面的变革。在施工管理领域中可进行如下应用：

(1) 可视化动态模拟。包括主要施工工艺的模拟，主要设备安装的碰撞检查，大型场馆、厂房结构吊装、整体提升工艺等的模拟。

(2) 虚拟动画演示。

(3) 施工方案的比选与预演。

(4) 绿色施工。由于 BIM 模型提供详尽可靠的设计信息和必要深度的建筑模型细节，这些信息可被 Green Building Studio、ECOTECT 等能耗分析软件获取和使用，从而可在设计阶段提出更为环保的设计方案。在施工管理中通过建立现场布置的 BIM 模型，指定现场更为合理的材料和垃圾堆放地等，保证绿色施工。

如今国内已有专家和学者提出运用 PIP 项目信息门户、BIM 信息模型和 IOT(Internet of Things)互联网等技术，在建设工程全寿命期、全方位、全要素等理念的指导下，对建设工程全面信息管理进行研究，建立工程质量管理、进度管理、造价管理、安全管理、环保管理等功能。

在住房和城乡建设部发布的《2011～2015 年建筑业信息化发展纲要》中，提出"十二五"期间基本实现建筑企业信息系统的普及应用，加快建筑信息模型(BIM)基于网络的协同工作等新技术在工程中的应用，相关的国家标准《建筑工程信息模型应用统一标准》和《建筑工程信息模型存储标准》已在制定过程中。

第五节 建设工程文件和档案资料管理

一、概　述

1. 建设工程文档管理的意义

建设工程项目技术文档资料，是在建设项目规划和实施过程中直接形成的、具有保存价值的文字、图表、数据等各种历史资料的记载，它是建设工程开展规划、勘测、设计、施工、管理、运行、维护、科研、抗灾等不同工作的重要依据，也是建设工程项目竣工验收的条件之一，并能为今后建设工程项目的维修、改建等提供依据。

2. 建设工程文档资料的范围

建设工程文档、资料包括：

(1) 建设工程文件。在工程建设过程中形成的包括工程准备阶段文件、监理文件、施工文件、竣工图和竣工验收文件等各种形式的信息记录。

(2) 建设工程档案。在工程建设活动中直接形成的具有归档保存价值的文字、图表、声像等各种形式的历史记录。

(3) 建设工程文件档案资料。建设工程文件和档案组成建设工程文件档案资料，其载体可为：纸张、微缩胶片、光盘、磁带、磁盘。

3. 文件档案资料归档

与工程建设有关的重要活动、记载工程建设主要过程和现状、具有保存价值的各种载体的文件均应收集齐全，整理立卷后归档。对于一个建设工程而言，归档有以下含义：

(1) 建设、勘察、设计、施工、监理等单位在工程建设过程中形成的文件向本单位档案管理机构移交；

(2) 勘察、设计、施工、监理等单位将本单位在工程建设过程中形成的文件向建设单位档案管理机构移交；

(3) 建设单位按照《建设工程文件档案整理规范》(GB/T 50328—2001)要求,将汇总的该建设工程文件档案向地方城建档案管理部门移交。

二、工程建设各参建方档案资料管理

1. 文档管理的要求

(1) 各方填写的档案应以规范、合同、设计文件、质量验收统一标准为依据。

(2) 档案资料应随工程进度及时收集、整理,并应按专业归类,认真书写,字迹清楚,项目齐全、准确、真实,无未了事项。应采用统一表格。

(3) 档案资料进行分级管理,各单位技术负责人负责本单位工程档案资料形成的全过程的组织工作并负责审核,各相关单位档案管理员负责工程档案资料的收集、整理工作。

(4) 对档案资料进行涂改、伪造、随意抽撤或损毁、丢失等应以处罚,情节严重的应依法追究法律责任。

2. 建设单位文档管理内容

(1) 在招标及与各参建方签订合同时,应对工程文件的套数、费用、质量、移交时间提出明确要求。

(2) 收集和整理工程准备阶段、竣工验收阶段形成的文件,并立卷归档。

(3) 组织、监督、检查(或委托监理监督检查)各参建单位的工程文件的形成、积累和立卷归档工作,收集和汇总各参建单位立卷归档的工程档案。

(4) 可委托承包单位组织工程档案编制工作。

(5) 负责组织绘制竣工图,也可委托承包单位、设计单位或监理单位完成。

(6) 在组织竣工验收前,应请当地城建档案管理部门对工程档案验收;未取得工程档案认可文件,不得组织竣工验收。

(7) 对列入当地城建档案管理部门验收范围的工程,竣工验收3个月内向该部门移交符合规定的工程文件。

3. 监理单位文档管理内容

(1) 设专人负责监理资料收集、整理和归档。监理资料应在各阶段监理工作结束后及时整理归档。在项目监理部,由总监理工程师负责监理资料管理。监理资料必须真实、完整、分类有序。

(2) 按监理合同约定,受建设单位委托,对勘察、测绘、设计、施工单位的工程文件的形成、积累和立卷归档进行监督检查。

(3) 监理文件的套数、提交内容及时间按《建设工程文件档案整理规范》(GB/T 50328—2001)的要求,编制移交清单,双方签字盖章后及时移交建设单位。

4. 施工单位文档管理内容

(1) 实行技术负责人负责制,逐级建立、健全施工文件管理岗位责任制,配备专人负责施工资料管理;设专门部门(专人)负责收集和整理工程项目施工文件。

(2)总承包方负责收集、汇总各分包单位形成的工程档案。
(3)可按施工合同约定,接受建设单位委托进行工程档案的组织、编制工作。
(4)按要求在竣工前将施工文件整理汇总完毕,再移交建设单位进行工程竣工验收。

三、建设工程档案验收与移交

1. 验收

(1)为确保工程档案质量,各编制单位、地方城建档案管理部门、建设行政管理部门要对工程档案进行严格检查验收。编制单位、制图人、审核人、技术负责人必须签字或盖章。验收不合格的,退回建设单位,由建设单位责成编制单位改正、补齐,问题严重者可令其重做;不符合要求者,不能交工验收。

(2)工程档案由建设单位验收。列入城建档案管理部门档案接收范围的工程,建设单位在组织工程竣工验收前应提请城建档案管理部门对工程档案预验收。建设单位未取得城建档案管理部门出具的认可文件,不得组织工程竣工验收。地方城建档案管理部门负责工程档案的最后验收。

(3)国家、省市重点工程项目或一些特大型、大型的工程项目的预验收和验收,必须有地方城建档案管理部门参加。

(4)城建档案管理部门进行工程档案预验收时,重点验收以下内容:
①分类齐全、系统完整、内容真实,准确地反映工程建设活动和工程实际情况;
②文件的形成、来源符合实际,文章签章手续完备;
③文件材质、幅面、书写、绘图、用墨等符合要求;
④工程档案整理立卷,符合规范的规定;
⑤竣工图绘制方法、图式及规格等符合专业技术要求,且图面整洁,盖有竣工图章。

2. 移交

(1)施工单位、监理单位等有关单位应在工程竣工验收前将工程档案按合同规定的时间、套数移交给建设单位,并办理移交手续。

(2)列入城建档案管理部门接收范围的工程,建设单位在工程竣工验收后 3 个月内向城建档案管理部门移交一套符合规定的工程档案。移交时应办理移交手续,填写移交记录,双方签字盖章后交接。

(3)停建、缓建工程的工程档案暂由建设单位保管。

习 题

1. 建设工程项目信息管理的任务有哪些?
2. 在施工项目实施过程中应积累的基本信息主要包括哪些?
3. 项目信息编码应遵循哪些原则?
4. 项目信息处理的工作内容主要包括哪些?
5. 基于互联网的项目专用网站与项目信息门户有何区别?
6. 建设工程文档管理的意义是什么?

第十二章 工程项目计划与组织协调

第一节 概　述

一、工程项目计划的基本概念

1. 项目计划

项目计划是根据项目目标的规定,对项目实施工作进行的各项活动做出周密安排。项目计划围绕项目目标的完成,系统地确定项目的任务,安排任务进度,编制完成任务所需的资源预算等,从而保证项目能够在合理的工期内,用尽可能低的成本、尽可能高质量完成。

项目计划是项目实施的基础。计划如同航海图或行军图,必须保证有足够的信息,决定下一步该做什么,并指导项目组成人员朝目标努力,最终使项目由理想变为现实。

在项目管理与实践中,制订项目计划是最先发生并处于首要地位的职能。项目计划是龙头,它引导项目各种管理职能的实现,是项目管理活动的首要环节。抓住这个首要环节,就可以提挈全局。项目计划是项目得以实施和完成的基础和依据,项目计划的质量是决定项目成败、项目完成优劣的关键性因素之一。

2. 项目计划的目的及作用

1) 项目计划的目的

项目计划是高层管理部门与项目经理、职能经理、项目组成人员及项目委托人、承包商之间沟通的最有效工具。因此,从某种程度上说,项目计划是为方便项目的协商、交流及控制而设计的,不在于为参与者提供技术指导。

2) 项目计划的作用

任何一个项目的建设都会有一个明确的工期、费用和质量目标。为完成这些目标,项目实施之前必须制订项目计划。具体而言,项目计划的作用表现为:

(1) 可以确定完成项目目标所需的各项任务范围,用以制订各项任务的时间表,明确各项任务所需的人力、物力、财力并确定预算,保证项目顺利实施和目标实现。

(2)可以确定项目实施规范,成为项目实施的依据和指南。

(3)可以确立项目组各成员及工作责任范围、地位以及相应的职权,以便按要求去指导和控制项目的工作,减少风险。

(4)可以促进项目组成员及项目委托人和管理部门之间的交流与沟通,增加顾客满意度,并使各项工作协调一致,并在协调关系中了解哪些是关键因素。

(5)可以使项目组成员明确自己的奋斗目标,实现目标的方法、途径及期限,并确保以时间、成本及其他资源需求的最小化实现项目目标。

(6)可作为进行分析、协商及记录项目范围变化的基础,也是约定时间、人员和经费的依据。这样就为项目的跟踪控制过程提供了一条基线,可用以衡量进度,计算各种偏差及确定预防或整改措施,便于对项目进行管理。

二、工程项目计划的制订程序

项目计划的编制一般按下列六个步骤进行:

1. 计划信息的收集和整理

有效的项目计划取决于信息系统的结构、质量和效率。应通过正式或非正式的各种渠道收集有关历史资料、上级文件,调查有关的政治、经济、技术、法律的信息,对与编制计划有关的问题进行分析预测。

对信息的了解应尽可能做到:及时、全面、准确。

2. 确认项目目标及环境分析

1)目标的识别

根据获取的信息,首先明确项目的具体目标,如投资降低额、工期或质量等,并在识别项目目标时,明确下列问题:

(1)业主的真正目的是什么?是工期还是投资降低?

(2)业主是在什么背景下提出这些目标的?

(3)实现这些目标的标准是什么?

(4)在什么条件下能实现这些目标?

(5)目标与目标间的关系如何?

2)目标实现的先后顺序

任何项目都往往有多个目标,在确认了项目各个目标之间的关系之后,需要对目标进行排序,分清主次。如果把工期作为主要目标,则成本和质量目标就要做出让步。

3)目标的量化

对项目的目标,最好将其量化。对难以量化的目标,可找出可量化的相关指标及水平(标准),如将不易量化的"改善医疗条件"定为"每百人拥有的病床数",同时对目标的实现程度给出"满意度"要求,如确定一个可接受的置信水平(规定一个适度偏差 $\pm\Delta$),则目标实现程度在范围内时,就认为目标实现是满意的。

4)实现项目目标的环境分析与评价

应从政策、法律、自然条件、施工条件等方面进行分析。

3. 工作(任务)说明

工作(任务)说明(SOW,statement of work)是对实现项目目标所进行的工作或活动进行描述。一般来说,在项目目标确定之后,需举例说明实现这些目标的工作和任务,说明这些工作或任务的内容、要求和工作程序。

SOW 一般由承包商或委托的项目监理机构根据业主的要求进行编制,然后取得业主的认可。

4. 工作(任务)分解结构(WBS)

WBS(work breakdown structure)是将项目的各项内容按其相关关系逐层进行分解,直到工作内容单一、便于组织管理的单项工作(工作单元)为止。并把各单项工作在整个项目中的地位、相对关系直观地表示出来,用树形图表示以便更有效地计划、组织、控制项目整体的实施。它是项目计划和控制的基础,其目的是为了使项目各方(业主、主管部门、承包商)从整体上了解自己承担的工作与全局的关系。WBS 是项目各方之间进行活动、交换信息和共同工作的基础。

WBS 的编制程序:

(1)根据工作说明,列出项目的任务清单和有关规定的说明。据此明确哪些任务需要完成,这些任务是否存在着等级相关(指两项任务之间存在一项是另一项的一部分)或相互重叠,如果存在应重新安排,使其等级关系明朗化。

(2)将项目的各项活动按其工作内容进行逐级分解,直到相对独立的工作单元(如分部工程与分项工程)。每个工作单元既表示一项基础活动,又表示一个输入输出单元,还要表示一个责任班组或个人。要求工作单元具有下列性质:

①易于管理;

②有确定的衡量工作任务的标准;

③实施过程中人、财、物的消耗易测定,便于成本核算;

④工作单元的任务能完整地分派给某个基层班组或个人来完成,责、权明确。

(3)明确每个工作单元需要输入的资源和完成的时间。为此,要说明每个工作单元的性质、工作内容、目标,并确定执行施工任务的负责人及组织形式。

(4)分析并明确各工作单元实施的先后顺序及它们的逻辑关系,确定它们之间的等级关系和平行关系,即各项活动之间的纵向隶属关系和横向关系。

(5)将各工作单元的费用逐级汇总,累计成项目的"总概算",作为各分计划成本控制的基础。再根据各工作单元作业时间的估算及关键活动与各项活动的逻辑关系,汇总为项目的"总进度计划",作为各分计划的基础。将各工作单元所需的资源汇总成项目的"总资源使用计划"。

(6)项目经理对 WBS 做出综合评价,然后拟定项目的"实施方案",形成项目计划,上报审批。

5. 编制线形责任图

将 WBS 与组织机构图对照使用,则形成线形责任图(LRC),见图 12-1。它将所分解的工作落实到有关部门、班组或个人,并明确表示出有关部门对该项工作的关系、责任和地位,以便分工负责和实施管理。

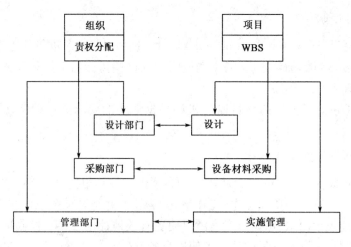

图 12-1 线性责任示意图

6. 绘制逻辑关系图

工作分解结构图只表明了一个总体的项目工作如何分解为许多单项基础工作单元,但未能表示出各单项工作的完成顺序。

在将一项目的总体任务分解为许多单项工作的基础上,按各项活动的先后顺序和衔接关系,画出各项活动的关系图,叫作逻辑关系图(工程流程图)。图 12-2 是编制项目计划的程序图。

对于工程项目的实施来讲,有两种逻辑关系:一是由项目策划开始到交付使用所要求的各项工作的先后次序所决定的逻辑关系,称为生产工艺选择关系,如施工工艺选择关系就是其中的一部分;二是组织逻辑关系,是指由资源平衡或组织管理上的需要决定的各项工作的先后次序关系。

三、工程项目计划的实施

项目计划执行是实施整个项目计划的主要过程。在这个过程,项目经理和项目团队必须协调和解决项目中存在的各种技术问题和组织问题。这是项目建设中最有影响的过程,因为项目产品是在这个过程中产生的。

1. 实施项目计划的投入

(1)项目计划。项目计划是正式被批准的用于管理和控制项目实施的文件。它在项目管理中起着界定实施范围的作用。项目的具体计划(组织计划、综合进度计划、经济计划、资金使用计划等)管理和绩效测量基准是对项目计划实施的主要投入。

项目计划和项目建设执行情况测量基准是有明显区别的。项目计划是一个文件和文件的汇集,当得到有关项目的进一步的信息后,它会被改动。项目绩效测量基准代表了一种管理控制,这个管理控制通常会周期性的变化,而且通常只对符合要求的基准的范围变化做出相应的反应。

(2)辅助说明。为此项目所作的辅助说明包括:

①没有包括在这个项目计划中的其他规划程序的输出。

②在项目计划拟定期间产生的附加信息和文件,比如,制约因素和假设等事先应考虑到的

因素。制约因素是限制项目管理运行的因素,如预先确定预算被认为是影响项目团队对工作范围、职员人数和日程表选择的极其重要的因素;假设是为了项目规划目标的准确性,考虑到的假设因素必须有科学性、真实性和肯定性。假设通常包含着一定的风险性。

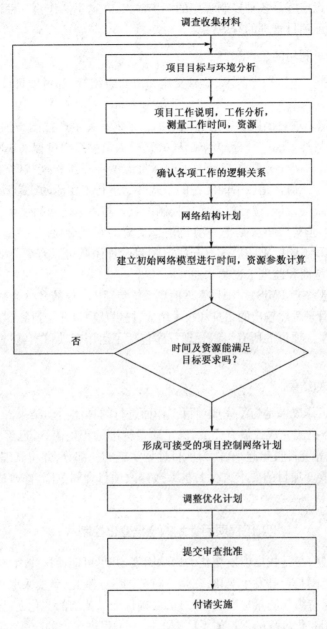

图 12-2 编制项目计划的程序图

③技术性文件、要求、特征和设计方面的文件。

④有关标准文件。

(3)组织管理政策。包括项目业主组织在内的项目各个执行组织可能都有正式的或非正式的政策,在计划时必须考虑到它们的影响。要考虑的组织管理政策通常包括以下内容,但不局限于此。

①质量管理。通过评审继续改进目标。

②人事管理。雇佣和解雇标准,雇员执行任务的情况。

③财务监控。时间报告、要求的经费和支出情况分析、会计账目和标准合同条款。

(4)纠正措施。纠正行为所做的是按照人们的预期使项目的未来实施纳入与项目计划要求相一致的轨道。纠正措施是各种控制程序的一个输出,在这里又作为一种输入完成反馈环。这个反馈环是为了保证项目管理的有效性。

2. 项目计划实施可利用的工具和方法

(1)普通管理技能。包括领导艺术、信息交流和协商组织等,都对项目计划的实施产生实质性的影响。

(2)生产技能知识。项目团队必须适当地增加一系列有关生产技能与知识的学习。将这些必要的技能作为项目计划的一部分加以确认,并通过人员的组织过程来获取、体现。

(3)工作分配系统。工作分配系统是为了确保批准的项目工作能按时、按序地完成而建立的正式程序。基本方式通常是以书面委托的形式开始进行工作活动或启动工作包。

一个工作分配系统的设计,应当权衡实施控制的收入与成本之间的关系。

(4)形势分析会。形势分析会是把握项目信息交流的常规会议。在许多项目中,形势分析会以各种不定期的和不同级别的形式召开(如,项目管理团队可以有周会或月会,并通过周会和月会的形式与承包商和监理工程师沟通)。

(5)项目管理信息系统(PMIS)。项目管理信息系统包括人工系统和自动系统,是用于归纳、综合和传播其他项目管理程序输出的工具和技术组成,提供从项目开始到最终完成的所有信息。

(6)组织管理程序。项目的所有组织管理程序包括了运用在项目实施过程中的正式和非正式的程序。

3. 项目计划实施的结果

(1)工作成果。工作成果是为了完成项目工作而进行的具体活动结果。工作成果资料是把工作细目划分、工作已经完成或没有完成、满足质量标准的程度怎样、已经发生的成本或将要发生的成本是什么等资料收集起来,作为项目计划实施的一部分,并将其编入执行报告中。

(2)改变要求。改变项目的要求,比如,扩大或修改项目合同范围、修改成本等,通常在项目工作实施时得到确认。

四、工程项目计划的全程变化控制

所谓全程变化控制,一是找出引发变化的影响因素,并尽可能使这些因素向有利的方向发展;二是判断项目的范围是否已发生变化;三是一旦范围发生变化,就要采取实际的处理措施。全程变化控制要求:保持绩效测量标准的一致性;要确保产品范围的变化在已经确定了的工作范围中反映出来;协调变化过程的理论体系(例如,一个工程进程表的改变,通常会影响成本、风险、质量和人员调整)。

1. 对全程变化控制的输入

(1)项目计划。项目计划为变化控制提供基本的参考。

(2)执行报告。执行报告提供的资料是项目执行中的一些情况。执行报告也能提醒项目团队公布项目未来可能出现的问题。

(3)改变要求。

2. 全程变化控制可利用的工具和技术

（1）变化控制系统。变化控制系统是正式汇集资料，创建文件程序。

（2）结构管理。结构管理是编制一些文件程序，用于对技术和行政政策管理进行指导和监督。

①项目或系统的界定、文件功能和物理特征；

②对于任何会改变的特征的变化进行控制；

③记录和报告这些变化并作必要的分析；

④审计此项目和系统的工作，检验它们是否符合要求；

（3）绩效检测。绩效检测技术能帮助人们判断、纠正是否符合计划的要求。

（4）附加计划。项目很难按照计划的要求精确地运转，预期的变化可能要求修改成本估算、修改活动顺序、分析对风险的对策或对项目计划进行其他评判。

（5）项目管理信息系统。

3. 全程变化控制的输出

（1）项目计划的更新。项目计划的更新是对项目计划内容进行修改或辅助说明。根据需要适当地通知项目的参与者。

（2）纠正措施。

（3）经验总结。应当把各种变化的原因，纠正行为的背后理由和经验总结编制成文件，以作为历史资料的一部分，为执行组织完成这个项目和其他项目服务。

第二节 工程项目计划的内容

项目计划管理的目的，使有效地利用一切生产手段或叫资源（5M：人力、方法、材料、机械和资金）来实现项目的目标（5R：合格的产品、优良的质量、需要的数量、合理的工期、合理的工程造价）。

一、项目的计划系统

项目的建设计划系统是由项目的"计划规格"和项目的"管理计划"两部分组成。项目经理应在项目开始时，主持拟定"项目的建设计划系统"，明确项目计划的规格要求和管理计划的内容，同时绘出各种计划编制的时间表。图12-3为项目的建设计划系统，有的叫"项目的文件图树"。

1）项目的建设计划规格

项目的建设计划规格是工程设计、研制、设备材料采购、施工的技术要求，如各种技术规范、技术标准。

2）项目的管理计划

项目的管理计划是对项目建设进行计划、组织协调、控制各项工作的文件，一般包括设计计划、研制计划、项目质量控制计划、实施进度控制计划、成本控制计划、责权分工计划、报表计划、应变计划、验收计划、投产后的经营计划等。在这些计划中既有各项工作的目标、任务、要求，又要有时间的安排、人力组织、成本造价控制等内容。

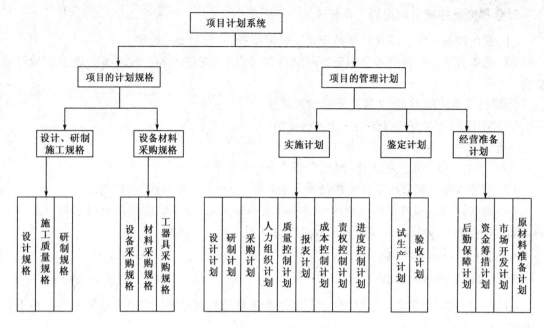

图 12-3 项目计划系统(文件图树)

二、项目计划的内容

项目计划管理是项目管理的"龙头",它要对工程前期决策和项目设计、物资供应、工程施工、试生产等环节、各部分进行统筹分析,拟定最佳方案,使工程项目内部各部分施工协调有序,对外部环境的变化能自我调节。没有科学而严密的项目计划管理,就不可能实现有效的项目管理。工程项目计划主要包括以下内容:

1)总则

(1)项目的背景、工程概况的简要描述;
(2)项目建设的目标、性质、范围;
(3)项目的环境与项目的关系;
(4)发包商、承包商的权利、义务、责任和奖惩方法;
(5)项目的规格(采用的规范标准);
(6)项目管理机构;
(7)项目建设进度的主要关键点;
(8)特殊问题说明。

2)项目的建设目标和基本原则

(1)详细说明项目建设的总目标(利润、技术、竞争);
(2)项目施工组织形式原则(矩阵式、工程队式、直线职能式、指挥部式、监理委托式等);
(3)业主参与的范围;
(4)与其他方面的关系(银行、通讯、供货商、政府、承包商、咨询机构、设计部门等);
(5)质量衡量标准,语言的规定;
(6)其他特殊事项的规定,如设计变更、图纸修改的规定。

3) 项目实施总方案

(1) 技术方案(工艺、工程设计、施工方案、技术措施等);

(2) 管理方案(承发包形式、采购运输、施工管理、成本控制等)。

4) 合同形式

(1) 合同类型和选择;

(2) 承包商的选择(业主方面的要求);

(3) 咨询方式;

(4) 合同双方的通讯方式;

(5) 业主方面提供的资源;

(6) 项目的复查、审核、付款的手续、程序;

(7) 特殊管理的规定;

(8) 移交的方式、规定和进度安排。

5) 进度计划

(1) 说明并列举各项进度的安排,说明各关键工作点;

(2) 各项工作的执行者做出其完成工作的时间估计;

(3) 以(1)、(2)为依据规定项目施工的总进度计划;

(4) 各级负责人在最终计划上签字作保。

6) 资源使用

(1) 资源分类:资金、设备、材料、人力等;

(2) 预算;

(3) 成本监督、控制方法、程序。

7) 人事安排,组织机构

(1) 人员培训,人员补充;

(2) 人事制度、法律、政策;

(3) 安全保障(保密要求,人身安全);

(4) 组织机构的人事安排,责权分工;

(5) 人员流动与项目计划的关系。

8) 监理、控制与评价

(1) 监理、控制的内容和范围;

(2) 通讯方式;

(3) 文件、信息收集(内容、时间)、整理、管理;

(4) 评价方法、指标。

9) 潜在问题

列举可能发生的意外事件,障碍因素分析,气候、资源短缺、争议、分包商破产、技术失败等事故。

10) 应急计划

上述项目计划的内容是基本的内容,其他更详细的分类计划是由相应的职能部门作出更详细的分类计划。

三、工程项目各分项计划编制的内容

1) 工程项目建设的组织计划

组织方面规划的目的是保证建立一个健全的组织机构,使人和人、人和事、事和物的关系有一个相对稳定的经常性的结合形式,人人都有合适的工作岗位、明确的责任和权限,以使工程建设过程中指挥灵便,协调一致,相互配合,信息传递反馈及时,出现问题能迅速妥善地解决,从而保证工程项目的高效管理。

项目建设的组织计划包括:

(1) 组织机构设计计划:如项目经理人选,经理班子组成,职能机构设置等。

(2) 生产人员的组织计划:如生产工人的专业组成,专业班组设置,工人来源及人员培训等。

(3) 协作计划:如与设计单位、施工单位、设备材料供应单位,以及与政府有关部门的协作计划等。

(4) 规章制度的建立计划:如项目投产后的经营管理制度、生产技术制度、劳动制度及行政管理制度等。

(5) 管理信息系统的计划:如有关项目实施过程中各种信息的传递方式、渠道、存储、处理各环节的设计等。

2) 工程项目建设的综合进度计划

工程项目建设的综合进度计划是把参与工程项目建设的各单位的工作进行统一安排和部署的综合性计划。综合进度计划必须考虑和解决局部与整体、当前与长远、各个局部之间以及"长线"与"短线"等方面的关系,以确保工程项目从前期决策到试投产全过程的各项工作能按照计划安排的日程顺利完成。

根据工程项目计划控制的需要,综合进度计划一般包括下列内容:

(1) 总进度计划。主要确定哪些工作必须完成,每一阶段的工作量和所需的时间。

(2) 设计工作进度计划。设计进度是设计单位按照项目计划的总体要求,并根据施工进度的要求和设计中各专业工作的顺序,安排各个设计专业的进度计划,同时还必须确定分阶段的出图日期。

(3) 设备供应进度计划。根据工艺流程图和设备系统图以及电、气和水暖系统图,编制出设备采购清单和到达现场的时间。

(4) 施工进度控制计划。此项计划必须明确规定工程项目的开工时间和竣工时间。施工单位和施工配合单位据此再按照施工工序的要求制订出整个工程的施工进度计划,并据此编排出工程项目的年度、季度计划和月、旬作业计划。

(5) 竣工验收和试生产计划。根据工程进度计划和有关方面的资料,在工程竣工后,安排出竣工验收、设备试运转及生产等一系列活动的日期,以此作为各方共同的工作目标,以便各自做好人力、物力和财力方面的安排。

进度计划大都采用图和表的形式来表示将要进行的工作。编制程序一般采用工作分解结构方法,将整个工程逐层分解为若干工作单元,按逻辑顺序进行排列,用图或表来确定其相互制约的关系。因为进度计划是项目计划的关键,而工期又是进度计划的核心,所以要根据工程项目的估算,经分解后确定每一工作单元所需要的工时表,求出每一个单元的工期和整个工程的总工期。

3) 工程项目建设的经济计划

包括劳动工资计划、材料计划、构件及加工半成品需用量计划、施工机具需要量计划、项目降低成本计划、资金使用计划、利润计划等。

(1) 劳动力需用量及工资计划。劳动力需要计划应根据工程项目的组织计划、劳动定额及工程进度计划进行编制。用工计划的控制应按施工预算确定,不应超过设计预算数。

无论编制劳动力计划还是配备劳动力,均应同时核算工资。

(2) 材料计划。包括材料需用量计划、材料供应量计划、材料申请计划、材料订货计划和材料采购计划。

(3) 构件及加工半成品需用量计划。预制加工品需用量计划是根据施工图纸、设计预算及施工进度计划编制的。该计划又是翻样和委托加工订货的依据。

(4) 施工机具需用量计划。该计划要提出机具型号、规格,用以落实机具来源,组织进场。它是根据施工方案及施工进度计划编制的。

(5) 工程项目降低成本措施及降低成本计划。降低成本计划是在预算成本(或概算成本)的基础上,考虑降低成本措施的经济效果后编制的计划。该计划提供成本控制目标,实际上也是编制利润计划的基础。

(6) 资金使用计划。工程项目承包单位施工所需的流动资金如果实行预付备料款制度,则除开工前支付部分外,其余均按进度按月结算由发包人拨给承包商。承包商以自有资金承包一个工程项目的无须编制流动资金计划。

如果工程项目承包方的流动资金改为银行贷款,则需要根据工程施工进度计划编制贷款计划,并支付利息。故在编制贷款计划时,应使支付的利息最少。

(7) 利润计划。建设工程项目的利润,称为工程结算利润,由利润额、降低成本额和管理费用节约额构成。利润额的计算是工程的概(预)算成本与利润率的乘积。降低成本额由降低成本计划确定。

编制利润计划应在量本利分析的基础上进行。

4) 物资供应和设备采购计划

要确定物资供应和设备采购的方针和策略、顺序和责任、数量和质量、到货日期和地点等,以满足工程施工、设备安装和试生产的需要。

5) 施工总进度计划和单位工程进度计划

施工单位要按照项目建设综合进度计划对施工阶段的进度要求,编制施工总进度计划和单位工程进度计划。

施工总进度计划是施工组织设计的重要组成部分,是施工总体方案的在时间序列上的反映,是根据施工合同的工期要求,合理确定各主要工程部位之间的搭接关系、搭接时间,综合平衡各施工阶段建筑安装工程的工程量、不同时期的资源量以及投资分配等。它确定了工程施工的总体部署和实现目标。

一项建筑工程是由多个专业相互配合、共同施工安装而完成的综合型产品,在整个工程施工中是以土建总承包为主体,其他专业密切配合,按设计图纸合理地进行工序穿插、分层、分段有节奏地配合完成。因此,为指导整个工程科学有序协调地施工,就必须编制综合施工进度计划。

6）项目质量管理计划

（1）确定工程项目的质量目标。依据工程项目的重要程度和本工程可能达到的管理水平，确定工程项目预期达到的质量等级（如合格、优良或省、市、部优质工程等）。

（2）明确工程项目从施工准备到竣工验收、交付使用各阶段质量管理的要求，对材料检验、文件和资料控制、工序控制等做出具体的规定。

（3）施工全过程应形成的施工技术资料等。

7）报表计划

项目经理在项目实施过程中，需要及时了解项目建设的进展情况及存在的问题，以便预测今后的发展趋势和寻求解决问题的办法。这些情况都需要及时了解，报表计划是完成这一工作的主要手段。

在报表计划中应规定：谁负责编写报告，向谁报告，报告的内容，报告所含的信息范围，报告的时间等。

8）应变计划

由于工程项目实施中的不确定因素很多，项目计划与实际不符经常发生，因此从项目一开始实施，项目经理就要考虑在工期预算方面留有余地（如宽限工期和资金的额外储备），以备应急需要。这种难以预料的需要称为"意外需要"。这些意外需要不包括那些预先能估计到的需要，而是那些难以预料的需要。"意外需要"是管理上的储备量，除项目经理外，其他人不准动用。

储备有两种：一是业主的储备，二是项目经理的储备，以应付偶然事件的发生。

9）竣工验收计划

它是根据承包合同中对工程竣工日期的总体要求而制订的工程验收、移交计划。其中明确了工程验收的时间、依据、标准、程序及向业主移交的日期等内容，是工程竣工验收的指导性文件。

第三节　工程项目组织协调

一、项目运行组织协调

项目在运行的过程中会涉及很多方面的关系，为了处理好这些关系，保证实现项目的目标，就需要协调。所谓协调，就是以一定的组织形式、手段和方法，对项目运行中产生的不畅关系进行疏通，对产生的干扰和障碍予以排除的活动。协调的目的是力求得到各方面协助，促使各方协同一致，齐心协力，以实现自己的预定目标。协调其实就是一种沟通，为人、思想和信息之间提供了一个重要的联络方式。项目沟通管理确保通过正式的结构和步骤，及时和适当地对项目信息进行收集、分发、储存和处理，并对非正式的沟通网络进行必要的控制，以利于项目目标的实现。

项目运行系统是一个由人员、物质、信息等构成的人为组织系统，是由若干相互联系而又相互制约的要素有组织、有秩序地组成的具有特定功能和目标的统一体。项目运行的协调关系一般可以分为三大类：一是"人员/人员界面"；二是"系统/系统界面"；三是"系统/环境界面"。

首先，项目运行组织是人的组织，是各类人员组成的。人的差别是客观存在的，由于每个人的经历、心理、性格、习惯、能力、任务和作用不同，在一起工作必定存在潜在的人员矛盾或危机。这种人和人之间的间隔，就是所谓的"人员/人员界面"。

如果把项目运行系统看作一个大系统，则可以认为其实际上是由若干个子系统组成的一个完整体系。各子系统的功能不同，目标不同，内部工作人员的利益不同，容易产生各自为政的趋势和相互推诿的现象。这种子系统和子系统之间的间隔，就是所谓的"系统/系统界面"。

项目运行系统在运作过程中，必须和周围的环境相适应，所以项目运行系统必然是一个开放的系统。它能主动地向外部世界取得必要的能量、物质和信息。在这个过程中，存在许多障碍和阻力。这种系统与环境之间的间隔，就是所谓的"系统/环境界面"。

工程项目建设协调管理就是在"人员/人员界面"、"系统/系统界面"和"系统/环境界面"之间，对所有的活动及力量进行联结、联合和调和的工作。

由动态相关性原理可知，总体的作用规模要比各子系统的作用规模之和大，因而要把系统作为一个整体来研究和处理。为了顺利实现工程项目建设系统目标，必须重视协调管理，发挥系统整体功能。要保证项目的各参与方围绕项目开展工作，组织协调很重要，只有通过积极的组织协调才能使项目目标顺利实现。

二、项目建设组织协调

项目建设组织协调是提高项目组织运行效率的重要措施，是项目建设成功的关键因素之一。从组织系统角度看，项目建设组织的协调可分为项目组织内部关系的协调和组织系统外部的协调。组织系统外部的协调，根据项目建设组织与外部联系的程度又可分为近外层协调和远外层协调。近外层协调是指项目直接参与者之间的协调；远外层协调是指项目建设组织与间接参与者以及其他相关单位的协调。项目与近外层单位一般有合同关系，而与远外层关联单位一般没有合同关系。与本公司、设计、监理、建设、供应等单位均为近外层关系；与其余单位（政府部门、金融组织与税收部门、现场环境单位等）均为远外层关系。

组织协调是施工项目管理的一项重要工作，施工项目要取得成功，组织协调具有重要的作用。一个施工项目，在其目标规划、计划与控制实施过程中有着各式各样的组织协调工作，例如，项目目标因素之间的组织协调；项目各子系统内部、子系统之间、子系统与环境之间的组织协调；各种施工技术之间的组织协调；各种管理方法、管理过程的组织协调；各种管理职能（如成本、工期、质量、合同等）之间的组织协调；项目参加者之间的组织协调等。组织协调可使矛盾着的各个方面居于一个统一体中，解决他们之间的不一致和矛盾，使项目实施和运行过程顺利。

三、协调的内容

组织协调的内容大致可以分为以下几个方面：

(1)组织关系的协调。主要是解决项目组织内部的分工与配合问题。

项目内部组织系统各组成部分构成一定的分工协作和信息沟通关系。组织关系的协调，首先是组织运转正常，发挥组织能力的作用。

(2)供求关系的协调。包括工程项目实施中所需人力、资金、设备、材料、技术、信息的供应，主要通过协调解决供求平衡问题。项目运作需要资源，因此资金、劳动力、材料、机械设备、动力等需求,实际上是求得项目资源保证。需求关系协调是要按计划供应,抓重点和关键,健全调度体系,充分发挥调度人员的作用。

(3)配合关系的协调。包括承包商、建设单位、设计单位、分包单位、供应单位、监理单位在配合关系上的协调和配合以达到同心协力的目的。还包括项目组织内部人际关系的协调,人际关系的协调主要解决人员之间在工作中的联系和矛盾。

(4)约束关系的协调。主要是了解和遵守国家及地方在政策、法规、制度等方面的制约,求得执法部门的指导和许可。工程项目与远外层的关系包括与政府部门、金融组织与税收部门、现场环境单位的关系。这些关系的处理没有定式,协调更加困难,应按有关法规、公共关系准则、经济联系规定处理。例如,与政府部门的关系是请示、报告、汇报的关系;与银行的关系是送审、申请及借贷、委托关系;与现场环境单位的关系则是遵守规定,取得支持的关系等。

四、组织协调的范围

工程项目组织协调的范围包括内部关系的协调、近外层关系的协调和远外层关系的协调。

1. 组织内部的协调

项目组织内部关系有多种,关系的协调也有多方面的内容,主要包括组织内部人际关系的协调、项目组织内部组织关系的协调、项目组织内部需求关系的协调等。

1)项目组织内部人际关系的协调

人是项目组织中最重要最活跃的要素,组织的运行效率,很大程度上取决于人际关系的协调程度。为了顺利地完成工程项目目标,项目经理应该十分注意项目组织内部人际关系的协调。

项目组织内部人际关系协调的内容多而复杂,因此协调的方法也是多种多样的,为了做好项目组织内部人际关系的协调工作,应该注意以下工作:

(1)正确对待员工,重视人的能力建设。正确对待员工是搞好项目组织内部人际关系协调的基础。项目管理者要以新的管理理念来协调项目内部的人际关系,不要把人只看成是项目管理的基本要素之一,这种以"经济人"假设为基础和前提的物本管理,见物不见人,强调的是对人进行经济和物质鼓励,把协调工作简单化。在项目管理实践中,应该既要把人看作"社会人",以人为本,以行为科学的理论指导协调工作,又要把人看成是"能力人",以能力为本,大力开发人力资源,营造一个能发挥创造能力的环境,充分调动人的创造能力和智力,为实现项目目标服务。

(2)重视沟通工作。沟通是协调各个个体、各个要素,使项目成为一个整体的凝聚剂。每个工程项目组织都由许多人组成,每天的活动也由许许多多的具体工作构成,由于各个个体的地位、利益和能力不同,他们对项目目标的理解、所掌握的信息也不同,这就使得各个个体的目标有可能偏离项目目标,甚至完全背离,这就需要相互交流意见,统一思想认识,自觉地协调各个个体的工作,以保证项目目标的实现。没有沟通就没有协调,也就不可能完成项目目标。

(3)做好激励工作。激励是协调工作的重要内容。在项目中,每个员工都有自己的特性,他们的需求、期望、目标等都各不相同。项目管理者应根据激励理论,针对部下的不同特点采用不同的方法进行激励。在项目管理中常用的方法主要有工作激励、成果激励、批评激励和教育培训激励。工作激励是通过分配恰当的工作来激发员工的内在工作热情;成果激励是指通过在正确评估工作成果的基础上给员工以合理的奖惩,以保证员工行为的良性循环;批评激励是指通过批评来激发员工改正错误行为的信心和决心；教育激励是指通过思想教育、思想建设和能力培训等手段，提高员工的素质来激发其工作热情。

（4）及时处理各种冲突。冲突是指由于某种差异而引发的抵触、争执或争斗的对立状态。员工之间由于利益、观点、掌握的信息以及对事物的理解可能存在差异，有差异就有可能引起冲突。这种冲突中很多情况下有一个过程，项目管理者要及时处理好各种冲突，以减少由于冲突所造成的损失。

2）项目组织内部组织关系的协调

项目组织是由若干个子系统组成的系统。每个子系统都有自己的目标和任务，并按规定的和自定的方式运行。组织内部关系的协调的目的是，使各个子系统都能从项目组织整体目标出发，理解和履行自己的职责，相互协作和支持，使整个组织系统处于协调有序的状态，以保证组织的运行效率。因此，项目经理应当用很大的精力进行组织关系的协调。

组织关系协调的工作很多，但主要是解决项目组织内部的分工与协作问题，可以从以下几个方面入手：

（1）合理设置组织机构和岗位。根据组织设计原则和组织目标，合理设置组织机构和岗位，既要避免机构重叠，人浮于事，又要防止机构不全，缺人少物的情况出现。

（2）明确每个机构和岗位的目标职责和合理的授权，建立合理的责权利系统。根据项目组织目标和工作任务来确定机构和岗位的目标职责，并根据职责授权，建立执行、检查、考核和奖惩制度。

（3）建立规章制度，明确各机构在工作中的相互关系。通过制度明确各个机构和人员的工作关系，规范工作程序和考核标准。

（4）建立信息沟通制度。信息沟通是消除不协调、达到相互配合的前提。项目组织应该通过组织关系，建立正常的信息沟通制度，使项目的信息沟通得到基本保证。项目组织内部信息沟通的方式灵活多样，项目组织既要注意通过制度明确的正式信息沟通，又要注意各种非正式的信息沟通，倡导相互主动沟通信息。

（5）建立良好的组织文化。组织文化是组织全体成员共同接受的价值观念、行为准则、团队意识、思维方式、工作作风、心理预期和团体归属感等群体意识。良好的组织文化鼓励创新、鼓励竞争、鼓励开拓，要求企业与企业之间、员工与员工之间，创造一种合作、协调、沟通、互助的氛围，通过团队精神的开发和利用，充分发挥企业人、财、物的资源优势，达到"1+1>2"的目的。良好的组织文化还在企业文化中提倡一种严谨的工作作风。

（6）及时消除工作中的不协调现象。项目系统比较复杂，影响因素多，各种利益关系交叉，在项目实施过程中不可避免地存在各种不协调现象。这些不协调的现象可能随着项目的进一步展开，诱发各种严重的矛盾或冲突，导致组织的无序。因此，项目经理应该注意及时消除各种不协调现象，防止产生严重的后果。

3）项目内部需求关系的协调

在工程项目实施过程中，组织内部的各个部门为了完成其任务，在不同的阶段，需要各种不同的资源，如对人员的需求、材料的需求、设备的需求、能源动力的需求、配合力量的需求等。工程项目始终是在有限资源的约束条件下实施，因此搞好项目组织内部需求关系，既可以合理使用各种资源，保证工程项目建设的需要，又可以充分提高组织内部各部门的积极性，保证组织的运行效率。

大型工程项目的需求关系复杂,协调工作量大,在实际工作需要注意以下重点环节:

(1)计划环节。项目内部需求关系协调的目的是解决各种资源的供求平衡和均衡配置问题,而搞好供求平衡和均衡配置的关键在于计划环节。工程项目的不同实施阶段,组织内部的各个部门对资源的需求不同,为了搞好需求关系的协调,首先应该在项目的总体目标和资源约束条件下编制各种资源的需求计划,并严格按计划来供应各种资源。各种资源供应计划既是资源的供应依据,也是供求关系是否平衡的评价标准。抓计划环节,要注意计划在期限上的及时性、规格上的明确性、数量上的准确性、质量上的规定性,以充分发挥计划的指导性。

(2)瓶颈环节。工程项目在实施过程中,项目的内部环境和外部环境千变万化,由于这些变化导致某些环节受到人力、材料、设备、技术等资源的限制或人为的影响而成为影响整个项目实施的瓶颈环节。这些环节是主要矛盾,是对项目全局产生较大影响的关键性环节,协调好这些环节可以为整个项目的需求平衡创造条件。因此,在协调中抓瓶颈环节,就是抓重点和关键。

(3)调度环节。工程项目的实施需要土建、机械化施工、机电安装、材料供应等各个专业工种的交替进行或配合进行。为了保证各工种能合理衔接、密切配合,就应该注意做好调度工作。通过调度,使各种配合力量及时到位,保证项目的顺利实施。

2. 项目近外层的协调

不同类型的项目,其项目组织与近外层关系协调的工作内容不同,但协调的原理和方法是相似的。下面以承包商的项目组织为例,说明项目组织与近外层的关系协调。施工承包商的项目组织的近外层关系的协调工作主要包括:与本公司关系的协调,与业主关系的协调,与监理单位关系的协调,与设计单位关系的协调,与供应单位关系的协调和与分包单位关系的协调等。

1)项目组织与本公司关系的协调

项目组织是项目经理受公司的委派,为了完成项目的目标而建立的工作体系。从管理的角度看,项目组织是公司内部的一个管理层次,要接受公司的检查、指导和监督、控制。从合同关系看,项目组织和公司签订的内部承包合同是平等的合同关系。项目组织与本公司关系协调的主要工作如下:

(1)经济核算关系的协调。项目成本核算是项目管理的基本特征之一。项目组织作为公司一个相对独立的核算单位,应根据公司的核算制度、方法和资金有偿使用制度,负责整个工程项目的财务收支和成本核算工作。核算的结果应真实反映项目组织的经营成果。

(2)材料供应关系协调。公司与项目的材料供应关系常见的有三种方式:一是统一供应工程项目所需的建筑材料、钢木门窗及构配件、机电设备等,由项目经理部按工程用料计划与公司材料供应部门签订供需合同,材料供应部门根据合同向项目经理部派出管理机构,实行加工、采购、运输和管理一体化服务。二是项目组织单独供应,由项目组织的材料采购部门根据项目材料需求计划、材料采购计划与材料供应商签订供需合同,由材料供应商直接供料。三是混合供应,项目上需要的材料部分由公司供应,部分由项目组织直接向市场采购。

(3)机械设备及周转性材料供应关系的协调。工程项目所需机械设备及周转性材料,主要由公司供应部门供应,部分机械设备及周转性材料由项目组织向物资租赁市场租赁使用。设备进入项目施工现场后由项目组织统一管理使用。

(4)预算关系协调。工程项目的预算和结算是公司与项目组织应该密切配合、认真做好的一项重要工作。项目组织的预算人员要和公司预算管理部门分工合作及时做好预算和结算。

(5)技术、质量、安全、测试等工作关系的协调。公司对项目组织的管理方式不同,这些工作的协调关系也不同。一般是由公司通过业务管理系统,对项目实施的全过程进行监控、检查、考核、评比和严格的管理。

(6)计划统计关系的协调。项目组织的计划统计工作应该纳入公司的计划统计工作体系,项目组织应该根据公司的规定,向公司报送项目的各种统计报表和计划,并接受公司计划统计部门的指导、检查。

2)项目组织与业主关系的协调

项目组织和业主对工程承包负有共同履约的责任。项目组织与业主的关系协调与否,不仅影响到项目的顺利实施,而且影响到公司与业主的长期合作关系。在项目实施过程中,项目组织和业主之间发生多种业务关系。实施阶段不同,这些业务关系的内容也不同,因此,项目组织与业主的协调工作内容也不同。

(1)施工准备阶段的协调。项目经理作为公司的代表人,应参与工程承包合同的洽谈和签订,熟悉各种洽谈记录和签订过程。在承包合同中应明确相互的权、责、利,业主要保证落实资金、材料、设计、建设场地和外部水、电、路等,而项目组织负责落实施工必需的劳动力、材料、机具、技术及场地准备等。项目组织负责编制施工组织设计,并参加业主的施工组织审核会。开工条件落实后应及时提出开工报告。

(2)施工阶段的协调。施工阶段的主要协调工作有:

①材料、设备的交验。根据合同规定,项目组织负责提出应由业主提供的材料、设备的供应计划,并根据有关规定对业主提供的材料、设备进行交接验收。供应到现场的各类物资必须在项目组织调配下统一设库、统一保管、统一发料、统一加工并按规定结算。

②进度控制。项目组织和业主都希望工程项目能按计划进度实施,双方应密切合作,创造条件保证项目的顺利进行。项目组织应及时向业主提出施工进度计划表、月份施工作业计划、月份施工统计表等,并接受业主的检查、监督。

③质量控制。项目组织在进行质量控制时应注意尊重业主对质量的监督权,对重要的隐蔽工程和关键工序,如地槽及基础的质量检查,应请业主代表参加并签字,确认合格后方可进入下道工序。项目组织应及时向业主或业主代表提交材料报验单、进场设备报验单、施工放样报验单、隐蔽工程验收通知、工程质量事故报告等材料,以便业主或业主代表进行分析、监督和控制。

④合同关系。承包商和业主是平等的合同关系,双方都应真心实意共同履约。项目经理作为承包商的代表,应注意协调与业主的合同关系。对于合同纠纷,首先应协商解决,协商不成才向合同管理机构申请调解、仲裁或法院审判解决。施工期间一般合同问题切忌诉讼。遇到非常棘手的合同问题,不妨暂时回避,等待时机,另谋良策。只有当对方严重违约而使自己的利益受到重大损失时才采用诉讼手段。

⑤签证问题。在项目的施工过程中,出现工程变更和项目的增减现象是不可避免的。对较大的设计变更和材料代用,应经原设计部门签证,合同双方再根据签证文件办理工程增减,调整施工图预算。国家规定的材料、设备价格的调整等,可请业主或业主代表签证,作为工程结算的依据。

⑥收付进度款。项目组织应根据已完成工程量及收费标准,计算已完工程价值,编制工程

价款结算单和已完工程月报表等送交业主代表办理签证结算。

（3）交工验收阶段的协调。当全部工程项目或单项工程完工后，双方应按规定及时办理交工验收手续。项目组织应交接工料清单，整理有关交工资料，验收后交业主保管。

3）项目组织与监理单位关系的协调

监理单位与承包商都属于企业，是平等的主体，在工程项目建设中，他们之间没有合同关系。监理单位之所以对工程项目建设行为具有监理的身份，一是因为业主的授权，二是因为承包商在承包合同中也事前予以承认。同时，国家建设监理法规也赋予监理单位具有监督建设法规、技术标准实施的职责。监理单位接受业主的委托，代表业主对项目组织在施工质量、建设工期和建设资金使用等方面实施监督。项目组织必须接受监理单位的监理，并为其开展工作提供方便，按照要求向监理提供完整的原始记录、检测记录、技术及经济资料。

4）项目组织与设计单位关系的协调

项目组织与设计单位都是承包商性质的单位，他们均与业主签订承包合同，但他们之间没有合同关系。虽然他们没有合同关系，但他们是图纸供应关系、设计与施工关系，需要密切配合。为了协调好两者关系，应通过密切接触，做到相互信任、相互尊重，遇到问题，友好协商。有时也可以利用业主或监理单位的中介作用，做好协调工作。

5）项目组织与分包商关系的协调

项目组织在处理与分包商的关系时，应注意做好以下几个方面的工作：

（1）选好分包商。为了顺利地实施项目目标，应选择具有相应资质条件的分包商，最好是选择实力较强、信誉好、曾经有过良好合作关系的分包单位。除了总包合同约定的分包外，所选择的分包商必须经过业主的认可。

（2）明确总承包单位与分包单位的责任。总承包单位与分包商应通过分包合同的形式，明确双方的责任、义务和权利。总包单位按照总承包合同的约定对业主负责，分包单位按照分包合同的约定对总承包单位负责，总承包单位和分包单位就分包工程对业主承担连带责任。

（3）处理好总承包单位与分包单位的经济利益以及及时解决总分包之间的纠纷。对在项目实施过程中所发生的总、分包之间的纠纷应及时解决，双方应本着相互理解的原则依据合同条款协商解决；协商解决不了时，提请主管部门调解；调解不成，可向合同仲裁机关申请仲裁或提出诉讼。

3. 项目远外层的协调

远外层与项目组织不存在合同关系，只是通过法律、法规和社会公德来进行约束。这之间关系的处理主要以法律、法规和社会公德为准绳，相互支持、密切配合、共同服务于项目目标。在处理关系和解决矛盾过程中，应充分发挥中介组织和社会管理机构的作用。一个工程项目的建设，还存在如政府部门、金融组织、社会团体、服务单位和新闻媒介等其他单位的影响，对工程项目起着一定的或决定性的控制、监督、支持和帮助作用，这层关系若协调不好，工程项目实施也可能会受到影响。例如，常见的施工噪声扰民的问题，如果和周边居民协调不好，矛盾激化了会严重影响项目的正常实施。做好远外层协调工作主要是以相关的法律、法规和社会公德为基础进行协调。例如，项目部应要求作业队伍到建设行政主管部门办理分包队伍施工许可证；到劳动管理部门办理劳务人员就业证；办理企业安全资格认可证、安全施工许可证、项目经理安全生产资格证等手续；项目部的安全保卫部门应办理施工现场消防安全资格认可证；

到交管部门办理工程车辆通行证;到当地户籍管理部门办理劳务人员暂住手续;到当地城市管理部门办理街道临建审批手续;到当地政府质量监督管理部门办理建设工程质量监督通知单等手续;应配合环保部门做好施工现场的噪声检测工作,及时报送有关厕所、化粪池、道路等的现场平面布置图、管理措施及方案等。做好远外层的协调,争取到相关部门和社团组织的理解和支持,对于顺利实现项目目标是必需的。

第四节　建设队伍的沟通协调

建设项目规模大,内容复杂,项目建设参与单位多,使项目组织具有特殊性。特殊性的表现之一是项目队伍内部存在种种隔阂,而使冲突频繁出现。长期以来,人们往往把精力倾注于项目管理工作的知识、技能、手段和方法。但实践证明,在很多情况下即使在上述几方面有深入的理解、掌握和运用,但项目实施效果并不尽如人意。经过长时间探索,发现项目建设队伍的隔阂和冲突是妨碍实现项目目标的重要原因之一。于20世纪70年代后期,发达国家建设领域的一些学者开始传播这样的认识。即项目的协调和沟通是项目成功的重要保证。而协调和沟通的概念是建立在心理学、人类学、政治科学以及社会学的概念和理论上的。

一、建设队伍的隔阂及冲突

1. 出现隔阂及冲突的总原因

(1)为了实现项目的统一目标,需要各参与单位充分发挥积极性及创造性并且真诚合作。但项目参与者来自不同的单位,这些单位参与此项目建设的动机往往处于其自身的利益。各单位的自身利益和项目目标有可能不一致,而且不同单位的自身利益之间也有可能出现冲突,于是各参与单位很容易为了维护本单位的局部利益而不顾项目的整体利益。

(2)参与单位及其人员是为了一个项目的建设而临时集结在一起的,相互不了解及不适应,凝聚力小,容易产生冲突。

(3)项目建设涉及多种技术,需要高度专业化的单位及人员参与项目建设。但专业分工上的差别往往产生隔阂,甚至对项目目标的理解都有可能产生差异,因此也易产生冲突。

(4)项目建设任务重、困难多,且长出现意外情况,导致项目参加单位及成员经常处于疲劳及烦躁不安状态。这样的状态和项目参与成员本人思想素质及心理素质上的弱点相结合,往往由于很小的导火线造成冲突的爆发。因此,不仅项目参与单位之间出现冲突,而且在成员之间也常出现冲突。

2. 隔阂和冲突的具体原因

1)业主和项目经理之间

(1)业主的原因。

①许多业主是非工程专业领域的人员,对工程建设了解较少,但往往对于项目经理放权不够,较多的介入工程项目的具体管理,甚至对项目经理及承包商进行不合理的干预。其原因可能有:过分自负;权力欲过强;对项目经理不信任;对项目介入比较深想从中渔利。

②业主对项目目标考虑不周,决策不够慎重,而且由于对项目实施过程了解甚少,因此对项目的规模、功能、工艺设施及要求、辅助设施等等频繁改变想法,造成多次修改方案、变更设

计、施工中断或返工,从而延误工期,造成经济损失,给项目经理工作造成极大困难。

③业主盛气凌人,对所聘用的项目经理不尊重,这和业主的思想、性格、心理素质、文化程度有关。

(2)项目经理的原因。尽管项目经理的工作质量对于项目实施效果有极重要影响,但项目经理往往显示出积极性不够或未能充分发挥作用,其原因可能有:

①除非由于明显的失误或违法行为,项目经理对于工程项目的损失不承担经济责任;再者项目实施效果的好坏对于项目经理并无直接的经济联系,因此项目经理易出现不负责任的想法。

②项目经理没有决策权,而且他的正常工作往往受到业主或业主单位各部门的干预而使他的积极性受挫。

③项目是一次性的,其实施受多种因素的影响,因此衡量项目实施优劣并无明确的统一标准,很难做到对项目经理进行恰如其分的评价,也难实现对其有效的监督。项目经理往往对此有充分的了解,因此即使有足够的水平和能力,但是由于敬业精神及职业道德的缺陷而不能充分发挥作用。

项目经理部内部,在项目经理和经理部成员之间也存在上述的类似隔阂及冲突,即项目经理民主作风不够,对下属不够尊重或干预过多,决策不够慎重等。而项目成员由于敬业精神不强及职业道德欠缺而责任心不够。

2)业主和施工单位之间

(1)业主的原因。

①在买方市场条件下,业主往往对承包商提出不合理的项目目标要求,如工期短,质量要求高,造价低。而且在付款、供料、处罚等方面的合同条款苛刻、不平等、不公正。在合同实施中也存在种种不平等的情况,如业主不按时拨付工程款而不受处罚等等。这些隔阂促使施工单位隐蔽施工情况,降低工作标准,从而给项目建设造成损失。

②业主态度粗暴,动辄以罚款、清退出场相威胁,造成双方关系紧张,施工单位敢怒而不敢言。而一旦业主遇到困难局面时,施工单位有可能趁机发难,而使业主处于更加不利的状况。

③业主事实上对专业并不熟悉,对现场实际情况了解也并不深入,但对施工单位的施工方案、资源投入、工作步骤等过多干预,逼令施工单位遵从其指令,结果可能造成不必要的损失。

(2)施工单位的原因。

①某些施工单位诚信不足,在投标及合同谈判时主动压价,并对一些难以实现的要求慷慨承诺,而在内心深处的打算是取得承包合同后如何增加变更和增项,因此从加入项目建设队伍开始即已埋下不打算实现项目目标的隐患。

②某些施工单位根深蒂固的重成本及工期、轻质量及安全的目标取向,必然和建设项目目标相抵触。

③某些施工单位往往倾向于将自身管理不善、队伍涣散所造成的经济损失及工作困难转嫁给项目业主,这样想法及做法当然不被接受而出现冲突。

④施工单位往往以和业主及项目经理的关系来决定他对某项目投入的资源和精力,在和业主及项目经理的关系未能和谐的情况下,必将影响项目建设结果。

3）业主和设计单位

（1）业主的原因。

①业主在前期决策及环境条件调研以及勘察测量工作的安排上延误了时间,而在设计合同谈判时过分压缩设计周期,导致设计单位未能按时出图或设计质量差。

②业主不能按时提供设计资料,在设计过程中不断改变对项目的想法而造成设计修改返工,但业主并不延长设计文件交付时间,必然影响出图质量而造成损失。

（2）设计单位的原因。

①设计单位有些人员工作责任心不强,粗枝大叶,方案未能认真比较,图纸及设计文件遗漏、错误时有出现。

②设计人员中某些人重外观,轻功能,轻经济,由于业务水平不扎实及工作不深入而过度保守浪费等必将对项目目标的实现造成不利影响。

4）业主和监理单位

（1）业主的原因。

①部分业主对监理费压价甚低,并且不按时付款。

②某些业主对监理放权不够,其原因可能有:对监理的水平能力以及责任心不信任。出于不正当的考虑,例如和供货单位或施工单位有不正当的经济关系,因此不但不支持监理出于项目利益所采取的措施,反而逆其道而行。

（2）监理单位的原因。

①部分监理人员是退休人员或临时外聘人员,监理公司只是临时的工作场所,因此凝聚力很小。其中不少人由于待遇低而积极性不高或由于年龄和体力的原因而力不从心。当然职业道德及敬业精神存在问题也促使其责任心不强。

②和项目经理的情况类似,衡量监理工作效果优劣并无统一标准,很难做到对监理进行恰如其分的评价,也难实现对其有效监督。

二、建设队伍的沟通及协调

1. 沟通

沟通的目的在于加强单位之间以及人员之间的了解,了解越深则隔阂越少,从而使冲突减少。美国在推行"快速建设法"时,由于采用边设计边施工的做法而有很大的风险。他们在总结经验教训时其中有一条是"要有一支长期共同工作、相互了解、配合良好的建设单位—设计单位—施工单位的项目班子。"

1）沟通的原则

就建设单位和其他参与单位之间的关系而言,建设单位是主要方;就管理者和成员而言,管理者是主要方。主要方首先要在思想上认识自己的弱点及建立健康的心理状态,克服骄傲情绪,懂得尊重他人。尤其是业主,要从根本上扭转认识,不要因为建设市场是买方市场而把其他参与单位看成自己的雇佣。相反,是把这些单位看成是帮助支持自己完成项目建设任务的友军,为了更好地进行项目实施,业主应该主动做好服务工作。

（1）为了做好沟通,对所有参建单位及人员彼此间态度真诚坦率,充分倾诉想法,暴露矛盾;要礼貌待人,多倾听意见,创造相互信任的和谐气氛。

(2)为对方着想,以充分了解对方工作安排为出发点,在理解人员的思想水平及工作状况以及对方的困难的基础上,站在对方的角度考虑应如何看待和处理某问题,从而找出在实现项目目标前提下最佳解决问题的途径。

(3)专业上的沟通及理解,对于消除隔阂及冲突也有重要作用,进而可共同商讨从不同专业角度如何看待某个问题以及取得最好结果的途径。

2)沟通的方法

(1)正式沟通。

①通过项目手册在项目实施状况、存在困难及问题等方面进行沟通。

②通过合同在目标、责任、奖励、处罚等方面进行沟通。

③通过书面文件(请示、报告、协议、情况通报、指令)进行沟通。

④通过定期会议交流信息,澄清问题进行沟通。

⑤通过工作检查、验收等进行沟通。

(2)非正式沟通。

①通过聊天、用餐、喝茶交流情况,沟通感情。

②在现场进行非正式巡视,观察各种人员的工作状况,和各种人员交谈了解大量的第一手资料。

2. 协调

在项目沟通的基础上,业主及项目经理以及各参与单位的管理者采用各种措施做好协调工作,其目的在于项目建设参与单位及人员都把认识统一在项目目标上,以此为基础,充分考虑各参与单位的具体情况和困难,寻求最佳方案解决问题。

(1)通过制定、学习及实施项目手册,协调参与建设各单位对于项目目标的认识,以及实现项目目标和参与建设各单位的各自目标及利益的关系;协调各参与建设单位对于如何实现项目目标的途径及计划的看法。

(2)拟定合同时,充分考虑合同双方的需要及可能。要认识到拟定一个切合实际的合同,不但对于合同双方有利,而且有助于更好地实现项目目标。

(3)定期召开协调会议,检查工作完成情况,布置下阶段工作,集思广益研究解决问题的措施,动员并激励项目建设参与单位克服困难完成任务。为了更加好的发挥协调会议的作用,应做好以下工作:

①事先对中心问题进行沟通及协商;

②会议中创造和谐气氛;

③集中讨论问题;

④对于协商一致的意见,有明确的结论及备忘录。

(4)做好协调工作的关键在于业主及项目经理。

①当遇见重大问题,例如业主要对项目规模有所变更,项目经理在施工顺序上有重大改变等,必须召集有关方面进行认真讨论,讲明情况,听取意见,充分讨论其改变的可能性,在认识统一的基础上商讨最佳的解决方案。

②业主及项目经理必须加强预见性并应进行慎重决策,在决策时既要考虑到对项目目标的影响,也要考虑到对各参与建设单位的影响。

(5)做好激励工作。

①业主必须心中有数,在项目目标实现的同时,各参与单位也都有利可图。

②在拟定合同时,要把重点放在奖励上,而不是放在惩罚上。承诺的奖励必须兑现并要尽快兑现。

③切实做好工作,保证劳动者生活环境及工作环境的安全卫生,关心他们的健康和困难。

④各参与建设单位内部建立起团结、友爱、和谐的气氛,对于员工有极好的激励作用。

⑤各参与建设单位内部做好成员的工作评价,对于工作有成绩的要进行奖励,奖励包括物质奖励及精神奖励,后者使员工有自我成就感,其激励作用不可忽视。

习　题

1. 项目计划的作用有哪些?
2. 简述项目计划的内容与制订程序。
3. 在项目计划的实施过程中为什么会出现偏差?
4. 假如单位进行周年庆典活动,如果你负责此次活动,你将如何分析此次活动所应包含的工作?
5. 用 WBS 对工程施工程序进行描述,并进行编码。
6. 项目组织通常会对项目产生哪些影响?
7. 项目组织机构设置的原则是什么?
8. 什么是项目的组织规划?
9. 简述项目团队发展的手段和技巧。

第十三章 工程项目竣工验收与后评价

第一节 概 述

当施工项目按设计文件的规定内容和施工图纸的要求全部完成后,便可以组织竣工验收。竣工验收是工程建设的最后一环,是投资成果转入生产或使用的重要标志,也是全面考核基本建设成果、检验设计质量和施工质量的重要步骤。施工项目竣工验收,对促进项目及时投产或使用,发挥投资效益及总结建设经验,都有重要作用。

一、竣工验收

1. 竣工验收的定义

施工项目竣工验收是指由竣工主体(承包人)按施工合同完成了全部施工任务、施工项目并具备竣工条件后,向验收主体(即发包人)提出工程竣工报告,发包人或监理工程师组织承包人、设计人在约定的时间、地点进行交工验收的过程。由此可见,施工项目竣工验收的交工主体应是承包人,验收主体应是发包人。

竣工验收是工程项目建设周期的最后一道程序,也是工程的一项基本法律制度。实行竣工验收制度,是全面考核建设工程,检查建设工程是否符合设计文件要求和工程质量是否符合验收标准,能否交付使用、投产,发挥投资效益的重要环节。国家的有关法律、法规明确规定,所有建设工程按照批准的设计文件、图纸和工程建设合同约定的工程内容施工完毕,具备规定的竣工验收条件,都要组织竣工验收。竣工验收工作依据《建筑法》、《合同法》、《建设工程质量管理条例》、《工程施工质量验收标准》、施工合同等进行。验收合格后,形成"工程竣工验收报告",承包人便可向发包人办理工程移交手续。

2. 竣工验收的作用和范围

1) 项目竣工验收的作用

竣工验收对促进工程项目(工程)及时投产、发挥投资效益、总结建设经验有重要作用,具体如下所述。

(1)全面、综合考核工程项目质量。竣工验收阶段通过对已竣工工程项目的规划、管理、工程设计、施工和设备制造进行全面检查和试验,可以考核设计、施工和设备承包商的产品质量(成果)是否够达到了设计的要求,是否形成了生产能力或使用功能,确定是否允许正式转入生产运行;可以及时发现和解决影响生产和使用方面存在的问题,以保证工程项目按照设计要求的各项技术经济指标正常投入生产。

(2)明确责任,及时结算。顺利通过单项工程验收和全部工程竣工验收,是判断承包商是否按承包合同约定的责任范围完成了设计、施工、设备制造与供应义务的标志;完满地通过竣工验收前的单项工程验收后,承包商即可以根据合同与业主办理竣工结算手续,将工程移交给业主使用和照管。

(3)总结工程项目管理经验教训。工程项目竣工验收也是全面考核项目建设成果,检验项目决策、设计、施工、设备制造水平,总结项目建设管理经验的重要环节。

(4)促进工程项目及时投产,尽快发挥投资效益。一个工程项目完成建设内容后应及时转入生产使用,发挥投资效益;工程项目交付使用后,能否取得预想的效益,需要经过政府主管部门按照技术规范和标准组织验收确认。

2)正常情况下的验收范围

按照国家颁布的建设法规规定,凡新建、扩建、改建的基本工程项目(工程)和技术改造项目,按批准的设计文件所规定的内容建成,符合验收标准的,即工业项目经过投料试调试(带负荷运转),能生产出合格产品、形成生产能力的;非工业项目符合设计要求,能够正常使用的,必须及时组织验收,办理固定资产移交手续。

3)特殊情况下的验收范围

在某些特殊情况下,工程施工虽未全部按设计要求完成,也应进行验收。这些特殊情况是指以下几种:

(1)因少数非主要设备或某些特殊材料短期内不能解决,虽然工程内容尚未全部完工,但已可以投产或使用的工程项目。

(2)按规定的内容已经建设完成,但因外部条件的制约,而使已建成工程不能投入使用的项目。

(3)有一些建设工程项目或单项工程,已经形成部分生产能力,或实际上生产单位已经使用,但近期内不能按原设计规模续建,应该从实际情况出发,报主管部门(公司)批准后,可以缩小规模,对已完成的工程和设备,应组织竣工验收,移交固定资产。

二、竣工验收的依据

(1)批准的设计文件、施工图纸及说明书;

(2)双方签订的施工合同;

(3)设备技术说明书;

(4)设计变更说明书;

(5)施工验收规范及质量验收标准;

(6)外资工程应依据我国有关规定提交竣工验收文件;

(7)其他。

三、竣工验收的标准

1. 竣工验收的条件

(1)设计文件和合同约定的各项施工内容已经施工完毕。
(2)有完整的并经核定的工程竣工资料,符合验收规定。
(3)有勘察、设计、施工、监理等单位签署确认的工程质量合格文件。
(4)有工程使用的主要建筑材料、构配件和设备进场的证明及试验报告。

2. 竣工验收的工程必须符合规定

(1)合同约定的工程质量标准。
(2)单位工程质量验收的合格标准。
(3)单项工程达到使用条件或满足生产要求。
(4)建设项目能满足建成投入使用或生产的各项要求。

3. 检验质量合格标准

(1)主控项目和一般项目的质量经抽样验收合格。
(2)具有完整的施工操作依据、质量检查记录,见表13-1。

质 量 验 收 记 录   表 13-1

工 程 名 称		分项工程名称		验 收 部 位	
施工单位		专业工长		项目经理	
施工执行标准名称及编号					
分包单位		分包项目经理		施工班组长	
	质量验收规范的规定	施工单位检查评定记录		监理(建设)单位验收记录	
主控项目	1				
	2				
	3				
	4				
	5				
	6				
一般项目	1				
	2				
	3				
	4				
施工单位检查评定结果		项目专业质量检查员: 年 月 日			
监理(建设)单位验收结论		监理工程师(建设单位项目专业技术负责人) 年 月 日			

4. 分项工程质量验收合格标准

（1）分项工程所含的检验批均应符合合格质量的规定。

（2）分项工程所含的检验批的质量验收记录应完整，见表13-2。

分项工程质量验收记录　　　　　　　　　　表13-2

工程名称			结构类型		检验批数	
施工单位			项目经理		项目技术负责人	
分包单位			分包单位负责人		分包项目经理	
序号	检验批部位、区段		施工单位检查评定结果	监理（建设）单位验收结论		
1						
2						
3						
4						
检查结论	项目专业技术负责人：　年 月 日			验收结论	监理工程师 （建设单位项目专业技术负责人）　年 月 日	

5. 分部（子分部）工程质量验收合格标准

（1）分部（子分部）工程所含分项工程的质量均应验收合格。

（2）质量控制资料应完整，见表13-3。

分部（子分部）工程验收记录　　　　　　　　　表13-3

工程名称			结构类型		层数		
施工单位			技术部门负责人		质量部门负责人		
分包单位			分包单位负责人		分包技术负责人		
序号	分项工程名称		检验批数	施工单位检查评定	验收意见		
1							
2							
3							
4							
5							
	质量控制资料						
	安全和功能检验（检测）报告						
	观感质量验收						
验收单位	分包单位				项目经理	年 月	日
	施工单位				项目经理	年 月	日
	勘察单位				项目负责人	年 月	日
	设计单位				项目负责人	年 月	日
	监理（建设）单位		总监理工程师 （建设单位项目专业负责人）　年 月 日				

(3)地基与基础、主体结构和设备安装等分部工程有关安全及功能的检验和抽样检测结果应符合有关规定。

(4)观感质量验收应符合要求。

6. 单位(子单位)工程质量验收合格标准

(1)单位(子单位)工程所含分部(子分部)工程的质量均应验收合格,见表13-4。

单位(子单位)工程质量竣工验收记录　　　　　表13-4

工程名称		结构类型		层数/建筑面积	
施工单位		技术负责人		开工日期	
项目经理		项目技术负责人		竣工日期	
序号	项目	验收记录		验收结论	
1	分部工程	共　　分部,检查　　分部, 符合标准及设计要求　　分部			
2	质量控制资料核查	共　　项,经审查符合要求　　项, 经核定符合规范要求　　项			
3	安全和主要使用功能检查及抽查结果	共核查　　项,符合要求　　项, 共抽查　　项,符合要求　　项, 经返工处理符合要求　　项			
4	观感质量验收	共抽查　　项,符合要求　　项, 不符合要求　　项			
5	综合验收结论				
参加验收单位	建设单位 (公章) 单位(项目)负责人 年　月　日	监理单位 (公章) 总监理工程师 年　月　日		施工单位 (公章) 单位负责人 年　月　日	设计单位 (公章) 单位(项目)负责人 年　月　日

(2)质量控制资料应完整,见表13-5。

(3)单位(子单位)工程所含分部(子分部)工程有关安全及功能的检测资料应完整,见表13-6。

(4)主要功能项目的抽查结果应符合相关专业质量验收规范的规定。

(5)观感质量验收应符合要求,见表13-7。

7. 对质量验收不合格工程的处理

当建筑工程质量不符合合格标准时,应按下列规定进行处理:

(1)经返工重做或更换器具、设备的检验,应重新进行验收。

(2)经有资质的检测单位检测鉴定能够达到设计要求的检验批,应予以验收。

(3)经有资质的检测单位检测鉴定达不到设计要求、但经原设计单位核算认可能够满足结构安全和使用功能的检验批,可予以验收。

(4)经返修或加固处理的分项、分部工程,虽然改变外形尺寸但仍满足安全使用要求,可按技术处理方案和协商文件进行验收。

(5)通过返修或加固处理仍不能满足安全使用要求的分部工程、单位工程,严禁验收。

单位(子单位)工程质量控制资料核查记录　　　　表13-5

工程名称			施工单位			
序号	项目	资料名称		份数	核查意见	核查人
1	建筑与结构	图纸会审、设计变更、洽商记录				
2		工程定位测量、放线记录				
3		原材料出厂合格证书及进场检(试)验报告				
4		施工试验报告及见证检测报告				
5		隐蔽工程验收记录				
6		施工记录				
7		预制构件、预拌混凝土合格证				
8		地基基础、主体结构检验及抽样检测资料				
9		分项、分部工程质量验收记录				
10		工程质量事故及事故调查处理资料				
11		新材料、新工艺施工记录				
1	给排水与采暖	图纸会审、设计变更、洽商记录				
2		材料、配件出厂合格证书及进场检(试)验报告				
3		管道、设备强度试验、严密性试验记录				
4		隐蔽工程验收记录				
5		系统清洗、灌水、通水、通球试验记录				
6		施工记录				
7		分项、分部工程质量验收记录				
8						
1	建筑电气	图纸会审、设计变更、洽商记录				
2		材料、设备出厂合格证书及进场检(试)验报告				
3		设备调试记录				
4		接地、绝缘电阻测试记录				
5		隐蔽工程验收记录				
6		施工记录				
7		分项、分部工程质量验收记录				
8						
1	通风与空调	图纸会审、设计变更、洽商记录				
2		材料、设备出厂合格证书及进场检(试)验报告				
3		制冷、空调、水管道强度试验、严密性试验记录				
4		隐蔽工程验收记录				
5		制冷设备运行调试记录				
6		通风、空调系统调试记录				
7		施工记录				
8		分项、分部工程质量验收记录				

续上表

工程名称			施工单位			
序号	项目	资料名称		份数	核查意见	核查人
1	电梯	土建布置图纸会审、设计变更、洽商记录				
2		设备出厂合格证书及开箱检验记录				
3		隐蔽工程验收记录				
4		施工记录				
5		接地、绝缘电阻测试记录				
6		负荷试验、安全装置检查记录				
7		分项、分部工程质量验收记录				
8						
1	建筑智能化	图纸会审、设计变更、洽商记录、竣工图及设计说明				
2		材料、设备出厂合格证书及进场检(试)验报告				
3		隐蔽工程验收记录				
4		系统功能测定及设备调试记录				
5		系统技术、操作和维护手册				
6		系统管理、操作人员培训记录				
7		系统检测报告				
8		分项、分部工程质量验收记录				

结论：

施工单位项目经理　　年　月　日　　　　总监理工程师（建设单位项目负责人）　　年　月　日

单位(子单位)工程安全和功能检验资料核查及主要功能抽查记录　　表13-6

工程名称			施工单位			
序号	项目	安全和功能检查项目	份数	核查意见	抽查结果	核查(抽查)人
1	建筑与结构	屋面淋水试验记录				
2		地下室防水效果检查记录				
3		有防水要求的地面蓄水试验记录				
4		建筑垂直度、高程、全高测量记录				
5		抽气(风)道检查记录				
6		幕墙及外窗气密性、水密性、耐风压检测报告				
7		建筑沉降观测测量记录				
8		节能、保温测试记录				
9		室内环境检测报告				

续上表

工程名称			施工单位			
序号	项目	安全和功能检查项目	份数	核查意见	抽查结果	核查(抽查)人
1	给排水与采暖	给水管道通水试验记录				
2		暖气管道、散热器压力试验记录				
3		卫生器具满水试验记录				
4		消防管道、燃气管道压力试验记录				
5		排水干管道通球试验记录				
6						
1	电气	照明全负荷试验记录				
2		大型灯具牢固性试验记录				
3		避雷接地电阻测试记录				
4		线路、插座、开关接地检验记录				
5						
1	通风与空调	通风、空调系统试运行记录				
2		风量、温度测试记录				
3		洁净室洁净度测试记录				
4		制冷机组试运行调试记录				
5						
1	电梯	电梯运行记录				
2		电梯安全装置检测报告				
1	智能建筑	系统试运行记录				
2		系统电源及接地检测报告				
3						
4						

结论:

施工单位项目经理　　年　月　日　　　　　　总监理工程师
　　　　　　　　　　　　　　　　　　　　（建设单位项目负责人）　年　月　日

注:抽查项目由验收组协商确定。

单位(子单位)工程观感质量检查记录　　　　表13-7

工程名称			施工单位		
序号	项目		抽查质量状况	质量评价	
				好	一般	差
1	建筑与结构	室外墙面				
2		变形缝				
3		水落管,屋面				

续上表

序号	项目		抽查质量状况	质量评价		
				好	一般	差
工程名称			施工单位			
4	建筑与结构	室内墙面				
5		室内顶棚				
6		室内地面				
7		楼梯、踏步、护栏				
8		门窗				
1	给排水与采暖	管道接口、坡度、支架				
2		卫生器具、支架、阀门				
3		检查口、扫除口、地漏				
4		散热器、支架				
1	建筑电气	配电箱、盘、板、接线盒				
2		设备器具、开关、插座				
3		防雷、接地				
1	通风与空调	风管、支架				
2		风口、风阀				
3		风机、空调设备				
4		阀门、支架				
5		水泵、冷却塔				
6		绝热				
1	电梯	运行、平层、开关门				
2		层门、信号系统				
3		机房				
1	智能建筑	机房设备安装及布局				
2		现场设备安装				
3						
	观感质量综合评价					
检查结论			施工单位项目经理　　年　月　日	总监理工程师 (建设单位项目负责人)　　年　月　日		

注:质量评价为差的项目,应进行返修。

第二节 竣工验收的程序和内容

一、竣工验收的程序

根据国家现行规定,规模较大、较复杂的工程建设项目应先进行初验,然后进行正式验收。

规模较小、较简单的工程项目,可以一次性进行全部项目的竣工验收。

单位工程的竣工验收,施工单位应先自行组织有关人员进行检查评定,确认工程竣工、具备竣工验收各项要求,并经监理单位认可签署意见后,再向建设单位提交"工程验收报告",见表13-8。

工 程 验 收 报 告　　　　　　　　　　　　　　　表13-8

工程名称		建筑面积	
工程地址		结构类型/层数	
建设单位		开、竣工日期	
设计单位		合同工期	
施工单位		造价	
监理单位		合同编号	

	项目内容	施工单位自查意见
竣工条件自检情况	工程设计和合同约定的各项内容完成情况	
	工程技术档案和施工管理资料	
	工程所用建筑材料、建筑配件、商品混凝土和设备的进场试验报告	
	涉及工程结构安全的试块、试件及有关材料的试(检)报告	
	地基与基础、主体结构等重要分部(分项)工程质量验收报告签证情况	
	建设行政主管部门、质量监督机构或其他有关部门责令整改问题的执行情况	
	单位工程质量自检情况	
	工程质量保修书	
	工程款支付情况	

经检验,该工程已完成设计和合同约定的各项内容,工程质量符合有关法律、法规和工程建设强制性标准。

　　　　　　　　项目经理:
　　　　　　　　企业技术负责人:(施工单位公章)
　　　　　　　　法定代表人:　　年　月　日

监理单位意见:

　　　　　　　　　　　　　　　　　　　总监理工程师:(公章)
　　　　　　　　　　　　　　　　　　　　　　年　月　日

单独签订施工合同的单位工程,竣工后可单独进行竣工验收。在一个单位工程中满足规定交工要求的专业工程,可征得发包人同意,分阶段进行竣工验收。

建设单位收到"工程验收报告"后,应由建设单位(项目)负责人约定时间和地点,组织施工(含分包单位)、勘察、设计、监理单位(项目)负责人进行单位(子单位)工程验收。对工程进行核查后,做出验收结论,形成"工程验收报告",见表13-9。参与竣工验收的各方负责人应在竣工验收报告上签字并盖单位公章。

工程竣工验收报告　　　　　　　表13-9

工程概况	工程名称		建筑面积	m²
	工程地址		结构类型	
	层数	地上　层，地下　层	总高	m
	电梯	台	自动扶梯	台
	开工日期		竣工验收日期	
	建设单位		施工单位	
	勘察单位		监理单位	
	设计单位		质量监督单位	
	工程完成设计与合同约定内容情况			

验收组织形式	

验收组组成情况	专业	
	建筑工程	
	采暖卫生和燃气工程	
	建筑电气安装工程	
	通风与空调工程	
	电梯安装工程	
	工程竣工资料审查	

竣工验收程序	

工程竣工验收意见	建设单位执行基本建设程序情况：
	对工程勘察、设计、监理等方面的评价：

	建设单位　　　　　　　　（公章）
项目负责人	年　月　日

	勘察单位　　　　　　　　（公章）
勘察负责人	年　月　日

	设计单位　　　　　　　　（公章）
设计负责人	年　月　日

续上表

	施工单位	（公章）		
项目经理				
企业技术负责人		年	月	日
	监理单位	（公章）		
总监理工程师		年	月	日

工程质量综合验收附件：
1. 勘察单位对工程文件的质量检查报告；
2. 设计单位对工程设计文件的质量检查报告；
3. 施工单位对工程施工质量的检查报告，包括：单位工程、分部工程质量自检记录，工程竣工资料目录自查表，建筑材料、建筑构配件、商品混凝土、设备的出厂合格证和进厂试验报告的汇总表，涉及工程结构安全的试块、试件及有关材料的试（检）验报告汇总表和强度合格评定表，工程开、竣工报告；
4. 监理单位对工程质量的评估报告；
5. 地基与勘察、主体结构分部工程以及单位工程质量验收记录；
6. 工程有关质量检测和功能性实验资料；
7. 建设行政主管部门、质量监督机构责令整改问题的整改结果；
8. 验收人员签署的竣工验收原始文件；
9. 竣工验收遗留问题的处理结果；
10. 单位签署的工程质量保修书；
11. 法律、规章规定必须提供的其他文件。

单位工程有分包单位施工时，分包单位对所承包的工程项目应按建筑工程施工质量验收统一标准规定的程序检查评定，总包单位应派人参加。分包工程完成后，应将工程有关资料交总包单位。

当参加验收各方对工程质量验收意见不一致时，可请当地建设行政主管部门或工程质量监督机构处理。

单位工程验收合格后，建设单位应在规定的时间内将工程竣工验收报告和有关文件报建设行政管理部门备案。

单项工程竣工验收应符合设计文件和施工图纸要求，满足生产需要或具备使用条件，并符合其他竣工验收条件要求。

整个建设项目已按设计要求全部建设完成，符合规定的建设项目竣工验收标准，可由发包人组织设计、施工、监理等单位进行建设项目竣工验收，中间竣工并已办理移交手续的单项工程，不再重复进行竣工验收。

施工项目全部建完，经过各单位工程的验收，符合设计要求，并具备竣工图、竣工决算、工程总结等必要文件资料，由项目主管部门或建设单位向负责验收的单位提出竣工验收申请报告。

二、竣工验收的内容

施工项目竣工验收的内容依据施工项目的不同而不同，一般包括工程实体验收、工程资料验收和工程竣工图验收三个部分。

1. 工程实体验收

包括建筑及装饰工程验收、安装工程验收等。

1）建筑及装饰工程验收内容

（1）建筑物的位置、高程、主线等是否符合设计要求。

（2）地基与基础的土石方工程、地基处理、垫层工程、钢筋混凝土工程、砌体工程等。

（3）主体结构的钢筋混凝土工程、砌体工程、钢结构、木结构、网架和索膜结构等。

（4）建筑装饰装修的抹灰工程、门窗工程、吊顶工程、饰面板（砖）工程、涂饰工程、裱糊与软包工程等。

（5）建筑屋面的卷材防水工程、涂膜防水工程、刚性防水工程等。

2）安装工程验收内容

（1）建筑给水、排水及采暖工程；

（2）建筑电气工程；

（3）智能建筑工程；

（4）通风与空调工程；

（5）电梯工程。

2. 工程资料验收

工程资料一般包括工程技术档案资料、工程质量保证资料和工程检验评定资料等。

1）工程技术档案资料

（1）开工报告、竣工报告；

（2）项目经理、技术人员聘任文件；

（3）施工组织设计；

（4）图纸会审记录；

（5）技术交底记录；

（6）设计变更通知；

（7）技术核定单；

（8）地质勘查报告；

（9）定位测量记录；

（10）基础处理记录；

（11）沉降观测记录；

（12）防水工程抗渗试验记录；

（13）混凝土浇筑令；

（14）商品混凝土供应记录；

（15）工程复核记录；

（16）质量事故处理记录；

（17）施工日志；

（18）建设工程施工合同、补充协议；

（19）工程质量保修书；

（20）工程预（结）算书；

（21）竣工项目一览表；

（22）施工项目总结等。

2)工程质量保证资料

(1)土建工程主要质量保证资料：
①钢材出厂合格证、试验报告、焊接试(检)验报告、焊条(剂)合格证；
②水泥出厂合格证或报告；
③砖出厂合格证或试验报告；
④防水材料合格证或试验报告；
⑤构件合格证；
⑥混凝土试块试验报告、砂浆试块试验报告；
⑦土壤试验、打(试)桩记录；
⑧地基验槽记录；
⑨结构吊装,结构验收记录；
⑩工程隐蔽验收记录、中间交接验收记录等。

(2)建筑采暖卫生与煤气工程主要质量保证资料：
①材料、设备出厂合格证；
②管道、设备强度、焊口检查和严密性试验记录；
③系统清洗记录；
④排水管灌水、通水、通球试验记录；
⑤卫生洁具盛水试验记录；
⑥锅炉烘炉、煮炉、设备试运转记录等。

(3)建筑电气安装主要质量保证资料：
①主要电气设备、材料合格证；
②电气设备试验、调整记录；
③绝缘、接地电阻测试记录；
④隐蔽工程验收记录等。

(4)通风与空调工程主要质量保证资料：
①材料、设备出厂合格证；
②空调调试报告；
③制冷系统检验、试验记录；
④隐蔽工程验收记录等。

(5)电梯安装工程主要质量保证资料：
①电梯及附件、材料合格证；
②绝缘、接地电阻测试记录；
③空、满、超载运行记录；
④调整、试验报告等。

3)工程检验评定资料

(1)质量管理体系检查记录；
(2)分项工程质量验收记录；
(3)分部工程质量验收记录；
(4)单位工程竣工验收记录；

(5)质量控制资料检查记录;
(6)安全和功能检验资料核查及抽查记录;
(7)观感质量综合检查记录等。

3. 竣工图验收

竣工图是真实记录地下、地上建筑物和构筑物等详细情况的技术文件,也是使用单位长期保存的技术资料,是工程竣工验收、投产或使用后的维修、改建、扩建的依据。

工程竣工图应逐张加盖"竣工图"章。"竣工图"章的内容应包括发包人、承包人、监理人等单位名称、图纸编号、编制人、审核人、负责人、编制时间等。

竣工图的绘制有以下几方面的要求:

(1)凡按图施工没有变动的,则由施工单位在原施工图上加盖"竣工图"章标志后,作为竣工图。

(2)凡在施工中,虽有一般性设计变更,但能将原施工图加以修改、补充作为竣工图的,可不用重新绘制,由施工单位负责在原施工图上注明修改部分,并附以设计变更通知单和施工说明,加盖"竣工图"章标志后,作为竣工图。

(3)凡结构形式改变、工艺改变、平面布置改变、项目改变及有其他重大改变的变更部分超过图面1/3的,不宜在原施工图上修改和补充的,应重新绘制改变后的竣工图。因设计原因造成的,由设计单位负责重新绘图;因施工原因造成的,由施工单位负责重新绘图;因其他原因造成的,由建设单位自行绘图或委托设计单位绘图,施工单位负责在新图上加盖"竣工图"章标志,附以有关记录和说明,作为竣工图。

(4)基础、地下建筑物、管线、结构、井巷、洞室、桥梁、隧道、港口、水坝及设备安装等隐蔽部位都要绘制竣工图。

(5)竣工图一定要与实际情况相符,保证图纸质量,不得随意涂改,并要经过承担施工的技术负责人审核签认。竣工图的数量视其工程的重要程度而定,但至少应具备一套,移交生产使用单位保管。

第三节 竣 工 决 算

一、竣工决算的概念

竣工决算是指所有建设项目竣工后,建设单位按照国家有关规定在新建、扩建和改建工程建设项目竣工验收阶段编制竣工决算报告。

二、竣工决算的作用

竣工决算的作用主要表现在以下方面:

(1)建设项目竣工决算是综合、全面地反映竣工项目建设成果及财务情况的总结性文件,它采用货币指标、实物数量、建设工期和各种技术经济指标综合、全面地反映建设项目自开始建设到竣工为止的全部建设费用、建设成果和财务状况。

(2)建设项目竣工决算是办理交付使用资产的依据,也是竣工验收报告的重要组成部分。建设单位与使用单位在办理交付资产的验收交接手续时,通过竣工决算反映了交付使用的固定资产、流动资产、无形资产和递延资产的全部价值。同时,它还详细提供了交付使用资产的名称、规格、数量、型号和价值等明细资料,是使用单位确定各项新增资产价值并登记入账的依据。

(3)建设项目竣工决算是分析和检查设计概算的执行情况、考察投资效果的依据。竣工决算反映了竣工项目计划、实际的建设规模、建设工期以及设计和实际的生产能力,反映了概算总投资和实际的建设成本,同时还反映了所达到的主要技术经济指标。通过对这些指标计划数、概算数与实际数进行对比分析,不仅可以全面掌握项目建设计划和概算执行情况,而且可以考核项目投资效果,为今后制订投资计划、降低建设成本、提高投资效果提供必要的资料,为建立健全经济责任制提供依据。

三、竣工决算的内容

竣工决算一般由"竣工情况说明书"和"竣工决算报表"两部分组成。一般大、中型建设项目的竣工决算报表包括:竣工工程概况表、竣工财务决算表、建设项目交付使用财产总表和建设项目交付使用财产明细表等;小型建设项目的竣工决算报表一般包括:竣工决算总表和交付使用财产明细表两部分。除此以外,还可以根据需要,编制结余设备材料明细表、应收应付款明细表、结余资金明细表等,将其作为竣工决算表的附件。

1. 竣工情况说明书

竣工情况说明书,主要反映竣工工程建设成果和经验,是对竣工决算报表进行分析和补充说明的文件,是全面考核、分析工程投资与造价的书面总结。其内容主要包括:

(1)建设项目概况。对工程总的评价,一般从进度、质量、造价、安全、施工方面进行分析说明。进度方面主要说明开工和竣工时间,对照定额工期和合同工期分析是提前还是延期;质量方面主要根据竣工验收委员会或相当一级质量监督部门的验收评定等级、合格率和优良品率;造价方面主要对照概算造价,说明节约还是超支,用金额和百分率进行分析说明;安全方面主要根据劳动工资和施工部门的记录,对有无设备和人身事故进行说明。

(2)资金来源及运用等财务分析。主要包括工程价款结算、会计财务的处理、财产物资情况及债权债务的清偿情况。

(3)基本建设收入、投资包干结余、竣工结余资金的上交分配情况。通过对基本建设投资包干情况的分析,说明投资包干数、实际支用数和节约额、投资包干节余的有机构成和包干节余的分配情况。

(4)各项经济技术指标的分析。概算执行情况分析,根据实际投资完成额与概算进行对比分析;新增生产能力的效益分析,说明支付使用财产占投资总额的比例、新增加固定资产造价占投资总数的比例,不增加固定资产的造价占投资总额的比例,分析有机构成和成果。

(5)工程建设的经验及项目管理和财务管理工作以及竣工财务决算中有待解决的问题。

(6)需要说明的其他事项。

2. 竣工决算报表

建设项目竣工决算报表要根据大、中型建设项目和小型建设项目分别制定。大、中型建设项目竣工决算报表包括:建设项目竣工财务决算审批表,大、中型建设项目概况表,大、中型建设项目竣工财务决算表,大、中型建设项目交付使用资产总表。小型建设项目竣工财务决算报表包括:建设项目竣工财务决算审批表,竣工财务决算总表,建设项目交付使用资产明细表。

(1)建设项目竣工财务决算审批表,见表13-10。该表作为竣工决算上报有关部门审批时使用,其格式按照中央级小型项目审批要求设计的。地方级项目可按审批要求作适当修改。大、中型项目均要按要求填报(表13-10~表13-14)。

建设项目竣工财务决算审批表 表13-10

建设项目名称		主 管 部 门	
建设单位		建设性质	
开户银行意见:			
专员办审批意见:			
主管部门或地方财政部门审批意见			

(2)大、中型建设项目概况表,见表13-11。该表综合反映大、中型建设项目的基本概况,内容包括该项目总投资、建设起止时间、新增生产能力、主要材料消耗、建设成本、完成主要工程量和主要技术经济指标及基本建设支出情况,为全面考核和分析投资效果提供依据。

大、中型建设项目竣工工程概况表 表13-11

建设项目(单位工程)名称			建设地址					项目	概算	实际	主要指标
主要设计单位			主要施工企业					建筑安装工程			
占地面积	计划	实际	总投资(万元)	设计		实际		设备、工具、器具			
				固定资产	流动资产	固定资产	流动资产	待摊投资支出			
								其他投资			
								待核销基建支出			
新增生产能力	能力(效益)名称		设计		实际			非经营项目转出投资			
建设起止时间	设计		从 年 月 日开工 至 年 月竣工				基建支出	合计			
	实际		从 年 月 日开工 至 年 月竣工								

续上表

设计概算批准文号					主要材料消耗	名称	单位	概算	实际
						钢材	t		
完成主要工程量	建筑面积（m²）		设备(台、套、t)			木材	m²		
	设计	实际	设计	实际		水泥	t		
收尾工程	工程内容	投资额	完成时间		主要技术经济指标				

表 13-11 中,待核销基建支出:非经营项目发生的江河清障,航道清淤,飞播造林,补助群众造林,水土保持,城市绿化,取消项目的可行性研究费,项目报废等不能形成资产部分的投资。

非经营项目转出投资:非经营项目为项目配套的专用设施投资,包括专用道路、专用通风设施、送变电站、地下管道等产权不属本单位的投资支出。

待摊投资支出:建设单位按项目概算内容发生的,按规定应分摊计入交付使用资产价值的各项费用支出,包括建设单位管理费,土地征用及拆迁补偿费,勘察设计费,研究试验费,可行性研究费,临时设施费,设备检验费,负荷联动试运转费,包干结余,坏账损失,借款利息,合同公证及工程质量监理费,土地征用税,汇总损益,国外借款手续费及承诺费,施工机构迁移费,报废工程损失,耕地占用税,土地复垦及补偿费,投资方向调节税,固定资产损失,器材处理亏损,设备盘亏毁损,调整器材调拨折价,企业债券发行费用,概(预)算审查费,(贷款)项目评估费,社会中介机构审计费,车船征用税,其他摊销投资支出等。

其他投资支出:是建设单位按项目概算内容发生的构成建设项目实际支出的房屋购置和畜禽、林木等购置、饲养、培育支出以及取得各种无形资产和递延资产发生的支出。

(3)大、中型建设项目竣工财务决算表,见表 13-12。该表反映竣工的大、中型建设项目从开工到竣工为止全部资金来源和资金运用的情况。它是考核和分析投资效果,落实结余资金,并作为报告上级核销基本建设支出和拨款的依据。在编制该表前,应先编制出项目竣工年度财务决算,根据编制出的竣工年度财务决算和历年财务决算编制项目的财务决算。此表采用平衡表形式,即资金来源合计等于资金支出合计。

表 13-12 中,项目资本金:指经营性项目投资者按国家关于项目资本金制度的规定,筹集并投入项目的非负债资金,按其投资主体不同,分为国家资本金、法人资本金、个人资本金和外商资本金,并在财务表中单独反映。竣工决算后相应转为生产经营企业的国家资本金、法人资本金、个人资本金和外商资本金。

大、中型建设项目竣工财务决算表(单位:元)　　　　表 13-12

资　金　来　源	金额	资　金　占　用	金额	补　充　资　料
一、基建拨款		一、基本建设支出		1.基建投资借款期末余额
1.预算拨款		1.交付使用资产		
2.基建基金拨款		2.在建工程		2.应收生产单位投资借款期末余额
3.进口设备转账拨款		3.待核销基建支出		
4.器材转账拨款		4.非经营项目转出投资		
5.专用基金拨款		二、应收生产单位投资借款		3.基建结余资金
6.自筹资金拨款		三、拨款所属投资借款		
7.其他拨款		四、器材		
二、项目资本金		其中:待处理损失		
1.国家资本		五、货币资金		
2.法人资本		六、预付及应收款		
3.个人资本		七、有价证券		
三、项目资本公积金		八、固定资产		
四、基建借款				
五、上级拨入投资借款				
六、企业债券资金				
七、待冲基建支出				
八、应付款				
九、未交款				
1.未交税金				
2.未交基建收入				
3.未交基建包干节余				
4.其他未交款				
十、上级拨入资金				
十一、留成收入				
合　　计		合　　计		

项目资本公积金:指经营性项目对投资者实际缴付的出资额超出其资金的差额(包括发行股票的溢价净收入)、资产评估确认价值或合同、协议确认价值与原账面的净值的差额、接受捐赠的财产、资本汇率折算差额等。在项目建设期间作为资本公积金,项目建成交付使用并办理竣工决算后转为生产经营企业的资本公积金。

基建收入:是指基建过程中形成的各项工程建设副产品变价净收入、负荷试车的试运行收入以及索赔及违约金等其他收入。

(4)大、中型建设项目交付使用资产总表,见表 13-13。该表反映建设项目建成后新增固定资产、流动资产、无形资产和递延资产的情况和价值,作为财产交接、检查投资计划完成情况和分析投资效果的依据。

大、中型项目交付使用资产总表（单位：元）　　　　表 13-13

项目名称	总计	固定资产					流动资产	无形资产	递延资产
		建筑工程	安装工程	设备	其他	合计			
1	2	3	4	5	6	7	8	9	10

（5）建设项目交付使用资产明细表，见表 13-14。该表反映交付使用的固定资产、流动资产、无形资产和递延资产及其价值的明细情况，是办理资产交接的依据和接收单位登记资产账目的依据，是使用单位建立资产明细和登记新增资产价值的依据。

建设项目交付使用资产明细表　　　　表 13-14

单项工程项目名称	建筑工程			设备、工具、器具、家具					流动资产		无形资产	
	结构	面积（m²）	价值（元）	规格型号	单位	数量	价值（元）	设备安装费（元）	名称	价值（元）	名称	价值（元）
合计												

支付单位盖章　　年　月　日　　　　　　接受单位盖章　　年　月　日

（6）小型建设项目竣工财务决算表。由于小型建设项目内容比较简单，因此可将工程概况与财务情况合并编制一张竣工财务决算表，该表主要反映小型建设项目的全部工程和财务情况。具体编制时可参照大、中型建设项目概况表指标和大、中型建设项目竣工财务决算表指标填写。

四、竣工决算的编制

1. 竣工决算的编制依据

（1）可行性报告、投资估算书、初步设计、修正总概算及批复文件。

（2）设计变更记录、施工记录或施工签证单及其他发生的费用记录。

（3）经批准的施工图预算或标底造价、承包合同、工程结算等有关资料。

（4）历年基建计划、历年财务决算及批复文件。

（5）设备、材料调价文件和调价记录。

（6）其他有关资料。

2. 竣工决算的编制要求

为了严格执行建设项目竣工验收制度，正确核定新增固定资本价值，考核分析投资效益，建立健全经济责任制，所有建设项目竣工后，都应及时、完整、正确地编制好竣工决算。

(1)按照规定组织竣工验收,保证竣工决算的及时性。对于竣工验收中发现的问题,应及时查明原因,采取措施加以解决,以保证建设项目按时交付使用和及时编制竣工决算。

(2)积累、整理项目竣工资料,保证竣工决算的完整性。积累、整理项目竣工资料是编制竣工决算的基础工作,它关系到竣工决算的完整性和质量的好坏。因此,在项目建设过程中,建设单位必须随时收集项目建设的各种资料,并在竣工验收前对各种资料进行系统整理,分类立卷,为编制竣工决算提供完整的数据资料,为投产后加强固定资产管理提供依据。在工程竣工时,建设单位应将各种基础资料与竣工决算一起移交给生产单位或使用单位。

(3)清理、核对各项账目,保证竣工决算的正确性。工程竣工后,建设单位要认真核实各项交付使用的资产的建设成本;做好各项账务、物资以及债权的清理结余工作,应偿还的及时偿还,该收回的应及时收回。对各种结余的材料、设备、施工机械工具等要逐项清点核实,妥善保管,按照国家有关规定进行处理,不得任意侵占。对竣工后的结余资金,要按规定上交财政部门或上级主管部门。在做完上述工作、核实了各项数字的基础上,正确编制从年初起到竣工月份止的竣工年度财务决算,以便根据历年的财务决算和竣工年度财务决算进行整理汇总,编制建设项目决算。

按照规定,竣工决算应在竣工项目办理验收交付手续后一个月内编好,并上报主管部门。有关财务成本部分,还应送经办银行审查签证。主管部门和财政部门对报送的竣工决算审计后,建设单位即可办理决算调整和结束有关工作。

3. 决算的编制步骤

(1)收集、整理和分析有关依据资料。在编制竣工决算文件之前,整理所需的技术资料、有关经济文件、施工图纸和各种变更与签证资料等,并确保系统和完整。

(2)清理各项财务、债务和结余物资。

(3)填写竣工决算报表

(4)编制竣工决算说明

(5)做好工程造价对比分析

(6)上报主管部门审查

第四节 项目后评价

项目后评价是世界银行贷款项目生命周期中的最后一个阶段。项目后评价是在项目正式投产一年后,按照严格的程序对项目执行的全过程进行认真地回顾,总结经验和教训,供下一个新项目实施参考。后评价的内容一般包括过程评价(立项和项目实施过程中的管理)、效益评价(财务评价、国民经济评价)、影响评价(经济影响、环境影响和社会影响)、可持续性评价和综合评价。

以京沈高速公路某段为例,项目后评价报告书主要包括以下内容:

1 建设项目概况
2 建设项目过程评价
   2.1 前期工作情况和评价
      2.1.1 前期工作基本情况
      2.1.2 前期工作各阶段主要指标的变化分析

- 2.1.3 项目前期工作的评价
- 2.2 项目建设实施情况及其评价
  - 2.2.1 施工图设计情况
  - 2.2.2 招标文件编制情况及其招标投标方式
  - 2.2.3 项目实施情况
  - 2.2.4 项目开工、竣工、验收等文件的内容
  - 2.2.5 工程验收的主要情况
  - 2.2.6 实施阶段主要指标的变化分析
  - 2.2.7 实施过程的基本评价
- 2.3 投资执行情况和评价
  - 2.3.1 建设资金筹措情况及评价
  - 2.3.2 资金到位及投资完成情况
  - 2.3.3 工程决算与概算、估算的比较分析
  - 2.3.4 工程投资节余或超支的原因分析
- 2.4 运营情况和评价
  - 2.4.1 运营情况
  - 2.4.2 运营评价
- 2.5 管理、配套及服务设施情况和评价
  - 2.5.1 管理情况和评价
  - 2.5.2 配套及服务设施情况和评价
- 3 建设项目效益评价
  - 3.1 国民经济效益评价
    - 3.1.1 主要评价参数
    - 3.1.2 费用调整
    - 3.1.3 国民经济效益计算
    - 3.1.4 国民经济评价结果
    - 3.1.5 国民经济评价结论
  - 3.2 财务评价
    - 3.2.1 财务评价的主要依据
    - 3.2.2 项目建设及运营成本分析及预测
    - 3.2.3 项目财务效益的分析计算
    - 3.2.4 项目贷款偿还能力分析
    - 3.2.5 财务评价结论及建议
  - 3.3 后评价与可行性研究阶段的对比分析
    - 3.3.1 国民经济部分
    - 3.3.2 财务效益部分
  - 3.4 资金筹措方式评价
    - 3.4.1 项目资金筹措方式
    - 3.4.2 项目回报分配方案及分析
    - 3.4.3 相关建议

4 建设项目影响评价
　　4.1 评价总体框架
　　4.2 项目影响区域的划分
　　4.3 社会经济影响的定性计算
　　4.4 社会经济影响的定量测算
　　4.5 项目社会影响评级的主要结论
5 建设项目目标持续性评价
　　5.1 评价方法
　　5.2 外部条件对项目目标持续性的影响
　　　　5.2.1 区域社会经济发展对项目目标持续性的影响
　　　　5.2.2 综合交通运输系统的发展对项目目标持续性的影响
　　　　5.2.3 配套设施建设对项目目标持续性的影响
　　　　5.2.4 政策法规对项目目标持续性的影响
　　5.3 内部条件对项目目标持续性的影响
　　　　5.3.1 工程建设管理对项目目标持续性的影响
　　　　5.3.2 项目运行机制和管理条件对项目目标持续性的影响
　　　　5.3.3 公路收费对项目目标持续性的影响
　　　　5.3.4 项目经营模式对目标可持续性的影响
　　　　5.3.5 项目相关单位技术能力对项目目标可持续性的影响
　　　　5.3.6 影响项目目标持续性的主要问题及建议
　　5.4 项目目标持续性综合评价
　　　　5.4.1 项目目标持续性评价指标体系
　　　　5.4.2 评价过程
6 结论
　　6.1 主要结论
　　6.2 存在的问题
　　6.3 经验与教训
　　6.4 措施与建议

第五节　项目回访与保修

为使工程项目在竣工验收后达到最佳使用条件和最长使用寿命,让用户满意,施工单位在工程项目移交后,必须向建设单位提出建筑物使用和保养要领,并在用户开始使用后,进行回访和保修。

回访保修的责任应由承包人承担,承包人应建立施工项目交工后的回访与保修制度,听取用户意见,提高服务质量,改进服务方式。

保修工作必须履行施工合同的约定和"工程质量保修书"中的承诺。

一、回　　访

施工单位在工程交付使用后要定期回访用户,对于回访中发现的质量缺陷,施工单位要及时组织施工力量进行维修和处理。

1. 回访工作计划的制订

施工单位应建立健全回访工作制度,制订回访工作计划和实施办法。回访工作计划主要包括回访的对象、工程名称、时间安排、保修年限等内容。

2. 回访的程序和内容

(1)听取用户情况和意见;

(2)查看现场质量缺陷;

(3)进行原因分析和确认;

(4)商谈进行返修事宜;

(5)填写回访记录。

3. 回访的方式

(1)例行性回访。根据年度回访工作计划的安排,对已竣工验收交付使用并在保修期内的工程,统一组织回访,可用电话咨询、会议座谈、登门拜访等方式。

(2)季节性回访。如夏季访问屋面及防水、空调、墙面防水;冬季访问采暖系统等。

(3)技术性回访。主要是了解施工中采用"四新"的技术性能,使用后的效果,设备安装后的技术状态。

(4)特殊性回访。是对某一特殊工程进行专访,包括交工前的访问和交工后的回访,做好记录。对重点工程和实行保修保险方式的工程,应组织专访。

二、保　　修

工程质量保修是对工程竣工验收后在规定的保修期限内出现的质量缺陷予以修复的活动。质量缺陷是指工程质量不符合国家标准和合同约定。

工程保修是承包人根据施工合同及"工程质量保修书"的要求进行的。承包人向发包人提交工程验收报告时,应出具"工程质量保修书"。承包人在签署"工程质量保修书"时,还应按法规规定或合同约定,在保修书中对合理使用工程给予提示。

"工程质量保修书"中应具体约定保修范围和内容、保修期、保修责任、保修费用等。保修期为自竣工验收合格之日起计算,在正常使用条件下的最低保修期限。

在保修期内发生的非使用原因的质量问题,使用人应填写"工程质量修理通知书"告知承包人,并注明质量问题及部位、联系维修方式等。承包人接到"工程质量修理通知书"后,在约定的时间和地点,派出作业人员到场修理。在约定的时间和地点不派人修理,使用人可委托其他单位和人员修理,其费用应由责任人承担。承包人还应对修理结果进行检查验收。修理事项完毕,使用人应在"工程质量修理通知书"上签署意见,做出评价,返回承包人主管职能部门存档。

1. 保修期限的确定

在正常使用条件下,房屋建筑工程最低保修期限为:

(1)地基基础工程和主题结构工程,为设计文件规定的该工程的合理使用年限。

(2)屋面防水工程、有防水要求的卫生间、房间和外墙面的防渗漏为5年。

(3)供热与供冷系统,为两个采暖期、供冷期。

(4)电气管线、给排水管道、设备安装为2年。

(5)装修工程为2年。

2. 保修经济责任的确定

(1)承包人未按国家有关规范、标准和设计要求施工而造成的质量缺陷,由承包人负责返修并承担经济责任。

(2)由于设计方面造成的质量缺陷,由设计单位承担经济责任;当由承包人负责维修时,其费用按有关规定通过发包人向设计单位索赔,不足部分由发包人负责。

(3)因建筑材料、构配件和设备质量不合格引起的质量缺陷,属于承包人采购的或经其验收同意的,由承包人承担经济责任;属于发包人采购的,由发包人承担经济责任。

(4)由发包人指定的分包人造成的质量缺陷,应由发包人自行承担经济责任。

(5)因使用人使用不当造成的质量缺陷,由使用人自行负责。

(6)因地震、洪水、台风等不可抗拒原因造成的质量问题,承包人、设计单位不承担经济责任。

(7)当使用人需要责任以外的修理维护服务时,承包人应提供相应的服务,并在双方协议中明确服务的内容和质量要求,费用由使用人支付。

习 题

1. 施工项目竣工验收的依据?
2. 单位工程质量验收合格标准?
3. 单位工程竣工验收程序?
4. 竣工图绘制的有关要求?
5. 竣工决算的编制步骤?
6. 后评价的主要内容?
7. 回访的主要方式?
8. 工程保修期限的确定?
9. 工程保修经济责任的确定?

参考文献

[1] 邓铁军,杨亚频.工程项目管理[M].北京大学出版社,2012.
[2] 何培斌,庞业涛.建筑工程项目管理[M].北京理工大学出版社,2013.
[3] 仲景冰,王红兵.工程项目管理[M].北京大学出版社,2012.
[4] 周建国.工程项目管理基础[M].北京:人民交通出版社,2007.
[5] 赵庆华.工程项目管理[M].南京:东南大学出版社,2011.
[6] 任宏.工程项目管理[M].北京:科学出版社,2012.
[7] 李远富.土木工程经济与项目管理[M].北京:中国铁道出版社,2012.
[8] 莫曼君.建设工程施工合同管理[M].北京:中国电力出版社,2011.
[9] 国际咨询工程师联合会.施工合同条件[M].中国咨询协会,译.北京:机械工业出版社,2002.
[10] 王建廷,王振坡.建设工程项目管理及工程经济[M].重庆大学出版社,2012.
[11] 王家远.建设项目风险管理[M].北京:中国水利水电出版社,2004.
[12] 陈仕亮.风险管理[M].成都:西南财经大学出版社,1996.
[13] 卢有杰,卢家仪.项目风险管理[M].北京:清华大学出版社,1998.
[14] 宋明哲.现代风险管理[M].北京:中国纺织出版社,2003.
[15] 俞明轩,丰雷.房地产投资分析[M].北京:中国人民大学出版社,2002.
[16] 胡宜达,沈厚才.风险管理学基础[M].南京:东南大学出版社,2001.
[17] 谢亚伟.工程项目风险管理与保险[M].北京:清华大学出版社,2009.
[18] 马旭晨.项目管理成功案例精选[M].北京:机械工业出版社,2010.